# Weeve invi‍
# part of some

Sign up for an account today and help us shape the future of language learning together.

## WWW.WEEVE.IE

**Upload books of your choice**

**Dynamically adjust translation difficulty**

**Real-time pronunciations**

# Welcome to Weeve

Here at Weeve, we believe that traditional language education, with its painful memorisation, repetition and tedious grammar classes, have failed students around the world in their pursuit of learning a new language. Over 50 years of education research supports us on this. Studies show that the best way of encouraging language acquisition is reading and listening to engaging and accessible content. With that vision in mind, we created Weeve. Our method allows you to learn up to 20 words per hour in your target language – we are confident you'll never want to learn languages in any other way. Thank you for supporting us on this journey.

# How to Use Weeve

- **Weeved Words**
  The sentences in this novel have foreign words weaved into the English sentences. Introducing foreign words within the context of an English sentence allows our brain to form a contextual representation of that foreign word without needing to translate it. At the start of our books only a few words are translated, as you progress, getting lost in the world of fantasy, more and more translated words are added.

- **Read - Don't Translate**
  When you come across a foreign word weaved into a sentence resist the urge to translate the word back to English. Your brain will automatically do this at first, but with practice this skill can be mastered.

- **Context is Key**
  Read the foreign words as they are written and try to understand it in the context of the story. Translating disrupts the flow of the story, and it is these flow states where pleasure and language acquisition will occur. Don't worry about your speed of acquisition - trust the process.

- **Go with the Flow**
  Language acquisition is a subconscious process that happens when we read and listen to interesting things that we understand. All you have left to do is enjoy the story, try not to think too much about the words and you will acquire them faster.

# Vocab Tables

You will find vocabulary tables at the end of chapters - consider these milestones, showing the weaved words you have read during that chapter. Quickly double check you understand them and continue learning! These vocab tables also offer the International Phonetic Alphabet (IPA) phonetic pronunciation of the word.

# Weeve's Story

The idea for Weeve was born when Cian was having a bath and an apple hit him on the head. Four years ago, Cian spoke only English and decided to try and learn Portuguese. For two years he tried and failed to learn the language using the traditional methods available out there – flashcards, language learning apps, grammar lessons. Despite having over 5000 words memorised, Cian found his speech was still slow and his comprehension was poor.

Frustrated at his lack of progress, Cian began to research second language acquisition. The core message that research and academia has proven over the past 50 years is simple - *you only acquire language when you read and listen to content you understand.* The problem was that there is no option for beginners to get their hands on comprehensible input as they do not have the foundational knowledge required to jump into reading short stories and novels.

So, inspired by the evidence that bilingual students learn best in settings where languages are blended together, Cian began a six-month long journey of researching, trialling, and developing the first ever Weeve book (a Swedish version of *The Wheel of Time*). He pulled in Evan, who had had a terrible experience learning languages in school, and the two of them began developing the idea. As the first Weeve guinea pigs, the pair knew they were onto a winner when they were capable of learning their first 400 Swedish words with no effort, no memorisation and no pain.

The hunger for Weeve's products was evident from the launch of the first book, *Learn Spanish with Sherlock Holmes*, in July 2020. Since launch, Weeve have had an immensely exciting time. The collection has expanded to include eleven languages and has sold over 2500 copies. The Weeve team joined a Trinity student accelerator program, which connected them with Sinéad. Sinéad was a member of the judging panel at a start-up competition when she first came across the Weeve duo. It was love at first sight and just three days after the competition she was officially part of the gang.

The fourth member of our team, Oisin joined over the summer of 2021. A computer scientist determined to digitise the Weeve method so it can reach global scale. Currently working on an application that will allow for complete dynamic control over translations within your weeve.

The response to our Weeve books around the globe has been immense winning a number of awards like the LEO ICT Award and placing in Spark Crowdfundings top 100 most amibitious companies. With the founders appearing in the Sunday Independant's 30 Under 30.

Weeve wants to make languages ridiculously simple and accessible to everyone. We hope you enjoy it as much as we do, and stick around for our journey.

## Meet the Team

### Cian McNally

Cian is a Psychology graduate from Trinity College Dublin and a language learning enthusiast. In the past 4 years he has gone from speaking only English to being able to read many novels in Portuguese, Spanish and German, as well as short stories in Swedish and Italian. When he's not revolutionising the language learning industry, he is probably found playing chess or talking about how tall he is.

### Evan McGloughlin

Evan is a Neuroscience graduate from Trinity College Dublin and has a passion for learning and education. He runs a youtube channel where he attempts to make practical neuroscience accessible and entertaining. He always despised how languages were taught in school always thinking it felt very unnatural. When Cian came to him with the idea for Weeve it instantly resonated with him as a more natural and effective approach.

### Sinead McAleer

Sinead lives a double life – working in a bank by day and growing Weeve by night. After graduating from Computer Science & Business at Trinity College Dublin, Sinéad moved to London where she now leads our international office (aka a desk in the corner of her bedroom). She has a passion for start-ups, technology and vegan/vegetarian experimentation!

### Oisín T. Morrin

Oisín loves all things at the intersection of language and technology. This brought him to study Computer Science, Linguistics and Irish at TCD as an All-Ireland Scholar. Japanese, Irish and Python are his love languages, and he also dabbles in Korean, German and Scot's Gaelic. Outside of Weeve, Oisín can invariably be found with a new book in one hand and a coffee in the other.

# How to Have a Perfect Accent

You may have never seen the IPA before but it's the universal way to perfectly write pronunciations. The aim of the IPA is to provide a unique symbol for each distinctive sound in a language. You already know most of these symbols as they are letters in English. If you familiarise yourself with the other ~15 of these symbols you'll always be able to pronounce foreign words perfectly without having to learn more than 140 spelling rules.

## IPA Guide

œ like ir in bird (Australian English)
ø like ir in bird (American English)
ɛː like ai in fairy
ʁ (guttural R) like the ch in Loch Ness
b like b in about
ʃ like sh in sheep
ʎ like ll in million
ʒ like s in pleasure
ɐ like u in purse
ɛ like e in set
i like ee in see
ɔ like o in off
ŋ like ng in sing
ɲ like ny in canyon
o like o in row
u like oo in boot
ɑ̃ like ong in song; nasalized [ɒ]
ɛ̃ like ang in hang; nasalized [æ]
œ̃ like urn in burn; nasalized [œ]
õ like awn in drawn (Australian); nasalized [o]

# French Pronunciation Guide

After having read the Weeve versions of the Bennett girls' love stories or Sherlock Holmes' adventures in England's West Country, you surely wish to be able to use your newly learned French words in a future conversation with a French speaker. But for that, you need to figure out where to start on how to pronounce those assemblages of letters.

Fortunately, the alphabet is exactly the same as the English one and there are only three consonant letters that are pronounced differently; namely C, G and R. The 'C' and 'G' are called consonant chameleons because their pronunciation changes based on the letters that follow after them in a word.

C:
- When followed by an E, I or Y, or when written 'ç': produces a soft sound, like an S in English,
- When followed by an A, O, U or a consonant: produces a hard sound, like a K in English,
- When followed by an H: sounds like 'sh', written /ʃ/ in the IPA.

G:
- Soft G when followed by E, I or Y: pronounced like a J, written /ʒ/ in IPA
- Hard G when followed by A, O, U or a consonant: pronounced the same as the English G.

The R sound (/ʁ/) is without a doubt the hardest French sound for an English speaker to make. It is pronounced in a different part of the mouth to the English r which is why it is called 'guttural'. Rest assured: this is not a priority as you will still be understood if you pronounced the R using the English r sound. If you are impatient and want to learn it now, here's a tip: think of it as coming from the same part of your mouth you use when pronouncing the letter 'K', but with your throat slightly more open.

Regarding the French vowels, the golden rule for learning how to pronounce words is to remember that the words are mostly made of sounds and not of individual letters. If you take the word 'pourtant' ('however') as an example, you should think of it as:

$$P + sound + RT + sound + T$$

NB: In the majority of cases, final consonants are not pronounced so ignore the final T.

Here are all the basic vowel sounds that you need to look for when reading a word (like the 'ou' in 'pourtant').

## French Vowel Sounds

| French | Symbol | As in English | French word (examples) |
|---|---|---|---|
| a<br>â<br>à | ah | c**a**rd | **la tasse** [lah tahs](cup); **la pâtisserie** [pah-tees-ree](pastry shop); **là-bas** [lah-bah](over there) |
| e<br>eu | uh | d**u**ll (approx) | **petit** [pu-tee](small); **la fleur** [lah fluhr] (flower) |
| é<br>ez<br>er | ey | m**ay** | **les cafès** [ley kah-fey](coffe houses); **le nez** [luh ney](nose); **parler** [pahr-ley] (to speak) |
| è<br>ê<br>ai<br>ei<br>et | eh | s**e**t | **la mère** [lah mehr](mother); **la fenêtre** [lah fun-neh-truh](window); **clair**[klehr] (clean); **la neige** [lah nehzh](snow); **le secret** [luh suh-kreh](secret) |
| i<br>î<br>y | ee | f**ee**t | **vite** [veet](quickly); **la gîte** [la zheet] (shelter); **le/les pays** [luh/ley pey-ee] (country/countries) |
| o<br>ô<br>au<br>eau | oh | b**o**at | **le mot** [luh moh](word); **les côtes** [ley koht](ribs); **aujourd'hui** [oh-zhoohr-dwee](today); **l'eau** [loh](water |
| o | ohh | l**o**ve | **la pomme** [lah pohhm](apple) |
| ou<br>où | ooh | y**ou** | **l'amour** [lah-moohr](love); **où** [ooh] (where) |
| oi<br>oy | wah | **w**at**ch** | **la soie** [lah swah](silk); **moyen** [mwah-yaN](average) |
| u | ew | No English Equivalent | **salut** [sah-lew](hello) |

On top of these vowel sounds, the French language has a few more sounds which are called nasal vowels and they are resumed in the sentence 'un bon vin blanc' (*a good white wine*). While they are challenging to pronounce, there are luckily only three of them and they can be found in a variety of spellings. In the IPA, they will be written /ã/, /ɛ̃/, /ɔ̃/. To approximate those sounds, you need to pronounce the following English words, while… pinching your nostrils!

- /ã/ ('blanc' above): pronounce the word 'ahhh',
- /ɛ̃/ ('un' and 'vin' above): pronounce the a in the word 'cat',
- /ɔ̃/ ('bon' above): pronounce the word 'want' (most importantly the 'wa' sound).

## weeve

Book Publishing Details

Exclusive book publishing rights pertain to copyright ©Weeve 2022

Design, production, editing, and illustration credits:
Logo and Cover Design by Aaron Connolly

Cover and Interior Illustrations by Otherworld Creations, Leoramos
www.fiverr.com/Otherworlder
www.fiverr.com/Leoramos

Editing, production:
Weeve
Fonts:
Recoletta, Times New Roman, Tomarik

Translation:
Elsa Gaffet (Weeve Translator)

Publisher Address:
31 Millers Lane, Skerries, Co. Dublin, Ireland
Author Website:
https://weeve.ie/
Country in which the book was printed:
United States, United Kingdom

*All rights reserved. No part of this publication may be reproduced, distributed, or transmitted in any form or by any means, including photocopying, recording, or other electronic or mechanical methods, without the prior written permission of the publisher, except in the case of brief quotations embodied in critical reviews and certain other noncommercial uses permitted by copyright law. For permission requests, contact info@weeve.ie*

# PRIDE & PREJUDICE

# 1

**Weeve Reading Tip:** When you come across a foreign word weaved into a sentence resist the urge to translate the word back to English. Your brain will automatically do this at first, but with practice this skill can be mastered. Read the sentence as it is presented and try to understand it.

It is a truth universally acknowledged, that a single man in possession of a good fortune, must be in want of a wife.

**Pourtant** little known the feelings **ou** views of such a man may be on his first entering a neighbourhood, this truth is so well fixed in **l'esprit** of the surrounding families, that **il** is considered the rightful property of some one **ou** other of their daughters.

"My dear Mr. Bennet," said his lady to him one day, "have you heard that Netherfield Park is let at last?"

Mr. Bennet replied that **il** had not.

"**Mais** it is," returned **elle**; "for Mrs. Long has just been **ici**, **et elle** told **moi** all about it."

Mr. Bennet made no answer.

"Do you not want to **savoir qui** has **pris** it?" cried his wife impatiently.

"**Vous voulez** to tell **moi**, **et je** have no objection to hearing it."

This was invitation enough.

"**Pourquoi**, my dear, **vous devez** know, Mrs. Long **a dit** that

Netherfield is **pris** by a young man of large fortune from the north of England; that **il est venu** down on Monday in a chaise **et** four **pour voir l'endroit**, **et** was so much delighted **avec** it, that **il** agreed **avec** Mr. Morris immediately; that **il** is to **prendre** possession **avant** Michaelmas, **et** some of his servants are to be in the house by the end of next week."

"What is his name?"

"Bingley."

"Is **il** married **ou** single?"

"Oh! Single, my dear, to be sure! A single man of large fortune; four **ou** five thousand **par an**. What a fine thing for our girls!"

"**Comment** so? **Comment** can it affect **elles**?"

"My dear Mr. Bennet," replied his wife, "**comment** can you be so tiresome! **Vous devez** know that **je** am **en train de penser** of his marrying one of **elles**."

"Is that his design in settling **ici**?"

"Design! Nonsense, **comment** can you talk so! **Mais** it is **très** likely that **il peut** fall in **amour** with one of **elles**, **et** therefore **vous devez** visit him as soon as **il vient**."

"**Je vois** no occasion for that. You **et** the girls may go, **ou vous pouvez** send **elles** by themselves, which perhaps will be still better, for as you are as handsome as any of **elles**, Mr. Bingley may like you the best of the party."

"My dear, you flatter **moi**. **Je** certainly have had my share of beauty, **mais je** do not pretend to be anything extraordinary now. **Lorsque** a woman has five grown-up daughters, **elle** ought **de donner** over **de penser** of her own beauty."

"In such cases, a woman has not **souvent** much beauty to **penser** of."

"**Mais**, my dear, **vous devez** indeed go **et** see Mr. Bingley **quand il entre dans** the neighbourhood."

"It is more **que je** engage for, **je** assure you."

"**Mais** consider your daughters. Only think what an establishment it would be for one of **elles**. Sir William **et** Lady Lucas are determined **d'aller**, merely on that account, for in general, **vous savez**, **ils** visit no newcomers. Indeed **vous devez** go, for it will be impossible for **nous** to visit him **si** you do not."

"You are over-scrupulous, surely. **Je** dare say Mr. Bingley will be **très** glad **de voir** you; **et je** will send a few lines by you to assure him of my hearty consent to his marrying whichever **il** chooses of the girls; **mais je dois** throw in a good word for my little Lizzy."

"**Je** desire you will do no such thing. Lizzy is not a bit better **que** the others; **et je** am sure **elle** is not half so handsome as Jane, nor half so good-humoured as Lydia. **Mais** you are **toujours en train de donner** her the preference."

"**Elles** have none of **elles** much to recommend **elles**," replied **il**; "**elles** are all silly **et** ignorant like other girls; **mais** Lizzy has **quelque chose** more of quickness **que** her sisters."

"Mr. Bennet, **comment** can you abuse your own children in such **façon**? **Vous prenez** delight in vexing **moi**. You have no compassion for my poor nerves."

"You mistake **moi**, my dear. **Je** have a high respect for your nerves. **Ils** are my old friends. **Je** have heard you mention **eux avec** consideration these last twenty **années** at least."

"Ah, **vous ne savez pas** what **je** suffer."

"**Mais je** hope you will get over it, **et** live **pour voir** many young men of four thousand **par an** come **dans** the neighbourhood."

"It will be no use to **nous, si** twenty such should come, **puisque** you will not visit **eux**."

"Depend upon it, my dear, that **quand il y a** twenty, **je** will visit **eux** all."

Mr. Bennet was so odd a mixture of quick parts, sarcastic humour, reserve, **et** caprice, that the experience of **trois**-and-twenty **ans** had been insufficient to make his wife understand his character. **Son esprit** was less difficult to develop. **Elle** was a woman of mean understanding, little **informations**, **et** uncertain temper. **Quand elle** was discontented, **elle** fancied herself nervous. **L'affaire** of **sa vie** was to get her daughters married; its solace was visiting **et** news.

## Chapter 1

| French | Pronunciation | English |
|---:|:---:|:---|
| pourtant | purtan | however |
| ou | u | or |
| l'esprit | l'ɛspri | the mind |
| il | il | he |
| mais | mɛ | but |
| elle | ɛl | it |
| ici | izi | here |
| et elle | ət ɛl | and she |
| moi | mwa | me |
| savoir qui | savwar ki | who |
| pris | pri | taken |
| vous voulez | vus vulɛz | you want |
| et je | ət ʒ | and i |
| pourquoi | purkwa | why |
| vous devez | vus dəvɛz | you have to |
| a dit | a di | said |
| il est venu | il ɛst vɛny | he came |
| pour voir l'endroit | pur vwar l'âdrwa | to see the place |
| avec | avɛk | with |
| prendre | prâdr | take |

## Chapter 1

| French | Pronunciation | English |
|---|---|---|
| avant | avan | before |
| par an | par â | a year |
| comment | kɔm | how |
| elles | ɛl | they |
| en train de penser | ən trɛn də pɛnse | thinking |
| très | trɛ | very |
| il peut | il pœ | he can |
| amour | amur | love |
| il vient | il vj | he comes |
| je vois | ʒə vwa | i see |
| ou vous pouvez | u vus puvɛz | where you can |
| lorsque | lɔrsk | when |
| de donner | də dɔne | to give |
| souvent | suv | often |
| quand il entre dans | kand il âtrə dan | when he comes into |
| que je | kə ʒ | that i |
| d'aller | d'ale | to go |
| vous savez | vus savɛz | you know |
| ils | il | they |
| nous | nu | we |

## Chapter 1

| French | Pronunciation | English |
|---|---|---|
| si | si | if |
| mais je dois | mɛs ʒə dwa | but i must |
| toujours en train de donner | tuʒurs ɛn trɛn də dɔne | always giving |
| quelque chose | kɛlkə ʃɔz | something |
| façon | fasɔ̃ | way |
| vous prenez | vus prənɛz | you take |
| eux avec | œks avɛk | them with |
| années | ane | years |
| vous ne savez pas | vus nə savɛz pa | you do not know |
| puisque | pɥisk | since |
| quand il y a | kand il i a | when there is |
| trois | trwa | three |
| ans | an | years |
| son esprit | sɔn ɛspri | his mind |
| informations | infɔrmatjɔn | news |
| l'affaire | l'afɛr | the case |
| sa vie | sa vj | his life |

## 2

> **Weeve Reading Tip:** If you struggle reading the weaved words try reading the full sentence and ignore the fact you didn't understand the foreign word. Your brain will subconsciously process this word, using context to better understand it for the next time it appears.

Mr. Bennet was among the earliest of **ceux qui** waited on Mr. Bingley. **Il** had **toujours** intended to visit him, **mais** to the last **toujours** assuring his wife that **il devrait** not go; **et** till the evening after the visit was paid **elle** had no **connaissances** of it. It was then disclosed in the following manner. Observing his second daughter employed in trimming a hat, **il** suddenly addressed her **avec**:

"**Je** hope Mr. Bingley will like it, Lizzy."

"We are not in **une façon de savoir** what Mr. Bingley **aime**," said her mother resentfully, "**puisque** we are not to visit."

"**Mais** you forget, mamma," said Elizabeth, "that we shall meet him at the assemblies, **et** that Mrs. Long promised to introduce him."

"**Je** do not believe Mrs. Long will do any such thing. **Elle** has **deux** nieces of her own. **Elle** is a selfish, hypocritical woman, **et je** have no opinion of her."

"No more have **je**," said Mr. Bennet; "**et je** am glad **de trouver** that you do not depend on her serving you."

Mrs. Bennet deigned not to make any reply, **mais**, unable to contain herself, began scolding one of her daughters.

"Don't keep coughing so, Kitty, for Heaven's sake! Have a little compassion on my nerves. You tear **eux** to pieces."

"Kitty has no discretion in her coughs," said her father; "**elle** times them ill."

"**Je** do not cough for my own amusement," replied Kitty fretfully. "**Quand** is your next ball to be, Lizzy?"

"To-morrow fortnight."

"Aye, so it is," cried her mother, "**et** Mrs. Long does not come back till **le jour d'avant**; so it will be impossible for her to introduce him, for **elle** will not know him herself."

"Then, my dear, **vous pouvez** have the advantage of your friend, **et** introduce Mr. Bingley to her."

"Impossible, Mr. Bennet, impossible, **quand je** am not acquainted **avec** him myself; **comment** can you be so teasing?"

"**Je** honour your circumspection. A fortnight's acquaintance is certainly **très** little. One cannot know what a man **vraiment** is by the end of a fortnight. **Mais si** we do not venture somebody else will; **et** after all, Mrs. Long **et** her nieces must stand their chance; **et**, therefore, as **elle pensera** it an act of kindness, **si** you decline the office, **je vais prendre** it on myself."

The girls stared at their father. Mrs. Bennet said only, "Nonsense, nonsense!"

"What can be the meaning of that emphatic exclamation?" cried **il**. "Do you consider the forms of introduction, **et** the stress that is laid on **eux**, as nonsense? **Je** cannot quite agree **avec** you there. What say you, Mary? For you are a young lady of deep reflection, **je sais**, **et** read great **livres et** make extracts."

Mary wished **de dire quelque chose** sensible, **mais** knew not **comment**.

"**Pendant que** Mary is adjusting her ideas," **il** continued, "let **nous** return to Mr. Bingley."

"**Je** am sick of Mr. Bingley," cried his wife.

"**Je** am sorry to hear that; **mais pourquoi** did not you tell **moi** that **avant**? **Si j'avais su** as much this morning **je** certainly would not have called on him. It is **très** unlucky; **mais** as **je** have actually paid the visit, we cannot escape the acquaintance now."

The astonishment of the ladies was just what **il** wished; that of Mrs. Bennet perhaps surpassing the rest; **mais, lorsque** the first tumult of joy was over, **elle** began to declare that it was what **elle** had expected all the **temps**.

"**Comment** good it was in you, my dear Mr. Bennet! **Mais je savais que je devrais** persuade you at last. **Je** was sure **que vous aimiez** your girls too well to neglect such an acquaintance. Well, **comment** pleased **je** am! **et** it is such a good joke, too, that **tu devrais** have **allé** this morning **et jamais** said a word about it till now."

"Now, Kitty, **vous pouvez** cough as much as you choose," said Mr. Bennet; **et**, as **il** spoke, **il** left the room, fatigued **avec** the raptures of his wife.

"What an excellent father you have, girls!" said **elle, lorsque** the door was shut. "**Je ne sais pas comment** you will ever make him amends for his kindness; **ou moi**, either, for that matter. At **notre temps** of life it is not so pleasant, **je peux** tell you, to be making new acquaintances every day; **mais** for your sakes, **nous ferions** anything. Lydia, **mon amour**, **mais** you are the youngest, **je** dare say Mr. Bingley will dance **avec** you at the next ball."

"Oh!" said Lydia stoutly, "**Je** am not afraid; for **bien que je** am the youngest, **je** am the tallest."

The rest of the evening was spent in conjecturing **comment** soon **il retournerait** Mr. Bennet's visit, **et** determining **quand ils devraient** ask him to dinner.

## Chapter 2

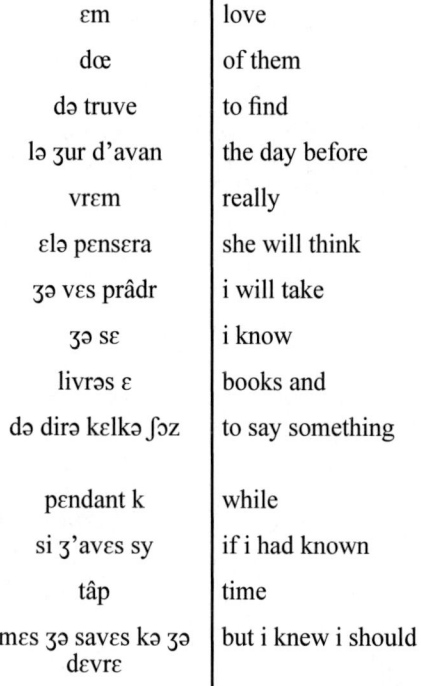

| French | Pronunciation | English |
|---|---|---|
| ceux qui | sœks ki | those who |
| il devrait | il dɛvrɛ | he should |
| connaissances | kɔnɛsans | knowledge |
| une façon de savoir | ynə fasɔn də savwar | a way to know |
| aime | ɛm | love |
| deux | dœ | of them |
| de trouver | də truve | to find |
| le jour d'avant | lə ʒur d'avan | the day before |
| vraiment | vrɛm | really |
| elle pensera | ɛlə pɛnsera | she will think |
| je vais prendre | ʒə vɛs prâdr | i will take |
| je sais | ʒə sɛ | i know |
| livres et | livrəs ɛ | books and |
| de dire quelque chose | də dirə kɛlkə ʃɔz | to say something |
| pendant que | pɛndant k | while |
| si j'avais su | si ʒ'avɛs sy | if i had known |
| temps | tâp | time |
| mais je savais que je devrais | mɛs ʒə savɛs kə ʒə dɛvrɛ | but i knew i should |

## Chapter 2

| French | Pronunciation | English |
|---:|:---:|:---|
| que vous aimiez | kə vus ɛmjɛz | you loved |
| vous devriez | vu dɛvriɛ | you should |
| allé | ale | gone |
| et jamais | ət ʒamɛ | and never |
| notre temps | nɔtrə tâp | our time |
| je peux | ʒə pœ | i can |
| nous ferions | nus fɛrjɔn | we would do |
| mon amour | mɔn amur | my love |
| bien que je | bjən kə ʒ | though i |
| il retournerait | il rəturnɛrɛ | he would return |
| quand ils devraient | kand ils dɛvraj | when they should |

# 3

> **Weeve Reading Tip:** Bolded words represent words that have been translated into the target language. Bolded and underlined words/phrases represent the first incidence of the translated word/phrase in the text. We have included the most important underlined words and phrases in vocabulary tables at the end of each chapter to keep you on track.

Not all that Mrs. Bennet, **pourtant**, **avec** the assistance of her five daughters, could ask on the subject, was sufficient to draw from her husband any satisfactory description of Mr. Bingley. **Elles** attacked him in various ways — with barefaced questions, ingenious suppositions, **et** distant surmises; **mais il** eluded the skill of **elles** all, **et elles étaient** at last obliged to accept the second-hand intelligence of their neighbour, Lady Lucas. Her report was highly favourable. Sir William had been delighted **avec** him. **Il** was quite young, wonderfully handsome, extremely agreeable, **et**, to crown the whole, **il** meant to be at the next assembly **avec** a large party. Nothing could be more delightful! To be fond of dancing was a certain step towards falling in **amour**; **et très** lively hopes of Mr. Bingley's heart were entertained.

"**Si je peux** but see one of my daughters happily settled at Netherfield," said Mrs. Bennet to her husband, "**et** all the others equally well married, **je** shall have nothing to wish for."

In a few **jours** Mr. Bingley returned Mr. Bennet's visit, **et** sat about ten minutes **avec** him in his library. **Il** had entertained hopes of **être** admitted to a sight of the young ladies, of whose beauty **il** had heard much; **mais il a vu** only the father. The ladies were somewhat more fortunate, for **elles** had the advantage of ascertaining from an upper window that **il** wore a blue coat, **et** rode a black horse.

An invitation to dinner was soon afterwards dispatched; **et** already had Mrs. Bennet planned the courses that **allaient faire** credit to her housekeeping, **lorsque** an answer arrived which deferred it all. Mr. Bingley was obliged to be in town the following day, **et**, consequently, unable to accept the honour of their invitation, etc. Mrs. Bennet was quite disconcerted. **Elle pouvait** not imagine what business **il pourrait** have in town so soon after his arrival in Hertfordshire; **et elle** began to fear that **il pourrait** be **toujours** flying about from one **endroit** to another, **et jamais** settled at Netherfield as **il** ought to be. Lady Lucas quieted her fears a little by starting the idea of his étant allé to London only to get a large party for the ball; **et** a report soon followed that Mr. Bingley was to bring twelve ladies **et** seven gentlemen **avec** him to the assembly. The girls grieved over such **un nombre** of ladies, **mais** were comforted **le jour avant** the ball by hearing, that instead of twelve **il** brought only six **avec** him from London — his five sisters **et** a cousin. **Et quand** the party entered the assembly room it consisted of only five altogether — Mr. Bingley, his **deux** sisters, the husband of the eldest, **et** another young man.

Mr. Bingley was good-looking **et** gentlemanlike; **il** had a pleasant countenance, **et** easy, unaffected manners. His sisters were fine women, **avec** an air of decided fashion. His brother-in-law, Mr. Hurst, merely looked the gentleman; **mais** his friend Mr. Darcy soon drew the attention of the room by his fine, tall **personne**, handsome features, noble mien, **et** the report which was in general circulation within five minutes after his entrance, of his having ten thousand **par an**. The gentlemen pronounced him to be a fine figure of a man, the ladies declared **il** was much handsomer **que** Mr. Bingley, **et il** was looked at **avec** great admiration for about half the evening, till his manners gave a disgust which turned the tide of his popularity; for **il** was discovered to be proud; to be above his **compagnie**, **et** above être pleased; **et** not all his large estate in Derbyshire could then save him from having a most forbidding, disagreeable countenance, **et d'être** unworthy to be compared **avec** his friend.

Mr. Bingley had soon made himself acquainted **avec** all the principal **personnes** in the room; **il** was lively **et** unreserved, danced every dance, was angry that the ball closed so **tôt**, **et** talked of **donner** one himself at Netherfield. Such amiable qualities must speak for themselves. What a contrast **entre** him **et** his friend! Mr. Darcy danced only **une fois avec** Mrs. Hurst **et une fois avec** Miss Bingley, declined **d'être** introduced to any other lady, **et** spent the rest of the evening in walking about the room, speaking occasionally to one of his own party. His character was decided. **Il** was the proudest, most disagreeable man in **le monde**, **et** everybody hoped that **jamais il ne** come there again.

Amongst the most violent against him was Mrs. Bennet, whose dislike of his general behaviour was sharpened **dans** particular resentment by his having slighted one of her daughters.

Elizabeth Bennet had been obliged, by the scarcity of gentlemen, to sit down for **deux** dances; **et pendant une partie** of that time, Mr. Darcy had been standing near enough for her to hear a conversation **entre** him **et** Mr. Bingley, **qui** came from the dance for a few minutes, to press his friend to join it.

"Come, Darcy," said **il**, "**Je dois** have you dance. **Je** hate **de voir** you standing about by **vous-même** in this stupid manner. You had much better dance."

"**Je** certainly shall not. **Vous savez comment je** detest it, unless **je** am particularly acquainted **avec** my partner. At such an assembly as this it would be insupportable. Your sisters are engaged, **et il y a** not another woman in the room whom it would not be a punishment to **moi** to stand up **avec**."

"**Je ne serais pas** so fastidious as you are," cried Mr. Bingley, "for a kingdom! Upon my honour, **jamais je** met **avec** so many pleasant girls in **ma vie** as **je** have this evening; **et il y a** several of **elles vous voyez** uncommonly pretty."

"You are dancing **avec** the only handsome girl in the room," said Mr. Darcy, **en regardant** at the eldest Miss Bennet.

"Oh! **Elle** is the most beautiful creature **je** ever beheld! **Mais il y a** one of her sisters sitting down just behind you, **qui** is **très** pretty, **et je** dare say **très** agreeable. Do let **moi** ask my partner to introduce you."

"Which do you mean?" **et** turning round **il a regardé** for a moment at Elizabeth, till catching her eye, **il** withdrew his own **et** coldly said: "**Elle** is tolerable, **mais** not handsome enough to tempt **moi**; **je** am in no humour at present **de donner** consequence to young ladies **qui** are slighted by other men. You had better return to your partner **et** enjoy her smiles, for you are wasting **votre temps avec moi**."

Mr. Bingley followed his advice. Mr. Darcy walked off; **et** Elizabeth remained **avec** no **très** cordial feelings toward him. **Elle** told the story, **pourtant**, **avec** great spirit among her friends; for **elle** had a lively, playful disposition, which delighted in anything ridiculous.

The evening altogether passed off pleasantly to the whole **famille**. Mrs. Bennet had seen her eldest daughter much admired by the Netherfield party. Mr. Bingley had danced **avec** her à deux reprises, **et elle** had been distinguished by his sisters. Jane was as much gratified by this as her mother could be, **mais** in a quieter **façon**. Elizabeth felt Jane's pleasure. Mary had heard herself mentioned to Miss Bingley as the most accomplished girl in the neighbourhood; **et** Catherine **et** Lydia had been fortunate enough **jamais** to be **sans** partners, which was all that **elles** had yet learnt to care for at a ball. **Elles** returned, therefore, in good spirits to Longbourn, the village **où elles** lived, **et** of which **elles étaient** the principal inhabitants. **Elles ont trouvé** Mr. Bennet still up. **Avec un livre il** was regardless of time; **et** on the present occasion **il** had a good deal of curiosity as to the event of an evening which had raised such splendid expectations. **Il** had rather hoped that his wife's views on the stranger would be disappointed; **mais il** soon found out that **il** had a different story to hear.

"Oh, my dear Mr. Bennet," as **elle** entered the room, "we have had a most delightful evening, a most excellent ball. **Je** wish you had been there. Jane was so admired, nothing could be like it. Everybody said **comment** well **elle avait l'air**; **et** Mr. Bingley thought her quite beautiful, **et** danced **avec** her à deux reprises! Only think of that, my dear; **il** actually danced **avec** her à deux reprises! **et elle** was the only creature in the room that **il** asked a second time. First of all, **il** asked Miss Lucas. **Je** was so vexed **de voir** him stand up **avec** her! **Mais, pourtant, il** did not admire her at all; indeed, nobody can, **vous savez**; **et il** seemed quite struck **avec** Jane as **elle** was going down the dance. So **il** enquired **qui elle** was, **et** got introduced, **et** asked her for the **deux** next. Then the **deux** third **il** danced **avec** Miss King, **et** the **deux** fourth **avec** Maria Lucas, **et** the **deux** fifth **avec** Jane again, **et** the **deux** sixth **avec** Lizzy, **et** the Boulanger —"

"**S'il** had had any compassion for **moi**," cried her husband impatiently, "**il n'aurait pas** danced half so much! For God's sake, say no more of his partners. Oh that **il** had sprained his ankle in the first dance!"

"Oh! my dear, **je** am quite delighted **avec** him. **Il** is so excessively handsome! **Et** his sisters are charming women. **Jamais je** in **ma vie** saw anything more elegant **que** their dresses. **Je** dare say the lace upon Mrs. Hurst's gown —"

**Ici, elle** was interrupted again. Mr. Bennet protested against any description of finery. **Elle** was therefore obliged to seek another branch of the subject, **et** related, **avec** much bitterness of spirit **et** some exaggeration, the shocking rudeness of Mr. Darcy.

"**Mais je peux** assure you," **elle a ajouté**, "that Lizzy does not lose much by not suiting his fancy; for **il** is a most disagreeable, horrid man, not at all worth pleasing. So high **et** so conceited that **il y avait** no enduring him! **Il** walked **ici, et il** walked there, fancying himself so **très** great! Not handsome enough to dance **avec**! **Je** wish you had been there, my dear, **pour avoir donné** him one of your set-downs. **Je** quite detest the man."

## Chapter 3

| French | Pronunciation | English |
|---|---|---|
| et elles étaient | ət ɛlɛs etaj | and they were |
| jours | ʒur | days |
| être | ɛtr | being |
| mais il a vu | mɛs il a vy | but he saw |
| allaient faire | alajɛnt fɛr | were to do |
| elle pouvait | ɛlə puvɛ | she could |
| il pourrait | il purrɛ | he could |
| endroit | âdrwa | place |
| étant allé | etant ale | having gone |
| un nombre | yn nõbr | a number |
| personne | pɛrsɔn | person |
| compagnie | kɔmpaɲj | company |
| et d'être | ət d'ɛtr | and being |
| personnes | pɛrsɔn | people |
| tôt | to | early |
| une fois avec | ynə fwas avɛk | once with |
| le monde | lə mɔn | the world |
| et pendant une partie | ət pɛndant ynə partj | and during a part |
| vous-même | vus-mɛm | yourself |

## Chapter 3

| French | Pronunciation | English |
|---|---|---|
| je ne serais pas | ʒə nə sɛrɛs pa | i would not be |
| ma vie | ma vj | my life |
| elles vous voyez | ɛləs vus vwaɛz | them you see |
| en regardant | ən rɛgardan | looking at |
| il a regardé | il a rɛgarde | he looked |
| votre temps avec moi | vɔtrə tâps avɛk mwa | your time with me |
| famille | famij | family |
| à deux reprises | a dœks rɛpriz | twice |
| sans | san | without |
| où elles | ù ɛl | where they |
| elles ont trouvé | ɛlɛs ɔnt truve | they found |
| avec un livre il | avɛk yn livrə il | with a book he |
| elle avait l'air | ɛlə avɛt l'ɛr | she looked |
| s'il | s'il | if he |
| il n'aurait pas | il n'ɔrɛt pa | he would not have |
| elle a ajouté | ɛlə a aʒute | she added |
| pour avoir donné | pur avwar dɔne | for giving |

# 4

> **Weeve Reading Tip:** Use vocab tables to check your knowledge and look at our pronunciation guides. Don't try to memorise the vocab tables - if you find you do not understand the vocab in the vocab tables, try re-reading the chapter and see if you can pick them up through context the second time round.

**Lorsque** Jane **et** Elizabeth were alone, the former, **qui** had been cautious in her praise of Mr. Bingley **avant**, expressed to her sister just **comment très** much **elle** admired him.

"**Il** is just what a young man ought to be," said **elle**, "sensible, good-humoured, lively; **et je** never saw such happy manners! — so much ease, **avec** such perfect good breeding!"

"**Il** is <u>également</u> handsome," replied Elizabeth, "which a young man ought likewise to be, **s'il** possibly can. His character is thereby complete."

"**Je** was **très** much flattered by his asking **moi** to dance a second time. **Je** did not expect such a compliment."

"Did not you? **Je** did for you. **Mais** that is one great difference **entre nous**. Compliments **toujours** take you by surprise, **et moi jamais**. What could be more natural **que** his asking you again? **Il pouvait** not help seeing that <u>**vous étiez**</u> about five **fois** as pretty as every other woman in the room. No <u>**merci**</u> to his gallantry for that. Well, **il** certainly is **très** agreeable, **et je donne** you leave <u>**pour aimer**</u> him. <u>**Vous avez aimé**</u> many a stupider **personne**."

"Dear Lizzy!"

"Oh! you are a great deal too apt, **vous savez,** <u>**d'aimer les gens**</u>

in general. You **jamais** see a fault in anybody. All **le monde** are good **et** agreeable in your eyes. **Jamais je** heard you speak ill of **un être humain** in **votre vie**."

"**Je ne souhaiterais pas** to be hasty in censuring anyone; **mais je toujours** speak what **je pense**."

"**Je sais** you do; **et** it is that which makes the wonder. **Avec** your good sense, to be so honestly blind to the follies **et** nonsense of others! Affectation of candour is common enough — one meets **avec** it everywhere. **Mais** to be candid **sans** ostentation **ou** design — to take the good of everybody's character **et** make it still better, **et** say nothing of the bad — belongs to you alone. **Et** so **vous aimez** this man's sisters, too, do you? Their manners are not equal to his."

"Certainly not — at first. **Mais elles** are **très** pleasing women **lorsque** you converse **avec elles**. Miss Bingley is to live **avec** her brother, **et** keep his house; **et je** am much mistaken **si** we shall not find a **très** charming neighbour in her."

Elizabeth listened in silence, **mais** was not convinced; their behaviour at the assembly had not been calculated to please in general; **et avec** more quickness of observation **et** less pliancy of temper **que** her sister, **et avec** a judgement too unassailed by any attention to herself, **elle** was **très** little disposed to approve **elles**. **Elles étaient** in fact **très** fine ladies; not deficient in good humour **quand elles étaient** pleased, nor in **le pouvoir** of making themselves agreeable **quand elles** chose it, **mais** proud **et** conceited. **Elles étaient** rather handsome, had been educated in one of the first private seminaries in town, had a fortune of twenty thousand pounds, were in the habit of spending more **qu' elles** ought, **et** of associating **avec des gens** of rank, **et** were therefore in every respect entitled **de penser** well of themselves, **et** meanly of others. **Elles étaient** of a respectable **famille** in the north of England; a circumstance more deeply impressed on their memories **que** that their brother's fortune **et** their own had been acquired by trade.

Mr. Bingley inherited property to the amount of nearly a hundred thousand pounds from his father, **qui** had intended to purchase an estate, **mais** did not live to **faire** it. Mr. Bingley intended it likewise, **et parfois** made choice of his county; **mais** as **il** was now provided **avec** a good house **et** the liberty of a manor, it was doubtful to many of **ceux qui** best knew the easiness of his temper, **s'il pouvait** not spend the remainder of his **jours** at Netherfield, **et** leave the next generation to purchase.

His sisters were anxious for his having an estate of his own; **mais**, **bien qu'il** was now only established as a tenant, Miss Bingley was by no means unwilling to preside at his table — nor was Mrs. Hurst, **qui** had married a man of more fashion **que** fortune, less disposed to consider his house as **sa maison quand** it suited her. Mr. Bingley had not been of age **deux ans, quand il** was tempted by an accidental recommendation **de regarder** at Netherfield House. **Il** did look at it, **et dans** it for half-an-hour — was pleased **avec** the situation **et** the principal rooms, satisfied **avec** what the owner said in its praise, **et** took it immediately.

**Entre** him **et** Darcy **il y avait** a **très** steady friendship, in spite of great opposition of character. Bingley was endeared to Darcy by the easiness, openness, **et** ductility of his temper, **mais** no disposition could offer a greater contrast to his own, **et bien qu'avec** his own **il n'a jamais** appeared dissatisfied. On the strength of Darcy's regard, Bingley had the firmest reliance, **et** of his judgement the highest opinion. In understanding, Darcy was the superior. Bingley was by no means deficient, **mais** Darcy was clever. **Il** was at the same time haughty, reserved, **et** fastidious, **et** his manners, **mais** well-bred, were not inviting. In that respect his friend had greatly the advantage. Bingley was sure of étant liked wherever **il** appeared, Darcy was continually **en train de donner** offense.

The manner in which **ils** spoke of the Meryton assembly was sufficiently characteristic. Bingley had **jamais** met **avec** more pleasant **personnes ou** prettier girls in **sa vie**; everybody had been most kind **et** attentive to him; there had been no formality, no stiffness; **il** had soon felt acquainted **avec** all the room; **et**, as to Miss Bennet, **il pourrait** not conceive an angel more beautiful. Darcy, on the contrary, had seen a collection of **personnes** in whom **il y avait** little beauty **et** no fashion, for none of whom **il avait senti** the smallest interest, **et** from none received either attention **ou** pleasure. Miss Bennet **il** acknowledged to be pretty, **mais elle** smiled too much.

Mrs. Hurst **et** her sister allowed it to be so — but still **ils** admired her **et** liked her, **et** pronounced her to be a sweet girl, **et** one whom **ils voudraient** not object **de savoir** more of. Miss Bennet was therefore established as a sweet girl, **et** their brother felt authorized by such commendation **de penser** of her as **il** chose.

## Chapter 4

| French | Pronunciation | English |
|---|---|---|
| également | egalɛm | also |
| vous étiez | vus etjɛz | you were |
| merci | mɛrsi | thank you |
| et je donne | ət ʒə dɔn | and i give |
| pour aimer | pur ɛme | to love |
| vous avez aimé | vus avɛz ɛme | you have liked |
| d'aimer les gens | d'ɛmər lɛs ʒɛn | to like people |
| un être humain | yn ɛtrə ymɛ̃ | a human |
| je ne souhaiterais pas | ʒə nə suɛtɛrɛs pa | i would not wish |
| je pense | ʒə pɛn | i think |
| vous aimez | vus ɛmɛz | you like |
| le pouvoir | lə puvwar | the power |
| qu' elles | k' ɛl | than they |
| avec des gens | avɛk dɛs ʒɛn | with people |
| et parfois | ət parfwa | and sometimes |
| bien qu'il | bjən k'il | though he |
| sa maison quand | sa mɛzɔn kan | his home when |
| de regarder | də rɛgarde | to look |
| et bien qu'avec | ət bjən k'avɛk | and though with |

## Chapter 4

| French | Pronunciation | English |
|---|---|---|
| il n'a jamais | il n'a ʒamɛ | he has never |
| il avait senti | il avɛt sɛntj | he had felt |
| ils voudraient | ils vudraj | they would want |

# 5

**Weeve Reading Tip:** Translating words will make it more difficult to enter a flow state. This is where the natural process of language learning is most powerful. In this state your brain has the strongest ability to learn a language

Within a short walk of Longbourn lived **une famille avec** whom the Bennets were particularly intimate. Sir William Lucas had been formerly in trade in Meryton, **où il** had made a tolerable fortune, **et** risen to the honour of knighthood by an address to the king **durant** his mayoralty. The distinction had perhaps been felt too strongly. It had **donné** him a disgust to **son affaire**, **et** to his residence in a small **marché** town; **et**, in quitting **elles** both, **il** had removed **avec sa famille** to a house about a mile from Meryton, denominated from that period Lucas Lodge, **où il pouvait** think **avec** pleasure of his own importance, **et**, unshackled by business, occupy himself solely in étant civil to all **le monde**. For, **mais** elated by his rank, it did not render him supercilious; on the contrary, **il** was all attention to everybody. By nature inoffensive, friendly, **et** obliging, his presentation at St. James's had made him courteous.

Lady Lucas was a **très** good kind of woman, not too clever to be a valuable neighbour to Mrs. Bennet. **Ils** had several children. The eldest of **eux**, a sensible, intelligent young woman, about twenty-seven, was Elizabeth's intimate friend.

That the Miss Lucases **et** the Miss Bennets should meet to talk over a ball was absolutely necessary; **et** the morning after the assembly brought the former to Longbourn to hear **et** to

23

communicate.

"You began the evening well, Charlotte," said Mrs. Bennet **avec** civil self-command to Miss Lucas. "**Vous étiez** Mr. Bingley's first choice."

"Yes; **mais il** seemed **d'aimer** his second better."

"Oh! you mean Jane, **je** suppose, **parce qu'il** danced **avec** her à deux reprises. To be sure that did seem as **s'il** admired her — indeed **je** rather believe **il** did — I heard **quelque chose** about it — but **je** hardly know what — something about Mr. Robinson."

"Perhaps you mean what **je** overheard **entre** him **et** Mr. Robinson; did not **je** mention it to you? Mr. Robinson's asking him **comment il aimait** our Meryton assemblies, **et s'il** did not think **il y avait** a great many pretty women in the room, **et** which **il pensait** the prettiest? **et** his answering immediately to the last question: 'Oh! the eldest Miss Bennet, beyond a doubt; there cannot be **deux** opinions on that point.'"

"Upon my word! Well, that is **très** decided indeed — that does seem as if — but, **pourtant**, it may all come to nothing, **vous savez**."

"My overhearings were more to the purpose **que** yours, Eliza," said Charlotte. "Mr. Darcy is not so well worth listening to as his friend, is **il**? — poor Eliza! — to be only just tolerable."

"**Je** beg **vous ne le mettriez pas dans** Lizzy's head to be vexed by his ill-treatment, for **il** is such a disagreeable man, that it would be quite a misfortune to be liked by him. Mrs. Long told **moi** last night that **il** sat close to her for half-an-hour **sans une fois** opening his lips."

"Are you quite sure, ma'am? — is not there a little mistake?" said Jane. "**Je** certainly saw Mr. Darcy speaking to her."

"Aye — because **elle** asked him at last **comment il aimait** Netherfield, **et il pouvait** not help answering her; **mais elle a dit qu'il** seemed quite angry at être spoke to."

"Miss Bingley told **moi**," said Jane, "that **il jamais** speaks much, unless among his intimate acquaintances. **Avec eux il** is remarkably agreeable."

"**Je** do not believe a word of it, my dear. **S'il** had been so **très** agreeable, **il aurait** talked to Mrs. Long. **Mais je peux** guess **comment** it was; everybody **dit** that **il** is eat up **avec** pride, **et je** dare say **il** had heard somehow that Mrs. Long does not keep a carriage, **et** had come to the ball in a hack chaise."

"**Je** do not mind his not talking to Mrs. Long," said Miss Lucas, "**mais je** wish **il** had danced **avec** Eliza."

"Another time, Lizzy," said her mother, "**Je voudrais** not dance **avec** him, **si je** were you."

"**Je** believe, ma'am, **je peux** safely promise you **jamais** to dance **avec** him."

"His pride," said Miss Lucas, "does not offend **moi** so much as pride **souvent** does, **parce qu'il y a** an excuse for it. One cannot wonder that so **très** fine a young man, **avec une famille**, fortune, everything in his favour, should think highly of himself. **Si je peux** so express it, **il** has a right to be proud."

"That is **très** true," replied Elizabeth, "**et je pouvais** easily forgive his pride, **s'il** had not mortified mine."

"Pride," observed Mary, **qui** piqued herself upon the solidity of her reflections, "is a **très** common failing, **je** believe. By all that **je** have ever read, **je** am convinced that it is **très** common indeed; that human nature is particularly prone to it, **et** that **il y a très** few of **nous qui** do not cherish a feeling of self-complacency on the score of some quality **ou** other, real **ou** imaginary. Vanity **et** pride are different things, **mais** the words are **souvent** used synonymously. **Une personne** may be proud **sans être** vain. Pride relates more to our opinion of ourselves, vanity to what **nous aurions** others think of **nous**."

"**Si je** were as rich as Mr. Darcy," cried a young Lucas, **qui** came **avec** his sisters, "**Je devrais** not care **comment** proud **je** was. **Je voudrais** keep a pack of foxhounds, **et** drink a bottle of wine **par jour**."

"Then **vous boiriez** a great deal more **que** you ought," said Mrs. Bennet; "**et si je** were to **voir** you at it, **je devrais** take away your bottle directly."

The boy protested that **elle devrait** not; **elle** continued to declare that **elle** would, **et** the argument **a terminé** only **avec** the visit.

## Chapter 5

| French | Pronunciation | English |
|---|---|---|
| durant | dyrɑ̃ | during |
| son affaire | sɔn afɛr | his business |
| marché | marʃe | market |
| parce qu'il | parsə k'il | because he |
| comment il aimait | kɔmɛnt il ɛmɛ | how he loved |
| il pensait | il pɛnsɛ | he thought |
| vous ne le mettriez pas | vus nə lə mɛtrjez pa | you would not put |
| il aurait | il orɛ | he would have |
| je voudrais | ʒə vudrɛ | i would like |
| et je pouvais | ət ʒə puvɛ | and i could |
| nous aurions | nus orjɔ̃ | we would have |
| vous boiriez | vus bwarjɛz | you would drink |
| a terminé | a tɛrmine | has finished |

**Weeve Reading Tip:** Trust the process - the less you worry about your speed of acquisition the quicker the passive language acquisition will occur. Get lost in the story and let the language learning take care of itself.

The ladies of Longbourn soon waited on **celles** of Netherfield. The visit was soon returned in due form. Miss Bennet's pleasing manners grew on the goodwill of Mrs. Hurst **et** Miss Bingley; **et bien que** the mother was found to be intolerable, **et** the younger sisters not worth speaking to, a wish of **être** better acquainted **avec elles** was expressed towards the **deux** eldest. By Jane, this attention was received **avec** the greatest pleasure, **mais** Elizabeth still saw superciliousness in their treatment of everybody, hardly excepting even her sister, **et** could not like **elles**; **mais** their kindness to Jane, such as it was, had a value as arising in all probability from the influence of their brother's admiration. It was generally evident whenever **ils** met, that **il** did admire her **et** to her it was equally evident that Jane was yielding to the preference which **elle** had begun to entertain for him from the first, **et** was in far to be **très** much **amoureuse**; **mais elle considère avec** pleasure that it was not likely to be discovered by **le monde** in general, **puisque** Jane united, **avec** great strength of feeling, a composure of temper **et** a uniform cheerfulness of manner which would guard her from the suspicions of the impertinent. **Elle** mentioned this to her friend Miss Lucas.

"It may perhaps be pleasant," replied Charlotte, **"d'être en mesure** to impose on **le public** in such a case; **mais** it is **parfois** a disadvantage to be so **très** guarded. **Si** a woman conceals her affection **avec** the same skill from the object of it, **elle peut** lose the opportunity of fixing him; **et** it will then be **mais** poor consolation to believe **le monde** equally in the dark. **Il y a** so much of gratitude **ou** vanity in almost every attachment, that it is not safe to leave any to itself. <u>**Nous pouvons**</u> all begin freely — a slight preference is natural enough; **mais il y a très** few of **nous qui** have heart enough to be **vraiment** <u>**amoureux sans**</u> encouragement. In nine cases out of ten a woman had better show more affection <u>**qu'elle ne sent**</u>. Bingley **aime** your sister undoubtedly; **mais il ne peut jamais** do more **que** like her, **si elle** does not help him on."

"**Mais elle** does help him on, as much as her nature will allow. **Si je peux** perceive her regard for him, <u>**il doit**</u> be a simpleton, indeed, not to discover it too."

"Remember, Eliza, that **il** does not know Jane's disposition as you do."

"**Mais si** a woman is partial to a man, **et** does not endeavour to conceal it, **il doit** find it out."

"Perhaps **il doit**, <u>**s'il voit**</u> enough of her. **Mais**, <u>**alors que**</u> Bingley **et** Jane meet tolerably **souvent**, it is **jamais** for many hours <u>**ensemble**</u>; **et**, as **ils toujours** see each other in large mixed parties, it is impossible that every moment should be employed in conversing **ensemble**. Jane should therefore make the most of every half-hour in which **elle peut** command his attention. **Quand elle** is secure of him, there will be more leisure for falling in **amour** as much as **elle** chooses."

"Your plan is a good one," replied Elizabeth, "**où** nothing is in question **mais** the desire of être well married, **et si je** were determined to get a rich husband, **ou** any husband, **je** dare say **je devrais** adopt it. **Mais** these are not Jane's feelings; **elle** is not acting by design. As yet, **elle** cannot even be certain of the degree of her own regard nor of its reasonableness. <u>**Elle a connu**</u> him only a fortnight. **Elle** danced four dances **avec** him at Meryton; **elle a vu** him one morning at his own house, **et** has <u>**depuis**</u> dined **avec** him in **compagnie** four **fois**. This is not quite enough to make her understand his character."

"Not as you represent it. Had **elle** merely dined **avec** him, <u>**elle aurait seulement pu découvrir**</u> **s'il** had a good appetite; **mais vous devez** remember that four evenings have également been spent together — and four evenings may do a great deal."

"Yes; these four evenings have enabled **eux** to ascertain that **ils** both like Vingt-un better **que** Commerce; **mais avec** respect to any other leading characteristic, **je** do not imagine that much has been unfolded."

"Well," said Charlotte, "**Je** wish Jane success **avec** all my heart; **et si elle** were married to him to-morrow, **je devrais** think **elle** had as good a chance of happiness as **si elle** were to be **en train d'étudier** his character for a twelvemonth. Happiness in marriage is entirely a matter of chance. **Si** the dispositions of the parties are ever so well known to each other **ou** ever so similar beforehand, it does not advance their felicity in the least. **Ils toujours** continue to grow sufficiently unlike afterwards **pour avoir** their share of vexation; **et** it is better **de connaître** as little as possible of the defects of **la personne** whom you are to pass **votre vie**."

"You make **moi** laugh, Charlotte; **mais** it is not sound. **Vous savez** it is not sound, **et** that **jamais vous ne** act in this **façon vous-même**."

Occupied in observing Mr. Bingley's attentions to her sister, Elizabeth was far from suspecting that **elle** was herself becoming an object of some interest in the eyes of his friend. Mr. Darcy had at first scarcely allowed her to be pretty; **il avait regardé** at her **sans** admiration at the ball; **et quand ils** next met, **il a regardé** at her only to criticise. **Mais** no sooner had **il** made it clear to himself **et** his friends that **elle** hardly had a good feature in her face, **qu'il** began **de trouver** it was rendered uncommonly intelligent by the beautiful expression of her dark eyes. To this discovery succeeded some others equally mortifying. **Bien qu'il** had detected **avec** a critical eye more **que** one failure of perfect symmetry in her form, **il** was forced to acknowledge her figure to be light **et** pleasing; **et** in spite of his asserting that her manners were not **celles** of the fashionable **monde**, **il** was caught by their easy playfulness. Of this **elle** was perfectly unaware; to her **il** was only the man **qui** made himself agreeable nowhere, **et qui** had not thought her handsome enough to dance **avec**.

**Il** began to wish **de savoir** more of her, **et** as a step towards conversing **avec** her himself, attended to her conversation **avec** others. His doing so drew her notice. It was at Sir William Lucas's, **où** a large party were assembled.

"What does Mr. Darcy mean," said **elle** to Charlotte, "by listening to my conversation **avec** Colonel Forster?"

"That is a question which Mr. Darcy only can answer."

"**Mais s'il** does it any more **je** shall certainly let him know that **je vois** what **il** is about. **Il** has a **très** satirical eye, **et si je** do not begin by étant impertinent myself, **je** shall soon grow afraid of him."

On his approaching **eux** soon afterwards, **mais sans** seeming **d'avoir** any intention of speaking, Miss Lucas defied her friend to mention such a subject to him; which immediately provoking

Elizabeth **de faire** it, **elle** turned to him **et** said:

"Did you not think, Mr. Darcy, that **je** expressed myself uncommonly well just now, **quand je** was teasing Colonel Forster **pour nous donner** a ball at Meryton?"

"**Avec** great energy; **mais** it is **toujours** a subject which makes a lady energetic."

"You are severe on **nous**."

"It will be her turn soon to be teased," said Miss Lucas. "**Je** am going to open the instrument, Eliza, **et vous savez** what follows."

"You are a **très** strange creature by way of a friend! — always **me vouloir jouer et** sing **devant** anybody **et** everybody! **Si** my vanity had **pris** a musical turn, **vous auriez** been invaluable; **mais** as it is, **je voudrais vraiment** rather not sit down **avant ceux qui** must be in the habit of hearing the **très** best performers." On Miss Lucas's persevering, **pourtant, elle a ajouté**, "**Très** well, **si** it must be so, it must." **Et** gravely glancing at Mr. Darcy, "**Il y a** a fine old saying, which everybody **ici** is of course familiar **avec**: 'Keep your breath to cool your porridge'; **et je** shall keep mine to swell my song."

Her performance was pleasing, **mais** by no means capital. After a song **ou deux, et avant qu'elle ne puisse** reply to the entreaties of several that **elle chanterait** again, **elle** was eagerly succeeded at the instrument by her sister Mary, **qui** having, in consequence of être the only plain one in **la famille**, worked hard for **connaissances et** accomplishments, was **toujours** impatient for display.

Mary had neither genius nor taste; **et bien que** vanity had **donné** her application, it had **donné** her likewise a pedantic air **et** conceited manner, which would have injured a higher degree of excellence **qu'elle** had reached. Elizabeth, easy **et** unaffected, had been listened to **avec** much more pleasure, **mais** not playing half so well; **et** Mary, at the end of a long concerto, was glad to purchase praise **et** gratitude by Scotch **et** Irish airs, at the request of her younger sisters, **qui, avec** some of the Lucases, **et deux ou trois** officers, joined eagerly in dancing at one end of the room.

Mr. Darcy stood near **elles** in silent indignation at such a mode of passing the evening, to the exclusion of all conversation, **et** was too much engrossed by his thoughts to perceive that Sir William Lucas was his neighbour, till Sir William thus began:

"What a charming amusement for young **personnes** this is, Mr. Darcy! **Il y a** nothing like dancing after all. **Je** consider it as one of the first refinements of polished society."

"Certainly, sir; **et** it has the advantage également of être in vogue amongst the less polished societies of **le monde**. Every savage can dance."

Sir William only smiled. "Your friend performs delightfully," **il** continued after a pause, on seeing Bingley join the group; "**et je** doubt not that you are an adept in **la science vous-même**, Mr. Darcy."

"**Vous m'avez vu** dance at Meryton, **je** believe, sir."

"Yes, indeed, **et** received no inconsiderable pleasure from the sight. Do you **souvent** dance at St. James's?"

"**Jamais**, sir."

"Do you not think it would be a proper compliment to **le lieu**?"

"It is a compliment which **jamais je** pay to **un endroit si je peux** avoid it."

"You have a house in town, **je** conclude?"

Mr. Darcy bowed.

"**Je** had **une fois** had some thought of fixing in town myself — for **je** am fond of superior society; **mais je** did not feel quite certain that **l'air** of London would agree **avec** Lady Lucas."

**Il** paused in hopes of an answer; **mais** his companion was not disposed to make any; **et** Elizabeth at that instant moving towards **eux**, **il** was struck **avec** the action of doing a **très** gallant thing, **et** called out to her:

"My dear Miss Eliza, **pourquoi** are you not dancing? Mr. Darcy, **vous devez** allow **moi** to present this young lady to you as a **très** desirable partner. You cannot refuse to dance, **je** am sure **lorsque** so much beauty is **devant** you." **Et**, **prenant** her **main**, **il aurait donné** it to Mr. Darcy **qui**, **mais** extremely surprised, was not unwilling to receive it, **quand elle** instantly drew back, **et** said **avec** some discomposure to Sir William:

"Indeed, sir, **je** have not the least intention of dancing. **Je** entreat you not to suppose that **je** moved this **direction** in order to beg for a partner."

Mr. Darcy, **avec** grave propriety, requested to be allowed the honour of her **main**, **mais** in vain. Elizabeth was determined; nor did Sir William at all shake her purpose by his attempt at persuasion.

"You excel so much in the dance, Miss Eliza, that it is cruel to deny **moi** the happiness of seeing you; **et bien que** this gentleman dislikes the amusement in general, **il peut** have no objection, **je** am sure, to oblige **nous** for one half-hour."

"Mr. Darcy is all politeness," said Elizabeth, smiling.

"**Il** is, indeed; **mais**, considering the inducement, my dear Miss Eliza, we cannot wonder at his complaisance — for **qui** would object to such a partner?"

Elizabeth looked archly, **et** turned away. Her resistance had not injured her **avec** the gentleman, **et il** was **en train de penser** of her **avec** some complacency, **lorsque** thus accosted by Miss Bingley:

"**Je peux** guess the subject of your reverie."

"**Je devrais** imagine not."

"You are considering **comment** insupportable it would be to pass many evenings in this manner — in such society; **et** indeed **je** am quite of your opinion. **Je** was **jamais** more annoyed! The insipidity, **et** yet the noise — the nothingness, **et** yet the self-importance of all **ces gens**! What would **je donner** to hear your strictures on **eux**!"

"Your conjecture is totally wrong, **je** assure you. **Mon esprit** was more agreeably engaged. **Je** have been meditating on the **très** great pleasure which a pair of fine eyes in the face of a pretty woman can bestow."

Miss Bingley immediately fixed her eyes on his face, **et** desired **il raconterait** her what lady had the credit of inspiring such reflections. Mr. Darcy replied **avec** great intrepidity:

"Miss Elizabeth Bennet."

"Miss Elizabeth Bennet!" repeated Miss Bingley. "**Je** am all astonishment. **Comment** long has **elle** been such a favourite? — and pray, **lorsque** am **je** to wish you joy?"

"That is exactly the question which **je** expected you to ask. A lady's imagination is **très** rapid; it jumps from admiration to **aimer**, from **l'amour** to matrimony, in a moment. **Je savais que vous** would be wishing **moi** joy."

"Nay, **si** you are serious about it, **je** shall consider the matter is absolutely settled. You will be having a charming mother-in-law, indeed; **et**, of course, **elle** will **toujours** be at Pemberley **avec** you."

**Il** listened to her **avec** perfect indifference **pendant qu'elle** chose to entertain herself in this manner; **et** as his composure convinced her that all was safe, her wit flowed long.

## Chapter 6

| French | Pronunciation | English |
|---|---|---|
| celles | sɛl | those |
| amoureuse | amurœz | in love |
| mais elle considère avec | mɛs ɛlə kɔnsidɛrə avɛk | but she considered with |
| d'être en mesure | d'ɛtrə ən mɛzyr | to be able |
| le public | lə pyblik | the public |
| nous pouvons | nus puvɔn | we can |
| amoureux sans | amurœks san | in love without |
| qu'elle ne sentait | k'ɛlə nə | than she felt |
| il doit | il dwa | he must |
| s'il voit | s'il vwa | if he sees |
| alors que | alɔrs k | while |
| ensemble | ɛnsâbl | together |
| elle a connu | ɛlə a kɔny | she knew |
| depuis | dəpɥi | since |
| elle aurait seulement pu découvrir | ɛlə orɛt sœlɛmənt py dekuvrir | she could only have discovered |
| en train d'étudier | ən trɛn d'etydje | studying |
| de connaître | də kɔnɛtr | to know |
| la personne | la pɛrsɔn | the person |
| d'avoir | d'avwar | to have |

## Chapter 6

| French | Pronunciation | English |
|---|---|---|
| me vouloir jouer et | mə vulwar ʒwər ɛ | to want me play and |
| devant | dəvan | before |
| vous auriez | vus orjɛz | you would |
| et avant qu'elle ne puisse | ət avant k'ɛlə nə pɥis | and before she could |
| elle chanterait | ɛlə ʃantɛrɛ | she would sing |
| la science vous-même | la skjɛnsə vus-mɛm | science yourself |
| vous m'avez vu | vus m'avɛz vy | you saw me |
| le lieu | lə ljœ | the place |
| prenant | prənan | taking |
| main | mɛ̃ | hand |
| direction | dirɛktjɔ̃ | direction |
| ces gens | səs ʒɛn | these people |
| il raconterait | il rakɔntɛrɛ | he would tell |
| l'amour | l'amur | love |

# 7

> **Weeve Reading Tip:** Returning to your weeve after a break can be difficult. Try flipping back to the last vocabulary table, refresh yourself with the words in the story and continue reading.

Mr. Bennet's property consisted almost entirely in an estate of **deux** thousand **par an**, which, unfortunately for his daughters, was entailed, in default of heirs male, on a distant relation; **et** their mother's fortune, **mais** ample for her situation in life, could **mais** ill supply the deficiency of his. Her father had been an attorney in Meryton, **et** had left her four thousand pounds.

**Elle** had a sister married to a Mr. Phillips, **qui** had been a clerk to their father **et** succeeded him in **l'affaire**, **et** a brother settled in London in a respectable line of trade.

The village of Longbourn was only one mile from Meryton; a most convenient distance for the young ladies, **qui** were **d'habitude** tempted thither **trois ou** four **fois** a week, to pay their duty to their aunt **et** to a milliner's shop just over **le chemin**. The **deux** youngest of **la famille**, Catherine **et** Lydia, were particularly frequent in these attentions; **leurs pensées** were more vacant **que** their sisters', **et quand** nothing better offered, a walk to Meryton was necessary to amuse their morning hours **et** furnish conversation for the evening; **et cependant** bare of news the country in general might be, **elles ont toujours** contrived **d'apprendre** some from their aunt. At present, indeed, **elles étaient** well supplied both **avec** news **et** happiness by the recent arrival of a militia regiment in the neighbourhood; it was to remain the whole winter, **et** Meryton was the headquarters.

Their visits to Mrs. Phillips were now productive of the most interesting intelligence. Every day added **quelque chose** to **leurs connaissances** of the officers' names **et** connections. Their lodgings were not long a secret, **et** at length **elles** began **de connaître** the officers themselves. Mr. Phillips visited **elles** all, **et** this opened to his nieces a store of felicity unknown **avant**. <u>**Elles pourraient**</u> talk of nothing **mais** officers; **et** Mr. Bingley's large fortune, the mention of which gave animation to their mother, was worthless in their eyes **lorsque** opposed to the regimentals of an ensign.

After listening one morning to their effusions on this subject, Mr. Bennet coolly observed:

"From all that **je peux** collect by your manner of talking, **vous devez** be **deux** of the silliest girls in the country. **Je** have suspected it some time, **mais je** am now convinced."

Catherine was disconcerted, **et** made no answer; **mais** Lydia, **avec** perfect indifference, continued to express her admiration of Captain Carter, **et** her hope of seeing him in **le cours** of **la journée**, as **il** was going the next morning to London.

"**Je** am astonished, my dear," said Mrs. Bennet, "that <u>**vous devriez**</u> be so ready **de penser** your own children silly. **Si je** wished **de penser** slightingly of anybody's children, it should not be of my own, **pourtant**."

"**Si** my children are silly, **je dois** hope to be **toujours** sensible of it."

"Yes — but as it happens, **elles** are all of **les très** clever."

"This is the only point, **je** flatter myself, on which we do not agree. **Je** had hoped that our sentiments coincided in every particular, **mais je dois** so far differ from you as to **penser** our **deux** youngest daughters uncommonly foolish."

"My dear Mr. Bennet, **vous devez** not expect such girls **d'avoir** the sense of their father **et** mother. **Quand elles** get to our age, **je** dare say **elles** will not think about officers any more **que** we do. **Je** remember **le temps où j'ai aimé** a red coat myself **très** well — and, indeed, so **je** do still at my heart; **et si** a smart young colonel, **avec** five **ou** six thousand **par an**, should want one of my girls **je** shall not say nay to him; **et je pensais** Colonel Forster looked **très** becoming the other night at Sir William's in his regimentals."

"Mamma," cried Lydia, "my aunt **a dit** that Colonel Forster **et** Captain Carter do not go so **souvent** to Miss Watson's as **ils** did **quand ils** first came; **elle les voit** now **très souvent** standing in

Clarke's library."

Mrs. Bennet was prevented replying by the entrance of the footman **avec** a note for Miss Bennet; it came from Netherfield, **et** the servant waited for an answer. Mrs. Bennet's eyes sparkled **avec** pleasure, **et elle** was eagerly calling out, **pendant que** her daughter read,

"Well, Jane, **qui** is it from? What is it about? What doesit say? Well, Jane, make haste **et** tell **nous**; make haste, **mon amour**."

"It is from Miss Bingley," said Jane, **et** then read it aloud.

"MY DEAR FRIEND, —

"**Si** you are not so compassionate as to dine to-day **avec** Louisa **et moi**, we shall be in danger of hating each other for the rest of our **vies**, for a whole day's tête-à-tête **entre deux** women can **jamais** end **sans** a quarrel. Come as soon as **vous pouvez** on receipt of this. My brother **et** the gentlemen are to dine **avec** the officers. — Yours ever,

"CAROLINE BINGLEY"

"**Avec** the officers!" cried Lydia. "**Je** wonder my aunt did not tell **nous** of that."

"Dining out," said Mrs. Bennet, "that is **très** unlucky."

"Can **je** have the carriage?" said Jane.

"No, my dear, you had better go on horseback, <u>**car**</u> it seems likely to rain; **et** then **vous devez** stay all night."

"That would be a good scheme," said Elizabeth, "**si vous étiez** sure that **ils voudraient** not offer to send her à la maison."

"Oh! **mais** the gentlemen will have Mr. Bingley's chaise <u>**pour aller**</u> to Meryton, **et** the Hursts have no horses to theirs."

"**Je** had much rather go in the coach."

"**Mais**, my dear, your father cannot spare the horses, **je** am sure. **Ils** are wanted in the farm, Mr. Bennet, are **ils** not?"

"**Ils** are wanted in the farm much oftener **que je peux** get **eux**."

"**Mais si** you have got **eux** to-day," said Elizabeth, "my mother's purpose will be answered."

**Elle** did at last extort from her father an acknowledgment that the horses were engaged. Jane was therefore obliged **d'aller** on horseback, **et** her mother attended her to the door **avec** many cheerful prognostics of a bad day. Her hopes were answered; Jane had not been **partie** long **avant que** it rained hard. Her sisters were uneasy for her, **mais** her mother was delighted. The rain continued the whole evening **sans** intermission; Jane certainly could not come back.

"This was a lucky idea of mine, indeed!" said Mrs. Bennet more **qu'une fois**, as **si** the credit of making it rain were all her own. Till the next morning, **pourtant, elle** was not aware of all the felicity of her contrivance. Breakfast was scarcely over **lorsque** a servant from Netherfield brought the following note for Elizabeth:

"MY DEAREST LIZZY, —

"<u>**Je trouve**</u> myself **très** unwell this morning, which, **je** suppose, is to be imputed to my getting wet through yesterday. My kind friends will not hear of my returning till **je** am better. **Elles** insist également on my seeing Mr. Jones — therefore do not be alarmed **si vous devez** hear of his having been to me — and, excepting a sore throat **et** headache, **il y a** not much the matter **avec moi**. — Yours, etc."

"Well, my dear," said Mr. Bennet, **lorsque** Elizabeth had read the note aloud, "**si** your daughter should have a dangerous fit of illness — if **elle devrait** die, it would be a comfort **de savoir** that it was all in pursuit of Mr. Bingley, **et** under your orders."

"Oh! **Je** am not afraid of her dying. **Les gens** do not die of little trifling colds. **Elle** will be **pris** good care of. As long as **elle** stays there, it is all **très** well. **Je voudrais** go **et** see her **si je pouvais** have the carriage."

Elizabeth, feeling **vraiment** anxious, was determined **d'aller** to her, **mais** the carriage was not to be had; **et** as **elle** was no horsewoman, walking was her only alternative. **Elle** declared her resolution.

"**Comment** can you be so silly," cried her mother, "as to **penser** of such a thing, in all this dirt! You will not be fit to be seen **lorsque** you get there."

"**Je** shall be **très** fit **de voir** Jane — which is all <u>**je veux**</u>."

"Is this a hint to **moi**, Lizzy," said her father, "to send for the horses?"

"No, indeed, **je** do not wish to avoid the walk. The distance is nothing **lorsque** one has a motive; only **trois** miles. **Je** shall be back by dinner."

"**Je** admire the activity of your benevolence," observed Mary, "**mais** every impulse of feeling should be guided by reason; **et**, in my opinion, exertion should **toujours** be in proportion to what is required."

"**Nous irons** as far as Meryton **avec** you," said Catherine **et** Lydia. Elizabeth accepted their **compagnie, et** the **trois** young ladies set off **ensemble**.

"**Si** we make haste," said Lydia, as **elles** walked along, "perhaps **nous pouvons** see **quelque chose** of Captain Carter **avant qu'il ne parte**."

In Meryton **elles** parted; the **deux** youngest repaired to the lodgings of one of the officers' wives, **et** Elizabeth continued her walk alone, crossing field after field at a quick pace, jumping over stiles **et** springing over puddles **avec** impatient activity, **et trouvant** herself at last within view of the house, **avec** weary ankles, dirty stockings, **et** a face glowing **avec** the warmth of exercise.

**Elle** was shown **dans** the breakfast-parlour, **où** all **mais** Jane were assembled, **et où** her appearance created a great deal of surprise. That **elle devrait** have walked **trois** miles so **tôt** in **le jour**, in such dirty weather, **et** by herself, was almost incredible to Mrs. Hurst **et** Miss Bingley; **et** Elizabeth was convinced that **elles** held her in contempt for it. **Elle** was received, **pourtant, très** politely by **elles; et** in their brother's manners **il y avait quelque chose** better **que** politeness; **il y avait** good humour **et** kindness. Mr. Darcy said **très** little, **et** Mr. Hurst nothing at all. The former was divided **entre** admiration of the brilliancy which exercise had **donné** to her complexion, **et** doubt as to the occasion's justifying her coming so far alone. The latter was **en train de penser** only of his breakfast.

Her enquiries after her sister were not **très** favourably answered. Miss Bennet had slept ill, **et bien que** up, was **très** feverish, **et** not well enough to leave her room. Elizabeth was glad to be **prise** to her immediately; **et** Jane, **qui** had only been withheld by the fear of **donner** alarm **ou** inconvenience from expressing in her note **comment** much **elle** longed for such a visit, was delighted at her entrance. **Elle** was not equal, **pourtant**, to much conversation, **et quand** Miss Bingley left **elles ensemble**, could attempt little besides expressions of gratitude for the extraordinary kindness **elle** was treated **avec**. Elizabeth silently attended her.

**Lorsque** breakfast was over **elles étaient** joined by the sisters; **et** Elizabeth began **de les apprécier** herself, **quand elle a vu combien de** affection **et** solicitude **elles** showed for Jane. The apothecary came, **et** having examined his patient, said, as might be supposed, that **elle** had caught a violent cold, **et** that **elles doivent** endeavour to get the better of it; advised her to return to bed, **et** promised her some draughts. The advice was followed readily, for the feverish symptoms increased, **et** her head ached acutely. Elizabeth did not quit her room for a moment; nor were the other ladies **souvent** absent; the gentlemen **étant** out, **elles** had, in fact, nothing à faire elsewhere.

**Lorsque** the clock struck **trois**, Elizabeth felt that **elle devait** go, **et très** unwillingly said so. Miss Bingley offered her the carriage, **et elle** only wanted a little pressing to accept it, **lorsque** Jane testified such concern in parting **avec** her, that Miss Bingley was obliged to convert the offer of the chaise to an invitation to remain at Netherfield for the present. Elizabeth most thankfully consented, **et** a servant was dispatched to Longbourn to acquaint **la famille** her stay **et** bring back a supply of clothes.

## Chapter 7

| French | Pronunciation | English |
|---|---|---|
| d'habitude | d'abity | usually |
| le chemin | lə ʃɛmɛ̃ | the path |
| leurs pensées | lœrs pɛnse | their thoughts |
| et cependant | ət sɛpɛndan | and however |
| d'apprendre | d'aprâdr | to learn |
| elles pourraient | ɛlɛs purraj | they could |
| le cours | lə kur | the course |
| la journée | la ʒurne | the day |
| vous devriez | vus dɛvrjɛz | you should |
| le temps où j'ai aimé | lə tâps ù ʒ'ɛ ɛme | the time when i liked |
| et je pensais | ət ʒə pɛnsɛ | and i thought |
| vies | vjə | lives |
| car | kar | because |
| pour aller | pur ale | to go |
| qu'une fois | k'ynə fwa | than once |
| je trouve | ʒə truv | i find |
| je veux | ʒə vœ | i want |
| nous irons | nus irɔn | we will go |
| avant qu'il ne parte | avant k'il nə part | before he leaves |

## Chapter 7

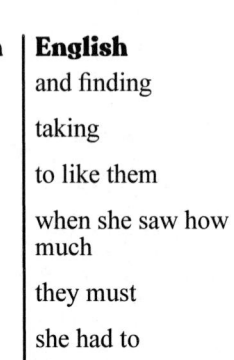

| French | Pronunciation | English |
|---|---|---|
| et trouvant | ət truvan | and finding |
| prise | priz | taking |
| de les apprécier | də lɛs aprekje | to like them |
| quand elle a vu combien de | kand ɛlə a vy kɔ̃bjɛn d | when she saw how much |
| elles doivent | ɛlɛs dwav | they must |
| elle devait | ɛlə dɛvɛ | she had to |

# 8

> **Weeve Reading Tip:** Read to the end of chapters. This way when you pick your book back up you can refresh your memory of the latest words that were introduced and you can continue on with your story.

At five o'clock the **deux** ladies retired to dress, **et** at half-past six Elizabeth was summoned to dinner. To the civil enquiries which then poured in, **et** amongst which **elle** had the pleasure of distinguishing the much superior solicitude of Mr. Bingley's, **elle pouvait** not make a **très** favourable answer. Jane was by no means better. The sisters, on hearing this, repeated **trois ou** four **fois combien elles étaient** grieved, **comment** shocking it was **d'avoir** a bad cold, **et comment** excessively **elles** disliked **d'être** ill themselves; **et** then thought no more of the matter: **et** their indifference towards Jane **lorsque** not immediately **devant elles** restored Elizabeth to the enjoyment of all her former dislike.

Their brother, indeed, was the only one of the party whom **elle pouvait** regard **avec** any complacency. His anxiety for Jane was evident, **et** his attentions to herself most pleasing, **et ils** prevented her feeling herself so much an intruder as **elle** believed **elle** was considered by the others. **Elle** had **très** little notice from any **mais** him. Miss Bingley was engrossed by Mr. Darcy, her sister scarcely less so; **et** as for Mr. Hurst, by whom Elizabeth sat, **il** was an indolent man, **qui** lived only to eat, drink, **et** play at <u>cartes</u>; **qui**, **quand il a trouvé** her to prefer a plain dish to a ragout, had nothing **à dire** to her.

**Lorsque** dinner was over, **elle** returned directly to Jane, **et** Miss Bingley began abusing her as soon as **elle** was out of the room.

Her manners were pronounced to be **très** bad indeed, a mixture of pride **et** impertinence; **elle** had no conversation, no style, no beauty. Mrs. Hurst thought the same, **et** added:

"**Elle** has nothing, in short, to recommend her, **mais d'être** an excellent walker. **Je** shall **jamais** forget her appearance this morning. **Elle vraiment** looked almost wild."

"**Elle** did, indeed, Louisa. **Je pouvais** hardly keep my countenance. **Très** nonsensical <u>**de venir**</u> at all! **Pourquoi** must **elle** be scampering about the country, **car** her sister had a cold? Her hair, so untidy, so blowsy!"

"Yes, **et** her petticoat; **je** hope **vous avez vu** her petticoat, six inches deep in mud, **je** am absolutely certain; **et** the gown which had been let down to hide it not doing its office."

"Your picture may be **très** exact, Louisa," said Bingley; "**mais** this was all lost upon **moi**. **Je pensais** Miss Elizabeth Bennet looked remarkably well **quand elle est entrée dans** the room this morning. Her dirty petticoat quite escaped my notice."

"You observed it, Mr. Darcy, **je** am sure," said Miss Bingley; "**et je** am inclined **de penser** that <u>**vous ne souhaiteriez pas de voir**</u> your sister make such an exhibition."

"Certainly not."

"To walk **trois** miles, **ou** four miles, **ou** five miles, **ou** whatever it is, above her ankles in dirt, **et** alone, quite alone! What could **elle** mean by it? It seems to **moi** to show an abominable sort of conceited independence, a most country-town indifference to decorum."

"It shows an affection for her sister that is **très** pleasing," said Bingley.

"**Je** am afraid, Mr. Darcy," observed Miss Bingley in a half whisper, "that this adventure has rather affected your admiration of her fine eyes."

"Not at all," **il** replied; "**ils étaient** brightened by the exercise." A short pause followed this speech, **et** Mrs. Hurst began again:

"**Je** have an excessive regard for Miss Jane Bennet, **elle** is **vraiment** a **très** sweet girl, **et je** wish **avec** all my heart **elle** were well settled. **Mais avec** such a father **et** mother, **et** such low connections, **je** am afraid **il y a** no chance of it."

"**Je pense que je** have heard **vous dire** that their uncle is an attorney in Meryton."

"Yes; **et elles** have another, <u>**qui habite**</u> somewhere near Cheapside."

"That is capital," added her sister, **et ils** both laughed heartily.

"**Si elles** had uncles enough to fill all Cheapside," cried Bingley, "it would not make **elles** one jot less agreeable."

"**Mais** it must **très** materially lessen their chance of marrying men of any consideration in **le monde**," replied Darcy.

To this speech Bingley made no answer; **mais** his sisters gave it their hearty assent, **et** indulged their mirth for some time at the expense of their dear friend's vulgar relations.

**Avec** a renewal of tenderness, **pourtant, elles** returned to her room on leaving the dining-parlour, **et** sat **avec** her till summoned to coffee. **Elle** was still **très** poorly, **et** Elizabeth would not quit her at all, till late in the evening, **quand elle** had the comfort of seeing her sleep, **et quand** it seemed to her rather right **que** pleasant that **elle devrait** go downstairs herself. On entering the drawing-room **elle a trouvé** the whole party at loo, **et** was immediately invited to join **eux**; **mais** suspecting **eux** to be playing high **elle** declined it, **et** making her sister the excuse, said **elle** would amuse herself for the short time **elle pourrait** stay below, **avec un livre**. Mr. Hurst looked at her **avec** astonishment.

"Do you prefer **de lire** to **cartes**?" said **il**; "that is rather singular."

"Miss Eliza Bennet," said Miss Bingley, "despises **cartes**. **Elle** is a great reader, **et** has no pleasure in anything else."

"**Je** deserve neither such praise nor such censure," cried Elizabeth; "**Je** am not a great reader, **et je** have pleasure in many things."

"In nursing your sister **je** am sure you have pleasure," said Bingley; "**et je** hope it will be soon increased by seeing her quite well."

Elizabeth thanked him from her heart, **et** then walked towards the table **où** a few **livres** were lying. **Il** immediately offered to fetch her others — all that his library afforded.

"**Et je** wish my collection were larger for your benefit **et** my own credit; **mais je** am an idle fellow, **et bien que je** have not many, **je** have more **que je** ever looked into."

Elizabeth assured him that **elle pourrait** suit herself perfectly **avec ceux** in the room.

"**Je** am astonished," said Miss Bingley, "that my father should have left so small a collection of **livres**. What a delightful library you have at Pemberley, Mr. Darcy!"

"It ought to be good," **il** replied, "it has been the work of many generations."

"**Et** then **vous avez ajouté** so much to it **vous-même**, you are **toujours** buying **livres**."

"**Je** cannot comprehend the neglect of **une famille** library in such **jours** as these."

"Neglect! **Je** am sure you neglect nothing that can add to the beauties of that noble **endroit**. Charles, **lorsque** you build your house, **je** wish it may be half as delightful as Pemberley."

"**Je** wish it may."

"**Mais je voudrais vraiment** advise you to make your purchase in that neighbourhood, **et** take Pemberley for a kind of model. **Il y a** not a finer county in England **que** Derbyshire."

"**Avec** all my heart; **je** will buy Pemberley itself **si** Darcy will sell it."

"**Je** am talking of possibilities, Charles."

"Upon my word, Caroline, **je devrais** think it more possible to get Pemberley by purchase **que** by imitation."

Elizabeth was so much caught **avec** what passed, as to leave her **très** little attention for **son livre**; **et** soon laying it wholly aside, **elle** drew near the card-table, **et** stationed herself **entre** Mr. Bingley **et** his eldest sister, to observe **le jeu**.

"Is Miss Darcy much grown **depuis** the spring?" said Miss Bingley; "will **elle** be as tall as **je** am?"

"**Je pense qu'elle** will. **Elle** is now about Miss Elizabeth Bennet's height, **ou** rather taller."

"**Comment je** long **de voir** her again! **Jamais je** met **avec** anybody **qui** delighted **moi** so much. Such a countenance, such manners! **Et** so extremely accomplished for her age! Her performance on the pianoforte is exquisite."

"It is amazing to **moi**," said Bingley, "**comment** young ladies can have patience to be so **très** accomplished as **elles** all are."

"All young ladies accomplished! My dear Charles, what do you mean?"

"Yes, all of **elles**, **je pense**. **Elles** all paint tables, cover screens, **et** net purses. **Je** scarcely know anyone **qui** cannot do all this, **et je** am sure **jamais je** heard a young lady spoken of for the first time, **sans être** informed that **elle** was **très** accomplished."

"<u>**Votre liste**</u> of the common extent of accomplishments," said Darcy, "has too much truth. The word is applied to many a woman **qui** deserves it no otherwise **que** by netting a purse **ou** covering a screen. **Mais je** am **très** far from agreeing **avec** you in your estimation of ladies in general. **Je** cannot boast of knowing more **que** half-a-dozen, in the whole range of my acquaintance, that are **vraiment** accomplished."

"Nor **moi, je** am sure," said Miss Bingley.

"Then," observed Elizabeth, "**vous devez** comprehend a great deal in your idea of an accomplished woman."

"Yes, **je** do comprehend a great deal in it."

"Oh! certainly," cried his faithful assistant, "no one can be **vraiment** esteemed accomplished **qui** does not greatly surpass what is **d'habitude** met **avec**. A woman must have a thorough **connaissances** of **musique**, singing, drawing, dancing, **et** the modern languages, to deserve the word; **et** besides all this, **elle doit** possess a certain **quelque chose** in **son** air **et** manner of walking, the tone of her voice, her address **et** expressions, **ou** the word will be **mais** half-deserved."

"All this **elle doit** possess," added Darcy, "**et** to all this **elle doit** yet add **quelque chose** more substantial, in the improvement of **son esprit** by extensive **lecture**."

"**Je** am no longer surprised at your knowing only six accomplished women. **Je** rather wonder now at your knowing any."

"Are you so severe upon your own sex as to doubt the possibility of all this?"

"**Jamais je** saw such a woman. **Jamais je** saw such capacity, **et** taste, **et** application, **et** elegance, as you describe united."

Mrs. Hurst **et** Miss Bingley both cried out against the injustice of her implied doubt, **et** were both protesting that **elles connaissaient** many women **qui** answered this description, **lorsque** Mr. Hurst called **elles** to order, **avec** bitter complaints of their inattention to what was going forward. As all conversation was thereby at an end, Elizabeth soon afterwards left the room.

"Elizabeth Bennet," said Miss Bingley, **lorsque** the door was closed on her, "is one of **ces** young ladies **qui** seek to recommend themselves to the other sex by undervaluing their own; **et avec** many men, **je** dare say, it succeeds. **Mais**, in my opinion, it is a paltry device, a **très** mean art."

"Undoubtedly," replied Darcy, to whom this remark was chiefly addressed, "**il y a** a meanness in all the arts which ladies **parfois** condescend to employ for captivation. Whatever bears affinity to cunning is despicable."

Miss Bingley was not so entirely satisfied **avec** this reply as to continue the subject.

Elizabeth joined **eux** again only **pour dire** that her sister was worse, **et** that **elle pourrait** not leave her. Bingley urged Mr. Jones **d'être** sent for immediately; **tandis que** his sisters, convinced that no country advice could be of any service, recommended an express to town for one of the most eminent physicians. This **elle n'entendrait pas** of; **mais elle** was not so unwilling to comply **avec** their brother's proposal; **et** it was settled that Mr. Jones should be sent for **tôt** in the morning, **si** Miss Bennet were not decidedly better. Bingley was quite uncomfortable; his sisters declared that **ils étaient** miserable. **Ils** solaced their wretchedness, **pourtant**, by duets after supper, **alors qu'il pouvait** find no better relief to his feelings **que** by **donner** his housekeeper directions that every attention might be paid to the sick lady **et** her sister.

## Chapter 8

| French | Pronunciation | English |
|---|---|---|
| cartes | kart | cards |
| de venir | də vɛnir | to come |
| quand elle est entrée dans | kand ɛlə ɛst âtre dan | when she came into |
| qui habite | ki abi | who lives |
| lire | lir | read |
| le jeu | lə ʒœ | the game |
| votre liste | vɔtrə list | your list |
| musique | myzik | music |
| lecture | lɛktyr | reading |
| elles connaissaient | ɛlɛs kɔnɛsaj | they knew |
| tandis que | tandis k | while |
| elle n'entendrait pas | ɛlə n'ɛntâdrɛt pa | she would not hear |
| vous ne souhaiteriez pas de voir | vus nə suɛtɛrjɛz pas də vwar | you would not wish to see |

# 9

**Weeve Reading Tip:** Remember, translated words won't always map directly to an English translation. Instead of trying to memorise the English equivalent of a foreign word, think of it as a unique word, with it's own meaning.

Elizabeth passed the chief of the night in her sister's room, **et** in the morning had the pleasure of être able to send a tolerable answer to the enquiries which **elle très tôt** received from Mr. Bingley by a housemaid, **et** some time afterwards from the **deux** elegant ladies **qui** waited on his sisters. In spite of this amendment, **pourtant**, **elle** requested **d' avoir** a note sent to Longbourn, desiring her mother to visit Jane, **et** form her own judgement of her situation. The note was immediately dispatched, **et** its contents as quickly complied **avec**. Mrs. Bennet, accompanied by her **deux** youngest girls, reached Netherfield soon after the **famille** breakfast.

Had **elle trouvé** Jane in any apparent danger, Mrs. Bennet would have been **très** miserable; **mais étant** satisfied on seeing her that her illness was not alarming, **elle** had no wish of her recovering immediately, as her restoration to **santé** would probably remove her from Netherfield. **Elle n'écouterait pas**, therefore, to her daughter's proposal of être carried home; neither did the apothecary, **qui** arrived about the same time, think it at all advisable. After sitting a little **moment avec** Jane, on Miss Bingley's appearance **et** invitation, the mother **et trois** daughters all attended her **dans** the breakfast parlour. Bingley met **les avec** hopes that Mrs. Bennet had not found Miss Bennet worse **qu'elle** expected.

"Indeed **je** have, sir," was her answer. "**Elle** is a great deal too ill to be moved. Mr. Jones **dit que nous devons** not think of moving her. **Nous devons** trespass a little longer on your kindness."

"Removed!" cried Bingley. "It must not be thought of. My sister, **je** am sure, will not hear of her removal."

"**Vous pouvez** depend upon it, Madam," said Miss Bingley, **avec** cold civility, "that Miss Bennet will receive every possible attention **pendant qu'elle** remains **avec nous**."

Mrs. Bennet was profuse in her acknowledgments.

"**Je** am sure," **elle a ajouté**, "**si** it was not for such good friends **je ne sais pas** what would become of her, for **elle** is **très** ill indeed, **et** suffers a vast deal, **mais avec** the greatest patience in **le monde**, which is **toujours la façon avec** her, for **elle** has, **sans** exception, the sweetest temper **je** have ever met **avec**. **Je souvent** tell my other girls **elles** are nothing to her. You have a sweet room **ici**, Mr. Bingley, **et** a charming prospect over the gravel walk. **Je ne connais pas un lieu** in the country that is equal to Netherfield. You will not think of quitting it in a hurry, **je** hope, **mais** you have **mais** a short lease."

"Whatever **je** do is done in a hurry," replied **il**; "**et** therefore **si je** resolve to quit Netherfield, **je devrais** probably be off in five minutes. At present, **pourtant**, **je** consider myself as quite fixed **ici**."

"That is exactly what **je devrais** have supposed of you," said Elizabeth.

"You begin to comprehend **moi**, do you?" cried **il**, turning towards her.

"Oh! yes — I understand you perfectly."

"**Je** wish **je pourrais** take this for a compliment; **mais** to be so easily seen through **je** am afraid is pitiful."

"That is as it happens. It does not follow that a deep, intricate character is more **ou** less estimable **que** such a one as yours."

"Lizzy," cried her mother, "remember **où** you are, **et** do not run on in the wild manner that you are suffered **de faire** at home."

"**Je** did not know **avant**," continued Bingley immediately, "that **vous étiez** a studier of character. It must be an amusing study."

"Yes, **mais** intricate characters are the most amusing. **Ils** have at least that advantage."

"The country," said Darcy, "can in general supply **mais** a few subjects for such a study. In a country neighbourhood you move in a **très** confined **et** unvarying society."

"**Mais les gens** themselves alter so much, that **il y a quelque chose** new to be observed in **eux** for ever."

"Yes, indeed," cried Mrs. Bennet, offended by his manner of mentioning a country neighbourhood. "**Je** assure you **il y a** quite as much of that **en cours** in the country as in town."

Everybody was surprised, **et** Darcy, after **avoir regardé** at her for a moment, turned silently away. Mrs. Bennet, **qui** fancied **elle** had gained a complete victory over him, continued her triumph.

"**Je** cannot see that London has any great advantage over the country, for my **partie**, except the shops **et** public **endroits**. The country is a vast deal pleasanter, is it not, Mr. Bingley?"

"**Quand je** am in the country," **il** replied, "**Jamais je** wish to leave it; **et quand je** am in town it is pretty much the same. **Elles** have each their advantages, **et je peux** be equally happy in either."

"Aye — that is **car** you have the right disposition. **Mais** that gentleman," **en regardant** at Darcy, "seemed **de penser** the country was nothing at all."

"Indeed, Mamma, you are mistaken," said Elizabeth, blushing for her mother. "You quite mistook Mr. Darcy. **Il** only meant that **il y avait** not such a variety of **personnes** to be met **avec** in the country as in the town, which **vous devez** acknowledge to be true."

"Certainly, my dear, nobody said **il y avait**; **mais** as to not meeting **avec** many **personnes** in this neighbourhood, **je** believe **il y a** few neighbourhoods larger. **Je sais** we dine **avec** four-and-twenty families."

Nothing **mais** concern for Elizabeth could enable Bingley **de garder** his countenance. His sister was less delicate, **et** directed her eyes towards Mr. Darcy **avec** a **très** expressive smile. Elizabeth, for the sake of saying **quelque chose** that might turn her mother's thoughts, now asked her **si** Charlotte Lucas had been at Longbourn **depuis** her coming away.

"Yes, **elle** called yesterday **avec** her father. What an agreeable man Sir William is, Mr. Bingley, is not **il**? So much the man of fashion! So genteel **et** easy! **Il** has **toujours quelque chose à dire** to everybody. That is my idea of good breeding; **et les personnes qui** fancy themselves **très** important, **et jamais** open their mouths, quite mistake the matter."

"Did Charlotte dine **avec** you?"

"No, **elle irait** home. **Je** fancy **elle** was wanted about the mince-pies. For my **partie**, Mr. Bingley, **je toujours** keep servants that can do their own work; my daughters are brought up **très** differently. **Mais** everybody is to judge for themselves, **et** the Lucases are a **très** good sort of girls, **je** assure you. It is a pity **elles** are not handsome! Not that **je pense** Charlotte so **très** plain — but then **elle** is our particular friend."

"**Elle** seems a **très** pleasant young woman."

"Oh! dear, yes; **mais vous devez** own **elle** is **très** plain. Lady Lucas herself has **souvent** said so, **et** envied **moi** Jane's beauty. **Je n'aime pas** to boast of my own child, **mais** to be sure, Jane — one does not **souvent** see anybody better looking. It is what everybody **dit**. **Je** do not trust my own partiality. **Quand elle** was only fifteen, **il y avait** a man at my brother Gardiner's in town so much **amoureux de** her that my sister-in-law was sure **il ferait** her an offer **avant que nous venions** away. **Mais, pourtant, il** did not. Perhaps **il pensait** her too young. **Pourtant**, il wrote some verses on her, **et très** pretty **ils étaient**."

"**Et** so **a terminé** his affection," said Elizabeth impatiently. "There has been many a one, **je** fancy, overcome in the same **façon**. **Je** wonder **qui** first discovered the efficacy of poetry in driving away **l'amour**!"

"**Je** have been **habitué** to consider poetry as **la nourriture** of **l'amour**," said Darcy.

"Of a fine, stout, healthy **amour** it may. Everything nourishes what is strong already. **Mais si** it be only a slight, thin sort of inclination, **je** am convinced that one good sonnet will starve it entirely away."

Darcy only smiled; **et** the general pause which ensued made Elizabeth tremble lest her mother should be exposing herself again. **Elle** longed to speak, **mais** could think of nothing à dire; **et** after a short silence Mrs. Bennet began repeating her **merci** to Mr. Bingley for his kindness to Jane, **avec** an apology for troubling him **aussi avec** Lizzy. Mr. Bingley was unaffectedly civil in his answer, **et** forced his younger sister to be civil également, **et** say what the occasion required. **Elle** performed her **partie** indeed **sans** much graciousness, **mais** Mrs. Bennet was satisfied, **et** soon afterwards ordered her carriage. Upon this signal, the youngest of her daughters put herself forward. The **deux** girls had been whispering to each other **durant** the whole visit, **et** the result of it was, that the youngest should tax Mr. Bingley **avec** having promised on his first coming **dans** the country **de donner** a ball at Netherfield.

Lydia was a stout, well-grown girl of fifteen, **avec** a fine complexion **et** good-humoured countenance; a favourite **avec** her mother, whose affection had brought her **dans** public at an

**jeune** age. **Elle** had high animal spirits, **et** a sort of natural self-consequence, which the attention of the officers, to whom her uncle's good dinners, **et** her own easy manners recommended her, had increased **dans** assurance. **Elle** was **très** equal, therefore, to address Mr. Bingley on the subject of the ball, **et** abruptly reminded him of his promise; adding, that it would be the most shameful thing in **le monde s'il** did not keep it. His answer to this sudden attack was delightful to their mother's ear:

"**Je** am perfectly ready, **je** assure you, **de garder** my engagement; **et quand** your sister is recovered, you shall, **si** you please, name the **très** day of the ball. **Mais vous** not wish to be dancing **quand elle** is ill."

Lydia declared herself satisfied. "Oh! yes — it would be much better to wait till Jane was well, **et** by that time most likely Captain Carter would be at Meryton again. **Et quand vous avez donné** your ball," **elle a ajouté**, "**Je** shall insist on their giving one également. **Je** shall tell Colonel Forster it will be quite a shame **s'il** does not."

Mrs. Bennet **et** her daughters then departed, **et** Elizabeth returned instantly to Jane, leaving her own **et** her relations' behaviour to the remarks of the **deux** ladies **et** Mr. Darcy; the latter of whom, **pourtant**, could not be prevailed on to join in their censure of her, in spite of all Miss Bingley's witticisms on fine eyes.

## Chapter 9

| French | Pronunciation | English |
|---|---|---|
| d' avoir | d' avwar | having |
| santé | sante | health |
| elle n'écouterait pas | ɛlə n'ekutɛrɛt pa | she would not listen |
| moment avec | mɔmɛnt avɛk | moment with |
| dit que nous devons | dit kə nus dɛvɔn | says we must |
| je ne connais pas un lieu | ʒə nə kɔnɛs pas yn ljœ | i do not know a place |
| je pourrais | ʒə purrɛ | i could |
| endroits | âdrwa | places |
| de garder | də garde | to keep |
| elle irait | ɛlə irɛ | she would go |
| je n'aime pas | ʒə n'ɛmə pa | i do not like |
| il ferait | il fɛrɛ | he would do |
| avant que nous venions | avant kə nus vɛnjɔn | before we came |
| habitué | abitɥe | used to |
| la nourriture | la nurrityr | the food |
| aussi avec | osi avɛk | also with |
| jeune | ʒœn | young |

# 10

> **Weeve Reading Tip:** When using our vocab tables to check your knowledge, remember that these show what the words mean in this specific context. Often, this word could have a different meaning when you see it elsewhere. Continue focusing on understanding the word as you see it in the story. Understanding will come naturally with time.

**Le jour** passed much as **le jour d'avant** had done. Mrs. Hurst **et** Miss Bingley had spent some hours of the morning **avec** the invalid, **qui** continued, **mais** slowly, to mend; **et** in the evening Elizabeth joined their party in the drawing-room. The loo-table, **pourtant**, did not appear. Mr. Darcy was writing, **et** Miss Bingley, seated near him, was watching the progress of his letter **et** repeatedly calling off his attention by messages to his sister. Mr. Hurst **et** Mr. Bingley were at piquet, **et** Mrs. Hurst was observing **leur jeu**.

Elizabeth took up some needlework, **et** was sufficiently amused in attending to what passed **entre** Darcy **et** his companion. The perpetual commendations of the lady, either on his handwriting, **ou** on the evenness of his lines, **ou** on the length of his letter, **avec** the perfect unconcern **avec** which her praises were received, formed a curious dialogue, **et** was exactly in union **avec** her opinion of each.

"**Comment** delighted Miss Darcy will be to receive such a letter!"

**Il** made no answer.

"You write uncommonly fast."

"You are mistaken. **Je** write rather slowly."

"**Comment** many letters **vous devez** have occasion to write in **le cours** of <u>une année</u>! Letters of business, too! **Comment** odious **je devrais** think **eux**!"

"It is fortunate, then, that **elles** fall to my <u>parcelle</u> instead of yours."

"Pray tell your sister that **je** long à voir her."

"**Je** have already told her so **une fois**, by your desire."

"**Je** am afraid <u>**vous n'aimez pas**</u> your pen. Let **moi** mend it for you. **Je** mend pens remarkably well."

"Thank you — but **je toujours** mend my own."

"**Comment** can you contrive to write so even?"

**Il** was silent.

"Tell your sister **je** am delighted to hear of her improvement on the harp; **et** pray let her know that **je** am quite in raptures **avec** her beautiful little design for a table, **et je pense** it infinitely superior to Miss Grantley's."

"Will **vous me donner** leave to defer your raptures till **je** write again? At present **je** have not room **pour les faire** justice."

"Oh! it is of no consequence. **Je** shall see her in January. **Mais** do you **toujours** write such charming long letters to her, Mr. Darcy?"

"**Elles** are generally long; **mais si toujours** charming it is not for **moi** to determine."

"It is a rule **avec moi**, that **une personne qui** can write a long letter **avec** ease, cannot write ill."

"That will not do for a compliment to Darcy, Caroline," cried her brother, "**parce qu'il** does not write **avec** ease. **Il** studies too much for words of four syllables. Do not you, Darcy?"

"My style of writing is **très** different from yours."

"Oh!" cried Miss Bingley, "Charles writes in the most careless **façon** imaginable. **Il** leaves out half his words, **et** blots the rest."

"My ideas flow so rapidly that **je** have not time to express them — by which means my letters **parfois** convey no ideas at all to my correspondents."

"Your humility, Mr. Bingley," said Elizabeth, "must disarm reproof."

"Nothing is more deceitful," said Darcy, "**que** the appearance of humility. It is **souvent** only carelessness of opinion, **et parfois** an indirect boast."

"**Et** which of the **deux** do you call my little recent piece of modesty?"

"The indirect boast; for you are **vraiment** proud of your defects in writing, **car** you consider **eux** as proceeding from a rapidity of thought **et** carelessness of execution, which, **si** not estimable, **vous pensez** at least highly interesting. **Le pouvoir** of doing anything **avec** quickness is **toujours** prized much by the possessor, **et souvent sans** any attention to the imperfection of the performance. **Lorsque** you told Mrs. Bennet this morning that **si** you ever resolved upon quitting Netherfield **vous devriez** be **parti** in five minutes, you meant it to be a sort of panegyric, of compliment to yourself — and yet what is there so **très** laudable in a precipitance which must leave **très** necessary business undone, **et** can be of no real advantage to **vous ou** anyone else?"

"Nay," cried Bingley, "this is too much, to remember at night all the foolish things that were said in the morning. **Et** yet, upon my honour, **je** believe what **j'ai dit** of myself to be true, **et je** believe it at this moment. At least, therefore, **je** did not assume the character of needless precipitation merely to show off **devant** the ladies."

"**Je** dare say you believed it; **mais je** am by no means convinced that **vous seriez allé avec** such celerity. Your conduct would be quite as dependent on chance as that of any man **je connais**; **et si**, as **vous étiez** mounting your horse, a friend were to **dire**, 'Bingley, you had better stay till next week, ' **vous le feriez** probably, **vous n'iriez probablement pas** — and at another word, might stay a month."

"You have only proved by this," cried Elizabeth, "that Mr. Bingley did not do justice to his own disposition. You have shown him off now much more **qu'il** did himself."

"**Je** am exceedingly gratified," said Bingley, "by your converting what my friend **a dit en** a compliment on the sweetness of my temper. **Mais je** am afraid you are **en train de donner** it a turn which that gentleman did by no means intend; for **il** would certainly think better of **moi, si** under such a circumstance **je** were to **donner** a flat denial, **et** ride off as fast as **je pouvais**."

"Would Mr. Darcy then consider the rashness of your original intentions as atoned for by your obstinacy in adhering to it?"

"Upon my word, **je** cannot exactly explain the matter; Darcy must speak for himself."

"You expect **moi** to account for opinions which you choose to call mine, **mais** which **je** have **jamais** acknowledged. Allowing the case, **pourtant**, to stand according to your representation, **vous devez** remember, Miss Bennet, that the friend **qui** is supposed to desire his return to the house, **et** the delay of his plan, has merely desired it, asked it **sans** offering one argument in favour of its propriety."

"To yield readily — easily — to the persuasion of a friend is no merit **avec** you." "To yield **sans** conviction is no compliment to the understanding of either."

"You appear to **moi**, Mr. Darcy, to allow nothing for the influence of friendship **et** affection. A regard for the requester would **souvent** make one readily yield to a request, **sans** waiting for arguments to reason one **dans** it. **Je** am not particularly speaking of such a case as you have supposed about Mr. Bingley. **Nous pouvons** as well wait, perhaps, till the circumstance occurs **avant que** we discuss the discretion of his behaviour thereupon. **Mais** in general **et** ordinary cases **entre** friend **et** friend, **où** one of **eux** is desired by the other **de changer** a resolution of no **très** great moment, should **vous pensez** ill of that **personne** for complying **avec** the desire, **sans** waiting to be argued **dans** it?"

"Will it not be advisable, **avant que** we proceed on this subject, to arrange **avec** rather more precision the degree of importance which is to appertain to this request, as well as the degree of intimacy subsisting **entre** the parties?"

"By all means," cried Bingley; "let **nous** hear all the particulars, not forgetting their comparative height **et** size; for that will have more weight in the argument, Miss Bennet, **que vous pouvez** be aware of. **Je** assure you, that **si** Darcy were not such a great tall fellow, in comparison **avec** myself, **je devrais** not pay him half so much deference. **Je** declare **je ne connais pas** a more awful object **que** Darcy, on particular occasions, **et** in particular **endroits**; at his own house especially, **et** of a Sunday evening, **quand il** has nothing à faire."

Mr. Darcy smiled; **mais** Elizabeth thought **elle pouvait** perceive that **il** was rather offended, **et** therefore checked her laugh. Miss Bingley warmly resented the indignity **il** had received, in an expostulation **avec** her brother for talking such nonsense.

"**Je vois** your design, Bingley," said his friend. "You dislike an argument, **et** want to silence this."

"Perhaps **je** do. Arguments are too much like disputes. **Si** you **et** Miss Bennet will defer yours till **je** am out of the room, **je** shall be **très** thankful; **et** then **vous pouvez** say whatever **vous voulez** of **moi**."

"What you ask," said Elizabeth, "is no sacrifice on my side; **et**

Mr. Darcy had much better finish his letter."

Mr. Darcy took her advice, **et** did finish his letter.

**Lorsque** that business was over, **il** applied to Miss Bingley **et** Elizabeth for an indulgence of some **musique**. Miss Bingley moved **avec** some alacrity to the pianoforte; **et**, after a polite request that Elizabeth would lead **le chemin** which the other as politely **et** more earnestly negatived, **elle** seated herself.

Mrs. Hurst sang **avec** her sister, **et alors qu'elles étaient** thus employed, Elizabeth could not help observing, as **elle** turned over some **musique**-books that lay on the instrument, **comment** frequently Mr. Darcy's eyes were fixed on her. **Elle** hardly knew **comment** to suppose that **elle pourrait** be an object of admiration to so great a man; **et** yet that **il devrait** look at her **parce qu'il** disliked her, was still more strange. **Elle pouvait** only imagine, **pourtant**, at last that **elle** drew his notice **parce qu'il y avait quelque chose** more wrong **et** reprehensible, according to his ideas of right, **que** in any other **personne** present. The supposition did not pain her. **Elle a aimé** him too little to care for his approbation.

After playing some Italian songs, Miss Bingley varied the charm by a lively Scotch air; **et** soon afterwards Mr. Darcy, drawing near Elizabeth, said to her:

"Do not **vous sentez** a great inclination, Miss Bennet, to seize such an opportunity of dancing a reel?" **Elle** smiled, **mais** made no answer. **Il** repeated the question, **avec** some surprise at her silence.

"Oh!" said **elle**, "**Je** heard you **avant**, **mais je pouvais** not immediately determine what **dire** in reply. **Vous vouliez de moi**, **je sais**, **de dire** 'Yes, ' that **vous pourriez** have the pleasure of despising my taste; **mais je toujours** delight in overthrowing **ces** kind of schemes, **et** cheating **une personne** of their premeditated contempt. **Je** have, therefore, made up **mon esprit** to tell you, that **je ne veux pas** to dance a reel at all — and now despise **moi si** you dare."

"Indeed **je** do not dare."

Elizabeth, having rather expected to affront him, was amazed at his gallantry; **mais il y avait** a mixture of sweetness **et** archness in her manner which made it difficult for her to affront anybody; **et** Darcy had **jamais** been so bewitched by any woman as **il** was by her. **Il vraiment** believed, that were it not for the inferiority of her connections, **il devrait** be in some danger.

Miss Bingley saw, **ou** suspected enough to be jealous; **et** her great anxiety for the recovery of her dear friend Jane received some assistance from her desire of getting rid of Elizabeth.

**Elle souvent** tried to provoke Darcy **dans** disliking her guest, by talking of their supposed marriage, **et** planning his happiness in such an alliance.

"**Je** hope," said **elle**, as **ils étaient** walking **ensemble** in the shrubbery the next day, "**vous allez donner** your mother-in-law a few hints, **lorsque** this desirable event **se déroule**, as to the advantage of holding her tongue; **et si vous pouvez** compass it, do cure the younger girls of running after officers. **Et, si je peux** mention so delicate a subject, endeavour to check that little **quelque chose**, bordering on conceit **et** impertinence, which your lady possesses."

"Have you anything else to propose for my domestic felicity?"

"Oh! yes. Do let the portraits of your uncle **et** aunt Phillips be placed in the gallery at Pemberley. Put **eux** next to your great-uncle the judge. **Elles** are in the same profession, **vous savez**, only in different lines. As for your Elizabeth's picture, **vous devez** not have it **pris**, for what painter could do justice to **ces** beautiful eyes?"

"It would not be easy, indeed, to catch their expression, **mais** their colour **et** shape, **et** the eyelashes, so remarkably fine, might be copied."

At that moment **ils étaient** met from another walk by Mrs. Hurst **et** Elizabeth herself.

"**Je** did not know that you intended to walk," said Miss Bingley, in some confusion, lest **ils** had been overheard.

"**Vous nous avez utilisé** abominably ill," answered Mrs. Hurst, "running away **sans** telling **nous** that **vous étiez** coming out."

Then **prenant** the disengaged arm of Mr. Darcy, **elle** left Elizabeth to walk by herself. The path just admitted **trois**. Mr. Darcy felt their rudeness, **et** immediately said:

"This walk is not wide enough for our party. We had better go **dans** the avenue."

**Mais** Elizabeth, **qui** had not the least inclination to remain **avec eux**, laughingly answered:

"No, no; stay **où** you are. You are charmingly grouped, **et** appear to uncommon advantage. The picturesque would be spoilt by admitting a fourth. Good-bye."

**Elle** then ran gaily off, rejoicing as **elle** rambled about, in the hope of être at home again in **un jour ou deux**. Jane was already so much recovered as to intend leaving her room for a couple of hours that evening.

## Chapter 10

| French | Pronunciation | English |
|---|---|---|
| leur jeu | lœr ʒœ | their game |
| une année | ynə ane | a year |
| parcelle | parsɛl | parcel |
| vous n'aimez pas | vus n'ɛmɛz pa | you do not like |
| vous pensez | vus pɛnsɛz | you think |
| parti | partj | left |
| vous seriez | vus sɛrjɛz | you would be |
| vous le feriez | vus lə fɛrjɛz | you would do it |
| vous n'iriez probablement pas | vus n'irjəz prɔbablɛmɛnt pa | you probably would not go |
| de changer | də ʃanʒe | to change |
| et alors qu'elles étaient | ət alɔrs k'ɛlɛs etaj | and while they were |
| vous sentez | vus sɛntɛz | you feel |
| vous vouliez de moi | vus vuljɛz də mwa | you wanted from me |
| vous pourriez | vus purrjɛz | you could |
| vous allez donner | vus alɛz dɔne | you will give |
| se déroule | sə derul | takes place |
| vous nous avez utilisé | vus nus avɛz ytjlize | you used us |

# 11

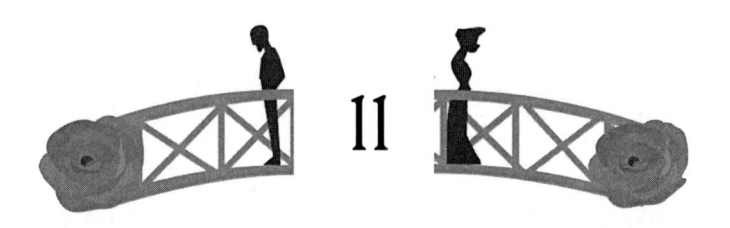

**Lorsque** the ladies removed after dinner, Elizabeth ran up to her sister, **et** seeing her well guarded from cold, attended her **dans** the drawing-room, **où elle** was welcomed by her **deux** friends **avec** many professions of pleasure; **et** Elizabeth had **jamais** seen **eux** so agreeable as <u>**ils étaient au cours**</u> the hour which passed **avant que** the gentlemen appeared. Their powers of conversation were considerable. **Ils pourraient** describe an entertainment **avec** accuracy, relate an anecdote **avec** humour, **et** laugh at their acquaintance **avec** spirit.

**Mais quand** the gentlemen entered, Jane was no longer the first object; Miss Bingley's eyes were instantly turned toward Darcy, **et elle** had **quelque chose à dire** to him **avant qu'il** had advanced many steps. **Il** addressed himself to Miss Bennet, **avec** a polite congratulation; Mr. Hurst également made her a slight bow, **et** said **il** was "**très** glad;" **mais** diffuseness **et** warmth remained for Bingley's salutation. **Il** was full of joy **et** attention. The first half-hour was spent in piling up the fire, lest **elle devrait** suffer from the change of room; **et elle** removed at his desire to the other side of the fireplace, that **elle pourrait** be further from the door. **Il** then sat down by her, **et** talked scarcely to anyone else. Elizabeth, at work in the opposite corner, saw it all **avec** great delight.

**Lorsque** tea was over, Mr. Hurst reminded his sister-in-law of the card-table — but in vain. **Elle** had obtained private intelligence that Mr. Darcy did not wish for **cartes**; **et** Mr. Hurst soon found even his open petition rejected. **Elle** assured him that no one intended **de jouer**, **et** the silence of the whole party on the subject seemed to justify her. Mr. Hurst had therefore nothing à faire, **mais** to stretch himself on one of the sofas **et** go to sleep. Darcy took up **un livre**; Miss Bingley did the same; **et** Mrs. Hurst, principally occupied in playing **avec** her bracelets **et** rings, joined now **et** then in her brother's conversation **avec** Miss Bennet.

Miss Bingley's attention was quite as much engaged in watching

Mr. Darcy's progress through **son livre**, as in **lire** her own; **et elle** was perpetually either making some enquiry, **ou en train de regarder** at his page. **Elle pouvait** not win him, **pourtant**, to any conversation; **il** merely answered her question, **et** read on. At length, quite exhausted by the attempt to be amused **avec** her own book, which **elle** had only chosen **car** it was the second volume of his, **elle a donné** a great yawn **et** said, "**Comment** pleasant it is to spend an evening in this **façon**! **Je** declare after all **il y a** no enjoyment like **lire**! **Comment** much sooner one tires of anything **que** of **un livre**! **Quand je** have a house of my own, **je** shall be miserable **si je** have not an excellent library."

No one made any reply. **Elle** then yawned again, threw aside **son livre**, **et** cast her eyes round the room in quest for some amusement; **lorsque** hearing her brother mentioning a ball to Miss Bennet, **elle** turned suddenly towards him **et** said:

"By the bye, Charles, are you **vraiment** serious in meditating a dance at Netherfield? **Je voudrais** advise you, **avant que** you determine on it, to consult the wishes of the present party; **je** am much mistaken **s'il y a** not some among **nous** to whom a ball would be rather a punishment **que** a pleasure."

"**Si** you mean Darcy," cried her brother, "**il peut** go to bed, **s'il** chooses, **avant que** it begins — but as for the ball, it is quite a settled thing; **et** as soon as Nicholls has made white soup enough, **je** shall send round my **cartes**."

"**Je devrais** like balls infinitely better," **elle** replied, "**si elles étaient** carried on in a different manner; **mais il y a quelque chose** insufferably tedious in the usual process of such a meeting. It would surely be much more rational **si** conversation instead of dancing were made the order of **le jour**."

"Much more rational, my dear Caroline, **je** dare say, **mais** it would not be near so much like a ball."

Miss Bingley made no answer, **et** soon afterwards **elle** got up **et** walked about the room. Her figure was elegant, **et elle** walked well; **mais** Darcy, at whom it was all aimed, was still inflexibly studious. In the desperation of her feelings, **elle** resolved on one effort more, **et**, turning to Elizabeth, said:

"Miss Eliza Bennet, let **moi** persuade you to follow **mon exemple**, **et** take a turn about the room. **Je** assure you it is **très** refreshing after sitting so long in one attitude."

Elizabeth was surprised, **mais** agreed to it immediately. Miss Bingley succeeded no less in the real object of her civility; Mr. Darcy looked up. **Il** was as much awake to the novelty of attention in that quarter as Elizabeth herself could be, **et** unconsciously closed **son livre**. **Il** was directly invited to join their party, **mais il** declined it, observing that **il pouvait** imagine **mais deux** motives for their choosing to walk up **et** down the room **ensemble**, **avec** either of which motives his joining **eux** would interfere. "What could **il** mean? **Elle** was dying **de savoir** what could be his meaning?" — and asked Elizabeth **si elle pouvait** at all understand him?

"Not at all," was her answer; "**mais** depend upon it, **il** means to be severe on **nous**, **et** our surest **façon** of disappointing him will be to ask nothing about it."

Miss Bingley, **pourtant**, was incapable of disappointing Mr. Darcy in anything, **et** persevered therefore in requiring an explanation of his **deux** motives.

"**Je** have not the smallest objection to explaining **eux**," said **il**, as soon as **elle** allowed him to speak. "You either choose this **méthode** of passing the evening **car** you are in each other's confidence, **et** have secret affairs to discuss, **ou parce que** you are conscious that your figures appear to the greatest advantage in walking; **si** the first, **je serais** completely in **votre chemin**, **et si** the second, **je peux** admire you much better as **je** sit by the fire."

"Oh! shocking!" cried Miss Bingley. "**Jamais je** heard anything so abominable. **Comment** shall we punish him for such a speech?"

"Nothing so easy, **si** you have **mais** the inclination," said Elizabeth. "**Nous pouvons** all plague **et** punish one another. Tease him — laugh at him. Intimate as you are, **vous devez** know **comment** it is to be done."

"**Mais** upon my honour, **je** do not. **Je** do assure you that my intimacy has not yet taught **moi** that. Tease calmness of manner **et** presence of mind! No, no; **je pense qu'il peut** defy **nous** there. **Et** as to laughter, we will not expose ourselves, **si** you please, by attempting to laugh **sans** a subject. Mr. Darcy may hug himself."

"Mr. Darcy is not to be laughed at!" cried Elizabeth. "That is an uncommon advantage, **et** uncommon **je** hope it will continue, for it would be a great loss to **moi d'avoir** many such acquaintances. **Je** dearly **aime** a laugh."

"Miss Bingley," said **il**, "**m'a donné** more credit **que** can be. The wisest **et** the best of men — nay, the wisest **et** best of their actions — may be rendered ridiculous by **une personne** whose first object in life is a joke."

"Certainly," replied Elizabeth — "**il y a** such **personnes, mais je** hope **je** am not one of **elles**. **Je** hope **jamais je** ridicule what is wise **et** good. Follies **et** nonsense, whims **et** inconsistencies, do divert **moi, je** own, **et je** laugh at **eux** whenever **je peux**. **Mais** these, **je** suppose, are precisely what you are **sans**."

"Perhaps that is not possible for anyone. **Mais** it has been the study of **ma vie** to avoid **ces** weaknesses which **souvent** expose a strong understanding to ridicule."

"Such as vanity **et** pride."

"Yes, vanity is a weakness indeed. **Mais** pride — where **il y a** a real superiority of mind, pride will be **toujours** under good regulation."

Elizabeth turned away to hide a smile.

"Your examination of Mr. Darcy is over, **je** presume," said Miss Bingley; "**et** pray what is the result?"

"**Je** am perfectly convinced by it that Mr. Darcy has no defect. **Il** owns it himself **sans** disguise."

"No," said Darcy, "**Je** have made no such pretension. **Je** have faults enough, **mais ils** are not, **je** hope, of understanding. My temper **je** dare not vouch for. It is, **je** believe, too little yielding — certainly too little for the convenience of **le monde**. **Je** cannot forget the follies **et** vices of others so soon as **je** ought, nor their offenses against myself. My feelings are not puffed about **avec** every attempt to move **eux**. My temper would perhaps be called resentful. My good opinion **une fois que** lost, is lost forever."

"That is a failing indeed!" cried Elizabeth. "Implacable resentment is a shade in a character. **Mais** you have chosen your fault well. **Je vraiment** cannot laugh at it. You are safe from **moi**."

"**Il y a**, **je** believe, in every disposition a tendency to some particular evil — a natural defect, which not even the best education can overcome."

"**Et** your defect is to hate everybody."

"**Et** yours," **il** replied **avec** a smile, "is willfully to misunderstand **eux**."

"Do let **nous** have a little **musique**," cried Miss Bingley, tired of a conversation in which **elle** had no share. "Louisa, you will not mind my waking Mr. Hurst?"

Her sister had not the smallest objection, **et** the pianoforte was opened; **et** Darcy, after a few moments' recollection, was not sorry for it. **Il** began **de sentir** the danger of paying Elizabeth too much attention.

## Chapter 11

| French | Pronunciation | English |
|---|---|---|
| ils étaient au cours | ils etajɛnt o kur | they were in |
| mon exemple | mɔn ɛksâpl | my example |
| méthode | metɔ | method |
| m'a donné | m'a dɔne | gave me |
| de sentir | də sɛntjr | to feel |

# 12

In consequence of an agreement **entre** the sisters, Elizabeth wrote the next morning to their mother, to beg that the carriage might be sent for **elles** in **le cours** of **le jour**. **Mais** Mrs. Bennet, **qui** had calculated on her daughters remaining at Netherfield till the following Tuesday, which would exactly finish Jane's week, could not bring herself to receive **les avec** pleasure **avant**. Her answer, therefore, was not propitious, at least not to Elizabeth's wishes, for **elle** was impatient to get home. Mrs. Bennet sent **elles** word that **elles pourraient** not possibly have the carriage **avant** Tuesday; **et** in her postscript it was added, that **si** Mr. Bingley **et** his sister pressed **elles** to stay longer, **elle pourrait** spare **les très** well. Against staying longer, **pourtant**, Elizabeth was positively resolved — nor did **elle** much expect it would be asked; **et** fearful, on the contrary, as étant considered as intruding themselves needlessly long, **elle** urged Jane to borrow Mr. Bingley's carriage immediately, **et** at length it was settled that their original design of leaving Netherfield that morning should be mentioned, **et** the request made.

The communication excited many professions of concern; **et** enough was said of wishing **eux** to stay at least till the following day **pour travailler** on Jane; **et** till the morrow their going was deferred. Miss Bingley was then sorry that **elle** had proposed the delay, for her jealousy **et** dislike of one sister much exceeded her affection for the other.

The master of the house heard **avec** real sorrow that **elles devaient aller** so soon, **et** repeatedly tried to persuade Miss Bennet that it would not be safe for her — that **elle** was not enough recovered; **mais** Jane was firm **où elle sentait** herself to be right.

To Mr. Darcy it was welcome intelligence — Elizabeth had been at Netherfield long enough. **Elle** attracted him more **qu'il** liked — and Miss Bingley was uncivil to her, **et** more teasing **que** usual to himself. **Il** wisely resolved to be particularly careful that no sign of admiration should now escape him, nothing that could elevate her **avec** the hope of influencing his felicity; sensible that **si** such an idea had been suggested, his behaviour **durant** the last day must have material weight in confirming **ou** crushing it. Steady to his purpose, **il** scarcely spoke ten words to her through the whole of Saturday, **et bien qu'ils étaient** at one time left by themselves for half-an-hour, **il** adhered most conscientiously to **son livre, et** would not even look at her.

On Sunday, after morning service, the separation, so agreeable to almost all, tookplace. Miss Bingley's civility to Elizabeth increased at last **très** rapidly, as well as her affection for Jane; **et quand ils** parted, after assuring the latter of the pleasure it would **toujours** give her **de voir** her either at Longbourn **ou** Netherfield, **et** embracing her most tenderly, **elle** even shook hands **avec** the former. Elizabeth took leave of the whole party in the liveliest of spirits.

**Elles étaient** not welcomed home **très** cordially by their mother. Mrs. Bennet wondered at their coming, **et** thought **elles très** wrong **de donner** so much trouble, **et** was sure Jane would have caught cold again. **Mais** their father, **bien que très** laconic in his expressions of pleasure, was **vraiment** glad **de les voir**; **il avait senti** their importance in the **famille** circle. The evening conversation, **quand ils étaient** all assembled, had lost much of its animation, **et** almost all its sense by the absence of Jane **et** Elizabeth.

**Ils ont trouvé** Mary, as usual, deep in the study of thorough-bass **et** human nature; **et** had some extracts to admire, **et** some new observations of threadbare morality to listen to. Catherine **et** Lydia had **informations** for **elles** of a different sort. Much had been done **et** much had been said in the regiment **puisque** the preceding Wednesday; several of the officers had dined lately **avec** their uncle, a private had been flogged, **et** it had actually been hinted that Colonel Forster was going to be married.

## Chapter 12

| French | Pronunciation | English |
|---|---|---|
| pour travailler | pur travajle | to work |
| elles devaient aller | ɛləs dɛvajɛnt ale | they had to go |
| où elle sentait | ù ɛlə sɛntɛ | where she felt |
| et bien qu'ils étaient | ət bjɛn k'ils etaj | and though they were |

# 13

> "When asked "Dr. McQuillan I need to take the TOEFL test in 6 months, what should I do?". The first thing I ask them is "How much time do you have to spend?" and they'll say "Oh, I have 2 to 3 hours to spend per day" and I'll say "Great, you should spend that time reading. All 3 hours." – Jeff McQuillan, senior researcher at Center for Educational Development, Inc.

"**Je** hope, my dear," said Mr. Bennet to his wife, as **ils étaient** at breakfast the next morning, "that you have ordered a good dinner to-day, **parce que je** have reason to expect an addition to **notre famille** party."

"**Qui** do you mean, my dear? **Je sais** of nobody that is coming, **je** am sure, unless Charlotte Lucas should happen to call in — and **je** hope my dinners are good enough for her. **Je** do not believe **elle voit souvent** such at home."

"**La personne** of whom **je** speak is a gentleman, **et** a stranger."

Mrs. Bennet's eyes sparkled. "A gentleman **et** a stranger! It is Mr. Bingley, **je** am sure! Well, **je** am sure **je** shall be extremely glad **de voir** Mr. Bingley. But — good Lord! **comment** unlucky! **Il y a** not a bit of fish to be got to-day. Lydia, **mon amour**, ring the bell — I must speak to Hill this moment."

"It is not Mr. Bingley," said her husband; "it is **une personne** whom **jamais je** saw in the whole course of **ma vie**."

This roused a general astonishment; **et il** had the pleasure of être eagerly questioned by his wife **et** his five daughters <u>**en même temps**</u>.

After amusing himself some time **avec** their curiosity, **il** thus explained:

"About a month ago **je** received this letter; **et** about a fortnight ago **je** answered it, for **je pensais** it a case of some delicacy, **et** requiring **tôt** attention. It is from my cousin, Mr. Collins, **qui, quand je** am dead, may turn you all out of this house as soon as **il** pleases."

"Oh! my dear," cried his wife, "**Je** cannot bear to hear that mentioned. Pray do not talk of that odious man. **Je** do think it is the hardest thing in **le monde**, that your estate should be entailed away from your own children; **et je** am sure, **si je** had been you, **je devrais** have tried long ago **de faire quelque chose ou** other about it."

Jane **et** Elizabeth tried to explain to her the nature of an entail. **Elles** had **souvent** attempted **de faire** it **avant, mais** it was a subject on which Mrs. Bennet was beyond the reach of reason, **et elle** continued to rail bitterly against the cruelty of settling an estate away from **une famille** of five daughters, in favour of a man whom nobody cared anything about.

"It certainly is a most iniquitous affair," said Mr. Bennet, "**et** nothing can clear Mr. Collins from the guilt of inheriting Longbourn. **Mais si** you will listen to his letter, **vous pouvez** perhaps be a little softened by his manner of expressing himself."

"No, that **je** am sure **je** shall not; **et je pense** it is **très** impertinent of him to write to you at all, **et très** hypocritical. **Je** hate such false friends. **Pourquoi** could **il** not keep on quarreling **avec** you, as his father did **avant** him?"

"**Pourquoi**, indeed; **il** does seem **d'avoir** had some filial scruples on that head, as you will hear."

"Hunsford, near Westerham, Kent, 15th October.

"Dear Sir, —

"The disagreement subsisting **entre vous et** my late honoured father **toujours** gave **moi** much uneasiness, **et depuis que je** have had the misfortune to lose him, **je** have frequently wished to heal the breach; **mais** for some time **je** was kept back by my own doubts, fearing lest it might seem disrespectful to his memory for **moi** to be on good terms **avec** anyone **avec** whom it had **toujours** pleased him to be at variance. — 'There, Mrs. Bennet.' — My mind, **pourtant**, is now made up on the subject, for having received ordination at Easter, **je** have been so fortunate as to be distinguished by the patronage of the Right Honourable Lady Catherine de Bourgh, widow of Sir Lewis de Bourgh, whose bounty **et** beneficence has preferred **moi** to the valuable rectory of this parish, **où** it shall be my earnest endeavour to demean myself **avec** grateful respect towards her ladyship,

**et** be ever ready to perform **ces** rites **et** ceremonies which are instituted by the Church of England. As a clergyman, moreover, **je sens** it my duty to promote **et** establish the blessing of peace in all families within the reach of my influence; **et** on these grounds **je** flatter myself that my present overtures are highly commendable, **et** that the circumstance of my being next in the entail of Longbourn estate will be kindly overlooked on your side, **et** not lead you to reject the offered olive-branch. **Je** cannot be otherwise **que** concerned at être the means of injuring your amiable daughters, **et** beg leave to apologise for it, as well as to assure you of my readiness to make **elles** every possible amends — but of this hereafter. **Si vous devez** have no objection to receive **moi dans** your house, **je** propose myself the satisfaction of waiting on you **et votre famille**, Monday, November 18th, by four o'clock, **et** shall probably trespass on your hospitality till the Saturday se'ennight following, which **je peux** do **sans** any inconvenience, as Lady Catherine is far from objecting to my occasional absence on a Sunday, provided that some other clergyman is engaged **de faire** the duty of **le jour**. — I remain, dear sir, **avec** respectful compliments to your lady **et** daughters, your well-wisher **et** friend,

"WILLIAM COLLINS"

"At four o'clock, therefore, **nous pouvons** expect this peace-making gentleman," said Mr. Bennet, as **il** folded up the letter. "**Il** seems to be a most conscientious **et** polite young man, upon my word, **et je** doubt not will prove a valuable acquaintance, especially **si** Lady Catherine should be so indulgent as to let him come to **nous** again."

"**Il y a** some sense in what **il dit** about the girls, **pourtant, et s'il** is disposed to make **elles** any amends, **je** shall not be **la personne** to discourage him."

"**Mais** it is difficult," said Jane, "to guess in what **façon il peut** mean to make **nous** the atonement **il pense** our due, the wish is certainly to his credit."

Elizabeth was chiefly struck by his extraordinary deference for Lady Catherine, **et** his kind intention of christening, marrying, **et** burying his parishioners whenever it were required.

"**Il doit** be an oddity, **je pense**," said **elle**. "**Je** cannot make him out. — There is **quelque chose de très** pompous in his style. — And what can **il** mean by apologising for être next in the entail? — We cannot suppose **il aiderait** it **s'il pouvait**. — Could **il** be a sensible man, sir?"

"No, my dear, **je pense** not. **Je** have great hopes of **trouver** him quite the reverse. **Il y a** a mixture of servility **et** self-importance in his letter, which promises well. **Je** am impatient **de voir** him."

"In point of composition," said Mary, "the letter does not seem defective. The idea of the olive-branch perhaps is not wholly new, yet **je pense** it is well expressed."

To Catherine **et** Lydia, neither the letter nor its writer were in any degree interesting. It was next to impossible that their cousin should come in a scarlet coat, **et** it was now some weeks **depuis qu'elles** had received pleasure from the society of a man in any other colour. As for their mother, Mr. Collins's letter had done away much of her ill-will, **et elle** was preparing **de voir** him **avec** a degree of composure which astonished her husband **et** daughters.

Mr. Collins was punctual to **son temps, et** was received **avec** great politeness by the whole **famille**. Mr. Bennet indeed said little; **mais** the ladies were ready enough to talk, **et** Mr. Collins seemed neither in need of encouragement, nor inclined to be silent himself. **Il** was a tall, heavy-looking young man of five-and-twenty. **Son** air was grave **et** stately, **et** his manners were **très** formal. **Il** had not been long seated **avant qu'il** complimented Mrs. Bennet on having so fine **une famille** of daughters; said **il** had heard much of their beauty, **mais** that in this instance fame had fallen short of the truth; **et** added, that **il** did not doubt her seeing **eux** all in due time disposed of in marriage. This gallantry was not much to the taste of some of his hearers; **mais** Mrs. Bennet, **qui** quarreled **avec** no compliments, answered most readily.

"You are **très** kind, **je** am sure; **et je** wish **avec** all my heart it may prove so, for else **elles** will be destitute enough. Things are settled so oddly."

"You allude, perhaps, to the entail of this estate."

"Ah! sir, **je** do indeed. It is a grievous affair to my poor girls, **vous devez** confess. Not that **je** mean **de trouver** fault **avec** you, for such things **je sais** are all chance in this **monde**. **Il y a** no knowing **comment** estates will go **quand une fois** they come to be entailed."

"**Je** am **très** sensible, madam, of the hardship to my fair cousins, **et** could say much on the subject, **mais** that **je** am cautious of appearing forward **et** precipitate. **Mais je peux** assure the young ladies that **je viens** prepared to admire **elles**. At present **je** will not say more; **mais**, perhaps, **lorsque** we are better acquainted —"

**Il** was interrupted by a summons to dinner; **et** the girls smiled on each other. **Elles étaient** not the only objects of Mr. Collins's admiration. The hall, the dining-room, **et** all its furniture, were examined **et** praised; **et** his commendation of everything would have touched Mrs. Bennet's heart, **mais** for the mortifying supposition of his viewing it all as his own future property. The dinner too in its turn was highly admired; **et il** begged **de savoir** to which of his fair cousins the excellency of its cooking was owing. **Mais il** was set right there by Mrs. Bennet, **qui** assured him **avec** some asperity that **ils étaient très** well able **de garder** a good cook, **et** that her daughters had nothing à faire in the kitchen. **Il** begged pardon for having displeased her. In a softened tone **elle** declared herself not at all offended; **mais il** continued to apologise for about a quarter of an hour.

## Chapter 13

| French | Pronunciation | English |
|---|---|---|
| en même temps | ən mɛmə tâp | at the same time |
| je sens | ʒə sɛn | i feel |
| il aiderait | il ɛdɛrɛ | he would help |
| je viens | ʒə vjɛn | i come |

# 14

**Durant** dinner, Mr. Bennet scarcely spoke at all; **mais quand** the servants were withdrawn, **il pensait** it time **pour avoir** some conversation **avec** his guest, **et** therefore started a subject in which **il** expected him to shine, by observing that **il** seemed **très** fortunate in his patroness. Lady Catherine de Bourgh's attention to his wishes, **et** consideration for his comfort, appeared **très** remarkable. Mr. Bennet could not have chosen better. Mr. Collins was eloquent in her praise. The subject elevated him to more **que** usual solemnity of manner, **et avec** a most important aspect **il** protested that "**il** had **jamais** in **sa vie** witnessed such behaviour in **une personne** of rank — such affability **et** condescension, as **il** had himself experienced from Lady Catherine. **Elle** had been graciously pleased to approve of both of the discourses which **il** had already had the honour of preaching **devant** her. **Elle** had **également** asked him **à deux reprises** to dine at Rosings, **et** had sent for him only the Saturday **d'avant**, to make up her pool of quadrille in the evening. Lady Catherine was reckoned proud by many **personnes qu'il connaissait**, **mais il** had **jamais** seen anything **mais** affability in her. **Elle** had **toujours** spoken to him as **elle aurait** to any other gentleman; **elle** made not the smallest objection to his joining in the society of the neighbourhood nor to his leaving the parish occasionally for a week **ou deux**, to visit his relations. **Elle** had even condescended to advise him to marry as soon as **il pouvait**, provided **il** chose **avec** discretion; **et** had **une fois** paid him a visit in his humble parsonage, **où elle** had perfectly approved all the alterations **il** had been making, **et** had even vouchsafed to suggest some herself — some shelves in the closet up stairs."

"That is all **très** proper **et** civil, **je** am sure," said Mrs. Bennet, "**et je** dare say **elle** is a **très** agreeable woman. It is a pity that great ladies in general are not more like her. Does **elle** live near you, sir?"

"The garden in which stands my humble abode is separated only by a lane from Rosings Park, her ladyship's residence."

"**Je pense que vous avez dit qu'elle** was a widow, sir? Has **elle** any family? "

"**Elle** has only one daughter, the heiress of Rosings, **et** of **très** extensive property."

"Ah!" said Mrs. Bennet, shaking her head, "then **elle** is better off **que** many girls. **Et** what sort of young lady is **elle**? Is **elle** handsome?"

"**Elle** is a most charming young lady indeed. Lady Catherine herself **dit** that, in point of true beauty, Miss de Bourgh is far superior to the handsomest of her sex, **parce qu'il y a** that in her features which marks the young lady of distinguished birth. **Elle** is unfortunately of a sickly constitution, which has prevented her from making that progress in many accomplishments which **elle pouvait** not have otherwise failed of, as **je** am informed by the lady **qui** superintended her education, **et qui** still resides **avec eux. Mais elle** is perfectly amiable, **et souvent** condescends to drive by my humble abode in her little phaeton **et** ponies."

"Has **elle** been presented? **Je** do not remember her name among the ladies at court."

"Her indifferent state of **santé** unhappily prevents her being in town; **et** by that means, as **je** told Lady Catherine one day, has deprived the British court of its brightest ornament. Her ladyship seemed pleased **avec** the idea; **et vous pouvez** imagine that **je** am happy on every occasion to offer **ces** little delicate compliments which are **toujours** acceptable to ladies. **Je** have more **qu'une fois** observed to Lady Catherine, that her charming daughter seemed born to be a duchess, **et** that the most elevated rank, instead of **donner** her consequence, would be adorned by her. These are the kind of little things which please her ladyship, **et** it is a sort of attention which **je** conceive myself peculiarly bound to pay."

"You judge **très** properly," said Mr. Bennet, "**et** it is happy for you that you possess the talent of flattering **avec** delicacy. May **je** ask **si** these pleasing attentions proceed from the impulse of the moment, **ou** are the result of previous study?"

"**Elles** arise chiefly from what is passing at **le moment, et si je parfois** amuse myself **avec** suggesting **et** arranging such little elegant compliments as may be adapted to ordinary occasions, **je toujours** wish **de leur donner** as unstudied an air as possible."

Mr. Bennet's expectations were fully answered. His cousin was as absurd as **il** had hoped, **et il** listened to him **avec** the keenest enjoyment, maintaining at the same time the most resolute composure of countenance, **et**, except in an occasional glance at Elizabeth, requiring no partner in his pleasure.

By tea-time, **pourtant**, the dose had been enough, **et** Mr. Bennet was glad **de prendre** his guest **dans** the drawing-room again, **et, lorsque** tea was over, glad to invite him à lire aloud to the ladies. Mr. Collins readily assented, **et un livre** was produced; **mais**, on beholding it (for everything announced it to be from a circulating library), **il a commencé** back, **et** begging pardon, protested that **il n'a jamais** read novels. Kitty stared at him, **et** Lydia exclaimed. Other **livres** were produced, **et** after some deliberation **il** chose Fordyce's Sermons. Lydia gaped as **il** opened the volume, **et avant qu'il** had, **très** monotonous solemnity, read **trois** pages, **elle** interrupted him **avec**:

"Do **vous savez**, mamma, that my uncle Phillips talks of turning away Richard; **et s'il** does, Colonel Forster will hire him. My aunt told **moi** so herself on Saturday. **Je** shall walk to Meryton to-morrow to hear more about it, **et** to ask **quand** Mr. Denny **vient** back from town."

Lydia was bid by her **deux** eldest sisters to hold her tongue; **mais** Mr. Collins, much offended, laid aside **son livre**, **et** said:

"**Je** have **souvent** observed **comment** little young ladies are interested by **livres** of a serious stamp, **mais** written solely for their benefit. It amazes **moi**, **je** confess; for, certainly, there can be nothing so advantageous to **elles** as instruction. **Mais je** will no longer importune my young cousin."

Then turning to Mr. Bennet, **il** offered himself as his antagonist at backgammon. Mr. Bennet accepted the challenge, observing that **il** acted **très** wisely in leaving the girls to their own trifling amusements. Mrs. Bennet **et** her daughters apologised most civilly for Lydia's interruption, **et** promised that it should not occur again, **s'il** would resume **son livre**; **mais** Mr. Collins, after assuring **elles** that **il** bore his young cousin no ill-will, **et** should **jamais** resent her behaviour as any affront, seated himself at another table **avec** Mr. Bennet, **et** prepared for backgammon.

## Chapter 14

| French | Pronunciation | English |
|---|---|---|
| personnes qu'il connaissait | pɛrsɔnɛs k'il kɔnɛsɛ | people he knew |
| il a commencé | il a kɔmɛnse | he started |

# 15

> "Direct instruction of vocabulary tends to produce word knowledge that is more fragile than that which is acquired incidentally through reading, with gains fading more quickly over time." – Stephen Krashen, expert in linguistics at University of Southern California

Mr. Collins was not a sensible man, **et** the deficiency of nature had been **mais** little assisted by education **ou** society; the greatest **partie** of **sa vie** having been spent under the guidance of an illiterate **et** miserly father; **et bien qu'il** belonged to one of the universities, **il** had merely kept the necessary terms, <u>**sans former**</u> at it any useful acquaintance. The subjection in which his father had brought him up had **donné** him originally great humility of manner; **mais** it was now a good deal counteracted by the self-conceit of a weak head, living in retirement, **et** the consequential feelings of **tôt et** unexpected prosperity. A fortunate chance had recommended him to Lady Catherine de Bourgh **lorsque** the living of Hunsford was vacant; **et** the respect which **il sentait** for her high rank, **et** his veneration for her as his patroness, mingling **avec** a **très** good opinion of himself, of his authority as a clergyman, **et** his right as a rector, made him altogether a mixture of pride **et** obsequiousness, self-importance **et** humility.

Having now a good house **et** a **très** sufficient income, **il** intended to marry; **et** in seeking a reconciliation **avec** the Longbourn **famille**, **il** had a wife in view, as **il** meant to choose one of the daughters, **s'il les a trouvées** as handsome **et** amiable as **elles étaient** represented by common report. This was his plan of amends — of atonement — for inheriting their father's estate; **et il pensait** it an excellent one, full of eligibility **et** suitableness, **et** excessively generous **et** disinterested on his own **partie**.

His plan did not vary on seeing **eux**. Miss Bennet's lovely face confirmed his views, **et** established all his strictest notions of what was due to seniority; **et** for the first evening **elle** was his settled choice. The next morning, **pourtant**, made an alteration; for in a quarter of an hour's tête-à-tête **avec** Mrs. Bennet **avant** breakfast, a conversation beginning **avec** his parsonage-house, **et** leading naturally to the avowal of his hopes, that a mistress might be found for it at Longbourn, produced from her, amid **très** complaisant smiles **et** general encouragement, a caution against the **très** Jane **il** had fixed on. "As to her younger daughters, **elle pourrait** not take upon her to say — she could not positively answer — but **elle** did not know of any prepossession; her eldest daughter, **elle doit** just mention — she felt it incumbent on her to hint, was likely to be **très** soon engaged."

Mr. Collins had only to **changer** from Jane to Elizabeth — and it was soon done — done **pendant que** Mrs. Bennet was stirring the fire. Elizabeth, equally next to Jane in birth **et** beauty, succeeded her of course.

Mrs. Bennet treasured up the hint, **et** trusted that **elle pourrait** soon have **deux** daughters married; **et** the man whom **elle pourrait** not bear to speak of **le jour d'avant** was now high in her good graces.

Lydia's intention of walking to Meryton was not forgotten; every sister except Mary agreed **d'aller avec** her; **et** Mr. Collins was to attend **elles**, at the request of Mr. Bennet, **qui** was most anxious to get rid of him, **et** have his library to himself; for thither Mr. Collins had followed him after breakfast; **et** there **il continuerait**, nominally engaged **avec** one of the largest folios in the collection, **mais vraiment** talking to Mr. Bennet, **avec** little cessation, of his house **et** garden at Hunsford. Such doings discomposed Mr. Bennet exceedingly. In his library **il** had been **toujours** sure of leisure **et** tranquillity; **et néanmoins** prepared, as **il** told Elizabeth, to meet **avec** folly **et** conceit in every other room of the house, **il** was used to be free from **eux** there; his civility, therefore, was most prompt in inviting Mr. Collins to join his daughters in their walk; **et** Mr. Collins, étant in fact much better fitted for a walker **que** a reader, was extremely pleased to close his large book, **et** go.

In pompous nothings on his side, **et** civil assents on that of his cousins, **leur temps** passed till **ils** entered Meryton. The attention of the younger ones was then no longer to be gained by him. Their eyes were immediately wandering up in the street in quest of the officers, **et** nothing less **que** a **très** smart bonnet indeed, **ou** a **vraiment** new muslin in a shop window, could recall **eux**.

**Mais** the attention of every lady was soon caught by a young man, whom **elles** had **jamais** seen **avant**, of most gentlemanlike appearance, walking **avec** another officer on the other side of **le chemin**. The officer was the **très** Mr. Denny concerning whose return from London Lydia came to enquire, **et il** bowed as **elles** passed. All were struck **avec** the stranger's air, all wondered **qui il pouvait** be; **et** Kitty **et** Lydia, determined **si** possible **de trouver** out, led **le chemin** across the street, under pretense of **vouloir quelque chose** in an opposite shop, **et** fortunately had just gained the pavement **lorsque** the **deux** gentlemen, turning back, had reached the same spot. Mr. Denny addressed **elles** directly, **et** entreated permission to introduce his friend, Mr. Wickham, **qui** had returned **avec** him **le jour d'avant**, **et il** was happy **de dire** had accepted a commission in their corps. This was exactly as it should be; for the young man wanted only regimentals to make him completely charming. His appearance was greatly in his favour; **il** had all the best **partie** of beauty, a fine countenance, a good figure, **et très** pleasing address. The introduction was followed up on his side by a happy readiness of conversation — a readiness at the same time perfectly correct **et** unassuming; **et** the whole party were still standing **et** talking **ensemble très** agreeably, **lorsque** the sound of horses drew their notice, et Darcy **et** Bingley were seen riding down the street. On distinguishing the ladies of the group, the **deux** gentlemen came directly towards **elles, et** began the usual civilities. Bingley was the principal spokesman, **et** Miss Bennet the principal object. **Il** was then, **il a dit**, on **son chemin** to Longbourn on purpose to enquire after her. Mr. Darcy corroborated it **avec** a bow, **et** was beginning to determine not to fix his eyes on Elizabeth, **quand ils étaient** suddenly arrested by the sight of the stranger, **et** Elizabeth happening **de voir** the countenance of both as **ils regardaient** at each other, was all astonishment at the effect of the meeting. Both changed colour, one looked white, the other red. Mr. Wickham, after a few moments, touched his hat — a salutation which Mr. Darcy just deigned to return. What could be the meaning of it? It was impossible to imagine; it was impossible not to long à savoir.

In another minute, Mr. Bingley, **mais sans** seeming **d'avoir** noticed what passed, took leave **et** rode on **avec** his friend.

Mr. Denny **et** Mr. Wickham walked **avec** the young ladies to the door of Mr. Phillip's house, **et** then made their bows, in spite of Miss Lydia's pressing entreaties that **ils devraient** come in, **et** even in spite of Mrs. Phillips's throwing up the parlour window **et** loudly seconding the invitation.

Mrs. Phillips was **toujours** glad **de voir** her nieces; **et** the **deux** eldest, from their recent absence, were particularly welcome, **et elle** was eagerly expressing her surprise at their sudden return home, which, as their own carriage had not fetched **elles, elle devrait** have known nothing about, **si elle** had not happened **de**

**voir** Mr. Jones's shop-boy in the street, **qui** had told her that **ils étaient** not to send any more draughts to Netherfield **car** the Miss Bennets were come away, **lorsque** her civility was claimed towards Mr. Collins by Jane's introduction of him. **Elle** received him **avec** her **très** best politeness, which **il** returned **avec** as much more, apologising for his intrusion, **sans** any previous acquaintance **avec** her, which **il pourrait** not help flattering himself, **pourtant**, might be justified by his relationship to the young ladies **qui** introduced him to her notice. Mrs. Phillips was quite awed by such an excess of good breeding; **mais** her contemplation of one stranger was soon put to an end by exclamations **et** enquiries about the other; of whom, **pourtant**, **elle pourrait** only tell her nieces what **elles** already knew, that Mr. Denny had brought him from London, **et** that **il** was to **avoir** a lieutenant's commission in the —— shire. **Elle** had been watching him the last hour, **elle a dit**, as **il** walked up **et** down the street, **et** had Mr. Wickham appeared, Kitty **et** Lydia would certainly have continued the occupation, **mais** unluckily no one passed windows now except a few of the officers, **qui**, in comparison **avec** the stranger, were become "stupid, disagreeable fellows." Some of **eux** were to dine **avec** the Phillipses the next day, **et** their aunt promised to make her husband call on Mr. Wickham, **et** give him an invitation également, **si la famille** from Longbourn would come in the evening. This was agreed to, **et** Mrs. Phillips protested that **ils voudraient** have a nice comfortable noisy game of lottery tickets, **et** a little bit of hot supper afterwards. The prospect of such delights was **très** cheering, **et ils** parted in mutual good spirits. Mr. Collins repeated his apologies in quitting the room, **et** was assured **avec** unwearying civility that **ils étaient** perfectly needless.

As **elles** walked home, Elizabeth related to Jane what **elle avait vu** pass **entre** the **deux** gentlemen; **mais bien que** Jane would have defended either **ou** both, had **ils** appeared to be in the wrong, **elle pourrait** no more explain such behaviour **que** her sister.

Mr. Collins on his return highly gratified Mrs. Bennet by admiring Mrs. Phillips's manners **et** politeness. **Il** protested that, except Lady Catherine **et** her daughter, **il** had **jamais** seen a more elegant woman; for **elle** had not only received him **avec** the utmost civility, **mais** even pointedly <u>**a inclus**</u> him in her invitation for the next evening, **même si** utterly unknown to her **avant**. **Quelque chose**, **il** supposed, might be attributed to his connection **avec eux**, **mais** yet **il** had **jamais** met **avec** so much attention in the whole course of **sa vie**.

## Chapter 15

| French | Pronunciation | English |
|---|---|---|
| sans former | sans fɔrme | without form |
| s'il les a trouvées | s'il ləs a truve | if he found them |
| il continuerait | il kɔntjnɥɛrɛ | he would continue |
| et néanmoins | ət neanmwan | and yet |
| ils regardaient | ils rɛgardaj | they looked |
| a inclus | a ɛ̃kly | included |

# 16

As no objection was made to the young people's engagement **avec** their aunt, **et** all Mr. Collins's scruples of leaving Mr. **et** Mrs. Bennet for a single evening **durant** his visit were most steadily resisted, the coach conveyed him **et** his five cousins at a suitable hour to Meryton; **et** the girls had the pleasure of hearing, as **elles** entered the drawing-room, that Mr. Wickham had accepted their uncle's invitation, **et** was then in the house.

**Lorsque** this **information** was **donnée**, **et ils** had all **pris** their seats, Mr. Collins was at leisure **de regarder** around him **et** admire, **et il** was so much struck **avec la taille et** furniture of the apartment, that **il** declared **il pouvait** almost have supposed himself in the small summer breakfast parlour at Rosings; a comparison that did not at first convey much gratification; **mais quand** Mrs. Phillips understood from him what Rosings was, **et qui** was its proprietor — when **elle** had listened to the description of only one of Lady Catherine's drawing-rooms, **et** found that the chimney-piece alone had cost eight hundred pounds, **elle a senti** all the force of the compliment, **et** would hardly have resented a comparison **avec** the housekeeper's room.

In describing to her all the grandeur of Lady Catherine **et** her mansion, **avec** occasional digressions in praise of his own humble abode, **et** the improvements it was receiving, **il** was happily employed until the gentlemen joined **eux**; **et il a trouvé** in Mrs. Phillips a **très** attentive listener, whose opinion of his consequence increased **avec** what **elle** heard, **et qui** was resolving to retail it all among her neighbours as soon as **elle pouvait**. To the girls, **qui** could not listen to their cousin, **et qui** had nothing **à faire**, **mais** to wish for an instrument, **et** examine their own indifferent imitations of china on the mantelpiece, the interval of waiting appeared **très** long. It was over at last, **pourtant**. The gentlemen did approach, **et quand** Mr. Wickham walked **dans** the room, Elizabeth felt that **elle** had neither been seeing him **avant**, nor **pensé** of him **depuis**, **avec** the smallest degree of unreasonable admiration. The officers of the —— shire were in general a **très** creditable, gentlemanlike set, **et** the best of **eux** were of the present party; **mais** Mr. Wickham was as far beyond **eux** all **en personne**, countenance, air, **et** walk, as **ils étaient** superior to the broad-faced, stuffy uncle Phillips, breathing port wine, **qui** followed **eux dans** the room.

Mr. Wickham was the happy man towards whom almost every female eye was turned, **et** Elizabeth was the happy woman by whom **il** finally seated himself; **et** the agreeable manner in which **il** immediately fell **dans** conversation, **mais** it was only on its être a wet night, made her feel that the commonest, dullest, most threadbare topic might be rendered interesting by the skill of the speaker.

**Avec** such rivals for the notice of the fair as Mr. Wickham **et** the officers, Mr. Collins seemed to sink **dans** insignificance; to the young ladies **il** certainly was nothing; **mais il** had still at intervals a kind listener in Mrs. Phillips, **et** was by her watchfulness, most abundantly supplied **avec** coffee **et** muffin. **Lorsque** the card-tables were placed, **il** had the opportunity of obliging her in turn, by sitting down to whist.

"**Je sais** little of **le jeu** at present," said **il**, "**mais je** shall be glad to improve myself, for in my situation in life —" Mrs. Phillips was **très** glad for his compliance, **mais** could not wait for his reason.

Mr. Wickham did not play at whist, **et avec** ready delight was **il** received at the other table **entre** Elizabeth **et** Lydia. At first there seemed danger of Lydia's engrossing him entirely, for **elle** was a most determined talker; **mais étant** likewise extremely fond of lottery tickets, **elle** soon grew too much interested in **le jeu**, too eager in making bets **et** exclaiming after prizes **pour avoir** attention for anyone in particular. Allowing for the common demands of **le jeu**, Mr. Wickham was therefore at leisure to talk to Elizabeth, **et elle** was **très** willing to hear him, **mais** what **elle** chiefly wished to hear **elle pourrait** not hope to be told — the **histoire** of his acquaintance **avec** Mr. Darcy. **Elle** dared not even mention that gentleman. Her curiosity, **pourtant**, was unexpectedly relieved. Mr. Wickham began the subject himself. **Il** enquired **comment** far Netherfield was from Meryton; **et**, after receiving her answer, asked in a hesitating manner **comment** long Mr. Darcy had been staying there.

"About a month," said Elizabeth; **et** then, unwilling to let the subject drop, added, "**Il** is a man of **très** large property in Derbyshire, **je comprends**."

"Yes," replied Mr. Wickham; "his estate **il y a** a noble one. A clear ten thousand per annum. **Vous pourriez** not have met **avec une personne** more capable of **donner** you certain **informations** on that head **que** myself, for **je** have been connected **avec sa famille** in a particular manner from my infancy."

Elizabeth could not **mais** look surprised.

"**Vous pouvez** well be surprised, Miss Bennet, at such an assertion, after seeing, as you probably might, the **très** cold manner of our meeting yesterday. Are you much acquainted **avec** Mr. Darcy?"

"As much as **je** ever wish to be," cried Elizabeth **très** warmly. "**Je** have spent four **jours** in the same house **avec** him, **et je pense** him **très** disagreeable."

"**Je** have no right **de donner** my opinion," said Wickham, "as to his être agreeable **ou** otherwise. **Je** am not qualified **de former** one. **J'ai connu** him too long **et** too well to be a fair judge. It is impossible for **moi** to be impartial. **Mais je** believe your opinion of him would in general astonish — and perhaps **vous n'exprimeriez pas** it quite so strongly anywhere else. **Ici** you are in your own **famille**."

"Upon my word, **je dis** no more **ici que je pourrais** say in any house in the neighbourhood, except Netherfield. **Il** is not at all liked in Hertfordshire. Everybody is disgusted **avec** his pride. You will not find him more favourably spoken of by anyone."

"**Je** cannot pretend to be sorry," said Wickham, after a short interruption, "that **il ou** that any man should not be estimated beyond their deserts; **mais avec** him **je** believe it does not **souvent** happen. **Le monde** is blinded by his fortune **et** consequence, **ou** frightened by his high **et** imposing manners, **et voit** him only as **il** chooses to be seen."

"**Je devrais** take him, even on my slight acquaintance, to be an ill-tempered man." Wickham only shook his head.

"**Je** wonder," said **il**, at the next opportunity of speaking, "**s'il** is likely to be in this country much longer."

"**Je** do not at all know; **mais je** heard nothing of his going away **quand je** was at Netherfield. **Je** hope your plans in favour of the — — shire will not be affected by his être in the neighbourhood."

"Oh! no — it is not for **moi** to be driven away by Mr. Darcy. **S'il** wishes to avoid seeing **moi**, **il doit** go. We are not on friendly terms, **et** it **me donne toujours** pain to meet him, **mais je** have no reason for avoiding him **mais** what **je pourrais** proclaim **devant** all **le monde**, a sense of **très** great ill-usage, **et** most painful regrets at his être what **il** is. His father, Miss Bennet, the late Mr. Darcy, was one of the best men that ever breathed, **et** the truest friend **je** ever had; **et je ne peux jamais** be in **compagnie** this Mr. Darcy **sans être** grieved to the soul by a thousand tender recollections. His behaviour to myself has been scandalous; **mais**

**je** verily believe **je pourrais** forgive him anything **et** everything, rather **que** his disappointing the hopes **et** disgracing the memory of his father."

Elizabeth found the interest of the subject increase, **et** listened **avec** all her heart; **mais** the delicacy of it prevented further enquiry.

Mr. Wickham began to speak on more general topics, Meryton, the neighbourhood, the society, appearing highly pleased **avec** all that **il** had yet seen, **et** speaking of the latter **avec** gentle **mais très** intelligible gallantry.

"It was the prospect of constant society, **et** good society," **il a ajouté**, "which was my chief inducement to enter the —— shire. **Je savais** it to be a most respectable, agreeable corps, **et** my friend Denny tempted **moi** further by his account of their present quarters, **et** the **très** great attentions **et** excellent acquaintances Meryton had procured **eux**. Society, **je** own, is necessary to **moi**. **Je** have been a disappointed man, **et** my spirits will not bear solitude. **Je dois** have employment **et** society. A military life is not what **je** was intended for, **mais** circumstances have now made it eligible. The church ought **d' avoir** been my profession — I was brought up for the church, **et je** at this time have been in possession of a most valuable living, had it pleased the gentleman we were speaking of just now."

"Indeed!"

"Yes — the late Mr. Darcy bequeathed **moi** the next presentation of the best living in his gift. **Il** was my godfather, **et** excessively attached to **moi**. **Je** cannot do justice to his kindness. **Il** meant **de fournir** for **moi** amply, **et** thought **il** had done it; **mais quand** the living fell, it was **donné** elsewhere."

"Good heavens!" cried Elizabeth; "**mais comment** could that be? **Comment** could his will be disregarded? **Pourquoi** did you not seek legal redress?"

"**Il y avait** just such an informality in the terms of the bequest as to **me donner** no hope from **la loi**. A man of honour could not have doubted the intention, **mais** Mr. Darcy chose to doubt it — or to treat it as a merely conditional recommendation, **et** to assert that **je** had forfeited all claim to it by extravagance, imprudence — in short anything **ou** nothing. Certain it is, that the living became vacant **deux ans** ago, exactly as **je** was of an age to hold it, **et** that it was **donné** to another man; **et** no less certain is it, that **je** cannot accuse myself of having **vraiment** done anything to deserve to lose it. **Je** have a warm, unguarded temper, **et je peux** have spoken my opinion of him, **et** to him, too freely. **Je peux** recall nothing worse. **Mais** the fact is, that we are **très** different sort of men, **et** that **il** hates **moi**."

"This is quite shocking! **Il** deserves to be publicly disgraced."

"Some time **ou** other **il** will be — but it shall not be by **moi**. Till **je peux** forget his father, **je ne peux jamais** defy **ou** expose him."

Elizabeth honoured him for such feelings, **et** thought him handsomer **que** ever as **il** expressed **eux**.

"**Mais** what," said **elle**, after a pause, "can have been his motive? What can have induced him to behave so cruelly?"

"A thorough, determined dislike of me — a dislike which **je** cannot **mais** attribute in some measure to jealousy. Had the late Mr. Darcy liked **moi** less, his son might have borne **avec moi** better; **mais** his father's uncommon attachment to **moi** irritated him, **je** believe, **très tôt** in life. **Il** had not a temper to bear the sort of competition in which we stood — the sort of preference which was **souvent donné à moi**."

"<u>**Je n'avais pas pensé**</u> Mr. Darcy so bad as this — though **je** have **jamais** liked him. **Je n'avais pas pensé** so **très** ill of him. **Je** had supposed him to be despising his fellow-creatures in general, **mais** did not suspect him of descending to such malicious revenge, such injustice, such inhumanity as this."

After a few minutes' reflection, **pourtant**, **elle** continued, "**Je** do remember his boasting one day, at Netherfield, of the implacability of his resentments, of his having an unforgiving temper. His disposition must be dreadful."

"**Je** will not trust myself on the subject," replied Wickham; "**Je peux** hardly be just to him."

Elizabeth was again deep in thought, **et** after **un temps** exclaimed, "To treat in such a manner the godson, the friend, the favourite of his father!" **Elle pourrait** have added, "A young man, too, like you, whose **très** countenance may vouch for your être amiable" — but **elle** contented herself **avec**, "**et** one, too, **qui** had probably been his companion from childhood, connected **ensemble**, as **je pense que vous avez dit**, in the closest manner!"

"We were born in the same parish, within the same park; the greatest **partie** of our youth was passed **ensemble**; inmates of the same house, sharing the same amusements, objects of the same parental care. My father began life in the profession which your uncle, Mr. Phillips, appears to **faire** so much credit to — but **il a abandonné** everything to be of use to the late Mr. Darcy **et** devoted all **son temps** to the care of the Pemberley property. **Il** was most highly esteemed by Mr. Darcy, a most intimate, confidential friend. Mr. Darcy **souvent** acknowledged himself to be under the greatest obligations to my father's active superintendence, **et quand**, immediately **avant** my father's death, Mr. Darcy gave him a voluntary promise of **fournir** for **moi, je** am convinced that **il sentait** it to be as much a debt of gratitude to him, as of his affection to myself."

"**Comment** strange!" cried Elizabeth. "**Comment** abominable! **Je** wonder that the **très** pride of this Mr. Darcy has not made him just to you! **Si** from no better motive, that **il devrait** not have been too proud to be dishonest — for dishonesty **je dois** call it."

"It is wonderful," replied Wickham, "for almost all his actions may be traced to pride; **et** pride had **souvent** been his best friend. It has connected him nearer **avec** virtue **qu'avec** any other feeling. **Mais** we are none of **nous** consistent, **et** in his behaviour to **moi il y avait** stronger impulses even **que** pride."

"Can such abominable pride as his have ever done him good?"

"Yes. It has **souvent** led him to be liberal **et** generous, **de donner son argent** freely, to display hospitality, to assist his tenants, **et** relieve the poor. **Famille** pride, **et** filial pride — for **il** is **très** proud of what his father was — have done this. Not to appear to disgrace **sa famille**, to degenerate from the popular qualities, **ou** lose the influence of the Pemberley House, is a powerful motive. **Il** has également brotherly pride, which, **avec** some brotherly affection, makes him a **très** kind **et** careful guardian of his sister, **et** you will hear him generally cried up as the most attentive **et** best of brothers."

"What sort of girl is Miss Darcy?"

**Il** shook his head. "**Je** wish **je pouvais** call her amiable. It **me donne** pain to speak ill of a Darcy. **Mais elle** is too much like her brother — very, **très** proud. As a child, **elle** was affectionate **et** pleasing, **et** extremely fond of **moi**; **et je** have devoted hours **et** hours to her amusement. **Mais elle** is nothing to **moi** now. **Elle** is a handsome girl, about fifteen **ou** sixteen, **et, je comprends**, highly accomplished. **Depuis** her father's death, **sa maison** has been London, **où** a lady **vit avec** her, **et** superintends her education."

After many pauses **et** many trials of other subjects, Elizabeth could not help reverting **une fois de plus** to the first, **et** saying:

"**Je** am astonished at his intimacy **avec** Mr. Bingley! **Comment** can Mr. Bingley, **qui** seems good humour itself, **et** is, **je vraiment** believe, truly amiable, be in friendship **avec** such a man? **Comment** can **ils** suit each other? **Est-ce que vous connaissez** Mr. Bingley?"

"Not at all."

"**Il** is a sweet-tempered, amiable, charming man. **Il** cannot know what Mr. Darcy is."

"Probably not; **mais** Mr. Darcy can please **où il** chooses. **Il** does not want abilities. **Il peut** be a conversible companion **s'il pense** it worth his **temps**. Among **ceux qui** are at all his equals in consequence, **il** is a **très** different man from what **il** is to the less prosperous. His pride **jamais** deserts him; **mais avec** the rich **il** is liberal-minded, just, sincere, rational, honourable, **et** perhaps agreeable — allowing **quelque chose** for fortune **et** figure."

The whist party soon afterwards breaking up, the players gathered round the other table **et** Mr. Collins took his station **entre** his cousin Elizabeth **et** Mrs. Phillips. The usual enquiries as to his success were made by the latter. It had not been **très** great; **il** had lost every point; **mais quand** Mrs. Phillips began to express her concern thereupon, **il** assured her **avec** much earnest gravity that it was not of the least importance, that **il considérait l'argent** as a mere trifle, **et** begged that **elle ne rendrait pas** herself uneasy.

"**Je sais très** well, madam," said **il**, "that **lorsque des personnes** sit down to **une** card-table, **elles doivent** take their chances of these things, **et** happily **je** am not in such circumstances as to make five shillings any object. **Il y a** undoubtedly many **qui** could not say the same, **mais merci** to Lady Catherine de Bourgh, **je** am removed far beyond the necessity of regarding little matters."

Mr. Wickham's attention was caught; **et** after observing Mr. Collins for a few moments, **il** asked Elizabeth in a low voice **si** her relation was **très** intimately acquainted **avec la famille** of de Bourgh.

"Lady Catherine de Bourgh," **elle** replied, "has **très** lately **donné** him a living. **Je** hardly know **comment** Mr. Collins was first introduced to her notice, **mais il** certainly has not known her long."

"**Vous savez** of course that Lady Catherine de Bourgh **et** Lady Anne Darcy were sisters; consequently that **elle** is aunt to the present Mr. Darcy."

"No, indeed, **je** did not. **Je savais** nothing at all of Lady Catherine's connections. **Jamais je** heard of her existence till **le jour avant** yesterday."

"Her daughter, Miss de Bourgh, will have a **très** large fortune, **et** it is believed that **elle et** her cousin will unite the **deux** estates."

This information made Elizabeth smile, as **elle pensait** of poor Miss Bingley. Vain indeed must be all her attentions, vain **et** useless her affection for his sister **et** her praise of himself, **s'il** were already self-destined for another.

"Mr. Collins," said **elle**, "speaks highly both of Lady Catherine **et** her daughter; **mais** from some particulars that **il** has related of her ladyship, **je** suspect his gratitude misleads him, **et** that in spite of her être his patroness, **elle** is an arrogant, conceited woman."

"**Je** believe her to be both in a great degree," replied Wickham; "**Je n'ai pas vu** her for many **années, mais je très** well remember that **jamais je** liked her, **et** that her manners were dictatorial **et** insolent. **Elle** has the reputation of être remarkably sensible **et** clever; **mais je** rather believe **elle** derives **partie** of her abilities from her rank **et** fortune, **partie** from her authoritative manner, **et** the rest from the pride of her nephew, **qui** chooses that everyone connected **avec** him should have an understanding of the first class."

Elizabeth allowed that **il avait donné** a **très** rational account of it, **et ils** continued talking **ensemble, avec** mutual satisfaction till supper put an end to **cartes, et** gave the rest of the ladies their share of Mr. Wickham's attentions. There could be no conversation in the noise of Mrs. Phillips's supper party, **mais** his manners recommended him to everybody. Whatever **il a dit**, was said well; **et** whatever **il** did, done gracefully. Elizabeth went away **avec** her head full of him. **Elle pourrait** think of nothing **mais** of Mr. Wickham, **et** of what **il** had told her, all **le chemin** home; **mais il y avait** not time for her even to mention his name as **ils sont allés**, for neither Lydia nor Mr. Collins were **une fois** silent. Lydia talked incessantly of lottery tickets, of the fish **elle** had lost **et** the fish **elle** had won; **et** Mr. Collins in describing the civility of Mr. **et** Mrs. Phillips, protesting that **il** did not in the least regard his losses at whist, enumerating all the dishes at supper, **et** repeatedly fearing that **il** crowded his cousins, had more à dire qu'il ne pouvait well manage **avant que** the carriage stopped at Longbourn House.

## Chapter 16

| French | Pronunciation | English |
|---:|:---:|:---|
| **French** | **Pronunciation** | **English** |
| information | infɔrmatjɔ̃ | information |
| donnée | dɔne | given |
| avec la taille et | avək la tajlə ɛ | with the size and |
| pensé | pɛnse | thought |
| histoire | istwar | history |
| je comprends | ʒə kɔ̃prâd | i understand |
| vous n'exprimeriez pas | vus 'ɛksprimɛrjɛz pa | you would not express |
| je dis | ʒə di | i say |
| de fournir | də furnir | to provide |
| la loi | la lwa | the law |
| je n'avais pas pensé | ʒə n'avɛs pas pɛnse | i had not thought |
| il a abandonné | il a abandɔne | he gave up |
| de donner son argent | də dɔnɛr sɔn arg | to give money |
| vit avec | vit avɛk | lives with |
| une fois de plus | ynə fwas də ply | once more |
| est-ce que vous connaissez | ɛst-sə kə vus kɔnɛsɛz | do you know |
| il considérait l'argent | il kɔnsidɛrɛt l'arg | he considered money |
| elle ne rendrait pas | ɛlə nə râdrɛt pa | she would not make |

## Chapter 16

| French | Pronunciation | English |
|---|---|---|
| je n'ai pas vu | ʒə n'ɛ pas vy | i have not seen |
| ils sont allés | ils sɔnt ale | they went |

# 17

> "We have two very different ways of going about getting better in another language, you can acquire language, you can learn a language and they're very different processes."
> – Stephen Krashen, expert in linguistics at University of Southern California

Elizabeth related to Jane the next day what had passed **entre** Mr. Wickham **et** herself. Jane listened **avec** astonishment **et** concern; **elle savait** not **comment** to believe that Mr. Darcy could be so unworthy of Mr. Bingley's regard; **et** yet, it was not in her nature to question the veracity of a young man of such amiable appearance as Wickham. The possibility of his having endured such unkindness, was enough to interest all her tender feelings; **et** nothing remained therefore to be done, **mais de penser** well of **eux** both, to defend the conduct of each, **et** throw **dans** the account of accident **ou** mistake whatever could not be otherwise explained.

"**Ils** have both," said **elle**, "been deceived, **je** dare say, in some **manière ou d'une** other, of which **nous pouvons** form no idea. Interested **personnes** have perhaps misrepresented each to the other. It is, in short, impossible for **nous** to conjecture the causes **ou** circumstances which may have alienated **eux**, **sans** actual blame on either side."

"**Très** true, indeed; **et** now, my dear Jane, what have you got à dire on behalf of the interested **gens qui** have probably been concerned in **l'affaire**? Do clear **eux** too, **ou** we shall be obliged **de penser** ill of somebody."

"Laugh as much as you choose, **mais** you will not laugh **moi** out of my opinion. My dearest Lizzy, do **mais** consider in what a disgraceful light it **met** Mr. Darcy, to be treating his father's favourite in such a manner, one whom his father had promised **de fournir** for. It is impossible. No man of common humanity, no man **qui** had any value for his character, could be capable of it. Can his most intimate friends be so excessively deceived in him? Oh! no."

"**Je peux** much more easily believe Mr. Bingley's being imposed on, **que** that Mr. Wickham should invent such a **histoire** of himself as **il m'a donné** last night; names, facts, everything mentioned **sans** ceremony. **Si** it be not so, let Mr. Darcy contradict it. Besides, **il y avait** truth in his **regards**."

"It is difficult indeed — it is distressing. One does not know what to **penser**."

"**Je** beg your pardon; one **sait** exactly what to **penser**."

**Mais** Jane could think **avec** certainty on only one point — that Mr. Bingley, **s'il** had been imposed on, would have much to suffer **lorsque** the affair became public.

The **deux** young ladies were summoned from the shrubbery, **où** this conversation passed, by the arrival of the **très personnes** of whom **elles** had been speaking; Mr. Bingley **et** his sisters came **pour donner** their personal invitation for the long-expected ball at Netherfield, which was fixed for the following Tuesday. The **deux** ladies were delighted **de voir** their dear friend again, called it an age **depuis qu'elles** had met, **et** repeatedly asked what **elle** had been doing **avec** herself **depuis** their separation. To the rest of **la famille elles** paid little attention; avoiding Mrs. Bennet as much as possible, saying not much to Elizabeth, **et** nothing at all to the others. **Elles étaient** soon **parties** again, rising from their seats **avec** an activity which took their brother by surprise, **et** hurrying off as **si** eager to escape from Mrs. Bennet's civilities.

The prospect of the Netherfield ball was extremely agreeable to every female of **la famille**. Mrs. Bennet chose to consider it as **donné** in compliment to her eldest daughter, **et** was particularly flattered by receiving the invitation from Mr. Bingley himself, instead of a ceremonious **carte**. Jane pictured to herself a happy evening in the society of her **deux** friends, **et** the attentions of their brother; **et** Elizabeth thought **avec** pleasure of dancing a great deal **avec** Mr. Wickham, **et** of seeing a confirmation of everything in Mr. Darcy's look **et** behaviour. The happiness anticipated by Catherine **et** Lydia depended less on any single event, **ou** any particular **personne**, for **bien qu'elles** each, like Elizabeth, meant to dance half the evening **avec** Mr. Wickham, **il** was by no means the only partner **qui** could satisfy **elles**, **et** a ball was, at any rate, a ball. **Et** even Mary could assure **sa famille** that **elle** had no disinclination for it.

"**Alors que je peux** have my mornings to myself," said **elle**, "it is enough — I think it is no sacrifice to join occasionally in evening engagements. Society has claims on **nous** all; **et je** profess myself one of **celles qui** consider intervals of recreation **et** amusement as desirable for everybody."

Elizabeth's spirits were so high on this occasion, that **si elle** did not **souvent** speak unnecessarily to Mr. Collins, **elle pouvait** not help asking him **s'il** intended to accept Mr. Bingley's invitation, **et s'il** did, **qu'il le trouverait** proper to join in the evening's amusement; **et elle** was rather surprised **de trouver** that **il** entertained no scruple whatever on that head, **et** was **très** far from dreading a rebuke either from the Archbishop, **ou** Lady Catherine de Bourgh, by venturing to dance.

"**Je** am by no means of the opinion, **je** assure you," said **il**, "that a ball of this kind, **donné** by a young man of character, to respectable **personnes**, can have any evil tendency; **et je** am so far from objecting to dancing myself, that **je** shall hope to be honoured **avec** the hands of all my fair cousins in **le cours** of the evening; **et je prends** this opportunity of soliciting yours, Miss Elizabeth, for the **deux** first dances especially, a preference which **je** trust my cousin Jane will attribute to the right cause, **et** not to any disrespect for her."

Elizabeth felt herself completely **prise** in. **Elle** had fully proposed **d'être** engaged by Mr. Wickham for **les** very dances; **et à avoir** Mr. Collins instead! her liveliness had **jamais** been worse timed. **Il y avait** no help for it, **pourtant**. Mr. Wickham's happiness **et** her own were perforce delayed a little longer, **et** Mr. Collins's proposal accepted **avec** as good a grace as **elle pouvait**. **Elle** was not the better pleased **avec** his gallantry from the idea it suggested of **quelque chose** more. It now first struck her, that **elle** was selected from among her sisters as worthy of être mistress of Hunsford Parsonage, **et** of assisting to **former** a quadrille table at Rosings, in the absence of more eligible visitors. The idea soon reached to conviction, as **elle** observed his increasing civilities toward herself, **et** heard his frequent attempt at a compliment on her wit **et** vivacity; **et bien que** more astonished **que** gratified herself by this effect of her charms, it was not long **avant que** her mother gave her <u>à comprendre</u> that the probability of their marriage was extremely agreeable to her. Elizabeth, **pourtant**, did not choose **de prendre** the hint, étant well aware that a serious dispute must be the consequence of any reply. Mr. Collins might **jamais** make the offer, **et** till **il** did, it was useless to quarrel about him.

**Si** there had not been a Netherfield ball to prepare for **et** talk of, the younger Miss Bennets would have been in a **très** pitiable state at this time, for from **le jour** of the invitation, to **le jour** of the ball, **il y avait** such a succession of rain as prevented their walking to Meryton **une fois**. No aunt, no officers, no news could be sought after — the very shoe-roses for Netherfield were got by proxy. Even Elizabeth might have found some trial of her patience in weather which totally suspended the improvement of her acquaintance **avec** Mr. Wickham; **et** nothing less **que** a dance on Tuesday, could have made such a Friday, Saturday, Sunday, **et** Monday endurable to Kitty **et** Lydia.

## Chapter 17

| French | Pronunciation | English |
|---:|:---:|:---|
| elle savait | ɛlə savɛ | she knew |
| manière ou d'une | manjɛrə u d'yn | way or |
| met | mə | puts |
| regards | rəgard | looks |
| sait | sɛ | knows |
| parties | partj | gone |
| carte | kart | card |
| qu'il le trouverait | k'il lə truvɛrɛ | he would find the |
| et je prends | ət ʒə prâd | and i take |
| à comprendre | a kɔ̃prâdr | to understand |

## 18

Till Elizabeth entered the drawing-room at Netherfield, **et** looked in vain for Mr. Wickham among the cluster of red coats there assembled, a doubt of his **être** present had **jamais** occurred to her. The certainty of meeting him had not been checked by any of **ces** recollections that might not unreasonably have alarmed her. **Elle** had dressed **avec** more **que** usual care, **et** prepared in the highest spirits for the conquest of all that remained unsubdued of his heart, trusting that it was not more **que** might be won in **le cours** of the evening. **Mais** in an instant arose the dreadful suspicion of his **être** purposely omitted for Mr. Darcy's pleasure in the Bingleys' invitation to the officers; **et bien que** this was not exactly the case, the absolute fact of his absence was pronounced by his friend Denny, to whom Lydia eagerly applied, **et qui** told **eux** that Wickham had been obliged **d'aller** to town on business **le jour d'avant**, **et** was not yet returned; adding, **avec** a significant smile, "**Je** do not imagine **son affaire** would have called him away just now, **s'il n'avait pas voulu** to avoid a certain gentleman **ici**."

This **partie** of his intelligence, **mais** unheard by Lydia, was caught by Elizabeth, **et**, as it assured her that Darcy was not less answerable for Wickham's absence **que si** her first surmise had been just, every feeling of displeasure against the former was so sharpened by immediate disappointment, that **elle pouvait** hardly reply **avec** tolerable civility to the polite enquiries which **il** directly afterwards approached to make. Attendance, forbearance, patience **avec** Darcy, was injury to Wickham. **Elle** was resolved against any sort of conversation **avec** him, **et** turned away **avec** a degree of ill-humour which **elle pouvait** not wholly surmount even in speaking to Mr. Bingley, whose blind partiality provoked her.

**Mais** Elizabeth was not formed for ill-humour; **et bien que** every prospect of her own was destroyed for the evening, it could not dwell long on her spirits; **et** having told all her griefs to Charlotte Lucas, whom **elle n'a pas vue** for a week, **elle** was soon able to make a voluntary transition to the oddities of her cousin, **et pointer** him out to her particular notice. The first **deux** dances, **pourtant**, brought a return of distress; **elles étaient** dances of mortification. Mr. Collins, awkward **et** solemn, apologising instead of attending, **et souvent** moving wrong **sans être** aware of it, gave her all the shame **et** misery which a disagreeable partner for a couple of dances can give. The moment of her release from him was ecstasy.

**Elle** danced next **avec** an officer, **et** had the refreshment of talking of Wickham, **et** of hearing that **il** was universally liked. **Lorsque les** dances were over, **elle** returned to Charlotte Lucas, **et** was in conversation **avec** her, **quand elle a trouvé** herself suddenly addressed by Mr. Darcy **qui** took her so much by surprise in his application for her **main**, that, **sans** knowing what **elle** did, **elle** accepted him. **Il** walked away again immediately, **et elle** was left to fret over her own want of presence of mind; Charlotte tried to console her:

"**Je** dare say **vous trouverez** him **très** agreeable."

"Heaven forbid! That would be the greatest misfortune of all! **De trouver** a man agreeable whom one is determined to hate! Do not wish **moi** such an evil."

**Lorsque** the dancing recommenced, **pourtant**, et Darcy approached to claim her **main**, Charlotte could not help cautioning her in a whisper, not to be a simpleton, **et** allow her fancy for Wickham to make her appear unpleasant in the eyes of a man ten **fois** his consequence. Elizabeth made no answer, **et** took **sa place** in the set, amazed at the dignity to which **elle** was arrived in être allowed to stand opposite to Mr. Darcy, **et lisant** in her neighbours' **regards**, their equal amazement in beholding it. **Ils** stood for some time **sans** speaking a word; **et elle** began to imagine that their silence was to last through the **deux** dances, **et** at first was resolved not to break it; till suddenly fancying that it would be the greater punishment to her partner to oblige him to talk, **elle** made some slight observation on the dance. **Il** replied, **et** was again silent. After a pause of some minutes, **elle** addressed him a second time **avec**: — "It is your turn **de dire quelque chose** now, Mr. Darcy. **Je** talked about the dance, **et** you ought to make some sort of remark on **la taille** of the room, **ou le nombre** of couples."

**Il** smiled, **et** assured her that whatever **elle** wished him **de dire** should be said.

"**Très** well. That reply will do for the present. Perhaps by **et** by **je peux** observe that private balls are much pleasanter **que** public ones. **Mais** now **nous pouvons** be silent."

"Do you talk by rule, then, **pendant que** you are dancing?"

"**Parfois**. One must speak a little, **vous savez**. It would look odd to be entirely silent for half an hour **ensemble**; **et** yet for the advantage of some, conversation ought to be so arranged, as that **ils peuvent** have the trouble of saying as little as possible."

"Are you consulting your own feelings in the present case, **ou** do you imagine that you are gratifying mine?"

"Both," replied Elizabeth archly; "for **je** have **toujours** seen a great similarity in the turn of **nos esprits**. We are each of an unsocial, taciturn disposition, unwilling to speak, unless we expect **de dire quelque chose** that will amaze the whole room, **et** be handed down to posterity **avec** all the éclat of a proverb."

"This is no **très** striking resemblance of your own character, **je** am sure," said **il**. "**Comment** near it may be to mine, **je** cannot pretend **de dire**. **Vous pensez** it a faithful portrait undoubtedly."

"**Je dois** not decide on my own performance."

**Il** made no answer, **et ils étaient** again silent till **ils étaient allés** down the dance, **quand il** asked her **si elle et** her sisters did not **très souvent** walk to Meryton. **Elle** answered in the affirmative, **et**, unable to resist the temptation, added, "**Lorsque** you met **nous** there the other day, we had just been **en train de former** a new acquaintance."

The effect was immediate. A deeper shade of hauteur overspread his features, **mais il a dit** not a word, **et** Elizabeth, **mais** blaming herself for her own weakness, could not go on. At length Darcy spoke, **et** in a constrained manner said, "Mr. Wickham is blessed **avec** such happy manners as may ensure his making friends — whether **il peut** be equally capable of retaining **eux**, is less certain."

"**Il** has been so unlucky as to lose your friendship," replied Elizabeth **avec** emphasis, "**et** in a manner which **il** is likely to suffer from all **sa vie**."

Darcy made no answer, **et** seemed desirous of **changer** the subject. At that moment, Sir William Lucas appeared close to **eux**, meaning to pass through the set to the other side of the room; **mais** on perceiving Mr. Darcy, **il** stopped **avec** a bow of superior courtesy to compliment him on his dancing **et** his partner.

"**Je** have been most highly gratified indeed, my dear sir. Such **très** superior dancing is not **souvent** seen. It is evident that you belong to the first circles. Allow **moi de dire, pourtant**, that your fair partner does not disgrace you, **et** that **je dois** hope **d' avoir** this pleasure **souvent** repeated, especially **lorsque** a certain desirable event, my dear Eliza (glancing at her sister **et** Bingley) shall take **place**. What congratulations will then flow in! **Je** appeal to Mr. Darcy: — but let **moi** not interrupt you, sir.

You will not thank **moi** for detaining you from the bewitching converse of that young lady, whose bright eyes are également upbraiding **moi**."

The latter **partie** of this address was scarcely heard by Darcy; **mais** Sir William's allusion to his friend seemed to strike him forcibly, **et** his eyes were directed **avec** a **très** serious expression towards Bingley **et** Jane, **qui** were dancing **ensemble**. Recovering himself, **pourtant**, shortly, **il** turned to his partner, **et** said, "Sir William's interruption has made **moi** forget what we were talking of."

"**Je ne pense pas** we were speaking at all. Sir William could not have interrupted **deux personnes** in the room **qui** had less à dire for themselves. We have tried **deux ou trois** subjects already **sans** success, **et** what we are to talk of next **je** cannot imagine."

"What think you of **livres**?" said **il**, smiling.

"Books — oh! no. **Je** am sure we **jamais** read the same, **ou** not **avec** the same feelings."

"**Je** am sorry **vous pensez** so; **mais si** that be the case, there can at least be no want of subject. **Nous pouvons** compare our different opinions."

"No — I cannot talk of **livres** in a ball-room; my head is **toujours** full of **quelque chose** else."

"The present **toujours** occupies you in such scenes — does it?" said **il**, **avec** a look of doubt.

"Yes, **toujours**," **elle** replied, **sans** knowing what **elle a dit**, for her thoughts had wandered far from the subject, as soon afterwards appeared by her suddenly exclaiming, "**Je** remember hearing you **une fois** say, Mr. Darcy, that you hardly ever forgave, that your resentment **une fois** created was unappeasable. You are **très** cautious, **je** suppose, as to its être created?"

"**Je** am," said **il**, **avec** a firm voice.

"**Et jamais** allow **vous-même** to be blinded by prejudice?"

"**Je** hope not."

"It is particularly incumbent on **ceux qui ne** change their opinion, to be secure of judging properly at first."

"May **je** ask to what these questions tend?"

"Merely to the illustration of your character," said **elle**, endeavouring to shake off her gravity. "**Je** am trying to make it out."

"**Et** what is your success?"

**Elle** shook her head. "**Je** do not get on at all. **Je** hear such different accounts of you as puzzle **moi** exceedingly."

"**Je peux** readily believe," answered **il** gravely, "that reports may vary greatly **avec** respect to **moi**; **et je souhaiterais**, Miss Bennet, that **vous étiez** not to sketch my character at the present moment, as **il y a** reason to fear that the performance would reflect no credit on either."

"**Mais si je ne prends pas** your likeness now, **je ne peux jamais** have another opportunity."

"**Je** would by no means suspend any pleasure of yours," **il** coldly replied. **Elle a dit** no more, **et ils sont allés** down the other dance **et** parted in silence; **et** on each side dissatisfied, **mais** not to an equal degree, for in Darcy's breast **il y avait** a tolerably powerful feeling towards her, which soon procured her pardon, **et** directed all his anger against another.

**Ils** had not long separated, **lorsque** Miss Bingley came towards her, **et avec** an expression of civil disdain accosted her:

"So, Miss Eliza, **je** hear you are quite delighted **avec** George Wickham! Your sister has been talking to **moi** about him, **et** asking **moi** a thousand questions; **et je trouve** that the young man quite forgot to tell you, among his other communication, that **il** was the son of old Wickham, the late Mr. Darcy's steward. Let **moi** recommend you, **pourtant**, as a friend, not **de donner** implicit confidence to all his assertions; for as to Mr. Darcy's using him ill, it is perfectly false; for, on the contrary, **il** has **toujours** been remarkably kind to him, **mais** George Wickham has treated Mr. Darcy in a most infamous manner. **Je ne connais pas** the particulars, **mais je sais très** well that Mr. Darcy is not in the least to blame, that **il** cannot bear to hear George Wickham mentioned, **et** that **mais** my brother thought that **il pouvait** not well avoid **d'inclure** him in his invitation to the officers, **il** was excessively glad **de trouver** that **il avait pris** himself **hors du chemin**. His coming **dans** the country at all is a most insolent thing, indeed, **et je** wonder **comment il pouvait** presume **de faire** it. **Je** pity you, Miss Eliza, for this discovery of your favourite's guilt; **mais vraiment**, considering his descent, one could not expect much better."

"His guilt **et** his descent appear by your account to be the same," said Elizabeth angrily; "for **je** have heard you accuse him of nothing worse **que** of être the son of Mr. Darcy's steward, **et** of that, **je peux** assure you, **il** informed **moi** himself."

"**Je** beg your pardon," replied Miss Bingley, turning away **avec** a sneer. "Excuse my interference — it was kindly meant."

"Insolent girl!" said Elizabeth to herself. "You are much mistaken **si** you expect to influence **moi** by such a paltry attack as this. **Je vois** nothing in it **mais** your own wilful ignorance **et** the malice of Mr. Darcy." **Elle** then sought her eldest sister, **qui** had undertaken to make enquiries on the same subject of Bingley. Jane met her **avec** a smile of such sweet complacency, a glow of such happy expression, as sufficiently marked **comment** well **elle** was satisfied **avec** the occurrences of the evening. Elizabeth instantly read her feelings, **et** at that moment solicitude for Wickham, resentment against his enemies, **et** everything else, gave way **avant** the hope of Jane's being in the fairest **chemin** for happiness.

"**Je veux savoir**," said **elle**, **avec** a countenance no less smiling **que** her sister's, "what you have learnt about Mr. Wickham. **Mais** perhaps you have been too pleasantly engaged **de penser** of any third **personne**; in which case **vous pouvez** be sure of my pardon."

"No," replied Jane, "**Je** have not forgotten him; **mais je** have nothing satisfactory to tell you. Mr. Bingley does not know the whole of his **histoire**, **et** is quite ignorant of the circumstances which have principally offended Mr. Darcy; **mais il** will vouch for the good conduct, the probity, **et** honour of his friend, **et** is perfectly convinced that Mr. Wickham has deserved much less attention from Mr. Darcy **qu'il** has received; **et je** am sorry **de dire** by his account as well as his sister's, Mr. Wickham is by no means a respectable young man. **Je** am afraid **il** has been **très** imprudent, **et** has deserved to lose Mr. Darcy's regard."

"Mr. Bingley does not know Mr. Wickham himself?"

"No; **il jamais** saw him till the other morning at Meryton."

"This account then is what **il** has received from Mr. Darcy. **Je** am satisfied. **Mais** what does **il** say of the living?"

"**Il** does not exactly recollect the circumstances, **bien qu'il** has heard **elles** from Mr. Darcy more **qu'une fois**, **mais il** believes that it was left to him conditionally only."

"**Je** have not a doubt of Mr. Bingley's sincerity," said Elizabeth warmly; "**mais vous devez** excuse my not being convinced by assurances only. Mr. Bingley's defense of his friend was a **très** able one, **je** dare say; **mais comme il** is unacquainted **avec** several parts of the story, **et** has learnt the rest from that friend himself, **je** shall venture to still think of both gentlemen as **je** did **avant**."

**Elle** then changed the discourse to one more gratifying to each, **et** on which there could be no difference of sentiment. Elizabeth listened **avec** delight to the happy, **mais** modest hopes which Jane entertained of Mr. Bingley's regard, **et** said all in **son pouvoir** to heighten her confidence in it. On their being joined by Mr. Bingley himself, Elizabeth withdrew to Miss Lucas; to whose enquiry after the pleasantness of her last partner **elle** had scarcely replied, **avant que** Mr. Collins came up to **elles, et** told her **avec** great exultation that **il** had just been so fortunate as to make a most important discovery.

"**J'ai trouvé** out," said **il**, "by a singular accident, that **il y a** now in the room a near relation of my patroness. **Je** happened to overhear the gentleman himself mentioning to the young lady **qui** does the honours of the house the names of his cousin Miss de Bourgh, **et** of her mother Lady Catherine. **Comment** wonderfully these sort of things occur! **Qui** would have thought of my meeting **avec**, perhaps, a nephew of Lady Catherine de Bourgh in this assembly! **Je** am most thankful that the discovery is made in time for **moi** to pay my respects to him, which **je** am now going to **faire, et** trust **il** will excuse my not having done it **avant**. My total ignorance of the connection must plead my apology."

"You are not going to introduce **vous-même** to Mr. Darcy!"

"Indeed **je** am. **Je** shall entreat his pardon for not having done it earlier. **Je** believe him to be Lady Catherine's nephew. It will be in **mon pouvoir** to assure him that her ladyship was quite well yesterday se'nnight."

Elizabeth tried hard to dissuade him from such a scheme, assuring him that Mr. Darcy would consider his addressing him **sans** introduction as an impertinent freedom, rather **que** a compliment to his aunt; that it was not in the least necessary there should be any notice on either side; **et** that **si** it were, it must belong to Mr. Darcy, the superior in consequence, to begin the acquaintance. Mr. Collins listened to her **avec** the determined air of following his own inclination, **et, quand elle** ceased speaking, replied thus:

"My dear Miss Elizabeth, **je** have the highest opinion in **le monde** in your excellent judgement in all matters within the scope of your understanding; **mais** permit **moi de dire**, that there must be a wide difference **entre** the established forms of ceremony amongst the laity, **et celles** which regulate the clergy; for, give **moi** leave to observe that **je** consider the clerical office as equal in point of dignity **avec** the highest rank in the kingdom — provided that a proper humility of behaviour is at the same time maintained. **Vous devez** therefore allow **moi** to follow the dictates of my conscience on this occasion, which leads **moi** to perform what **je regarde** on as a point of duty. Pardon **moi** for neglecting to profit by your advice, which on every other subject shall be my constant guide, **mais** in the case **devant nous, je** consider myself more fitted by education **et** habitual study to decide on what is right **que** a young lady like **vous-même**." **Et**

**avec** a low bow **il** left her to attack Mr. Darcy, whose reception of his advances **elle** eagerly watched, **et** whose astonishment at **être** so addressed was **très** evident. Her cousin prefaced his speech **avec** a solemn bow **et si elle pouvait** not hear a word of it, **elle a senti** as **si** hearing it all, **et** saw in the motion of his lips the words "apology," "Hunsford," **et** "Lady Catherine de Bourgh." It vexed her **de voir** him expose himself to such a man. Mr. Darcy was eyeing him **avec** unrestrained wonder, **et quand** at last Mr. Collins allowed him time to speak, replied **avec** an air of distant civility. Mr. Collins, **pourtant**, was not discouraged from speaking again, **et** Mr. Darcy's contempt seemed abundantly increasing **avec** the length of his second speech, **et** at the end of it **il** only made him a slight bow, **et** moved another **chemin**. Mr. Collins then returned to Elizabeth.

"**Je** have no reason, **je** assure you," said **il**, "to be dissatisfied **avec** my reception. Mr. Darcy seemed much pleased **avec** the attention. **Il** answered **moi avec** the utmost civility, **et** even paid **moi** the compliment of saying that **il** was so well convinced of Lady Catherine's discernment as to be certain **elle ne pouvait jamais** bestow a favour unworthily. It was **vraiment** a **très** handsome thought. Upon the whole, **je** am much pleased **avec** him."

As Elizabeth had no longer any interest of her own to pursue, **elle** turned her attention almost entirely on her sister **et** Mr. Bingley; **et** the train of agreeable reflections which her observations gave birth to, made her perhaps almost as happy as Jane. **Elle a vu** her in idea settled in that **très** house, in all the felicity which a marriage of true affection could bestow; **et elle se sentait** capable, under such circumstances, of endeavouring even **d'aimer** Bingley's **deux** sisters. Her mother's thoughts **elle** plainly saw were bent the same **façon, et elle** determined not to venture near her, lest **elle pourrait** hear too much. **Quand ils** sat down to supper, therefore, <u>**elle a considéré**</u> it a most unlucky perverseness which placed **eux** within one of each other; **et** deeply was **elle** vexed **de trouver** that her mother was talking to that one **personne** (Lady Lucas) freely, openly, **et** of nothing else **mais** her expectation that Jane would soon be married to Mr. Bingley. It was an animating subject, **et** Mrs. Bennet seemed incapable of fatigue **pendant que** enumerating the advantages of the match. His being such a charming young man, **et** so rich, **et** living **mais trois** miles from **eux**, were the first <u>**points**</u> of self-gratulation; **et** then it was such a comfort **de penser comment** fond the **deux** sisters were of Jane, **et** to be certain that **elles doivent** desire the connection as much as **elle pourrait** do. It was, moreover, such a promising thing for her younger daughters, as Jane's marrying so greatly must throw **les dans le chemin** of other rich men; **et** lastly, it was so pleasant at **son temps** of life **d'être en mesure** to consign her single daughters to the care of their sister, that **elle pouvait** not be obliged <u>**d'entrer dans l'affaire**</u> more **qu'elle aimait**. It was necessary to make this circumstance a matter of pleasure, **car** on such occasions it is the etiquette; **mais** no one was less likely **que** Mrs. Bennet **de trouver** comfort in staying home at any period of **sa vie**. **Elle** concluded **avec** many good wishes that Lady Lucas might soon be equally fortunate, **mais** evidently **et** triumphantly believing **il y avait** no chance of it.

In vain did Elizabeth endeavour to check the rapidity of her mother's words, **ou** persuade her to describe her felicity in a less audible whisper; for, to her inexpressible vexation, **elle pourrait** perceive that the chief of it was overheard by Mr. Darcy, **qui** sat opposite to **elles**. Her mother only scolded her for être nonsensical.

"What is Mr. Darcy to **moi**, pray, that **je devrais** be afraid of him? **Je** am sure we owe him no such particular civility as to be obliged **de dire** nothing **il peut** not like to hear."

"For heaven's sake, madam, speak lower. What advantage can it be for you to offend Mr. Darcy? You will **jamais** recommend **vous-même** to his friend by so doing!"

Nothing that **elle pourrait** say, **pourtant**, had any influence. Her mother would talk of her views in the same intelligible tone. Elizabeth blushed **et** blushed again **avec** shame **et** vexation. **Elle pouvait** not help frequently glancing her eye at Mr. Darcy, **mais** every glance convinced her of what **elle** dreaded; for **bien qu'il** was not **toujours en train de regarder** at her mother, **elle** was convinced that his attention was invariably fixed by her. The expression of his face changed gradually from indignant contempt to a composed **et** steady gravity.

At length, **pourtant**, Mrs. Bennet had no more à dire; **et** Lady Lucas, **qui** had been long yawning at the repetition of delights which **elle a vu** no likelihood of sharing, was left to the comforts of cold ham **et** chicken. Elizabeth now began to revive. **Mais** not long was the interval of tranquillity; for, **lorsque** supper was over, singing was talked of, **et elle** had the mortification of seeing Mary, after **très** little entreaty, preparing to oblige the **compagnie**. By many significant **regards et** silent entreaties, did **elle** endeavour to prevent such a proof of complaisance, **mais** in vain; Mary would not understand **elles**; such an opportunity of exhibiting was delightful to her, **et elle** began her song. Elizabeth's eyes were fixed on her **avec** most painful sensations, **et elle** watched her progress through the several stanzas **avec** an impatience which was **très** ill rewarded at their close; for Mary, on receiving, amongst the **merci** of the table, the hint of a hope that **elle pouvait** be prevailed on to favour **eux** again, after the pause of half a minute began another. Mary's powers were by no means fitted for such a display; her voice was weak, **et** her manner affected. Elizabeth was in agonies. **Elle a regardé** at Jane, **pour voir comment elle** bore it; **mais** Jane was **très** composedly talking to Bingley. **Elle a regardé** at his **deux** sisters, **et** saw **elles** making signs of derision at each other, **et** at Darcy, **qui** continued, **pourtant**, imperturbably grave. **Elle a regardé** at her father to entreat his interference, lest Mary should be singing all night. **Il a pris** the hint, **et quand** Mary had finished her second song, said aloud, "That will do extremely well, child. You have delighted **nous** long enough. Let the other young ladies have time to exhibit."

Mary, **mais** pretending not to hear, was somewhat disconcerted; **et** Elizabeth, sorry for her, **et** sorry for her father's speech, was afraid her anxiety had done no good. Others of the party were now applied to.

"**Si je**," said Mr. Collins, "were so fortunate as **d' être en mesure** to sing, **je devrais** have great pleasure, **je** am sure, in obliging the **compagnie** an air; for **je** consider **musique** as a **très** innocent diversion, **et** perfectly compatible **avec** the profession of a clergyman. **Je** do not mean, **pourtant**, to assert that **nous pouvons** be justified in devoting too much of **notre temps** to **musique**, for **il y a** certainly other things to be attended to. The rector of a parish has much à faire. In the first **endroit, il doit** make such an agreement for tithes as may be beneficial to himself **et** not offensive to his patron. **Il doit** write his own sermons; **et le temps** that remains will not be too much for his parish duties, **et** the care **et** improvement of his dwelling, which **il** cannot be excused from making as comfortable as possible. **Et je ne pense pas** it of light importance that **il devrait** have attentive **et** conciliatory manners towards everybody, especially towards **ceux** to whom **il** owes his preferment. **Je** cannot acquit him of that duty; nor could **je pense** well of the man **qui** should omit an occasion of testifying his respect towards anybody connected **avec la famille**." **Et avec** a bow to Mr. Darcy, **il** concluded his speech, which had been spoken so loud as to be heard by half the room. Many stared — many smiled; **mais** no one looked more amused **que** Mr. Bennet himself, **tandis que** his wife seriously commended Mr. Collins for having spoken so sensibly, **et** observed in a half-whisper to Lady Lucas, that **il** was a remarkably clever, good kind of young man.

To Elizabeth it appeared that, had **sa famille** made an agreement to expose themselves as much as <u>**ils pouvaient au cours**</u> the evening, it would have been impossible for **eux de jouer** their parts **avec** more spirit **ou** finer success; **et** happy did **elle** think it for Bingley **et** her sister that some of the exhibition had escaped his notice, **et** that his feelings were not of a sort to be much distressed by the folly which **il doit** have witnessed. That his **deux** sisters **et** Mr. Darcy, **pourtant**, should have such an opportunity of ridiculing her relations, was bad enough, **et elle pouvait** not determine **si** the silent contempt of the gentleman, **ou** the insolent smiles of the ladies, were more intolerable.

The rest of the evening brought her little amusement. **Elle** was teased by Mr. Collins, **qui** continued most perseveringly by her side, **et bien qu'il pouvait** not prevail on her to dance **avec** him again, put it out of **son pouvoir** to dance **avec** others. In vain did **elle** entreat him to stand up **avec** somebody else, **et** offer to introduce him to any young lady in the room. **Il** assured her, that as to dancing, **il** was perfectly indifferent to it; that his chief object was by delicate attentions to recommend himself to her **et** that **il devrait** therefore make a point of remaining close to her the whole evening. **Il y avait** no arguing upon such a project. **Elle** owed her greatest relief to her friend Miss Lucas, **qui souvent** joined **eux**, **et** good-naturedly engaged Mr. Collins's conversation to herself.

**Elle** was at least free from the offense of Mr. Darcy's further notice; **bien que souvent** standing within a **très** short distance of her, quite disengaged, **il jamais** came near enough to speak. **Elle a senti** it to be the probable consequence of her allusions to Mr. Wickham, **et** rejoiced in it.

The Longbourn party were the last of all the **affaire** to depart, **et**, by a manoeuvre of Mrs. Bennet, had to wait for their carriage a quarter of an hour after everybody else was **parti**, which gave **eux** time **pour voir comment** heartily **ils étaient** wished away by some of **la famille**. Mrs. Hurst **et** her sister scarcely opened their mouths, except to complain of fatigue, **et** were evidently impatient **d'avoir** the house to themselves. **Elles** repulsed every attempt of Mrs. Bennet at conversation, **et** by so doing threw a languor over the whole party, which was **très** little relieved by the long speeches of Mr. Collins, **qui** was complimenting Mr. Bingley **et** his sisters on the elegance of their entertainment, **et** the hospitality **et** politeness which had marked their behaviour to their guests. Darcy said nothing at all. Mr. Bennet, in equal silence, was enjoying the scene. Mr. Bingley **et** Jane were standing **ensemble**, a little detached from the rest, **et** talked only to each other. Elizabeth preserved as steady a silence as either Mrs. Hurst **ou** Miss Bingley; **et** even Lydia was too much fatigued to utter more **que** the occasional exclamation of "Lord, **comment** tired **je** am!" accompanied by a violent yawn.

**Lorsque** at length **ils** arose **de prendre** leave, Mrs. Bennet was most pressingly civil in her hope of seeing the whole **famille** soon at Longbourn, **et** addressed herself especially to Mr. Bingley, to assure him **comment** happy **il les rendrait** by eating a **famille** dinner **avec eux** at **n'importe quelle heure**, **sans** the ceremony of a formal invitation. Bingley was all grateful pleasure, **et il** readily engaged for takingthe earliest opportunity of waiting on her, after his return from London, whither **il** was obliged **d'aller** the next day for a short time.

Mrs. Bennet was perfectly satisfied, **et** quitted the house under the delightful persuasion that, allowing for the necessary preparations of settlements, new carriages, **et** wedding clothes, **elle devrait** undoubtedly see her daughter settled at Netherfield in **le cours** of **trois ou** four months. Of having another daughter married to Mr. Collins, **elle pensait avec** equal certainty, **et avec** considerable, **mais** not equal, pleasure. Elizabeth was the least dear to her of all her children; **et bien que** the man **et** the match were quite good enough for her, the worth of each was eclipsed by Mr. Bingley **et** Netherfield.

## Chapter 18

| French | Pronunciation | English |
|---|---|---|
| s'il n'avait pas voulu | s'il n'avɛt pas vuly | if he had not wanted |
| elle n'a pas vue | ɛlə n'a pas vy | she has not seen |
| et pointer | ət pwante | and point |
| vous trouverez | vus truvərɛz | you will find |
| sa place | sa plaz | her place |
| et lisant | ət lizan | and reading |
| ils peuvent | ils pœv | they can |
| nos esprits | nɔs ɛspri | our minds |
| d'inclure | d'ɛ̃klyr | to include |
| hors du chemin | ɔrs dy ʃɛmɛ̃ | out of the way |
| mais comme il | mɛs kɔmə il | but as he |
| je regarde | ʒə rɛgard | i look |
| elle a considéré | ɛlə a kɔnsidere | she considered |
| points | pɔɛ̃t | points |
| ils pouvaient au cours de | ils puvajɛnt o kur də | they could during the evening |
| n'importe quelle heure | n'impɔrtə kɛlə œr | any time |

# 19

> "Language acquisition does not require extensive use of conscious grammatical rules, and does not require tedious drill." – Stephen Krashen, expert in linguistics at University of Southern California

The next day opened a new scene at Longbourn. Mr. Collins made his declaration in form. Having resolved **de faire** it **sans** loss of time, as his leave of absence extended only to the following Saturday, **et** having no feelings of diffidence to make it distressing to himself even at the moment, **il** set about it in a **très** orderly manner, **avec** all the observances, which **il** supposed a regular **partie** of **l'affaire**. On **trouvant** Mrs. Bennet, Elizabeth, **et** one of the younger girls **ensemble**, soon after breakfast, **il** addressed the mother in these words:

"May **je** hope, madam, for your interest **avec** your fair daughter Elizabeth, **quand je** solicit for the honour of a private audience **avec** her in **le cours** of this morning?"

**Avant que** Elizabeth had time for anything **mais** a blush of surprise, Mrs. Bennet answered instantly, "Oh dear! — yes — certainly. **Je** am sure Lizzy will be **très** happy — I am sure **elle peut** have no objection. Come, Kitty, **je veux** you up stairs." **Et**, gathering her work **ensemble**, **elle** was hastening away, **lorsque** Elizabeth called out:

"Dear madam, do not go. **Je** beg you will not go. Mr. Collins must excuse **moi**. **Il peut** have nothing à dire to **moi** that anybody need not hear. **Je** am going away myself."

"No, no, nonsense, Lizzy. **Je** desire you to stay **où** you are." **Et** upon Elizabeth's seeming **vraiment, avec** vexed **et** embarrassed **regards**, about to escape, **elle a ajouté**: "Lizzy, **je** insist upon your staying **et** hearing Mr. Collins."

Elizabeth would not oppose such an injunction — and a moment's consideration making her également sensible that it would be wisest to get it over as soon **et** as quietly as possible, **elle** sat down again **et** tried to conceal, by incessant employment the feelings which were divided **entre** distress **et** diversion. Mrs. Bennet **et** Kitty walked off, **et** as soon as **elles étaient parties**, Mr. Collins began.

"Believe **moi**, my dear Miss Elizabeth, that your modesty, so far from doing you any disservice, rather adds to your other perfections. **Vous auriez** been less amiable in my eyes had there not been this little unwillingness; **mais** allow **moi** to assure you, that **je** have your respected mother's permission for this address. **Vous pouvez** hardly doubt the purport of my discourse, **pourtant** your natural delicacy may lead you to dissemble; my attentions have been too marked to be mistaken. Almost as soon as **je** entered the house, **je** singled you out as the companion of my future life. **Mais avant que je** am run away **avec** by my feelings on this subject, perhaps it would be advisable for **moi d'affirmer** my reasons for marrying — and, moreover, for coming **dans** Hertfordshire **avec** the design of selecting a wife, as **je** certainly did."

The idea of Mr. Collins, **avec** all his solemn composure, étant run away **avec** by his feelings, made Elizabeth so near laughing, that **elle pouvait** not use the short pause **il** allowed in any attempt to stop him further, **et il** continued:

"My reasons for marrying are, first, that **je pense** it a right thing for every clergyman in easy circumstances (like myself) to set **l'exemple** of matrimony in his parish; secondly, that **je** am convinced that it will add **très** greatly to my happiness; **et** thirdly — which perhaps **je** ought **d' avoir** mentioned earlier, that it is the particular advice **et** recommendation of the **très** noble lady whom **je** have the honour of calling patroness. À deux reprises has **elle** condescended **de me donner** her opinion (unasked too!) on this subject; **et** it was **mais** the **très** Saturday night **avant que je** left Hunsford — between our pools at quadrille, **tandis que** Mrs. Jenkinson was arranging Miss de Bourgh's footstool, that **elle a dit**, 'Mr. Collins, **vous devez** marry. A clergyman like **vous doit** marry. Choose properly, choose a gentlewoman for my sake; **et** for your own, let her be an active, useful sort of **personne**, not brought up high, **mais** able to make a small income go a good **chemin**. This is my advice. Find such a woman as soon as **vous pouvez**, bring her to Hunsford, **et je** will visit her. ' Allow **moi**, by the way, to observe, my fair cousin, that **je** do not reckon the notice **et** kindness of Lady Catherine de Bourgh as among the least of the advantages in **mon pouvoir** to offer. **Vous trouverez** her manners beyond anything **je peux** describe; **et** your wit **et** vivacity, **je pense**, must be acceptable to her, especially **lorsque** tempered **avec** the silence **et** respect which her rank will inevitably excite. Thus much for my general intention in favour of matrimony; it remains to be told **pourquoi** my views were directed towards Longbourn instead of my own neighbourhood, **où je peux** assure you **il y a** many amiable young women. **Mais** the fact is, that étant, as **je** am, to inherit this estate after the death of your honoured father (**qui, pourtant**, may live many **années** longer), **je pouvais** not satisfy myself **sans** resolving to choose a wife from among his daughters, that the loss to **eux** might be as little as possible, **lorsque** the melancholy event **prend** place — which, **pourtant**, as **je** have already said, may not be for several **années**. This has been my motive, my fair cousin, **et je** flatter myself it will not sink **moi** in your esteem. **Et** now nothing remains for **moi, mais** to assure you in the most animated language of the violence of my affection. To fortune **je** am perfectly indifferent, **et** shall make no demand of that nature on your father, étant donné que je am well aware that it could not be complied **avec**; **et** that one thousand pounds in the four per cents, which will not be yours till after your mother's decease, is all that **vous pouvez** ever be entitled to. On that head, therefore, **je** shall be uniformly silent; **et vous pouvez** assure **vous-même** that no ungenerous reproach shall ever pass my lips **lorsque** we are married."

It was absolutely necessary to interrupt him now.

"You are too hasty, sir," **elle** cried. "You forget that **je** have made no answer. Let **moi** do it **sans** further loss of time. Accept my **merci** for the compliment you are paying **moi**. **Je** am **très** sensible of the honour of your proposals, **mais** it is impossible for **moi de faire** otherwise **que** to decline **eux**."

"**Je** am not now to **apprendre**," replied Mr. Collins, **avec** a formal wave of the **main**, "that it is usual **avec** young ladies to reject the addresses of the man whom **elles** secretly mean to accept, **quand il** first applies for their favour; **et** that **parfois** the refusal is repeated a second, **ou** even a third time. **Je** am therefore by no means discouraged by what you have just said, **et** shall hope to lead you to the altar ere long."

"Upon my word, sir," cried Elizabeth, "your hope is a rather extraordinary one after my declaration. **Je** do assure you that **je** am not one of **ces** young ladies (**si** such young ladies **il y en a**) **qui** are so daring as to risk their happiness on the chance of être asked a second time. **Je** am perfectly serious in my refusal. **Vous pourriez** not make **moi** happy, **et je** am convinced that **je** am the last woman in **le monde qui** could make you so. Nay, were your friend Lady Catherine **de me connaître, je** am persuaded **elle me trouverait** in every respect ill qualified for the situation."

"Were it certain that Lady Catherine would think so," said Mr. Collins **très** gravely — "**mais je** cannot imagine that her ladyship would at all disapprove of you. **Et vous pouvez** be certain **quand je** have the honour of seeing her again, **je** shall speak in the **très** highest terms of your modesty, economy, **et** other amiable qualification."

"Indeed, Mr. Collins, all praise of **moi** will be unnecessary. **Vous devez** give **moi** leave to judge for myself, **et** pay **moi** the compliment of believing what **je dis. Je** wish you **très** happy **et très** rich, **et** by refusing your **main**, do all in **mon pouvoir** to prevent your being otherwise. In making **moi** the offer, **vous devez** have satisfied the delicacy of your feelings **avec** regard to **ma famille, et** may take possession of Longbourn estate whenever it falls, **sans** any self-reproach. This matter may be considered, therefore, as finally settled." **Et** rising as **elle** thus spoke, **elle aurait** quitted the room, had Mr. Collins not thus addressed her:

"**Quand je** do myself the honour of speaking to you next on the subject, **je** shall hope to receive a more favourable answer **que** you have now **donné; bien que je** am far from accusing you of cruelty at present, **parce que je sais** it to be the established custom of your sex to reject a man on the first application, **et** perhaps you have even now said as much to encourage my suit as would be consistent **avec** the true delicacy of the female character."

"**Vraiment**, Mr. Collins," cried Elizabeth **avec** some warmth, "you puzzle **moi** exceedingly. **Si** what **je** have hitherto said can appear to you in the form of encouragement, **je sais** not **comment** to express my refusal in such **façon** as to convince you of its être one."

"**Vous devez** give **moi** leave to flatter myself, my dear cousin, that your refusal of my addresses is merely words of course. My reasons for believing it are briefly these: It does not appear to **moi** that my **main** is unworthy of your acceptance, **ou** that the establishment **je peux** offer would be any other **que** highly desirable. My situation in life, my connections **avec la famille** of de Bourgh, **et** my relationship to your own, are circumstances highly in my favour; **et vous devriez** take it **dans** further consideration, that in spite of your manifold attractions, it is by no means certain that another offer of marriage may ever be made you. Your portion is unhappily so small that it will in all likelihood undo the effects of your loveliness **et** amiable qualifications. As **je dois** therefore conclude that you are not serious in your rejection of **moi, je** shall choose to attribute it to your wish of increasing **mon amour** by suspense, according to the usual practice of elegant females."

"**Je** do assure you, sir, that **je** have no pretensions whatever to that kind of elegance which consists in tormenting a respectable man. **Je voudrais** rather be paid the compliment of être believed sincere. **<u>Je remercie</u>** you again **et** again for the honour you have done **moi** in your proposals, **mais** to accept **eux** is absolutely impossible. My feelings in every respect forbid it. Can **je** speak plainer? Do not consider **moi** now as an elegant female, intending to plague you, **mais** as a rational creature, speaking the truth from her heart."

"You are uniformly charming!" cried **il, avec** an air of awkward gallantry; "**et je** am persuaded that **lorsque** sanctioned by the express authority of both your excellent parents, my proposals will not fail of étant acceptable."

To such perseverance in wilful self-deception Elizabeth would make no reply, **et** immediately **et** in silence withdrew; determined, **s'il** persisted in considering her repeated refusals as flattering encouragement, to apply to her father, whose negative might be uttered in such a manner as to be decisive, **et** whose behaviour at least could not be mistaken for the affectation **et** coquetry of an elegant female.

## Chapter 19

| French | Pronunciation | English |
|---|---|---|
| moi d'affirmer | mwa d'afirme | me to state |
| l'exemple | l'ɛksâpl | the example |
| prend | prɛn | takes |
| apprendre | aprâdr | learn |
| je remercie | ʒə rɛmɛrkj | i thank |

# 20

Mr. Collins was not left long to the silent contemplation of his successful **amour**; for Mrs. Bennet, having dawdled about in the vestibule to watch for the end of the conference, no sooner saw Elizabeth open the door **et avec** quick step pass her towards the staircase, **qu'elle** entered the breakfast-room, **et** congratulated both him **et** herself in warm terms on the happy prospect of their nearer connection. Mr. Collins received **et** returned these felicitations **avec** equal pleasure, **et** then proceeded to relate the particulars of their interview, **avec** the result of which **il** trusted **il** had every reason to be satisfied, **puisque** the refusal which his cousin had steadfastly **donné** him would naturally flow from her bashful modesty **et** the genuine delicacy of her character.

This **information, pourtant**, startled Mrs. Bennet; **elle aurait** been glad to be equally satisfied that her daughter had meant to encourage him by protesting against his proposals, **mais elle** dared not believe it, **et** could not help saying so.

"**Mais**, depend upon it, Mr. Collins," **elle a ajouté**, "that Lizzy shall be brought to reason. **Je** will speak to her about it directly. **Elle** is a **très** headstrong, foolish girl, **et** does not know her own interest **mais je** will make her know it."

"Pardon **moi** for interrupting you, madam," cried Mr. Collins; "**mais si elle** is **vraiment** headstrong **et** foolish, **je sais** not <u>**si elle serait**</u> altogether a **très** desirable wife to a man in my situation, **qui** naturally **regarde** for happiness in the marriage state. **Si** therefore **elle** actually persists in rejecting my suit, perhaps it were better not to force her **dans** accepting **moi, parce que si** liable to such defects of temper, **elle pourrait** not contribute much to my felicity."

"Sir, you quite misunderstand **moi**," said Mrs. Bennet, alarmed. "Lizzy is only headstrong in such matters as these. In everything else **elle** is as good-natured a girl as ever lived. <u>**J'irai**</u> directly to Mr. Bennet, **et** we shall **très** soon settle it **avec** her, **je** am sure."

**Elle ne donnerait** him time to reply, **mais** hurrying instantly to her husband, called out as **elle** entered the library, "Oh! Mr. Bennet, you are wanted immediately; we are all in an uproar. **Vous devez** come **et** make Lizzy marry Mr. Collins, for **elle** vows **elle** will not have him, **et si** you do not make haste **il va changer d'avis et** not have her."

Mr. Bennet raised his eyes from **son livre** as **elle** entered, **et** fixed **eux** on her face **avec** a calm unconcern which was not in the least altered by her communication.

"**Je** have not the pleasure of understanding you," said **il**, **quand elle** had finished her speech. "Of what are you talking?"

"Of Mr. Collins **et** Lizzy. Lizzy declares **elle** will not have Mr. Collins, **et** Mr. Collins begins à dire that **il** will not have Lizzy."

"**Et** what am **je** to do on the occasion? It seems an hopeless business."

"Speak to Lizzy about it **vous-même**. Tell her that you insist upon her marrying him."

"Let her be called down. **Elle** shall hear my opinion."

Mrs. Bennet rang the bell, **et** Miss Elizabeth was summoned to the library.

"Come **ici**, child," cried her father as **elle** appeared. "**Je** have sent for you on an affair of importance. **Je comprends** that Mr. Collins has made you an offer of marriage. Is it true?" Elizabeth replied that it was. "**Très** well — and this offer of marriage you have refused?"

"**Je** have, sir."

"**Très** well. We now come to the point. Your mother insists upon your accepting it. Is it not so, Mrs. Bennet?"

"Yes, **ou je** will **jamais** see her again."

"An unhappy alternative is **devant** you, Elizabeth. From this day **vous devez** be a stranger to one of your parents. Your mother will **jamais** see you again **si** you do not marry Mr. Collins, **et je** will **jamais** see you again **si** you do."

Elizabeth could not **mais** smile at such a conclusion of such a beginning, **mais** Mrs. Bennet, **qui** had persuaded herself that her husband regarded the affair as **elle** wished, was excessively disappointed.

"What do you mean, Mr. Bennet, in talking this **façon**? You promised **moi** to insist upon her marrying him."

"My dear," replied her husband, "**Je** have **deux** small favours to request. First, that you will allow **moi** the free use of my understanding on the present occasion; **et** secondly, of my room. **Je** shall be glad **d'avoir** the library to myself as soon as may be."

Not yet, **pourtant**, in spite of her disappointment in her husband, did Mrs. Bennet give up the point. **Elle** talked to Elizabeth again **et** again; coaxed **et** threatened her by turns. **Elle** endeavoured to secure Jane in her interest; **mais** Jane, **avec** all possible mildness, declined interfering; **et** Elizabeth, **parfois avec** real earnestness, **et parfois avec** playful gaiety, replied to her attacks. **Mais** her manner varied, **pourtant**, her determination **jamais** did.

Mr. Collins, meanwhile, was meditating in solitude on what had passed. **Il pensait** too well of himself to comprehend on what motives his cousin could refuse him; **et bien que** his pride was hurt, **il** suffered in no other **façon**. His regard for her was quite imaginary; **et** the possibility of her deserving her mother's reproach prevented his feeling any regret.

**Alors que la famille** were in this confusion, Charlotte Lucas came to spend **le jour avec eux**. **Elle** was met in the vestibule by Lydia, **qui**, flying to her, cried in a half whisper, "**Je** am glad you are come, for **il y a** such fun **ici**! What do **vous pensez** has happened this morning? Mr. Collins has made an offer to Lizzy, **et elle** will not have him."

Charlotte hardly had time to answer, <u>**avant qu'elles ne soient**</u> joined by Kitty, **qui** came to tell the same news; **et** no sooner had **elles** entered the breakfast-room, **où** Mrs. Bennet was alone, **qu'elle** likewise began on the subject, calling on Miss Lucas for her compassion, **et** entreating her to persuade her friend Lizzy to comply **avec** the wishes of all **sa famille**. "Pray do, my dear Miss Lucas," **elle a ajouté** in a melancholy tone, "for nobody is on my side, nobody <u>**prend part avec moi**</u>. **Je** am cruelly used, nobody **sent** for my poor nerves."

Charlotte's reply was spared by the entrance of Jane **et** Elizabeth.

"Aye, there **elle vient**," continued Mrs. Bennet, "**en regardant** as unconcerned as may be, **et** caring no more for **nous que si** we were at York, provided **elle peut** have her own **façon**. **Mais je** tell you, Miss Lizzy — if **vous prenez** it **dans** your head **d'aller** on refusing every offer of marriage in this **façon**, you will **jamais** get a husband at all — and **je** am sure **je ne sais pas qui** is to maintain you **quand** your father is dead. **Je** shall not be able **de garder** you — and so **je** warn you. **Je** have done **avec** you from this **très** day. **Je** told you in the library, **vous savez**, that **jamais je ne** speak to you again, **et vous me trouverez** as good as my word. **Je** have no pleasure in talking to undutiful children. Not that **je** have much pleasure, indeed, in talking to anybody. **Les gens qui** suffer as **je** do from nervous complaints can have no great inclination for talking. Nobody can tell what **je** suffer! **Mais** it is **toujours** so. **Ceux qui** do not complain are **jamais** pitied."

Her daughters listened in silence to this effusion, sensible that any attempt to reason **avec** her **ou** soothe her would only increase the irritation. **Elle** talked on, therefore, **sans** interruption from any of **elles**, till **elles étaient** joined by Mr. Collins, **qui** entered the room **avec** an air more stately **que** usual, **et** on perceiving whom, **elle a dit** to the girls, "Now, **je** do insist upon it, that you, all of you, hold your tongues, **et** let **moi et** Mr. Collins have a little conversation **ensemble**."

Elizabeth passed quietly out of the room, Jane **et** Kitty followed, **mais** Lydia stood her ground, determined to hear all **elle pouvait**; **et** Charlotte, detained first by the civility of Mr. Collins, whose enquiries after herself **et** all **sa famille** were **très** minute, **et** then by a little curiosity, satisfied herself **avec** walking to the window **et** pretending not to hear. In a doleful voice Mrs. Bennet began the projected conversation: "Oh! Mr. Collins!"

"My dear madam," replied **il**, "let **nous** be for ever silent on this point. Far be it from **moi**," **il** presently continued, in a voice that marked his displeasure, "to resent the behaviour of your daughter. Resignation to inevitable evils is the duty of **nous** all; the peculiar duty of a young man **qui** has been so fortunate as **je** have been in **tôt** preferment; **et je** trust **je** am resigned. Perhaps not the less so from feeling a doubt of my positive happiness had my fair cousin honoured **moi avec** her **main**; for **je** have **souvent** observed that resignation is **jamais** so perfect as **lorsque** the blessing denied begins to lose somewhat of its value in our estimation. You will not, **je** hope, consider **moi** as showing any disrespect to **votre famille**, my dear madam, by thus withdrawing my pretensions to your daughter's favour, **sans** having paid **vous et** Mr. Bennet the compliment of requesting you to interpose your authority in my behalf. My conduct may, **je** fear, be objectionable in having accepted my dismission from your daughter's lips instead of your own. **Mais** we are all liable to error. **Je** have certainly meant well through the whole affair. My object has been to secure an amiable companion for myself, **avec** due consideration for the advantage of all **votre famille, et si** my manner has been at all reprehensible, **je ici** beg leave to apologise."

## Chapter 20

| French | Pronunciation | English |
|---|---|---|
| si elle serait | si ɛlə sɛrɛ | if she would be |
| j'irai | ʒ'irɛ | i will go |
| elle ne donnerait | ɛlə nə dɔnɛrɛ | she would not give |
| il va changer d'avis et | il va ʃanʒər d'avis ɛ | he will change his mind and |
| avant qu'elles ne soient | avant k'ɛlɛs nə sɔj | before they are |
| prend part avec moi | prɛnd part avɛk mwa | takes part with me |

# 21

> Paul Nation, internationally recognized scholar in linguistics, proposes that we pick up most words after reading them in context 12 to 15 times. Sometimes we need only read a word 2 times, but sometimes it takes 30 times - it just depends.

The discussion of Mr. Collins's offer was now nearly at an end, **et** Elizabeth had only to suffer from the uncomfortable feelings necessarily attending it, **et** occasionally from some peevish allusions of her mother. As for the gentleman himself, his feelings were chiefly expressed, not by embarrassment **ou** dejection, **ou** by trying to avoid her, **mais** by stiffness of manner **et** resentful silence. **Il** scarcely ever spoke to her, **et** the assiduous attentions which **il** had been so sensible of himself were transferred for the rest of **le jour** to Miss Lucas, whose civility in listening to him was a seasonable relief to **elles** all, **et** especially to her friend.

The morrow produced no abatement of Mrs. Bennet's ill-humour **ou** ill **santé**. Mr. Collins was également in the same state of angry pride. Elizabeth had hoped that his resentment might shorten his visit, **mais** his plan did not appear in the least affected by it. **Il** was **toujours** to have gone on Saturday, **et** to Saturday **il** meant to stay.

After breakfast, the girls walked to Meryton to enquire **si** Mr. Wickham were returned, **et** to lament over his absence from the Netherfield ball. **Il** joined **elles** on their entering the town, **et** attended **elles** to their aunt's **où** his regret **et** vexation, **et** the concern of everybody, was well talked over. To Elizabeth, **pourtant**, **il** voluntarily acknowledged that the necessity of his absence had been self-imposed.

"**J'ai trouvé**," said **il**, "as **le temps** drew near that **je** had better not meet Mr. Darcy; that to be in the same room, the same party **avec** him for so many hours **ensemble**, might be more **que je pouvais** bear, **et** that scenes might arise unpleasant to more **que** myself."

**Elle** highly approved his forbearance, **et ils** had leisure for a full discussion of it, **et** for all the commendation which **ils** civilly bestowed on each other, as Wickham **et** another officer walked back **avec eux** to Longbourn, **et pendant** the walk **il** particularly attended to her. His accompanying **eux** was a double advantage; **elle a senti** all the compliment it offered to herself, **et** it was most acceptable as an occasion of introducing him to her father **et** mother.

Soon after their return, a letter was delivered to Miss Bennet; it came from Netherfield. The envelope contained a sheet of elegant, little, hot-pressed paper, well covered **avec** a lady's fair, flowing **main**; **et** Elizabeth saw her sister's countenance change as **elle a lu** it, **et** saw her dwelling intently on some particular passages. Jane recollected herself soon, **et** putting the letter away, tried to join **avec** her usual cheerfulness in the general conversation; **mais** Elizabeth felt an anxiety on the subject which drew off her attention even from Wickham; **et** no sooner had **lui et** his companion **pris** leave, **que** a glance from Jane invited her to follow her up stairs. **Quand elles** had gained their own room, Jane, **a pris** out the letter, said:

"This is from Caroline Bingley; what it contains has surprised **moi** a good deal. The whole party have left Netherfield by this time, **et** are on **leur chemin** to town — and **sans** any intention of coming back again. You shall hear what **elle dit**."

**Elle** then read the first sentence aloud, which comprised **l'information** of their having just resolved to follow their brother to town directly, **et** of their meaning to dine in Grosvenor Street, **où** Mr. Hurst had a house. The next was in these words: "**Je** do not pretend to regret anything **je** shall leave in Hertfordshire, except your society, my dearest friend; **mais** we will hope, at some future period, to enjoy many returns of that delightful intercourse **nous avons connue**, **et** in the meanwhile may lessen the pain of separation by a **très** frequent **et** most unreserved correspondence. **Je** depend on you for that." To these highflown expressions Elizabeth listened **avec** all the insensibility of distrust; **et bien que** the suddenness of their removal surprised her, **elle a vu** nothing in it **vraiment** to lament; it was not to be supposed that their absence from Netherfield would prevent Mr. Bingley's being there; **et** as to the loss of their society, **elle** was persuaded that Jane must cease to regard it, in the enjoyment of his.

"It is unlucky," said **elle**, after a short pause, "that **vous devriez** not be able **de voir** your friends **avant qu'ils** leave the country. **Mais** may we not hope that the period of future happiness to which Miss Bingley **regarde** forward may arrive earlier **qu'elle** is aware, **et** that the delightful intercourse **vous connaissez** as friends will be renewed **avec** yet greater satisfaction as sisters? Mr. Bingley will not be detained in London by **eux**."

"Caroline decidedly **dit** that none of the party will return **dans** Hertfordshire this winter. **Je lirai** it to you:"

"**Lorsque** my brother left **nous** yesterday, **il** imagined that **l'affaire** which took him to London might be concluded in **trois ou** four **jours**; **mais** as we are certain it cannot be so, **et** at the same time convinced that **lorsque** Charles gets to town **il** will be in no hurry to leave it again, we have determined on following him thither, that **il peut** not be obliged to spend his vacant hours in a comfortless hotel. Many of my acquaintances are already there for the winter; **je** wish that **je pouvais** hear that you, my dearest friend, had any intention of making one of the crowd — but of that **je** despair. **Je** sincerely hope your Christmas in Hertfordshire may abound in the gaieties which that season generally brings, **et** that your beaux will be so numerous as to prevent your feeling the loss of the **trois** of whom we shall deprive you."

"It is evident by this," added Jane, "that **il vient** back no more this winter."

"It is only evident that Miss Bingley does not mean that **il devrait**."

"**Pourquoi** will **vous pensez** so? It must be his own doing. **Il** is his own master. **Mais vous ne savez pas** all. **Je lirai** you the passage which particularly hurts **moi**. **Je** will have no reserves from you."

"Mr. Darcy is impatient **de voir** his sister; **et,** to confess the truth, we are scarcely less eager to meet her again. **Je vraiment** do not think Georgiana Darcy has her equal for beauty, elegance, **et** accomplishments; **et** the affection **elle** inspires in Louisa **et** myself is heightened **en quelque chose** still more interesting, from the hope we dare entertain of her being hereafter our sister. **Je ne sais pas si je** ever **avant** mentioned to you my feelings on this subject; **mais je** will not leave the country **sans** confiding **eux, et je** trust you will not esteem **eux** unreasonable. My brother admires her greatly already; **il** will have frequent opportunity now of seeing her on the most intimate footing; her relations all wish the connection as much as his own; **et** a sister's partiality is not misleading **moi, je pense, quand je** call Charles most capable of engaging any woman's heart. **Avec** all these circumstances to favour an attachment, **et** nothing to prevent it, am **je** wrong, my dearest Jane, in indulging the hope of an event which will secure the happiness of so many?"

"What do **vous pensez** of this sentence, my dear Lizzy?" said Jane as **elle** finished it. "Is it not clear enough? Does it not expressly declare that Caroline neither expects nor wishes **moi** to be her sister; that **elle** is perfectly convinced of her brother's indifference; **et** that **si elle** suspects the nature of my feelings for him, **elle** means (most kindly!) to put **moi** on my guard? Can there be any other opinion on the subject?"

"Yes, there can; for mine is totally different. Will you hear it?"

"Most willingly."

"You shall have it in a few words. Miss Bingley **voit** that her brother is **amoureux de** you, **et** wants him to marry Miss Darcy. **Elle** follows him to town in hope of **de garder** him there, **et** tries to persuade you that **il** does not care about you."

Jane shook her head.

"Indeed, Jane, you ought to believe **moi**. No one **qui** has ever seen you **ensemble** can doubt his affection. Miss Bingley, **je** am sure, cannot. **Elle** is not such a simpleton. Could **elle** have seen half as much **amour** in Mr. Darcy for herself, **elle aurait** ordered her wedding clothes. **Mais** the case is this: We are not rich enough **ou** grand enough for **eux**; **et elle** is the more anxious to get Miss Darcy for her brother, from the notion that **lorsque** there has been one intermarriage, **elle peut** have less trouble in achieving a second; in which **il y a** certainly some ingenuity, **et je** dare say it would succeed, **si** Miss de Bourgh were **hors du chemin**. **Mais**, my dearest Jane, you cannot seriously imagine that **car** Miss Bingley tells you her brother greatly admires Miss Darcy, **il** is in the smallest degree less sensible of your merit **que quand il a pris** leave of you on Tuesday, **ou** that it will be in **son pouvoir** to persuade him that, instead of être **amoureux de** you, **il** is **très** much **amoureux de** her friend."

"**Si nous pensions que** alike of Miss Bingley," replied Jane, "your representation of all this might make **moi** quite easy. **Mais je sais** the foundation is unjust. Caroline is incapable of wilfully deceiving anyone; **et** all that **je peux** hope in this case is that **elle** is deceiving herself."

"That is right. **Vous pourriez** not have started a more happy idea, **puisque** you will not take comfort in mine. Believe her to be deceived, by all means. You have now done your duty by her, **et** must fret no longer."

"**Mais**, my dear sister, can **je** be happy, even supposing the best, in accepting a man whose sisters **et** friends are all wishing him to marry elsewhere?"

"**Vous devez** decide for **vous-même**," said Elizabeth; "**et si**, upon mature deliberation, **vous trouvez** that the misery of disobliging his **deux** sisters is more **que** equivalent to the happiness of être his wife, **je** advise you by all means to refuse him."

"**Comment** can you talk so?" said Jane, faintly smiling. "**Vous devez** know that **bien que je devrais** be exceedingly grieved at their disapprobation, **je pourrais** not hesitate."

"**Je** did not think **vous le feriez**; **et** that étant the case, **je** cannot consider your situation **avec** much compassion."

"**Mais s'il** returns no more this winter, my choice will **jamais** be required. A thousand things may arise in six months!"

The idea of his returning no more Elizabeth treated **avec** the utmost contempt. It appeared to her merely the suggestion of Caroline's interested wishes, **et elle pourrait** not for a moment suppose that **ces** wishes, however openly **ou** artfully spoken, could influence a young man so totally independent of everyone.

**Elle** represented to her sister as forcibly as possible what **elle sentait** on the subject, **et** had soon the pleasure of seeing its happy effect. Jane's temper was not desponding, **et elle** was gradually led to hope, **mais** the diffidence of affection **parfois** overcame the hope, that Bingley would return to Netherfield **et** answer every wish of her heart.

**Elles** agreed that Mrs. Bennet should only hear of the departure of **la famille**, **sans être** alarmed on the score of the gentleman's conduct; **mais** even this partial communication gave her a great deal of concern, **et elle** bewailed it as exceedingly unlucky that the ladies should happen **d'aller** away just as **elles étaient** all getting so intimate **ensemble**. After lamenting it, **pourtant**, at some length, **elle** had the consolation that Mr. Bingley would be soon down again **et** soon dining at Longbourn, **et** the conclusion of all was the comfortable declaration, that **bien qu'il** had been invited only to **une famille** dinner, **elle prendrait** care **d'avoir deux** full courses.

## Chapter 21

| French | Pronunciation | English |
|---|---|---|
| elle a lu | ɛlə a ly | she read |
| lui et | lɥi ɛ | him and |
| l'information | l'infɔrmatjɔ̃ | information |
| nous avons connue | nus avɔns kɔnɥ | we have known |
| je lirai | ʒə lirɛ | i will read |
| si nous pensions que | si nus pâsjɔns k | if we thought |
| vous trouvez | vus truvɛz | you find |
| elle prendrait | ɛlə prâdrɛ | she would take |

# 22

The Bennets were engaged to dine **avec** the Lucases **et** again **durant** the chief of **le jour** was Miss Lucas so kind as to listen to Mr. Collins. Elizabeth took an opportunity of **remercier** her. "It **garde** him in good humour," said **elle**, "**et je** am more obliged to you **que je peux** express." Charlotte assured her friend of her satisfaction in étant useful, **et** that it amply repaid her for the little sacrifice of **son temps**. This was **très** amiable, **mais** Charlotte's kindness extended farther **que** Elizabeth had any conception of; its object was nothing else **que** to secure her from any return of Mr. Collins's addresses, by engaging **eux** towards herself. Such was Miss Lucas's scheme; **et** appearances were so favourable, that **quand ils** parted at night, **elle aurait** felt almost secure of success **s'il** had not been to leave Hertfordshire so **très** soon. **Mais ici, elle** did injustice to the fire **et** independence of his character, for it led him to escape out of Longbourn House the next morning **avec** admirable slyness, **et** hasten to Lucas Lodge to throw himself at her feet. **Il** was anxious to avoid the notice of his cousins, from a conviction that **s'ils ont vu** him depart, **ils pourraient** not fail to conjecture his design, **et il** was not willing **d'avoir** the attempt known till its success might be known likewise; for **mais** feeling almost secure, **et avec** reason, for Charlotte had been tolerably encouraging, **il** was comparatively diffident **depuis** the adventure of Wednesday. His reception, **pourtant**, was of the most flattering kind. Miss Lucas perceived him from an upper window as **il** walked towards the house, **et** instantly set out to meet him accidentally in the lane. **Mais** little had **elle** dared to hope that so much **amour et** eloquence awaited her there.

In as short **un temps** as Mr. Collins's long speeches would allow, everything was settled **entre eux** to the satisfaction of both; **et** as **ils** entered the house **il** earnestly entreated her to name **le jour** that was to make him the happiest of men; **et bien que** such a solicitation must be waived for the present, the lady felt no inclination to trifle **avec** his happiness. The stupidity **avec** which **il** was favoured by nature must guard his courtship from any charm that could make a woman wish for its continuance; **et** Miss Lucas, **qui** accepted him solely from the pure **et** disinterested desire of an establishment, cared not **comment** soon that establishment were gained.

Sir William **et** Lady Lucas were speedily applied to for their consent; **et** it was bestowed **avec** a most joyful alacrity. Mr. Collins's present circumstances made it a most eligible match for their daughter, to whom **ils pourraient** give little fortune; **et** his prospects of future wealth were exceedingly fair. Lady Lucas began directly to calculate, **avec** more interest **que** the matter had ever excited **avant**, **combien années** longer Mr. Bennet was likely to live; **et** Sir William gave it as his decided opinion, that whenever Mr. Collins should be in possession of the Longbourn estate, it would be highly expedient that both **lui et** his wife should make their appearance at St. James's. The whole **famille**, in short, were properly overjoyed on the occasion. The younger girls formed hopes of coming out **un an ou deux** sooner <u>**que ce qu'ils pourraient**</u> otherwise have done; **et** the boys were relieved from their apprehension of Charlotte's dying an old maid. Charlotte herself was tolerably composed. **Elle** had gained her point, **et** had time to consider of it. Her reflections were in general satisfactory. Mr. Collins, to be sure, was neither sensible nor agreeable; his society was irksome, **et** his attachment to her must be imaginary. **Mais** still **il serait** her husband. <u>**Sans réfléchir**</u> highly either of men **ou** matrimony, marriage had **toujours** been her object; it was the only provision for well-educated young women of small fortune, however uncertain of **donner** happiness, must be their pleasantest preservative from want. This preservative **elle** had now obtained; **et** at the age of twenty-seven, **sans** having ever been handsome, **elle sentait** all the good luck of it. The least agreeable circumstance in **l'affaire** was the surprise it must occasion to Elizabeth Bennet, whose friendship <u>**elle valorisait**</u> beyond that of any other **personne**. Elizabeth would wonder, **et** probably would blame her; **et bien que** her resolution was not to be shaken, her feelings must be hurt by such a disapprobation. **Elle** resolved **de donner** her **l'information** herself, **et** therefore charged Mr. Collins, **quand il** returned to Longbourn to dinner, to drop no hint of what had passed **devant** any of **la famille**. A promise of secrecy was of course **très** dutifully **donné**, **mais** it could not be kept **sans** difficulty; for the curiosity excited by his long absence burst forth in such **très** direct questions on his return as required some ingenuity to evade, **et il** was at the same time exercising great self-denial, for **il** was longing to publish his prosperous **amour**.

As **il** was to begin his journey too **tôt** on the morrow **pour voir** any of **la famille**, the ceremony of leave-taking was performed **lorsque** the ladies moved for the night; **et** Mrs. Bennet, **avec** great politeness **et** cordiality, said **comment** happy **ils devraient** be **de voir** him at Longbourn again, whenever his engagements might allow him to visit **eux**.

"My dear madam," **il** replied, "this invitation is particularly gratifying, **car** it is what **je** have been hoping to receive; **et vous pouvez** be **très** certain that **je** shall avail myself of it as soon as possible."

**Ils étaient** all astonished; **et** Mr. Bennet, **qui** could by no means wish for so speedy a return, immediately said:

"**Mais** is there not danger of Lady Catherine's disapprobation **ici**, my good sir? You had better neglect your relations **que** run the risk of offending your patroness."

"My dear sir," replied Mr. Collins, "**Je** am particularly obliged to you for this friendly caution, **et vous pouvez** depend upon my not taking so material a step **sans** her ladyship's concurrence."

"You cannot be too much upon your guard. Risk anything rather **que** her displeasure; **et si vous trouvez** it likely to be raised by your coming to **nous** again, which **je devrais** think exceedingly probable, stay quietly at home, **et** be satisfied that we shall take no offence."

"Believe **moi**, my dear sir, my gratitude is warmly excited by such affectionate attention; **et** depend upon it, you will speedily receive from **moi** a letter of **merci** for this, **et** for every other mark of your regard **durant** my stay in Hertfordshire. As for my fair cousins, **mais** my absence may not be long enough to render it necessary, **je** shall now take the liberty of wishing **eux santé et** happiness, not excepting my cousin Elizabeth."

**Avec** proper civilities the ladies then withdrew; all of **elles** equally surprised that **il** meditated a quick return. Mrs. Bennet wished **de comprendre** by it that **il pensait** of paying his addresses to one of her younger girls, **et** Mary might have been prevailed on to accept him. **Elle** rated his abilities much higher **que** any of the others; **il y avait** a solidity in his reflections which **souvent** struck her, **et bien que** by no means so clever as herself, **elle pensait** that **si** encouraged à lire et à improve himself by such an **exemple** as hers, **il pourrait** become a **très** agreeable companion. **Mais** on the following morning, every hope of this kind was done away. Miss Lucas called soon after breakfast, **et** in a private conference **avec** Elizabeth related the event of **le jour d'avant**.

The possibility of Mr. Collins's fancying himself **amoureux de** her friend had **une fois** occurred to Elizabeth within the last day **ou deux**; **mais** that Charlotte could encourage him seemed almost as far from possibility as **elle pourrait** encourage him herself, **et** her astonishment was consequently so great as to overcome at first the bounds of decorum, **et elle pouvait** not help crying out:

"Engaged to Mr. Collins! My dear Charlotte — impossible!"

The steady countenance which Miss Lucas had commanded in telling her story, gave **chemin** to a momentary confusion **ici** on receiving so direct a reproach; **mais**, as it was no more **qu'elle** expected, **elle** soon regained her composure, **et** calmly replied:

"**Pourquoi** should you be surprised, my dear Eliza? Do **vous pensez** it incredible that Mr. Collins should be able to procure any woman's good opinion, **parce qu'il** was not so happy as to succeed **avec** you?"

**Mais** Elizabeth had now recollected herself, **et** making a strong effort for it, was able to assure **avec** tolerable firmness that the prospect of their relationship was highly grateful to her, **et** that **elle** wished her all imaginable happiness.

"**Je vois** what you are feeling," replied Charlotte. "**Vous devez** be surprised, **très** much surprised — so lately as Mr. Collins was wishing to marry you. **Mais quand** you have had time **de penser** it over, **je** hope you will be satisfied **avec** what **je** have done. **Je** am not romantic, **vous savez**; **jamais je** was. **Je** ask only a comfortable home; **et** considering Mr. Collins's character, connection, **et** situation in life, **je** am convinced that my chance of happiness **avec** him is as fair as most **personnes** can boast on entering the marriage state."

Elizabeth quietly answered "Undoubtedly;" **et** after an awkward pause, **elles** returned to the rest of **la famille**. Charlotte did not stay much longer, **et** Elizabeth was then left to reflect on what **elle** had heard. It was a long time **avant de devenir** at all reconciled to the idea of so unsuitable a match. The strangeness of Mr. Collins's making **deux** offers of marriage within **trois jours** was nothing in comparison of his being now accepted. **Elle** had **toujours** felt that Charlotte's opinion of matrimony was not exactly like her own, **mais elle** had not supposed it to be possible that, **lorsque** called **dans** action, **elle aurait** sacrificed every better feeling to worldly advantage. Charlotte the wife of Mr. Collins was a most humiliating picture! **Et** to the pang of a friend disgracing herself **et** sunk in her esteem, was added the distressing conviction that it was impossible for that friend to be tolerably happy in the lot **elle** had chosen.

## Chapter 22

| French | Pronunciation | English |
|---|---|---|
| remercier | rəmɛrkje | thank |
| garde | gard | keeps |
| s'ils ont vu | s'ils ɔnt vy | if they saw |
| que ce qu'ils pourraient | kə sə k'ils purraj | than they could |
| sans réfléchir | sans reflɛʃir | without thinking |
| elle valorisait | ɛlə valɔrizɛ | she valued |
| avant de devenir | avant də dəvɛnir | before she became |

# 23

"Vocabulary is no different than any other system or part of language, we acquire it the same way, by understanding messages, by reading them or by listening to them." – Jeff McQuillan, senior researcher at Center for Educational Development, Inc.

Elizabeth was sitting **avec** her mother **et** sisters, reflecting on what **elle** had heard, **et** doubting **si elle** was authorised to mention it, **lorsque** Sir William Lucas himself appeared, sent by his daughter, to announce her engagement to **la famille**. **Avec** many compliments to **eux**, **et** much self-gratulation on the prospect of a connection **entre** the houses, **il** unfolded the matter — to an audience not merely wondering, **mais** incredulous; for Mrs. Bennet, **avec** more perseverance **que** politeness, protested **il doit** be entirely mistaken; **et** Lydia, **toujours** unguarded **et souvent** uncivil, boisterously exclaimed:

"Good Lord! Sir William, **comment** can you tell such a story? Do not **vous savez** that Mr. Collins wants to marry Lizzy?"

Nothing less **que** the complaisance of a courtier could have borne **sans** anger such treatment; **mais** Sir William's good breeding carried him through it all; **et bien qu'il** begged leave to be positive as to the truth of **ses informations**, **il** listened to all their impertinence **avec** the most forbearing courtesy.

Elizabeth, feeling it incumbent on her to relieve him from so unpleasant a situation, now put herself forward to confirm his account, by mentioning her prior **connaissances** of it from Charlotte herself; **et** endeavoured to put a stop to the exclamations of her mother **et** sisters by the earnestness of her congratulations to Sir William, in which **elle** was readily joined by Jane, **et** by making a variety of remarks on the happiness that might be expected from the match, the excellent character of Mr. Collins, **et** the convenient distance of Hunsford from London.

Mrs. Bennet was in fact too much overpowered **pour dire** a great deal **tandis que** Sir William remained; **mais** no sooner had **il** left **eux que** her feelings found a rapid vent. In the first **lieu**, **elle** persisted in disbelieving the whole of the matter; secondly, **elle** was **très** sure that Mr. Collins had been **pris** in; thirdly, **elle** trusted that **ils ne seraient jamais** happy **ensemble**; **et** fourthly, that the match might be broken off. **Deux** inferences, **pourtant**, were plainly deduced from the whole: one, that Elizabeth was the real cause of the mischief; **et** the other that **elle** herself had been barbarously misused by **eux** all; **et** on these **deux points elle** principally dwelt **durant** the rest of **la journée**. Nothing could console **et** nothing could appease her. Nor did that day wear out her resentment. A week elapsed **avant qu'elle ne puisse** see Elizabeth **sans** scolding her, a month passed away **avant qu'elle ne puisse** speak to Sir William **ou** Lady Lucas **sans être** rude, **et** many months were **passé avant qu'elle ne puisse** at all forgive their daughter.

Mr. Bennet's emotions were much more tranquil on the occasion, **et** such as **il** did experience **il** pronounced to be of a most agreeable sort; for it gratified him, **il a dit**, to discover that Charlotte Lucas, whom **il** had been **habitué** to think tolerably sensible, was as foolish as his wife, **et** more foolish **que** his daughter!

Jane confessed herself a little surprised at the match; **mais elle a dit** less of her astonishment **que** of her earnest desire for their happiness; nor could Elizabeth persuade her to consider it as improbable. Kitty **et** Lydia were far from envying Miss Lucas, for Mr. Collins was only a clergyman; **et** it affected **elles** in no other **façon que** as a piece of news to spread at Meryton.

Lady Lucas could not be insensible of triumph on **être** able to retort on Mrs. Bennet the comfort of having a daughter well married; **et elle** called at Longbourn rather oftener **que** usual **pour dire comment** happy **elle** was, **mais** Mrs. Bennet's sour **regards et** ill-natured remarks might have been enough to drive happiness away.

**Entre** Elizabeth **et** Charlotte **il y avait** a restraint which kept **elles** mutually silent on the subject; **et** Elizabeth felt persuaded that no real confidence could ever subsist **entre elles** again. Her disappointment in Charlotte made her turn **avec** fonder regard to her sister, of whose rectitude **et** delicacy **elle** was sure her opinion could **jamais** be shaken, **et** for whose happiness **elle** grew daily more anxious, as Bingley had now been **parti** a week **et** nothing more was heard of his return.

Jane had sent Caroline an **tôt** answer to her letter, **et** was counting the **jours** till **elle pouvait** reasonably hope to hear again. The promised letter of **merci** from Mr. Collins arrived on Tuesday, addressed to their father, **et** written **avec** all the solemnity of gratitude which a twelvemonth's abode in **la famille** might have prompted. After discharging his conscience on that head, **il** proceeded to inform **eux, avec** many rapturous expressions, of his happiness in having obtained the affection of their amiable neighbour, Miss Lucas, **et** then explained that it was merely **avec** the view of enjoying her society that **il** had been so ready to close **avec** their kind wish of seeing him again at Longbourn, whither **il** hoped **d'être en mesure** to return on Monday fortnight; for Lady Catherine, **il a ajouté**, so heartily approved his marriage, that **elle** wished it **d'avoir lieu** as soon as possible, which **il** trusted would be an unanswerable argument **avec** his amiable Charlotte to name an **tôt** day for making him the happiest of men.

Mr. Collins's return **dans** Hertfordshire was no longer a matter of pleasure to Mrs. Bennet. On the contrary, **elle** was as much disposed to complain of it as her husband. It was **très** strange that **il devrait** come to Longbourn instead of to Lucas Lodge; it was **aussi très** inconvenient **et** exceedingly troublesome. **Elle** hated having visitors in the house **pendant que** her **santé** was so indifferent, **et** lovers were of all **personnes** the most disagreeable. Such were the gentle murmurs of Mrs. Bennet, **et ils ont cédé la place** only to the greater distress of Mr. Bingley's continued absence.

Neither Jane nor Elizabeth were comfortable on this subject. Day after day passed away **sans** bringing any other tidings of him **que** the report which shortly prevailed in Meryton of his coming no more to Netherfield the whole winter; a report which highly incensed Mrs. Bennet, **et** which **elle jamais** failed to contradict as a most scandalous falsehood.

Even Elizabeth began to fear — not that Bingley was indifferent — but that his sisters would be successful in **garder** him away. Unwilling as **elle** was to admit an idea so destructive of Jane's happiness, **et** so dishonorable to the stability of her lover, **elle pourrait** not prevent its frequently occurring. The united efforts of his **deux** unfeeling sisters **et** of his overpowering friend, assisted by the attractions of Miss Darcy **et** the amusements of London might be too much, **elle** feared, for the strength of his attachment.

As for Jane, her anxiety under this suspense was, of course, more painful **que** Elizabeth's, **mais** whatever **elle sentait** was desirous of concealing, **et entre** herself **et** Elizabeth, therefore, the subject was **jamais** alluded to. **Mais** as no such delicacy restrained her mother, an hour seldom passed in which **elle** did not talk of Bingley, express her impatience for his arrival, **ou** even require

Jane to confess that **s'il** did not come back **elle penserait** herself **très** ill used. It needed all Jane's steady mildness to bear these attacks **avec** tolerable tranquillity.

Mr. Collins returned most punctually on Monday fortnight, **mais** his reception at Longbourn was not quite so gracious as it had been on his first introduction. **Il** was too happy, **pourtant**, **pour avoir besoin** much attention; **et** luckily for the others, **l'affaire** of **l'amour**-making relieved **eux** from a great deal of his **compagnie**. The chief of every day was spent by him at Lucas Lodge, **et il parfois** returned to Longbourn only in time to make an apology for his absence **avant que la famille** went to bed.

Mrs. Bennet was **vraiment** in a most pitiable state. The **très** mention of anything concerning the match threw her **dans** an agony of ill-humour, **et** wherever **elle allait elle** was sure of hearing it talked of. The sight of Miss Lucas was odious to her. As her successor in that house, **elle** regarded her **avec** jealous abhorrence. Whenever Charlotte came **pour les voir**, **elle** concluded her to be anticipating the hour of possession; **et** whenever **elle** spoke in a low voice to Mr. Collins, was convinced that **ils étaient** talking of the Longbourn estate, **et** resolving to turn herself **et** her daughters out of the house, as soon as Mr. Bennet were dead. **Elle** complained bitterly of all this to her husband.

"Indeed, Mr. Bennet," said **elle**, "it is **très** hard **de penser** that Charlotte Lucas should ever be mistress of this house, that **je devrais** be forced to make **chemin** for her, **et** live to **voir** her take **sa place** in it!"

"My dear, do not give **chemin** to such gloomy thoughts. Let **nous** hope for better things. Let **nous** flatter ourselves that **je peux** be the survivor."

This was not **très** consoling to Mrs. Bennet, **et** therefore, instead of making any answer, **elle est allée** on as **avant**.

"**Je** cannot bear **de penser** that **ils devraient** have all this estate. **Si** it was not for the entail, **je devrais** not mind it." "What should not you mind?" "**Je devrais** not mind anything at all."

"Let **nous** be thankful that you are preserved from a state of such insensibility."

"**Jamais je** can be thankful, Mr. Bennet, for anything about the entail. **Comment** anyone could have the conscience to entail away an estate from one's own daughters, **je** cannot understand; **et** all for the sake of Mr. Collins too! **Pourquoi** should **il** have it more **que** anybody else?"

"**Je** leave it to **vous-même** to determine," said Mr. Bennet.

## Chapter 23

| French | Pronunciation | English |
|---|---|---|
| ses informations | səs infɔrmatjɔn | his information |
| ils ne seraient jamais | ils nə sɛrajɛnt ʒamɛ | they would never be |
| passé avant qu'elle ne puisse | pase avant k'ɛlə nə pɥis | gone before she could |
| et ils ont cédé la place | ət ils ɔnt sede la plaz | and they gave way |
| elle penserait | ɛlə pɛnsɛrɛ | she would think |
| pour avoir besoin | pur avwar bɛzɔ̃ | to need |
| elle allait elle | ɛlə alɛt ɛl | she went she |
| elle est allée | ɛlə ɛst ale | she went |

# 24

Miss Bingley's letter arrived, **et** put an end to doubt. The **très** first sentence conveyed the assurance of their being all settled in London for the winter, **et** concluded **avec** her brother's regret at not having had time to pay his respects to his friends in Hertfordshire **avant qu'il** left the country.

Hope was over, entirely over; **et quand** Jane could attend to the rest of the letter, **elle a trouvé** little, except the professed affection of the writer, that could give her any comfort. Miss Darcy's praise occupied the chief of it. Her many attractions were again dwelt on, **et** Caroline boasted joyfully of their increasing intimacy, **et** ventured to predict the accomplishment of the wishes which had been unfolded in her former letter. **Elle** wrote **aussi avec** great pleasure of her being an inmate of Mr. Darcy's house, **et** mentioned **avec** raptures some plans of the latter **avec** regard to new furniture.

Elizabeth, to whom Jane **très** soon communicated the chief of all this, heard it in silent indignation. Her heart was divided **entre** concern for her sister, **et** resentment against all others. To Caroline's assertion of her brother's being partial to Miss Darcy **elle** paid no credit. That **il** was **vraiment** fond of Jane, **elle** doubted no more **qu'elle** had ever done; **et** much as **elle** had **toujours** been disposed **d'aimer** him, **elle pourrait** not think **sans** anger, hardly **sans** contempt, on that easiness of temper, that want of proper resolution, which now made him the slave of his designing friends, **et** led him to sacrifice of his own happiness to the caprice of their inclination. Had his own happiness, **pourtant**, been the only sacrifice, **il pourrait** have been allowed to sport **avec** it in whatever manner **il pensait** best, **mais** her sister's was involved in it, as **elle pensait qu'il doit** be sensible himself. It was a subject, in short, on which reflection would be long indulged, **et** must be unavailing. **Elle pourrait** think of nothing else; **et** yet **si** Bingley's regard had **vraiment** died away, **ou** were suppressed by his friends' interference; **s'il** had been aware of Jane's attachment, **ou si** it had escaped his observation; whatever were the case, **mais** her opinion of him must be materially affected by the difference, her sister's situation remained the same, her peace equally wounded.

**Un jour ou deux** passed **avant que** Jane had courage to speak of her feelings to Elizabeth; **mais** at last, on Mrs. Bennet's leaving **elles ensemble**, after a longer irritation **que** usual about Netherfield **et** its master, **elle pouvait** not help saying:

"Oh, that my dear mother had more command over herself! **Elle peut** have no idea of the pain **elle me donne** by her continual reflections on him. **Mais je** will not repine. It cannot last long. **Il** will be forgot, **et** we shall all be as we were **avant**."

Elizabeth looked at her sister **avec** incredulous solicitude, **mais** said nothing.

"You doubt **moi**," cried Jane, slightly colouring; "indeed, you have no reason. **Il peut** live in my memory as the most amiable man of my acquaintance, **mais** that is all. **Je** have nothing either to hope **ou** fear, **et** nothing to reproach him **avec**. Thank God! **Je** have not that pain. A little time, therefore — I shall certainly try to get the better."

**Avec** a stronger voice **elle** soon added, "**Je** have this comfort immediately, that it has not been more **que** an error of fancy on my side, **et** that it has done no harm to anyone **mais** myself."

"My dear Jane!" exclaimed Elizabeth, "you are too good. Your sweetness **et** disinterestedness are **vraiment** angelic; **je ne sais pas** what to **dire** to you. **Je me sens** as **si je** had **jamais** done you justice, **ou** loved you as you deserve."

Miss Bennet eagerly disclaimed all extraordinary merit, **et** threw back the praise on her sister's warm affection.

"Nay," said Elizabeth, "this is not fair. You wish to **penser** all **le monde** respectable, **et** are hurt **si je** speak ill of anybody. **Je** only want to **penser** you perfect, **et** you set **vous-même** against it. Do not be afraid of my running **dans** any excess, of my encroaching on your privilege of universal good-will. **Vous n'avez pas besoin**. **Il y a** few **personnes** whom **j'aime beaucoup**, **et** still fewer of whom **je pense** well. The more **je vois** of **le monde**, the more am **je** dissatisfied **avec** it; **et** every day confirms my belief of the inconsistency of all human characters, **et** of the little dependence that can be placed on the appearance of merit **ou** sense. **Je** have met **avec deux** instances lately, one **je** will not mention; the other is Charlotte's marriage. It is unaccountable! In every view it is unaccountable!"

"My dear Lizzy, do not give **chemin** to such feelings as these. **Ils** will ruin your happiness. You do not make allowance enough for difference of situation **et** temper. Consider Mr.

Collins's respectability, et Charlotte's steady, prudent character. Remember that **elle** is one of a large **famille**; that as to fortune, it is a most eligible match; **et** be ready to believe, for everybody's sake, that **elle peut** feel **quelque chose** like regard **et** esteem for our cousin."

"To oblige you, **j'essaierais** to believe almost anything, **mais** no one else could be benefited by such a belief as this; for were **je** persuaded that Charlotte had any regard for him, **je devrais** only think worse of her understanding **que je** now do of her heart. My dear Jane, Mr. Collins is a conceited, pompous, narrow-minded, silly man; **vous savez qu'il** is, as well as **je** do; **et vous devez** feel, as well as **je** do, that the woman **qui** married him cannot have a proper **façon** of **penser**. You shall not defend her, **mais** it is Charlotte Lucas. You shall not, for the sake of one individual, change the meaning of principle **et** integrity, nor endeavour to persuade **vous ou moi**, that selfishness is prudence, **et** insensibility of danger security for happiness."

"**Je dois** think your language too strong in speaking of both," replied Jane; "**et je** hope you will be convinced of it by seeing **eux** happy **ensemble**. **Mais** enough of this. You alluded to **quelque chose** else. You mentioned **deux** instances. **Je** cannot misunderstand you, **mais je** entreat you, dear Lizzy, not to pain **moi** by **de penser** that **personne** to blame, **et** saying your opinion of him is sunk. **Nous devons** not be so ready to fancy ourselves intentionally injured. **Nous devons** not expect a lively young man to be **toujours** so guarded **et** circumspect. It is **très souvent** nothing **mais** our own vanity that deceives **nous**. Women fancy admiration means more **que** it does."

"**Et** men take care that **ils devraient**."

"**Si** it is designedly done, **ils** cannot be justified; **mais je** have no idea of there étant so much design in **le monde** as some **personnes** imagine."

"**Je** am far from attributing any **partie** of Mr. Bingley's conduct to design," said Elizabeth; "**mais sans** scheming **de faire** wrong, **ou** to make others unhappy, there may be error, **et** there may be misery. Thoughtlessness, want of attention to other people's feelings, **et** want of resolution, will do **l'affaire**."

"**Et** do you impute it to either of **eux**?"

"Yes; to the last. **Mais si je vais** on, **je** shall displease you by saying what **je pense** of **personnes** you esteem. Stop **moi** whilst **vous pouvez**."

"You persist, then, in supposing his sisters influence him?"

"Yes, in conjunction **avec** his friend."

"**Je** cannot believe it. **Pourquoi** should **elles** try to influence him? **Elles peuvent** only wish his happiness; **et s'il** is attached to **moi**, no other woman can secure it."

"Your first position is false. **Elles peuvent** wish many things besides his happiness; **elles peuvent** wish his increase of wealth **et** consequence; **elles peuvent** wish him to marry a girl **qui** has all the importance of money, great connections, **et** pride."

"Beyond a doubt, **elles** do wish him to choose Miss Darcy," replied Jane; "**mais** this may be from better feelings **que** you are supposing. **Elles ont connu** her much longer **qu'elles ne m'ont connue**; no wonder **si elles aiment** her better. **Mais**, whatever may be their own wishes, it is **très** unlikely **elles devraient** have opposed their brother's. What sister would think herself at liberty **de faire** it, unless **il y avait quelque chose de très** objectionable? **Si elles** believed him attached to **moi**, **elles n'essaieraient pas** to part **nous**; **s'il** were so, **elles pourraient** not succeed. By supposing such an affection, you make everybody acting unnaturally **et** wrong, **et moi** most unhappy. Do not distress **moi** by the idea. **Je** am not ashamed of having been mistaken — or, at least, it is light, it is nothing in comparison of what **je devrais** feel in **penser** ill of him **ou** his sisters. Let **moi** take it in the best light, in the light in which it may be understood."

Elizabeth could not oppose such a wish; **et** from this time Mr. Bingley's name was scarcely ever mentioned **entre elles**.

Mrs. Bennet still continued to wonder **et** repine at his returning no more, **et si un jour** seldom passed in which Elizabeth did not account for it clearly, **il y avait** little chance of her ever considering it **avec** less perplexity. Her daughter endeavoured to convince her of what **elle** did not believe herself, that his attentions to Jane had been merely the effect of a common **et** transient liking, which ceased **quand il a vu** her no more; **mais bien** the probability of the statement was admitted at **le temps**, **elle** had the same story to repeat every day. Mrs. Bennet's best comfort was that Mr. Bingley must be down again in the summer.

Mr. Bennet treated the matter differently. "So, Lizzy," said **il** one day, "your sister is crossed in **l'amour**, **je trouve**. **Je** congratulate her. Next to étant married, a girl **aime** to be crossed a little in **l'amour** now **et** then. It is **quelque chose à penser** of, **et** it **donne** her a sort of distinction among her companions. **Quand** is your turn **de venir**? You will hardly bear to be long outdone by Jane. Now is **votre temps**. **Ici** are officers enough in Meryton to disappoint all the young ladies in the country. Let Wickham be your man. **Il** is a pleasant fellow, **et** would jilt you creditably."

"**Merci**, sir, **mais** a less agreeable man would satisfy **moi**. **Nous devons** not all expect Jane's good fortune."

"True," said Mr. Bennet, "**mais** it is a comfort **de penser** that whatever of that kind may befall you, you have an affectionate mother **qui** will make the most of it."

Mr. Wickham's society was of material service in dispelling the gloom which the late perverse occurrences had thrown on many of the Longbourn **famille. Ils ont vu** him **souvent, et** to his other recommendations was now added that of general unreserve. The whole of what Elizabeth had already heard, his claims on Mr. Darcy, **et** all that **il** had suffered from him, was now openly acknowledged **et** publicly canvassed; **et** everybody was pleased **de savoir combien ils** had **toujours** disliked Mr. Darcy <u>**avant qu'ils ne connaissent**</u> anything of the matter.

Miss Bennet was the only creature **qui** could suppose there might be any extenuating circumstances in the case, unknown to the society of Hertfordshire; her mild **et** steady candour **toujours** pleaded for allowances, **et** urged the possibility of mistakes — but by everybody else Mr. Darcy was condemned as the worst of men.

## Chapter 24

| French | Pronunciation | English |
|---|---|---|
| vous n'avez pas besoin | vus n'avəz pas bɛzɔɛ̃ | you do not need |
| j'aime beaucoup | ʒ'ɛmə boku | i really like |
| j'essaierais | ʒ'ɛsajɛrɛ | i would try |
| qu'elles ne m'ont connue | k'ɛlɛs nə m'ɔnt kɔnɥ | than they have known me |
| si elles aiment | si ɛlɛs ɛm | if they like |
| elles n'essaieraient pas | ɛləs n'ɛsajɛrajɛnt pa | they would not try |
| avant qu'ils ne connaissent | avant k'ils nə kɔnɛs | before they knew |

# 25

> "Language acquisition does not happen by learning grammar rules or memorising vocabulary lists." – Stephen Krashen, expert in linguistics at University of Southern California

After a week spent in professions of **amour et** schemes of felicity, Mr. Collins was called from his amiable Charlotte by the arrival of Saturday. The pain of separation, **pourtant**, might be alleviated on his side, by preparations for the reception of his bride; as **il** had reason to hope, that shortly after his return à Hertfordshire, **le jour** would be fixed that was to make him the happiest of men. **Il a pris** leave of his relations at Longbourn **avec** as much solemnity as **avant**; wished his fair cousins **santé et** happiness again, **et** promised their father another letter of **remerciements**.

On the following Monday, Mrs. Bennet had the pleasure of receiving her brother **et** his wife, **qui** came as usual to spend the Christmas at Longbourn. Mr. Gardiner was a sensible, gentlemanlike man, greatly superior to his sister, as well by nature as education. The Netherfield ladies would have had difficulty in believing that a man **qui** lived by trade, **et** within view of his own warehouses, could have been so well-bred **et** agreeable. Mrs. Gardiner, **qui** was several **années** younger **que** Mrs. Bennet **et** Mrs. Phillips, was an amiable, intelligent, elegant woman, **et** a great favourite **avec** all her Longbourn nieces. **Entre** the **deux** eldest **et** herself especially, there subsisted a particular regard. **Elles** had frequently been staying **avec** her in town.

The first **partie** of Mrs. Gardiner's business on her arrival was to distribute her presents **et** describe the newest fashions. **Lorsque** this was done **elle** had a less active **rôle à jouer**. It became her turn to listen. Mrs. Bennet had many grievances to relate, **et** much to complain of. **Elles** had all been **très** ill-used **depuis qu'elle** last saw her sister. **Deux** of her girls had been upon the point of marriage, **et** after all **il y avait** nothing in it.

"**Je** do not blame Jane," **elle** continued, "for Jane would have got Mr. Bingley **si elle pouvait. Mais** Lizzy! Oh, sister! It is **très** hard **de penser** that **elle pourrait** have been Mr. Collins's wife by this time, had it not been for her own perverseness. **Il** made her an offer in this **très** room, **et elle** refused him. The consequence of it is, that Lady Lucas will have a daughter married **avant que je** have, **et** that the Longbourn estate is just as much entailed as ever. The Lucases are **très** artful **personnes** indeed, sister. **Ils** are all for what **ils peuvent** get. **Je** am sorry **de dire** it of **eux, mais** so it is. It makes **moi très** nervous **et** poorly, to be thwarted so in my own **famille, et de avoir** neighbours **qui** think of themselves **avant** anybody else. **Pourtant**, your coming just at this time is the greatest of comforts, **et je** am **très** glad to hear what you tell **nous**, of long sleeves."

Mrs. Gardiner, to whom the chief of this news had been **donné avant**, in **le cours** of Jane **et** Elizabeth's correspondence **avec** her, made her sister a slight answer, **et**, in compassion to her nieces, turned the conversation.

**Lorsque** alone **avec** Elizabeth afterwards, **elle** spoke more on the subject. "It seems likely **d'avoir** been a desirable match for Jane," said **elle**. "**Je** am sorry it went off. **Mais** these things happen so **souvent**! A young man, such as you describe Mr. Bingley, so easily falls in **amour** with a pretty girl for a few weeks, **et quand** accident separates **eux**, so easily forgets her, that these sort of inconsistencies are **très** frequent."

"An excellent consolation in its **façon**," said Elizabeth, "**mais** it will not do for **nous**. We do not suffer by accident. It does not **souvent** happen that the interference of friends will persuade a young man of independent fortune **de penser** no more of a girl whom **il** was violently in **amour** with only a few **jours avant**."

"**Mais** that expression of 'violently in love' is so hackneyed, so doubtful, so indefinite, that it **me donne très** little idea. It is as **souvent** applied to feelings which arise from a half-hour's acquaintance, as to a real, strong attachment. Pray, **comment** violent was Mr. Bingley's **amour**?"

"**Jamais je** saw a more promising inclination; **il** was growing quite inattentive to other **personnes, et** wholly engrossed by her. Every time **ils** met, it was more decided **et** remarkable. At his own ball **il** offended **deux ou trois** young ladies, by not asking **elles** to dance; **et je** spoke to him à **deux reprises** myself, **sans** receiving an answer. Could there be finer symptoms? Is not general incivility the **très** essence of **l'amour**?"

"Oh, yes! — of that kind of **amour** which **je** suppose him **d'avoir** felt. Poor Jane! **Je** am sorry for her, **car**, **avec** her disposition, **elle peut** not get over it immediately. It had better have happened to you, Lizzy; **vous auriez** laughed **vous-même** out of it sooner. **Mais** do **vous pensez qu'elle** be prevailed upon to **aller** back **avec nous**? Change of scene might be of service — and perhaps a little relief from home may be as useful as anything."

Elizabeth was exceedingly pleased **avec** this proposal, **et** felt persuaded of her sister's ready acquiescence.

"**Je** hope," added Mrs. Gardiner, "that no consideration **avec** regard to this young man will influence her. We live in so different a **partie** of town, all our connections are so different, **et**, as you well know, **nous allons** out so little, that it is **très** improbable that **ils devraient** meet at all, unless **il vient vraiment voir** her."

"**Et** that is quite impossible; for **il** is now in the custody of his friend, **et** Mr. Darcy would no more suffer him to call on Jane in such a **partie** of London! My dear aunt, **comment** could **vous pensez** of it? Mr. Darcy may perhaps have heard of such **un endroit** as Gracechurch Street, **mais il** would hardly think a month's ablution enough to cleanse him from its impurities, were **il une fois** to enter it; **et** depend upon it, Mr. Bingley **jamais** stirs **sans** him."

"So much the better. **Je** hope **ils** will not meet at all. **Mais** does not Jane correspond **avec** his sister? **Elle** will not be able **d'aider** calling."

"**Elle** will drop the acquaintance entirely."

**Mais** in spite of the certainty in which Elizabeth affected to **placer** this point, as well as the still more interesting one of Bingley's being withheld from seeing Jane, **elle a senti** a solicitude on the subject which convinced her, on examination, that **elle** did not consider it entirely hopeless. It was possible, **et parfois elle pensait** it probable, that his affection might be reanimated, **et** the influence of his friends successfully combated by the more natural influence of Jane's attractions.

Miss Bennet accepted her aunt's invitation **avec** pleasure; **et** the Bingleys were no otherwise in her thoughts at the same time, **que** as **elle** hoped by Caroline's not living in the same house **avec** her brother, **elle pourrait** occasionally spend a morning **avec** her, **sans** any danger of seeing him.

The Gardiners stayed a week at Longbourn; **et** what **avec** the Phillipses, the Lucases, **et** the officers, **il y avait** not **un jour sans** its engagement. Mrs. Bennet had so carefully provided for the entertainment of her brother **et** sister, that **ils** did not **une fois** sit down to **une famille** dinner. **Lorsque** the engagement was for home, some of the officers **toujours** made **partie** of it — of which officers Mr. Wickham was sure to be one; **et** on these occasions, Mrs. Gardiner, rendered suspicious by Elizabeth's warm commendation, narrowly observed **eux** both. **Sans** supposing **eux**, from what **elle a vu**, to be **très** seriously **amoureux**, their preference of each other was plain enough to make her a little uneasy; **et elle** resolved to speak to Elizabeth on the subject **avant qu'elle** left Hertfordshire, **et** represent to her the imprudence of encouraging such an attachment.

To Mrs. Gardiner, Wickham had one means of affording pleasure, unconnected **avec** his general powers. About ten **ou** a dozen **ans** ago, **avant** her marriage, **elle** had spent a considerable time in that very **partie** of Derbyshire to which **il** belonged. **Ils** had, therefore, many acquaintances in common; **et bien que** Wickham had been little there **depuis** the death of Darcy's father, it was yet in **son pouvoir de donner** her fresher intelligence of her former friends **qu'elle** had been **en train de** procuring.

Mrs. Gardiner had seen Pemberley, **et** known the late Mr. Darcy by character perfectly well. **Ici** consequently was an inexhaustible subject of discourse. In comparing her recollection of Pemberley **avec** the minute description which Wickham could give, **et** in bestowing her tribute of praise on the character of its late possessor, **elle** was delighting both him **et** herself. On étant made acquainted **avec** the present Mr. Darcy's treatment of him, **elle** tried to remember some of that gentleman's reputed disposition **lorsque** quite a lad which might agree **avec** it, **et** was confident at last that **elle** recollected having heard Mr. Fitzwilliam Darcy formerly spoken of as a **très** proud, ill-natured boy.

## Chapter 25

| French | Pronunciation | English |
|---:|:---:|:---|
| remerciements | rəmɛrkjɛmât | thanks |
| rôle à jouer | rolə a ʒwe | part to play |
| nous allons | nus alɔn | we are going |
| d'aider | d'ɛde | to help |
| placer | plaze | place |

# 26

Mrs. Gardiner's caution to Elizabeth was punctually **et** kindly **donné** on the first favourable opportunity of speaking to her alone; after honestly telling her what **elle pensait, elle** thus went on:

"You are too sensible a girl, Lizzy, to fall in **amour** merely **car** you are warned against it; **et**, therefore, **je** am not afraid of speaking openly. Seriously, **j'aurais** you be on your guard. Do not involve **vous ou** endeavour to involve him in an affection which the want of fortune would make so **très** imprudent. **Je** have nothing à dire against him; **il** is a most interesting young man; **et s'il** had the fortune **il** ought **d'avoir, je devrais** think **vous pourriez** not do better. **Mais** as it is, **vous devez** not let your fancy run away **avec** you. You have sense, **et** we all expect you **d'utiliser** it. Your father would depend on your resolution **et** good conduct, **je** am sure. **Vous devez** not disappoint your father."

"My dear aunt, this is **en train d'être** serious indeed."

"Yes, **et je** hope to engage you to be serious likewise."

"Well, then, **vous n'avez pas besoin** be under any alarm. **Je vais prendre** care of myself, **et** of Mr. Wickham too. **Il** shall not be **amoureux de moi, si je peux** prevent it."

"Elizabeth, you are not serious now."

"**Je** beg your pardon, **je** will try again. At present **je** am not **amoureuse de** with Mr. Wickham; no, **je** certainly am not. **Mais il** is, beyond all comparison, the most agreeable man **je** ever saw — and **s'il devient vraiment** attached to me — I believe it will be better that **il devrait** not. **Je vois** the imprudence of it. Oh! that abominable Mr. Darcy! My father's opinion of **moi** does **moi** the greatest honour, **et je** be miserable to forfeit it. My father, **pourtant**, is partial to Mr. Wickham. In short, my dear aunt, **je devrais** be **très** sorry to be the means of making any of you unhappy; **mais étant donné que nous voyons** every day that **où il y a** affection, young **personnes** are seldom withheld by immediate want of fortune from entering **dans** engagements **avec** each other, **comment** can **je** promise to be wiser **que** so many of my fellow-creatures **si je** am tempted, **ou comment** am **je** even to **savoir** that it would be wisdom to resist? All that **je peux** promise you, therefore, is not to be in a hurry. **Je** will not be in a hurry to believe myself his first object. **Quand je** am in **compagnie avec** him, **je** will not be wishing. In short, **je** will do my best."

"Perhaps it will be as well **si** you discourage his coming **ici** so **très souvent**. At least, **tu devrais** not remind your mother of inviting him."

"As **je** did the other day," said Elizabeth **avec** a conscious smile: "**très** true, it will be wise in **moi** to refrain from that. **Mais** do not imagine that **il** is **toujours ici** so **souvent**. It is on your account that **il** has been so frequently invited this week. **Vous connaissez** my mother's ideas as to the necessity of constant **compagnie** for her friends. **Mais vraiment, et** upon my honour, **je** will try **de faire** what **je pense** to be the wisest; **et** now **je** hope you are satisfied."

Her aunt assured her that **elle** was, **et** Elizabeth having thanked her for the kindness of her hints, **elles** parted; a wonderful instance of advice étant donné on such a point, **sans être** resented.

Mr. Collins returned à Hertfordshire soon after it had been quitted by the Gardiners **et** Jane; **mais** as **il a pris** up his abode **avec** the Lucases, his arrival was no great inconvenience to Mrs. Bennet. His marriage was now fast approaching, **et elle** was at length so far resigned as to **penser** it inevitable, **et** even repeatedly to **dire**, in an ill-natured tone, that **elle** "wished **ils pourraient** be happy." Thursday was to be the wedding day, **et** on Wednesday Miss Lucas paid her farewell visit; **et quand elle** rose **pour prendre** leave, Elizabeth, ashamed of her mother's ungracious **et** reluctant good wishes, **et** sincerely affected herself, accompanied her out of the room. As **elles sont allées** downstairs **ensemble**, Charlotte said:

"**Je** shall depend on hearing from you **très souvent**, Eliza."

"That you certainly shall." "**Et je** have another favour to ask you. Will **vous** come see **moi**?" "We shall **souvent** meet, **je** hope, in Hertfordshire."

"**Je** am not likely to leave Kent for some time. Promise **moi**, therefore, **de venir** to Hunsford."

Elizabeth could not refuse, **si elle** foresaw little pleasure in the visit.

"My father **et** Maria are coming to **moi** in March," added Charlotte, "**et je** hope you will consent to be of the party. Indeed, Eliza, you will be as welcome as either of **eux**."

The wedding took **place**; the bride **et** bridegroom set off for Kent from the church door, **et** everybody had as much à dire, **ou** to hear, on the subject as usual. Elizabeth soon heard from her friend; **et** their correspondence was as regular **et** frequent as it had ever been; that it should be equally unreserved was impossible. Elizabeth could **jamais** address her **sans** feeling that all the comfort of intimacy was over, **et bien que** determined not to slacken as a correspondent, it was for the sake of what had been, rather **que** what was. Charlotte's first letters were received **avec** a good deal of eagerness; there could not **mais** be curiosity **de savoir comment elle** speak of her new home, **comment elle** like Lady Catherine, **et comment** happy **elle oserait** pronounce herself to be; **mais**, **lorsque** the letters were read, Elizabeth felt that Charlotte expressed herself on every point exactly as **elle pouvait** have foreseen. **Elle** wrote cheerfully, seemed surrounded **avec** comforts, **et** mentioned nothing which **elle pouvait** not praise. The house, furniture, neighbourhood, **et** roads, were all to her taste, **et** Lady Catherine's behaviour was most friendly **et** obliging. It was Mr. Collins's picture of Hunsford **et** Rosings rationally softened; **et** Elizabeth perceived that **elle doit** wait for her own visit there **pour savoir** the rest.

Jane had already written a few lines to her sister to announce their safe arrival in London; **et quand elle** wrote again, Elizabeth hoped it would be in **son pouvoir de dire quelque chose** of the Bingleys.

Her impatience for this second letter was as well rewarded as impatience generally is. Jane had been a week in town **sans** either seeing **ou** hearing from Caroline. **Elle** accounted for it, **pourtant**, by supposing that her last letter to her friend from Longbourn had by some accident been lost.

"My aunt," **elle** continued, "is going to-morrow à that **partie** of the town, **et je** shall take the opportunity of calling in Grosvenor Street."

**Elle** wrote again **lorsque** the visit was paid, **et elle avait vu** Miss Bingley. "**Je** did not think Caroline in spirits," were her words, "**mais elle** was **très** glad **de me voir**, **et** reproached **moi** for **avoir donné** her no notice of my coming to London. **Je** was right, therefore, my last letter had **jamais** reached her. **Je** enquired after their brother, of course. **Il** was well, **mais** so much engaged **avec** Mr. Darcy that **elles** scarcely ever saw him. **J'ai trouvé** that Miss Darcy was expected to dinner. **Je** wish **je pouvais** see her. My visit was not long, as Caroline **et** Mrs. Hurst were going out. **Je** dare say **je** shall see **elles** soon **ici**."

Elizabeth shook her head over this letter. It convinced her that accident only could discover to Mr. Bingley her sister's beingin town.

Four weeks passed away, **et** Jane saw nothing of him. **Elle** endeavoured to persuade herself that **elle** did not regret it; **mais elle pouvait** no longer be blind to Miss Bingley's inattention. After waiting at home every morning for a fortnight, **et** inventing every evening a fresh excuse for her, the visitor did at last appear; **mais** the shortness of her stay, **et** yet more, the alteration of her manner would allow Jane to deceive herself no longer. The letter which **elle** wrote on this occasion to her sister will prove what **elle sentait**.

"My dearest Lizzy will, **je** am sure, be incapable of triumphing in her better judgement, at my expense, **quand je** confess myself **d'avoir** been entirely deceived in Miss Bingley's regard for **moi**. **Mais**, my dear sister, **mais** the event has proved you right, do not think **moi** obstinate **si je** still assert that, considering what her behaviour was, my confidence was as natural as your suspicion. **Je** do not at all comprehend her reason for wishing to be intimate **avec moi**; **mais si** the same circumstances were to happen again, **je** am sure **je devrais** be deceived again. Caroline did not return my visit till yesterday; **et** not a note, not a line, did **je** receive in the meantime. **Quand elle** did come, it was **très** evident that **elle** had no pleasure in it; **elle** made a slight, formal apology, for not calling **avant**, said not a word of wishing **de me voir** again, **et** was in every respect so altered a creature, that **quand elle est allée** away **je** was perfectly resolved to continue the acquaintance no longer. **Je** pity, **bien que je** cannot help blaming her. **Elle** was **très** wrong in singling **moi** out as **elle** did; **je peux** safely say that every advance to intimacy began on her side. **Mais je** pity her, **parce qu'elle doit** feel that **elle** has been acting wrong, **et parce que je** am **très** sure that anxiety for her brother is the cause of it. **Je n'ai pas besoin de** explain myself farther; **et si nous savons** this anxiety to be quite needless, yet **si elle sent** it, it will easily account for her behaviour to **moi**; **et** so deservedly dear as **il** is to his sister, whatever anxiety **elle doit** feel on his behalf is natural **et** amiable. **Je** cannot **mais** wonder, **pourtant**, at her having any such fears now, **car, s'il** had at all cared about **moi, nous devons** have met, long ago. **Il sait** of my being in town, **je** am certain, from **quelque chose qu'elle a dit** herself; **et** yet it would seem, by her manner of talking, as **si elle voulait** to persuade herself that **il** is **vraiment** partial to Miss Darcy. **Je** cannot understand it. **Si je** were not afraid of judging harshly, **je devrais** be almost tempted **de dire** that **il y a** a strong appearance of duplicity in all this. **Mais je** will endeavour to banish every painful thought, **et** think only of what will make **moi** happy — your affection, **et** the invariable kindness of my dear uncle **et** aunt. Let **moi** hear from you **très** soon. Miss Bingley said **quelque chose** of his **jamais** returning to Netherfield again, of giving up the house, **mais** not

**avec** any certainty. We had better not mention it. **Je** am extremely glad that you have such pleasant accounts from our friends at Hunsford. Pray go **de les voir, avec** Sir William **et** Maria. **Je** am sure you will be **très** comfortable there. — Yours, etc."

This letter gave Elizabeth some pain; **mais** her spirits returned as **elle a considéré** that Jane would no longer be duped, by the sister at least. All expectation from the brother was now absolutely over. **Elle n'espérerait même pas** for a renewal of his attentions. His character sunk on every review of it; **et** as a punishment for him, as well as a possible advantage to Jane, **elle** seriously hoped **il pourrait vraiment** soon marry Mr. Darcy's sister, as by Wickham's account, **elle ferait** him abundantly regret what **il** had thrown away.

Mrs. Gardiner about this time reminded Elizabeth of her promise concerning that gentleman, **et** required **informations**; **et** Elizabeth had such to send as might rather give contentment to her aunt **que** to herself. His apparent partiality had subsided, his attentions were over, **il** was the admirer of some one else. Elizabeth was watchful enough **pour voir** it all, **mais elle pourrait** see it **et** write of it **sans** material pain. Her heart had been **mais** slightly touched, **et** her vanity was satisfied **avec** believing that **elle aurait** been his only choice, had fortune permitted it. The sudden acquisition of ten thousand pounds was the most remarkable charm of the young lady to whom **il** was now rendering himself agreeable; **mais** Elizabeth, less clear-sighted perhaps in this case **que** in Charlotte's, did not quarrel **avec** him for his wish of independence. Nothing, on the contrary, could be more natural; **et tandis que** able to suppose that it cost him a few struggles to relinquish her, **elle** was ready to allow it a wise **et** desirable measure for both, **et** could **très** sincerely wish him happy.

All this was acknowledged to Mrs. Gardiner; **et** after relating the circumstances, **elle** thus went on: "**Je** am now convinced, my dear aunt, that **je** have **jamais** been much **amoureuse**; for had **je vraiment** experienced that pure **et** elevating passion, **je devrais** at present detest his **très** name, **et** wish him all manner of evil. **Mais** my feelings are not only cordial towards him; **ils** are even impartial towards Miss King. **Je** cannot find out that **je** hate her at all, **ou** that **je** am in the least unwilling **de penser** her a **très** good sort of girl. There can be no **amour** in all this. My watchfulness has been effectual; **et bien que je** certainly should be a more interesting object to all my acquaintances were **je** distractedly **amoureuse de** him, **je** cannot say that **je** regret my comparative insignificance. Importance may **parfois** be purchased too dearly. Kitty **et** Lydia take his defection much more to heart **que je** do. **Elles** are young in the **façons** of **le monde, et** not yet open to the mortifying conviction that handsome young men must have **quelque chose** to live on as well as the plain."

## Chapter 26

| French | Pronunciation | English |
|---|---|---|
| j'aurais | ʒ'orɛ | i would have |
| d'utiliser | d'ytjlize | to use |
| s'il devient vraiment | s'il dɛvjɛnt vrɛm | if she becomes really |
| mais étant donné que nous voyons | mɛs etant dɔne kə nus vwaɔn | but since we see |
| elles sont allées | ɛləs sɔnt ale | they went |
| elle oserait | ɛlə ɔzɛrɛ | she would dare |
| et si nous savons | ət si nus savɔn | and if we know |
| si elle voulait | si ɛlə vulɛ | if she wanted |
| elle n'espérerait même pas | ɛlə n'ɛspɛrɛrɛt mɛmə pa | she would not even hope |
| façons | fasɔn | manners |

> "Acquisition, I've described as a subconscious process and subconscious really means two things. First of all, it means while you're acquiring you don't really know you're acquiring. Second, once you're finished acquiring you're not really aware that anything has happened." – Stephen Krashen, expert in linguistics at University of Southern California

**Avec** no greater events **que** these in the Longbourn **famille, et** otherwise diversified by little beyond the walks to Meryton, **parfois** dirty **et parfois** cold, did January **et** February pass away. March was to **prendre** Elizabeth to Hunsford. **Elle** had not at first thought **très** seriously of going thither; **mais** Charlotte, **elle** soon found, was depending on the plan **et elle** gradually learned to consider it herself **avec** greater pleasure as well as greater certainty. Absence had increased her desire of seeing Charlotte again, **et** weakened her disgust of Mr. Collins. **Il y avait** novelty in the scheme, **et** as, **avec** such a mother **et** such uncompanionable sisters, home could not be faultless, a little change was not unwelcome for its own sake. The journey would moreover give her a peep at Jane; **et**, in short, as **le temps** drew near, **elle aurait** been **très** sorry for any delay. Everything, **pourtant**, went on smoothly, **et** was finally settled according to Charlotte's first sketch. **Elle** was to accompany Sir William **et** his second daughter. The improvement of spending a night in London was added in time, **et** the plan became perfect as plan could be.

The only pain was in leaving her father, **qui** would certainly miss her, **et qui, lorsque** it came to the point, so little liked her going, that **il** told her to write to him, **et** almost promised to answer her letter.

The farewell **entre** herself **et** Mr. Wickham was perfectly friendly; on his side even more. His present pursuit could not make him forget that Elizabeth had been the first to excite **et** to deserve his attention, the first to listen **et** to pity, the first to be admired; **et** in his manner of bidding her adieu, wishing her every enjoyment, reminding her of what **elle** was to expect in Lady Catherine de Bourgh, **et** trusting their opinion of her — their opinion of everybody — would **toujours** coincide, **il y avait** a solicitude, an interest which **elle sentait** must ever attach her to him **avec** a most sincere regard; **et elle** parted from him convinced that, <u>**soit**</u> married **ou** single, **il doit toujours** be her model of the amiable **et** pleasing.

Her fellow-travellers the next day were not of a kind to make her think him less agreeable. Sir William Lucas, **et** his daughter Maria, a good-humoured girl, **mais** as empty-headed as himself, had nothing à dire that could be worth hearing, **et** were listened to **avec** about as much delight as the rattle of the chaise. Elizabeth loved absurdities, **mais elle avait connu** Sir William's too long. **Il pourrait** tell her nothing new of the wonders of his presentation **et** knighthood; **et** his civilities were worn out, like **ses informations**.

It was a journey of only twenty-four miles, **et ils** began it so **tôt** as to be in Gracechurch Street by noon. As **ils** drove to Mr. Gardiner's door, Jane was at a drawing-room window watching their arrival; **quand ils** entered the passage **elle** was there to welcome **eux**, **et** Elizabeth, **en regardant** earnestly in her face, was pleased **de voir** it healthful **et** lovely as ever. On the stairs were a troop of little boys **et** girls, whose eagerness for their cousin's appearance would not allow **eux** to wait in the drawing-room, **et** whose shyness, as **ils n'avaient pas vu** her for a twelvemonth, prevented their coming lower. All was joy **et** kindness. **La journée** passed most pleasantly away; the morning in bustle **et** shopping, **et** the evening at one of the theatres.

Elizabeth then contrived to sit by her aunt. Their first object was her sister; **et elle** was more grieved **que** astonished to hear, in reply to her minute enquiries, that **mais** Jane **toujours** struggled to support her spirits, **il y avait** periods of dejection. It was reasonable, **pourtant**, to hope that <u>**ils ne continueraient pas**</u> long. Mrs. Gardiner gave her the particulars également of Miss Bingley's visit in Gracechurch Street, **et** repeated conversations occurring at different **fois entre** Jane **et** herself, which proved that the former had, from her heart, **abandonné** the acquaintance.

Mrs. Gardiner then rallied her niece on Wickham's desertion, **et** complimented her on bearing it so well.

"**Mais** my dear Elizabeth," **elle a ajouté**, "what sort of girl is Miss King? **Je devrais** be sorry **de penser** our friend mercenary."

"Pray, my dear aunt, what is the difference in matrimonial affairs, **entre** the mercenary **et** the prudent motive? **Où** does discretion end, **et** avarice begin? Last Christmas **vous étiez** afraid of his marrying **moi, car** it would be imprudent; **et** now, **parce qu'il** is trying to get a girl **avec** only ten thousand pounds, **vous voulez découvrir** that **il** is mercenary."

"**Si** you will only tell **moi** what sort of girl Miss King is, **je** shall know what to **penser**."

"**Elle** is a **très** good kind of girl, **je** believe. **Je connais** no harm of her."

"**Mais il** paid her not the smallest attention till her grandfather's death made her mistress of this fortune."

"No — why should **il**? **Si** it were not allowable for him to gain my affections **parce que je** had no money, what occasion could there be for making **l'amour** to a girl whom **il** did not care about, **et qui** was equally poor?"

"**Mais** there seems an indelicacy in directing his attentions towards her so soon after this event."

"A man in distressed circumstances has not time for all **ces** elegant decorums which other **personnes** may observe. **Si elle** does not object to it, **pourquoi** should we?"

"Her not objecting does not justify him. It only shows her being deficient in **quelque chose** herself — sense **ou** feeling."

"Well," cried Elizabeth, "have it as you choose. **Il** shall be mercenary, **et elle** shall be foolish."

"No, Lizzy, that is what **je** do not choose. **Je devrais** be sorry, **vous savez, de penser** ill of a young man **qui** has lived so long in Derbyshire."

"Oh! **si** that is all, **je** have a **très** poor opinion of young men **qui** live in Derbyshire; **et** their intimate friends **qui** live in Hertfordshire are not much better. **Je** am sick of **eux** all. Thank Heaven! **Je** am going to-morrow **où je** shall find a man **qui** has not one agreeable quality, **qui** has neither manner nor sense to recommend him. Stupid men are the only ones worth knowing, after all."

"Take care, Lizzy; that speech savours strongly of disappointment."

**Avant qu'elles ne soient** separated by the conclusion of the play, **elle** had the unexpected happiness of an invitation to accompany her uncle **et** aunt in a tour of pleasure which **ils** proposed **de prendre** in the summer.

"We have not determined **comment** far it shall carry **nous**," said Mrs. Gardiner, "**mais**, perhaps, to the Lakes."

No scheme could have been more agreeable to Elizabeth, **et** her acceptance of the invitation was most ready **et** grateful. "Oh, my dear, dear aunt," **elle** rapturously cried, "what delight! what felicity! **<u>Vous me donnez</u>** fresh life **et** vigour. Adieu to disappointment **et** spleen. What are young men to rocks **et** mountains? Oh! what hours of transport we shall spend! **Et quand** we do return, it shall not be like other travellers, **sans être** able **de donner** one accurate idea of anything. **<u>Nous saurons où</u>** we have gone — we will recollect what **nous avons vu**. Lakes, mountains, **et** rivers shall not be jumbled **ensemble** in our imaginations; nor **quand** we attempt to describe any particular scene, will we begin quarreling about its relative situation. Let our first effusions be less insupportable **que celles** of the generality of travellers."

## Chapter 27

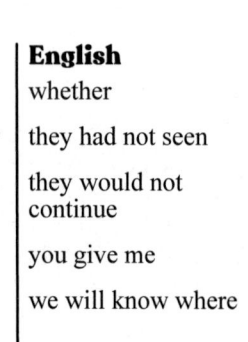

| French | Pronunciation | English |
|---:|:---:|:---|
| soit | swa | whether |
| ils n'avaient pas vu | ils n'avajɛnt pas vy | they had not seen |
| ils ne continueraient pas | ils nə ɔntjnɥɛrajɛnt pa | they would not continue |
| vous me donnez | vus mə dɔnɛz | you give me |
| nous saurons où | nus sorɔns ù | we will know where |

# 28

Every object in the next day's journey was new **et** interesting to Elizabeth; **et** her spirits were in a state of enjoyment; for **elle avait vu** her sister **<u>ayant l'air</u>** so well as to banish all fear for her **santé**, **et** the prospect of her northern tour was a constant source of delight.

**Quand elles** left the high road for the lane to Hunsford, every eye was in search of the Parsonage, **et** every turning expected to bring it in view. The palings of Rosings Park was their boundary on one side. Elizabeth smiled at the recollection of all that **elle** had heard of its inhabitants.

At length the Parsonage was discernible. The garden sloping to the road, the house standing in it, the green pales, **et** the laurel hedge, everything declared **ils étaient** arriving. Mr. Collins **et** Charlotte appeared at the door, **et** the carriage stopped at the small gate which led by a short gravel walk to the house, amidst the nods **et** smiles of the whole party. In a moment **elles étaient** all out of the chaise, rejoicing at the sight of each other. Mrs. Collins welcomed her friend **avec** the liveliest pleasure, **et** Elizabeth was more **et** more satisfied **avec** coming **quand elle a trouvé** herself so affectionately received. **Elle a vu** instantly that her cousin's manners were not altered by his marriage; his formal civility was just what it had been, **et il** detained her some minutes at the gate to hear **et** satisfy his enquiries after all **sa famille**. **Elles étaient** then, **avec** no other delay **que** his pointing out the neatness of the entrance, **pris dans** the house; **et** as soon as **elles étaient** in the parlour, **il** welcomed **elles** a second time, **avec** ostentatious formality to his humble abode, **et** punctually repeated all his wife's offers of refreshment.

Elizabeth was prepared à voir him in his glory; **et elle pouvait** not help in fancying that in displaying the good proportion of the room, its aspect **et** its furniture, **il** addressed himself particularly to her, as **si** wishing to make her feel what **elle** had lost in refusing him. **Mais bien** everything seemed neat **et** comfortable,

**elle** was not able to gratify him by any sigh of repentance, **et** rather looked **avec** wonder at her friend that **elle pouvait** have so cheerful an air such a companion. **Lorsque** Mr. Collins said anything of which his wife might reasonably be ashamed, which certainly was not unseldom, **elle** involuntarily turned her eye on Charlotte. **Une ou deux fois, elle pouvait** discern a faint blush; **mais** in general Charlotte wisely did not hear. After sitting long enough to admire every article of furniture in the room, from the sideboard to the fender, **pour donner** an account of their journey, **et** of all that had happened in London, Mr. Collins invited them à prendre a stroll in the garden, which was large **et** well laid out, **et** to the cultivation of which **il** attended himself. **De travailler** in this garden was one of his most respectable pleasures; **et** Elizabeth admired the command of countenance **avec** which Charlotte talked of the healthfulness of the exercise, **et** owned **elle** encouraged it as much as possible. **Ici**, leading **le chemin** through every walk **et** cross walk, **et** scarcely allowing **eux** an interval to utter the praises **il** asked for, every view was pointed out **avec** a minuteness which left beauty entirely behind. **Il pouvait compter** the **champs** in every direction, **et** could tell **combien de** trees **il y avait** in the most distant clump. **Mais** of all the views which his garden, **ou** which the country **ou** kingdom could boast, none were to be compared **avec** the prospect of Rosings, afforded by an opening in the trees that bordered the park nearly opposite the front of his house. It was a handsome modern building, well situated on rising ground.

From his garden, Mr. Collins would have led **eux** round his **deux** meadows; **mais** the ladies, not having shoes to encounter the remains of a white frost, turned back; **et tandis que** Sir William accompanied him, Charlotte took her sister **et** friend over the house, extremely well pleased, probably, **pour avoir** the opportunity of showing it **sans** her husband's help. It was rather small, **mais** well built **et** convenient; **et** everything was fitted up **et** arranged **avec** a neatness **et** consistency of which Elizabeth gave Charlotte all the credit. **Lorsque** Mr. Collins could be forgotten, **il y avait vraiment** an air of great comfort throughout, **et** by Charlotte's evident enjoyment of it, Elizabeth supposed **il doit** be **souvent** forgotten.

**Elle** had already learnt that Lady Catherine was still in the country. It was spoken of again **alors qu'ils étaient** at dinner, **lorsque** Mr. Collins joining in, observed:

"Yes, Miss Elizabeth, you will have the honour of seeing Lady Catherine de Bourgh on the ensuing Sunday at church, **et je n'ai pas besoin de** say you will be delighted **avec** her. **Elle** is all affability **et** condescension, **et je** doubt not **mais** you will be honoured **avec** some portion of her notice **lorsque** service is over. **Je** have scarcely any hesitation in saying **elle comprendra** you **et** my sister Maria in every invitation **avec** which **elle** honours **nous pendant** your stay **ici**. Her behaviour to my dear Charlotte is charming. We dine at Rosings **deux fois** every week, **et** are **jamais** allowed to walk home. Her ladyship's carriage is regularly ordered for **nous**. **Je devrais** say, one of her ladyship's carriages, for **elle** has several."

"Lady Catherine is a **très** respectable, sensible woman indeed," added Charlotte, "**et** a most attentive neighbour."

"**Très** true, my dear, that is exactly what **je dis**. **Elle** is the sort of woman whom one cannot regard **avec** too much deference."

The evening was spent chiefly in talking over Hertfordshire news, **et** telling again what had already been written; **et quand** it closed, Elizabeth, in the solitude of her chamber, had to meditate upon Charlotte's degree of contentment, **pour comprendre** her address in guiding, **et** composure in bearing **avec**, her husband, **et** to acknowledge that it was all done **très** well. **Elle** had également to anticipate **comment** her visit would pass, the quiet tenor of their usual employments, the vexatious interruptions of Mr. Collins, **et** the gaieties of their intercourse **avec** Rosings. A lively imagination soon settled it all.

About the middle of the next day, as **elle** was in her room getting ready for a walk, a sudden noise below seemed to speak the whole house in confusion; **et**, after listening a moment, **elle** heard somebody running up stairs in a violent hurry, **et** calling loudly after her. **Elle** opened the door **et** met Maria in the landing **endroit**, **qui**, breathless **avec** agitation, cried out —

"Oh, my dear Eliza! pray make haste **et** come **dans** the dining-room, for **il y a** such a sight to be seen! **Je** will not tell you what it is. Make haste, **et** come down this moment."

Elizabeth asked questions in vain; Maria would tell her nothing more, **et** down **elles** ran **dans** the dining-room, which fronted the lane, in quest of this wonder; It was **deux** ladies stopping in a low phaeton at the garden gate.

"**Et** is this all?" cried Elizabeth. "**Je** expected at least that the pigs were got **dans** the garden, **et ici** is nothing **mais** Lady Catherine **et** her daughter."

"La! my dear," said Maria, quite shocked at the mistake, "it is not Lady Catherine. The old lady is Mrs. Jenkinson, **qui vit avec elles**; the other is Miss de Bourgh. Only look at her. **Elle** is quite a little creature. **Qui** would have thought that **elle pouvait** be so thin **et** small?"

"**Elle** is abominably rude **de garder** Charlotte out of doors in all this wind. **Pourquoi** does **elle** not come in?"

"Oh, Charlotte **dit-elle** hardly ever does. It is the greatest of favours **lorsque** Miss de Bourgh **vient** in."

"**J'apprécie** her appearance," said Elizabeth, struck **avec** other ideas. "**Elle a l'air** sickly **et** cross. Yes, **elle** will do for him **très** well. **Elle** will make him a **très** proper wife."

Mr. Collins **et** Charlotte were both standing at the gate in conversation **avec** the ladies; **et** Sir William, to Elizabeth's high diversion, was stationed in the doorway, in earnest contemplation of the greatness **devant** him, **et** constantly bowing whenever Miss de Bourgh looked that **direction**.

At length **il y avait** nothing more to be said; the ladies drove on, **et** the others returned **dans** the house. Mr. Collins no sooner saw the **deux** girls **qu'il** began to congratulate **elles** on their good fortune, which Charlotte explained by letting **eux** know that the whole party was asked to dine at Rosings the next day.

## Chapter 28

| French | Pronunciation | English |
|---:|:---:|:---|
| ayant l'air | ɛant l'ɛr | looking |
| il pouvait compter | il puvɛt kɔ̃pte | he could count |
| champs | ʃâp | fields |
| elle comprendra | ɛlə kɔ̃prâdra | it will include |
| dit-elle | dit-ɛl | she says |
| j'apprécie | ʒ'aprekj | i like |

# 29

In a 2019 study by Jeff McQuillan comparing students who read a story versus students who read a story and were given instruction about what the words meant, those who simply read the story learned 63% more words in that time.

Mr. Collins's triumph, in consequence of this invitation, was complete. **Le pouvoir** of displaying the grandeur of his patroness to his wondering visitors, **et** of letting **eux** see her civility towards himself **et** his wife, was exactly what **il** had wished for; **et** that an opportunity of doing it should be **donné** so soon, was such an instance of Lady Catherine's condescension, as **il savait** not **comment** to admire enough.

"**Je** confess," said **il**, "that **je devrais** not have been at all surprised by her ladyship's asking **nous** on Sunday to drink tea **et** spend the evening at Rosings. **Je** rather expected, from **ma connaissance** of her affability, that it would happen. **Mais qui** could have foreseen such an attention as this? **Qui** could have imagined that **nous devrions** receive an invitation to dine there (an invitation, moreover, **comprenant** the whole party) so immediately after your arrival!"

"**Je** am the less surprised at what has happened," replied Sir William, "from that **connaissance** of what the manners of the great **vraiment** are, which my situation in life has allowed **moi** to acquire. About the court, such instances of elegant breeding are not uncommon."

Scarcely anything was talked of the whole day **ou** next morning **mais** their visit to Rosings. Mr. Collins was carefully instructing eux in what **ils étaient** to expect, that the sight of such rooms, so many servants, **et** so splendid a dinner, might not wholly overpower **eux**.

**Lorsque** the ladies were separating for the toilette, **il a dit** to Elizabeth —

"Do not make **vous-même** uneasy, my dear cousin, about your apparel. Lady Catherine is far from requiring that elegance of dress in **nous** which **devient** herself **et** her daughter. **Je voudrais** advise you merely to put on whatever of your clothes is superior to the rest — there is no occasion for anything more. Lady Catherine will not think the worse of you for étant simply dressed. **Elle aime avoir** the distinction of rank preserved."

**Alors qu'elles étaient** dressing, **il est venu deux ou trois fois** to their different doors, to recommend their being quick, as Lady Catherine **très** much objected to be kept waiting for her dinner. Such formidable accounts of her ladyship, **et** her manner of living, quite frightened Maria Lucas **qui** had been little **utilisée pour la compagnie, et elle avait hâte pour** her introduction at Rosings **avec** as much apprehension as her father had done to his presentation at St. James's.

As the weather was fine, **ils** had a pleasant walk of about half a mile across the park. Every park has its beauty **et** its prospects; **et** Elizabeth saw much to be pleased **avec, si elle pouvait** not be in such raptures as Mr. Collins expected the scene to inspire, **et** was **mais** slightly affected by his enumeration of the windows in front of the house, **et** his relation of what the glazing altogether had originally cost Sir Lewis de Bourgh.

**Quand ils** ascended the steps to the hall, Maria's alarm was every moment increasing, **et** even Sir William did not look perfectly calm. Elizabeth's courage did not fail her. **Elle** had heard nothing of Lady Catherine that spoke her awful from any extraordinary talents **ou** miraculous virtue, **et** the mere stateliness of money **ou** rank **elle pensait qu'elle pouvait** witness **sans** trepidation.

From the entrance-hall, of which Mr. Collins pointed out, **avec** a rapturous air, the fine proportion **et** the finished ornaments, **ils** followed the servants through an ante-chamber, to the room **où** Lady Catherine, her daughter, **et** Mrs. Jenkinson were sitting. Her ladyship, **avec** great condescension, arose to receive **eux**; **et** as Mrs. Collins had settled it **avec** her husband that the office of introduction should be hers, it was performed in a proper manner, **sans** any of **ces** apologies **et remerciements** which **il aurait** thought necessary.

In spite of having been at St. James's, Sir William was so completely awed by the grandeur surrounding him, that **il** had **mais** just courage enough to make a **très** low bow, **et** take his seat

**sans** saying a word; **et** his daughter, frightened almost out of her senses, sat on the edge of her chair, not knowing **où regarder**. Elizabeth found herself quite equal to the scene, **et** could observe the **trois** ladies **devant** her composedly. Lady Catherine was a tall, large woman, **avec** strongly-marked features, which might **autrefois** have been handsome. **Son** air was not conciliating, nor was her manner of receiving **eux** such as to make␣her visitors forget their inferior rank. **Elle** was not rendered formidable by silence; **mais** whatever **elle disait** was spoken in so authoritative a tone, as marked her self-importance, **et** brought Mr. Wickham immediately to Elizabeth's mind; **et** from the observation of **le jour** altogether, **elle** believed Lady Catherine to be exactly what **il** represented.

**Lorsque**, after examining the mother, in whose countenance **et** deportment **elle** soon found some resemblance of Mr. Darcy, **elle** turned her eyes on the daughter, **elle pouvait** almost have joined in Maria's astonishment at her beingso thin **et** so small. **Il y avait** neither in figure nor face any likeness **entre** the ladies. Miss de Bourgh was pale **et** sickly; her features, **mais** not plain, were insignificant; **et elle** spoke **très** little, except in a low voice, to Mrs. Jenkinson, in whose appearance **il y avait** nothing remarkable, **et qui** was entirely engaged in listening to what **elle disait**, **et** placing a screen in the proper direction **devant** her eyes.

After sitting a few minutes, **ils étaient** all sent to one of the windows to admire the view, Mr. Collins attending them to pointout its beauties, **et** Lady Catherine kindly informing **eux** that it was much better worth **de regarder** at in the summer.

The dinner was exceedingly handsome, **et il y avait** all the servants **et** all the articles of plate which Mr. Collins had promised; **et**, as **il** had likewise foretold, **il a pris** his seat at the bottom of the table, by her ladyship's desire, **et** looked as **s'il sentait** that life could furnish nothing greater. **Il** carved, **et** ate, **et** praised **avec** delighted alacrity; **et** every dish was commended, first by him **et** then by Sir William, **qui** was now enough recovered to echo whatever his son-in-law said, in a manner which Elizabeth wondered Lady Catherine could bear. **Mais** Lady Catherine seemed gratified by their excessive admiration, **et** gave most gracious smiles, especially **lorsque** any dish on the table proved a novelty to **eux**. The party did not supply much conversation. Elizabeth was ready to speak whenever **il y avait** an opening, **mais elle** was seated **entre** Charlotte **et** Miss de Bourgh — the former of whom was engaged in listening to Lady Catherine, **et** the latter said not a word to her all dinner-time. Mrs. Jenkinson was chiefly employed in watching **comment** little Miss de Bourgh ate, pressing her to try some other dish, **et** fearing **elle** was indisposed. Maria thought speaking out of the question, **et** the gentlemen did nothing **mais** eat **et** admire.

**Lorsque** the ladies returned to the drawing-room, **il y avait** little to be done **mais** to hear Lady Catherine talk, which **elle** did **sans** any intermission till coffee came in, delivering her opinion on every subject in so decisive a manner, as proved that **elle** was not **habituée** to have her judgement controverted. **Elle** enquired **dans** Charlotte's domestic concerns familiarly **et** minutely, gave her a great deal of advice as to the management of **eux** all; told her **comment** everything ought to be regulated in so small **une famille** as hers, **et** instructed her as to the care of her cows **et** her poultry. Elizabeth found that nothing was beneath this great lady's attention, which could furnish her **avec** an occasion of dictating to others. In the intervals of her discourse **avec** Mrs. Collins, **elle** addressed a variety of questions to Maria **et** Elizabeth, **mais** especially to the latter, of whose connections **elle connaissait** the least, **et qui elle** observed to Mrs. Collins was a **très** genteel, pretty kind of girl. **Elle** asked her, at different **fois, combien de** sisters **elle** had, **si elles étaient** older **ou** younger **que** herself, **si** any of **elles** were likely to be married, **si elles étaient** handsome, **où elles** had been educated, what carriage her father kept, **et** what had been her mother's maiden name? Elizabeth felt all the impertinence of her questions **mais** answered **les très** composedly. Lady Catherine then observed,

"Your father's estate is entailed on Mr. Collins, **je pense**. For your sake," turning to Charlotte, "**Je** am glad of it; **mais** otherwise **je vois** no occasion for entailing estates from the female line. It was not thought necessary in Sir Lewis de Bourgh's **famille**. Do **vous jouez et** sing, Miss Bennet?"

"A little."

"Oh! then — some time **ou** other we shall be happy to hear you. Our instrument is a capital one, probably superior to —— You shall try it some day. Do your sisters play **et** sing?"

"One of **elles** does."

"**Pourquoi** did not you all learn? You ought all to **avoir** learned. The Miss Webbs all play, **et** their father has not so good an income as yours. Do you draw?"

"No, not at all."

"What, none of you?"

"Not one."

"That is **très** strange. **Mais je** suppose you had no opportunity. Your mother should have **pris** you to town every spring for the benefit of masters."

"My mother would have had no objection, **mais** my father hates London."

"Has your governess left you?"

"We **jamais** had any governess."

"No governess! **Comment** was that possible? Five daughters brought up at home **sans** a governess! **Jamais je** heard of such a thing. Your mother must have been quite a slave to your education."

Elizabeth could hardly help smiling as **elle** assured her that had not been the case.

"Then, **qui** taught you? **qui** attended to you? **Sans** a governess, **vous devez** have been neglected."

"Compared **avec** some families, **je** believe we were; **mais** such of **nous** as wished **d'apprendre** never wanted the means. We were **toujours** encouraged à lire, **et** had all the masters that were necessary. **Celles qui** chose to be idle, certainly might."

"Aye, no doubt; **mais** that is what a governess will prevent, **et si j'avais connu** your mother, **je devrais** have advised her most strenuously to engage one. **Je toujours** say that nothing is to be done in education **sans** steady **et** regular instruction, **et** nobody **mais** a governess can give it. It is wonderful **combien de** families **je** have been the means of supplying in that **façon**. **Je** am **toujours** glad to get a young **personne** well placed out. Four nieces of Mrs. Jenkinson are most delightfully situated through my means; **et** it was **mais** the other day that **je** recommended another young **personne**, **qui** was merely accidentally mentioned to **moi**, **et la famille** are quite delighted **avec** her. Mrs. Collins, did **je** tell you of Lady Metcalf's calling yesterday **pour me remercier**? **Elle trouve** Miss Pope a treasure. 'Lady Catherine, ' said **elle**, '**vous m'avez donné** a treasure. ' Are any of your younger sisters out, Miss Bennet?"

"Yes, ma'am, all."

"All! What, all five out **en même temps**? **Très** odd! **Et** you only the second. The younger ones out **devant** the elder ones are married! Your younger sisters must be **très** young?"

"Yes, my youngest is not sixteen. Perhaps **elle** is full young to be much in **compagnie**. **Mais réellement**, ma'am, **je pense** it would be **très** hard upon younger sisters, that **elles devraient** not have their share of society **et** amusement, **car** the elder may not have the means **ou** inclination to marry **tôt**. The last-born has as good a right to the pleasures of youth as the first. **Et** to be kept back on such a motive! **Je pense** it would not be **très** likely to promote sisterly affection **ou** delicacy of mind."

"Upon my word," said her ladyship, "**nous voulons** your opinion **très** decidedly for so young **une personne**. Pray, what is your age?"

"**Avec trois** younger sisters grown up," replied Elizabeth, smiling, "your ladyship can hardly expect **moi** to own it."

Lady Catherine seemed quite astonished at not receiving a direct answer; **et** Elizabeth suspected herself to be the first creature **qui** had ever dared to trifle **avec** so much dignified impertinence.

"You cannot be more **que** twenty, **je** am sure, therefore **vous avez besoin** not conceal your age."

"**Je** am not one-and-twenty."

**Lorsque** the gentlemen had joined **elles, et** tea was over, **la** card-tables were placed. Lady Catherine, Sir William, **et** Mr. **et** Mrs. Collins sat down to quadrille; **et** as Miss de Bourgh chose **de jouer** at cassino, the **deux** girls had the honour of assisting Mrs. Jenkinson to make up her party. Their table was superlatively stupid. Scarcely a syllable was uttered that did not relate to **le jeu**, except **lorsque** Mrs. Jenkinson expressed her fears of Miss de Bourgh's being too hot **ou** too cold, **ou** having too much **ou** too little light. A great deal more passed at the other table. Lady Catherine was generally speaking — stating the mistakes of the **trois** others, **ou** relating some anecdote of herself. Mr. Collins was employed in agreeing to everything her ladyship said, **en remerciant** her for every fish **il** won, **et** apologising **s'il pensait qu'il** won too many. Sir William did not say much. **Il** was storing his memory **avec** anecdotes **et** noble names.

**Lorsque** Lady Catherine **et** her daughter had played as long as **elles** chose, the tables were broken up, the carriage was offered to Mrs. Collins, gratefully accepted **et** immediately ordered. The party then gathered round the fire to hear Lady Catherine determine what weather **ils devaient avoir** on the morrow. From these instructions **ils étaient** summoned by the arrival of the coach; **et avec** many speeches of thankfulness on Mr. Collins's side **et** as many bows on Sir William's **ils** departed. As soon as **ils** had driven from the door, Elizabeth was called on by her cousin **pour donner** her opinion of all that **elle avait vu** at Rosings, which, for Charlotte's sake, **elle** made more favourable **que** it **vraiment** was. **Mais** her commendation, **bien que** costing her some trouble, could by no means satisfy Mr. Collins, **et il** was **très** soon obliged **de prendre** her ladyship's praise **dans** his own hands.

## Chapter 29

| French | Pronunciation | English |
|---|---|---|
| ma connaissance | ma kɔnɛsan | my knowledge |
| nous devrions | nus dɛvrjɔn | we should |
| comprenant | kɔ̃prɛnan | comprising |
| utilisée pour la compagnie | ytjlize pur la kɔmpaɲj | used for the company |
| et elle avait hâte pour | ǝt ɛlǝ avɛt atǝ pur | and she was looking forward to |
| autrefois | otrɛfwa | once |
| elle disait | ɛlǝ dizɛ | she said |
| habituée | abitɥe | used to |
| vous jouez et | vus ʒwǝz ɛ | playing and |
| mais réellement | mɛs reɛlɛm | but really |
| nous voulons | nus vulɔn | we want |
| en remerciant | ǝn rɛmɛrkjan | thanking |

# 30

Sir William stayed only a week at Hunsford, **mais** his visit was long enough to convince him of his daughter's beingmost comfortably settled, **et** of her possessing such a husband **et** such a neighbour as were not **souvent** met **avec. Pendant que** Sir William was **avec eux**, Mr. Collins devoted his morning to driving him out in his gig, **et** showing him the country; **mais quand il est allé** away, the whole **famille** returned to their usual employments, **et** Elizabeth was thankful **de trouver** that **elles** did not see more of her cousin by the alteration, for the chief of **le temps entre** breakfast **et** dinner was now passed by him either at work in the garden **ou** in **la lecture et** writing, **en regardant** out of the window in his own book-room, which fronted the road. The room in which the ladies sat was backwards. Elizabeth had at first rather wondered that Charlotte should not prefer the dining-parlour for common use; it was a better sized room, **et** had a more pleasant aspect; **mais elle** soon saw that her friend had an excellent reason for what **elle** did, for Mr. Collins would undoubtedly have been much less in his own apartment, had **ils** sat in one equally lively; **et elle a donné à** Charlotte credit for the arrangement.

From the drawing-room **ils pouvaient** distinguish nothing in the lane, **et** were indebted to Mr. Collins for **la connaissance** of what carriages went along, **et à quelle fréquence** especially Miss de Bourgh drove by in her phaeton, which **il n'a jamais** failed coming to inform **eux** of, **mais** it happened almost every day. **Elle** not unfrequently stopped at the Parsonage, **et** had a few minutes' conversation **avec** Charlotte, **mais** was scarcely ever prevailed upon to get out.

**Très** few **journées** passed in which Mr. Collins did not walk to Rosings, **et** not many in which his wife did not think it necessary **d'aller** likewise; **et** till Elizabeth recollected that there might be other **famille** livings to be disposed of, **elle pouvait** not understand the sacrifice of so many hours. Now **et** then **ils étaient** honoured **avec** a call from her ladyship, **et** nothing escaped her observation that was passing in the room **durant** these visits. **Elle** examined **dans** their employments, looked at their work, **et** advised **qu'ils fassent** it differently; found fault **avec** the arrangement of the furniture; **ou** detected the housemaid in negligence; **et si elle** accepted any refreshment, seemed **de faire** it only for the sake of **découvrir** that Mrs. Collins's joints of <u>viande</u> were too large for **sa famille**.

Elizabeth soon perceived, that **bien que** this great lady was not in the commission of the peace of the county, **elle** was a most active magistrate in her own parish, the minutest concerns of which were carried to her by Mr. Collins; **et** whenever any of the cottagers were disposed to be quarrelsome, discontented, **ou** too poor, **elle** sallied forth **dans** the village to settle their differences, silence their complaints, **et** scold **les en** harmony **et** plenty.

The entertainment of dining at Rosings was repeated about **deux fois** a week; **et**, allowing for the loss of Sir William, **et** there étant only one card-table in the evening, every such entertainment was the counterpart of the first. Their other engagements were few, as the style of living in the neighbourhood in general was beyond Mr. Collins's reach. This, **pourtant**, was no evil to Elizabeth, **et** upon the whole **elle** spent **son temps** comfortably enough; **il y avait** half-hours of pleasant conversation **avec** Charlotte, **et** the weather was so fine for **le temps** of **l'année** that **elle** had **souvent** great enjoyment out of doors. Her favourite walk, **et où elle** frequently went **pendant que** the others were calling on Lady Catherine, was along the open grove which edged that side of the park, **où il y avait** a nice sheltered path, which no one seemed <u>de valoriser</u>, à part herself, **et où elle se sentait** beyond the reach of Lady Catherine's curiosity.

In this quiet **chemin**, the first fortnight of her visit soon passed away. Easter was approaching, **et** the week preceding it was to bring an addition to **la famille** at Rosings, which in so small a circle must be important. Elizabeth had heard soon after her arrival that Mr. Darcy was expected there in **le cours** of a few weeks, **et bien qu'il y avait** not many of her acquaintances whom **elle** did not prefer, his coming would furnish one comparatively new <u>regard</u> at in their Rosings parties, **et elle pourrait** be amused in seeing **comment** hopeless Miss Bingley's designs on him were, by his behaviour to his cousin, for whom **il** was evidently destined by Lady Catherine, **qui** talked of his coming **avec** the greatest satisfaction, spoke of him in terms of the highest admiration, **et** seemed almost angry **de trouver** that **il** had already been frequently seen by Miss Lucas **et** herself.

His arrival was soon known at the Parsonage; for Mr. Collins was walking the whole morning within view of the lodges opening **dans** Hunsford Lane, in order **d'avoir** the earliest assurance of it, **et** after making his bow as the carriage turned **dans** the

Park, hurried home **avec** the great intelligence. On the following morning **il** hastened to Rosings to pay his respects. **Il y avait deux** nephews of Lady Catherine to require **eux**, for Mr. Darcy had brought **avec** him a Colonel Fitzwilliam, the younger son of his uncle Lord —— —, **et**, to the great surprise of all the party, **lorsque** Mr. Collins returned, the gentlemen accompanied him. Charlotte had seen **eux** from her husband's room, crossing the road, **et** immediately running **dans** the other, told the girls what an honour **ils pourraient** expect, adding:

"**Je vous remercie**, Eliza, for this piece of civility. Mr. Darcy would **jamais** have come so soon to wait upon **moi**."

Elizabeth had scarcely time to disclaim all right to the compliment, **avant que** their approach was announced by the door-bell, **et** shortly afterwards the **trois** gentlemen entered the room. Colonel Fitzwilliam, **qui** led **le chemin**, was about thirty, not handsome, **mais** in **personne et** address most truly the gentleman. Mr. Darcy looked just as **il** had been **habitué** to look in Hertfordshire — paid his compliments, **avec** his usual reserve, to Mrs. Collins, **et** whatever might be his feelings toward her friend, met her **avec** every appearance of composure. Elizabeth merely curtseyed to him **sans** saying a word.

Colonel Fitzwilliam entered **dans** conversation directly **avec** the readiness **et** ease of a well-bred man, **et** talked **très** pleasantly; **mais** his cousin, after having addressed a slight observation on the house **et** garden to Mrs. Collins, sat for some time **sans** speaking to anybody. At length, **pourtant**, his civility was so far awakened as to enquire of Elizabeth after the **santé** of **sa famille**. **Elle** answered him in the usual **façon, et** after a moment's pause, added:

"My eldest sister has been in town these **trois** months. Have you **jamais** happened **de voir** her there?"

**Elle** was perfectly sensible that **il n'a jamais** had; **mais elle** wished **de voir s'il** betray any consciousness of what had passed **entre** the Bingleys **et** Jane, **et elle pensait qu'il avait l'air** a little confused as **il** answered that **il** had **jamais** been so fortunate as to meet Miss Bennet. The subject was pursued no farther, **et** the gentlemen soon afterwards went away.

## Chapter 30

| French | Pronunciation | English |
|---|---|---|
| et à quelle fréquence | ət a kɛlə frekɛn | and how often |
| journées | ʒurne | days |
| qu'ils fassent | k'ils fas | they do |
| viande | vjan | meat |
| l'année | l'ane | year |
| de valoriser | də valɔrize | to value |
| regard | rəgard | look |

# 31

> A study entitled The Inefficiency of Vocabulary Instruction showed that language learners pick up words incrementally, that is bit by bit as we are reading. We also pick them up incidentally, that is when you read a book it isn't to learn new vocabulary, learning vocabulary is just one of the consequences of reading.

Colonel Fitzwilliam's manners were **très** much admired at the Parsonage, **et** the ladies all felt that **il doit** add considerably to the pleasures of their engagements at Rosings. It was some **jours, pourtant, avant qu'elles** received any invitation thither — for **alors qu'il y avait** visitors in the house, **elles pouvaient** not be necessary; **et** it was not till Easter-day, almost a week after the gentlemen's arrival, that **elles étaient** honoured by such an attention, **et** then **elles étaient** merely asked on leaving church **pour venir** there in the evening. For the last week **elles avaient vu très** little of Lady Catherine **ou** her daughter. Colonel Fitzwilliam had called at the Parsonage more **qu'une fois pendant le temps, mais** Mr. Darcy **elles avaient vu** only at church.

The invitation was accepted of course, **et** at a proper hour **elles** joined the party in Lady Catherine's drawing-room. Her ladyship received **elles** civilly, **mais** it was plain that their **compagnie** was by no means so acceptable as **quand elle pouvait** get nobody else; **et elle** was, in fact, almost engrossed by her nephews, speaking to **eux**, especially to Darcy, much more **que** to any other **personne** in the room.

Colonel Fitzwilliam seemed **vraiment** glad **de les voir**; anything was a welcome relief to him at Rosings; **et** Mrs. Collins's pretty friend had moreover caught his fancy **très** much. **Il** now seated himself by her, **et** talked so agreeably of Kent **et** Hertfordshire, of travelling **et** staying at home, of new **livres et musique**, that Elizabeth had **jamais** been half so well entertained in that room **avant; et ils** conversed **avec** so much spirit **et** flow, as to draw the attention of Lady Catherine herself, as well as of Mr. Darcy. His eyes had been soon **et** repeatedly turned towards **eux avec** a look of curiosity; **et** that her ladyship, after a **moment**, shared the feeling, was more openly acknowledged, for **elle** did not scruple to call out:

"What is that you are saying, Fitzwilliam? What is it you are talking of? What are you telling Miss Bennet? Let **moi** hear what it is." "We are speaking of **musique**, madam," said **il, quand** no longer able to avoid a reply.

"Of **musique**! Then pray speak aloud. It is of all subjects my delight. **Je dois** have my share in the conversation **si** you are speaking of **musique**. **Il y a** few **personnes** in England, **je** suppose, **qui** have more true enjoyment of **musique que** myself, **ou** a better natural taste. **Si je** had ever learnt, **je devrais** have been a great proficient. **Et** so would Anne, **si** her **santé** had allowed her to apply. **Je** am confident that **elle aurait** performed delightfully. **Comment** Georgiana get on, Darcy?"

Mr. Darcy spoke **avec** affectionate praise of his sister's proficiency.

"**Je** am **très** glad to hear such a good account of her," said Lady Catherine; "**et** pray tell her from **moi**, that **elle** cannot expect to excel **si elle** does not practice a good deal."

"**Je** assure you, madam," **il** replied, "that **elle** does not need such advice. **Elle** practises **très** constantly."

"So much the better. It cannot be done too much; **et quand je** next write to her, **je** shall charge her not to neglect it on any account. **Je souvent** tell young ladies that no excellence in **musique** is to be acquired **sans** constant practice. **Je** have told Miss Bennet several **fois**, that **elle** will **jamais** play **vraiment** well unless **elle** practises more; **et bien que** Mrs. Collins has no instrument, **elle** is **très** welcome, as **je** have **souvent** told her, **de venir** to Rosings every day, **et** play on the pianoforte in Mrs. Jenkinson's room. **Elle serait** in nobody's **chemin, vous savez**, in that **partie** of the house."

Mr. Darcy looked a little ashamed of his aunt's ill-breeding, **et** made no answer.

**Lorsque** coffee was over, Colonel Fitzwilliam reminded Elizabeth of having promised **de jouer** to him; **et elle** sat down directly to the instrument. **Il** drew a chair near her. Lady Catherine listened to half a song, **et** then talked, as **avant**, to her other nephew; till the latter walked away from her, **et** making **avec** his usual deliberation towards the pianoforte stationed himself so as to command a full view of the fair performer's countenance. Elizabeth saw what **il** was doing, **et** at the first convenient pause, turned to him **avec** an arch smile, **et** said:

"You mean to frighten **moi**, Mr. Darcy, by coming in all this state to hear **moi**? **Je** will not be alarmed **mais** your sister does play so well. **Il y a** a stubbornness about **moi** that **jamais** can bear to be frightened at the will of others. My courage **toujours** rises at every attempt to intimidate **moi**."

"**Je** shall not say you are mistaken," **il** replied, "**parce que vous pourriez** not **vraiment** believe **moi** to entertain any design of alarming you; **et je** have had the pleasure of your acquaintance long enough **pour savoir** that **vous trouvez** great enjoyment in occasionally professing opinions which in fact are not your own."

Elizabeth laughed heartily at this picture of herself, **et** said to Colonel Fitzwilliam, "Your cousin will give you a **très** pretty notion of **moi**, **et** teach you not to believe a word **je dis**. **Je** am particularly unlucky in meeting **avec une personne** so able to expose my real character, in a **partie** of **le monde où je** had hoped to pass myself off **avec** some degree of credit. Indeed, Mr. Darcy, it is **très** ungenerous in you to mention all that **vous savez** to my disadvantage in Hertfordshire — and, give **moi** leave **de dire**, **très** impolitic too — for it is provoking **moi** to retaliate, **et** such things may come out as will shock your relations to hear."

"**Je** am not afraid of you," said **il**, smilingly.

"Pray let **moi** hear what you have to accuse him of," cried Colonel Fitzwilliam. "**Je devrais** like **de savoir comment il** behaves among strangers."

"You shall hear then — but prepare **vous-même** for **quelque chose de très** dreadful. The first time of my ever seeing him in Hertfordshire, **vous devez** know, was at a ball — and at this ball, what do **vous pensez qu'il** did? **Il** danced only four dances, **mais** gentlemen were scarce; **et**, to my certain **connaissances**, more **que** one young lady was sitting down in want of a partner. Mr. Darcy, you cannot deny the fact."

"**Je** had not at that time the honour of knowing any lady in the assembly beyond my own party."

"True; **et** nobody can ever be introduced in a ball-room. Well, Colonel Fitzwilliam, what do **je joue** next? My fingers wait your orders."

"Perhaps," said Darcy, "**Je devrais** have judged better, had **je** sought an introduction; **mais je** am ill-qualified to recommend myself to strangers."

"Shall we ask your cousin the reason of this?" said Elizabeth, still addressing Colonel Fitzwilliam. "Shall we ask him **pourquoi** a man of sense **et** education, **et qui** has lived in **le monde**, is ill qualified to recommend himself to strangers?"

"**Je peux** answer your question," said Fitzwilliam, "**sans** applying to him. It is **parce qu'il** will not give himself the trouble."

"**Je** certainly have not the talent which some **personnes** possess," said Darcy, "of conversing easily **avec ceux que je** have **jamais** seen **avant**. **Je** cannot catch their tone of conversation, **ou** appear interested in their concerns, as **je souvent** see done."

"My fingers," said Elizabeth, "do not move over this instrument in the masterly manner which **je vois** so many women's do. **Ils** have not the same force **ou** rapidity, **et** do not produce the same expression. **Mais** then **je** have **toujours** supposed it to be my own fault — because **je** will not take the trouble of practising. It is not that **je** do not believe my fingers as capable as any other woman's of superior execution."

Darcy smiled **et** said, "You are perfectly right. You have employed **votre temps** much better. No one admitted to the privilege of hearing **vous pouvez** think anything wanting. We neither of **nous** perform to strangers."

Here **ils étaient** interrupted by Lady Catherine, **qui** called out **pour savoir** what **ils étaient** talking of. Elizabeth immediately began playing again. Lady Catherine approached, **et**, after listening for a few minutes, said to Darcy:

"Miss Bennet would not play at all amiss **si elle** practised more, **et** could have the advantage of a London master. **Elle** has a **très** good notion of fingering, **mais** her taste is not equal to Anne's. Anne would have been a delightful performer, had her **santé** allowed her **d'apprendre**."

Elizabeth looked at Darcy **pour voir comment** cordially **il** assented to his cousin's praise; **mais** neither at that moment nor at any other could **elle** discern any symptom of **amour**; **et** from the whole of his behaviour to Miss de Bourgh **elle** derived this comfort for Miss Bingley, that **il pourrait** have been just as likely to marry her, had **elle** been his relation.

Lady Catherine continued her remarks on Elizabeth's performance, mixing **avec elles** many instructions on execution **et** taste. Elizabeth received **elles avec** all the forbearance of civility, **et**, at the request of the gentlemen, remained at the instrument till her ladyship's carriage was ready **de les prendre** all home.

## Chapter 31

| French | Pronunciation | English |
|---|---|---|
| elles avaient vu très | ɛlɛs avajɛnt vy trɛ | they had seen very |
| je joue | ʒə ʒw | i play |

## 32

Elizabeth was sitting by herself the next morning, **et** writing to Jane **pendant que** Mrs. Collins **et** Maria were **partis** on business **dans** the village, **quand elle** was startled by a ring at the door, the certain signal of a visitor. As **elle** had heard no carriage, **elle pensait** it not unlikely to be Lady Catherine, **et** under that apprehension was putting away her half-finished letter that **elle pouvait** escape all impertinent questions, **lorsque** the door opened, **et**, to her **très** great surprise, Mr. Darcy, **et** Mr. Darcy only, entered the room.

**Il** seemed astonished too on **trouver** her alone, **et** apologised for his intrusion by letting her know that <u>**il avait compris**</u> all the ladies were to be within.

**Ils** then sat down, **et quand** her enquiries after Rosings were made, seemed in danger of sinking **dans** total silence. It was absolutely necessary, therefore, **de penser** of **quelque chose**, **et** in this emergence recollecting **quand elle avait vu** him last in Hertfordshire, **et** feeling curious **de savoir** what <u>**il dirait**</u> on the subject of their hasty departure, **elle** observed:

"**Comment très** suddenly you all quitted Netherfield last November, Mr. Darcy! It must have been a most agreeable surprise to Mr. Bingley **de voir** you all after him so soon; for, **si je** recollect right, **il est parti**, **mais la veille**. **Lui et** his sisters were well, **je** hope, **quand** you left London?"

"Perfectly so, **je remercie** you."

**Elle a trouvé** that **elle** was to receive no other answer, **et**, after a short pause added:

"<u>**Je crois avoir compris**</u> that Mr. Bingley has not much idea of ever returning to Netherfield again?"

"**Je** have **jamais** heard him say so; **mais** it is probable that **il peut** spend **très** little of **son temps** there in the future. **Il** has many friends, **et** is at <u>**une période**</u> of life **où** friends **et** engagements are continually increasing."

"**S'il** means to be **mais** little at Netherfield, it would be better for the neighbourhood that **il devrait** give up **le lieu** entirely, for then **nous pourrions** possibly get a settled **famille** there. **Mais**, perhaps, Mr. Bingley did not take the house so much for the convenience of the neighbourhood as for his own, **et nous devons** expect him **de garder** it **ou** quit it on the same principle."

"**Je devrais** not be surprised," said Darcy, "**s'il** were to **abandonner** it as soon as any eligible purchase offers."

Elizabeth made no answer. **Elle** was afraid of talking longer of his friend; **et**, having nothing else à dire, was now determined to leave the trouble of **trouver** a subject to him.

**Il a pris** the hint, **et** soon began **avec**, "This seems a **très** comfortable house. Lady Catherine, **je** believe, did a great deal to it **quand** Mr. Collins first came to Hunsford."

"**Je** believe **elle** did — and **je** am sure **elle pourrait** not have bestowed her kindness on a more grateful object."

"Mr. Collins appears to be **très** fortunate in his choice of a wife."

"Yes, indeed, his friends may well rejoice in his having met **avec** one of the **très** few sensible women **qui** would have accepted him, **ou** have made him happy **si elles** had. My friend has an excellent understanding — though **je** am not certain that **je** consider her marrying Mr. Collins as the wisest thing **elle** ever did. **Elle** seems perfectly happy, **pourtant, et** in a prudential light it is certainly a **très** good match for her."

"It must be **très** agreeable for her to be settled within so easy a distance of her own **famille et** friends."

"An easy distance, do you call it? It is nearly fifty miles."

"**Et** what is fifty miles of good road? Little more **que** half a day's journey. Yes, **je** call it a **très** easy distance."

"**Jamais je ne** have considered the distance as one of the advantages of the match," cried Elizabeth. "**Jamais je ne** have said Mrs. Collins was settled near **sa famille**."

"It is a proof of your own attachment to Hertfordshire. Anything beyond the **très** neighbourhood of Longbourn, **je** suppose, would appear far."

As **il** spoke **il y avait** a sort of smile which Elizabeth fancied **elle a compris**; **il doit** be supposing her to be **en train de penser** of Jane **et** Netherfield, **et elle** blushed as **elle** answered:

"**Je** do not mean **de dire** that a woman may not be settled too near

**sa famille**. The far **et** the near must be relative, **et** depend on many varying circumstances. **Où il y a** fortune to make the expenses of travelling unimportant, distance **devient** no evil. **Mais** that is not the case **ici**. Mr. **et** Mrs. Collins have a comfortable income, **mais** not such a one as will allow of frequent journeys — and **je** am persuaded my friend would not call herself near **sa famille** under less **que** half the present distance."

Mr. Darcy drew his chair a little towards her, **et** said, "You cannot have a right to such **très** strong local attachment. You cannot have been **toujours** at Longbourn."

Elizabeth looked surprised. The gentleman experienced some change of feeling; **il** drew back his chair, took a newspaper from the table, **et** glancing over it, said, in a colder voice:

"Are you pleased **avec** Kent?"

A short dialogue on the subject of the country ensued, on either side calm **et** concise — and soon put an end to by the entrance of Charlotte **et** her sister, just returned from her walk. The tête-à-tête surprised **elles**. Mr. Darcy related the mistake which had occasioned his intruding on Miss Bennet, **et** after sitting a few minutes longer **sans** saying much to anybody, went away.

"What can be the meaning of this?" said Charlotte, as soon as **il** was **parti**. "My dear, Eliza, **il doit** be **amoureux** with you, **ou il n'aurait jamais** called on **nous** in this familiar **façon**."

**Mais quand** Elizabeth told of his silence, it did not seem **très** likely, even to Charlotte's wishes, to be the case; **et** after various conjectures, **elles pouvaient** at last only suppose his visit to proceed from the difficulty of **trouver** anything à faire, which was the more probable from **le moment** of **l'année**. All field sports were over. Within doors **il y avait** Lady Catherine, **livres**, **et** a billiard-table, **mais** gentlemen cannot **toujours** be within doors; **et** in the nearness of the Parsonage, **ou** the pleasantness of the walk to it, **ou** of **les gens qui** lived in it, the **deux** cousins found a temptation from this period of walking thither almost every day. **Ils** called at various **fois** of the morning, **parfois** separately, **parfois ensemble**, **et** now **et** then accompanied by their aunt. It was plain to **eux** all that Colonel Fitzwilliam came **parce qu'il** had pleasure in their society, a persuasion which of course recommended him still more; **et** Elizabeth was reminded by her own satisfaction in être avec him, as well as by his evident admiration of her, of her former favourite George Wickham; **et bien que**, in comparing **eux**, <u>**elle voyait qu'il y avait**</u> less captivating softness in Colonel Fitzwilliam's manners, **elle** believed **il pourrait** have the best informed mind.

**Mais pourquoi** Mr. Darcy came so **souvent** to the Parsonage, it was more difficult à comprendre. It could not be for society, as **il**

frequently sat there ten minutes **ensemble sans** opening his lips; **et quand il** did speak, it seemed the effect of necessity rather **que** of choice — a sacrifice to propriety, not a pleasure to himself. **Il** seldom appeared **vraiment** animated. Mrs. Collins knew not what to make of him. Colonel Fitzwilliam's occasionally laughing at his stupidity, proved that **il** was generally different, which her own **connaissances** of him could not have told her; **et** as **elle aurait** liked **d'avoir** believed this change the effect of **l'amour, et** the object of that **amour** her friend Eliza, **elle** set herself seriously **de travailler pour découvrir** it. **Elle** watched him whenever **ils étaient** at Rosings, **et** whenever **il venait** to Hunsford; **mais sans** much success. **Il** certainly looked at her friend a great deal, **mais** the expression of that look was disputable. It was an earnest, steadfast gaze, **mais elle a souvent** doubted **s'il y avait** much admiration in it, **et parfois** it seemed nothing **mais** absence of mind.

**Elle** had **une fois ou deux** suggested to Elizabeth the possibility of his being partial to her, **mais** Elizabeth **toujours** laughed at the idea; **et** Mrs. Collins did not think it right to press the subject, from the danger of raising expectations which might only end in disappointment; for in her opinion it admitted not of a doubt, that all her friend's dislike would vanish, **si elle pouvait** suppose him to be in **son pouvoir**.

In her kind schemes for Elizabeth, **parfois elle** planned her marrying Colonel Fitzwilliam. **Il** was beyond comparison the most pleasant man; **il** certainly admired her, **et** his situation in life was most eligible; **mais**, to counterbalance these advantages, Mr. Darcy had considerable patronage in the church, **et** his cousin could have none at all.

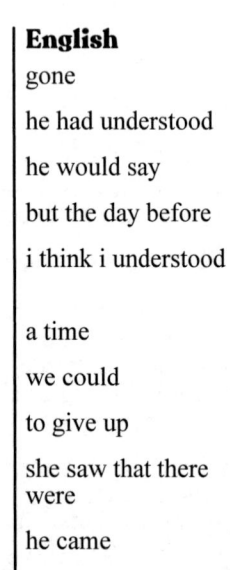

## Chapter 32

| French | Pronunciation | English |
|---|---|---|
| partis | partj | gone |
| il avait compris | il avɛt kɔ̃pri | he had understood |
| il dirait | il dirɛ | he would say |
| mais la veille | mɛs la vɛjl | but the day before |
| je crois avoir compris | ʒə krwas avwar kɔ̃pri | i think i understood |
| une période | ynə perjɔ | a time |
| nous pourrions | nus purrjɔn | we could |
| abandonner | abandɔne | to give up |
| elle voyait qu'il y avait | ɛlə vwaɛt k'il i avɛ | she saw that there were |
| il venait | il vɛnɛ | he came |

# 33

A study showed that when a group of students were asked to memorize a list of words from a list they forgot 44% after 5 weeks. When compared to a group which read a text containing the same words they only forgot 17%.

More **qu'une fois** did Elizabeth, in her ramble within the park, unexpectedly meet Mr. Darcy. **Elle sentait** all the perverseness of the mischance that should bring him **où** no one else was brought, **et**, to prevent its ever happening again, took care to inform him at first that it was a favourite haunt of hers. **Comment** it could occur a second time, therefore, was **très** odd! Yet it did, **et** even a third. It seemed like wilful ill-nature, **ou** a voluntary penance, for on these occasions it was not merely a few formal enquiries **et** an awkward pause **et** then away, **mais il** actually thought it necessary to turn back **et** walk **avec** her. **Il n'a jamais** said a great deal, nor did **elle** give herself the trouble of talking **ou** of listening much; **mais** it struck her in **le cours** of their third rencontre that **il** was asking some odd unconnected questions — about her pleasure in être at Hunsford, **son amour** of solitary walks, **et** her opinion of Mr. **et** Mrs. Collins's happiness; **et** that in speaking of Rosings **et** her not perfectly understanding the house, **il** seemed to expect that whenever **elle est entrée à** Kent again **elle serait** staying there too. His words seemed to imply it. Could **il** have Colonel Fitzwilliam in his thoughts? **Elle** supposed, **s'il** meant anything, **il doit** mean an allusion to what might arise in that quarter. It distressed her a little, **et elle** was quite glad **de trouver** herself at the gate in the pales opposite the Parsonage.

**Elle** was engaged one day as **elle** walked, in perusing Jane's last letter, **et** dwelling on some passages which proved that Jane had not written in spirits, **lorsque**, instead of être again surprised by Mr. Darcy, **elle a vu** on **en regardant** up that Colonel Fitzwilliam was meeting her. Putting away the letter immediately **et** forcing a smile, **elle a dit**:

"**Je** did not know **avant** that you ever walked this **chemin**."

"**Je** have been making the tour of the park," **il** replied, "as **je** generally do every **année**, **et** intend to close it **avec** a call at the Parsonage. Are you going much farther?"

"No, **je devrais** have turned in a moment."

**Et** accordingly **elle** did turn, **et ils** walked towards the Parsonage **ensemble**.

"Do you certainly leave Kent on Saturday?" said **elle**.

"Yes — if Darcy does not put it off again. **Mais je** am at his disposal. **Il** arranges **l'affaire** just as **il** pleases."

"**Et si** not able to please himself in the arrangement, **il** has at least pleasure in the great power of choice. **Je ne connais pas** anybody **qui** seems more to enjoy **le pouvoir** of doing what **il aime que** Mr. Darcy."

"**Il aime avoir** his own **manière très** well," replied Colonel Fitzwilliam. "**Mais** so we all do. It is only that **il** has better means of having it **que** many others, **parce qu'il** is rich, **et** many others are poor. **Je** speak feelingly. A younger son, **vous savez**, must be inured to self-denial **et** dependence."

"In my opinion, the younger son of an earl can know **très** little of either. Now seriously, what have you ever known of self-denial **et** dependence? **Quand** have you been prevented by want of money from going wherever you chose, **ou** procuring anything you had a fancy for?"

"These are home questions — and perhaps **je** cannot say that **j'ai vécu** many hardships of that nature. **Mais** in matters of greater weight, **je peux** suffer from want of money. Younger sons cannot marry **où ils aiment**."

"Unless **où ils aiment** women of fortune, which **je pense qu'ils souvent** do."

"Our habits of expense make **nous** too dependent, **et il y a** not many in my rank of life **qui** can afford to marry **sans** some attention to money."

"Is this," thought Elizabeth, "meant for **moi**?" **et elle** coloured at the idea; **mais**, recovering herself, said in a lively tone, "**Et** pray, what is the usual price of an earl's younger son? Unless the elder brother is **très** sickly, **je** suppose **vous ne demanderiez pas** above fifty thousand pounds."

**Il** answered her in the same style, **et** the subject dropped. To interrupt a silence which might make him fancy her affected **avec** what had passed, **elle** soon afterwards said:

"**Je** imagine your cousin brought you down **avec** him chiefly for the sake of having someone at his disposal. **Je** wonder **il** does not marry, to secure a lasting convenience of that kind. **Mais**, perhaps, his sister does as well for the present, **et**, as **elle** is under his sole care, **il peut** do what **il aime avec** her."

"No," said Colonel Fitzwilliam, "that is an advantage which **il doit** divide **avec moi**. **Je** am joined **avec** him in the guardianship of Miss Darcy."

"Are you indeed? **Et** pray what sort of guardians do you make? Does your charge give you much trouble? Young ladies of her age are **parfois** a little difficult to manage, **et si elle** has the true Darcy spirit, **elle peut** like to **avoir** her own **façon**."

As **elle** spoke **elle** observed him **en train de regarder** at her earnestly; **et** the manner in which **il** immediately asked her **pourquoi elle** supposed Miss Darcy likely **de leur donner** any uneasiness, convinced her that **elle** had somehow **ou** other got pretty near the truth. **Elle** directly replied:

"**Vous n'avez pas besoin de** be frightened. **Jamais je** heard any harm of her; **et je** dare say **elle** is one of the most tractable creatures in **le monde**. **Elle** is a **très** great favourite **avec** some ladies of my acquaintance, Mrs. Hurst **et** Miss Bingley. **Je pense que je** have heard **vous dire** that **vous les connaissez**."

"**Je les connais** a little. Their brother is a pleasant gentlemanlike man — he is a great friend of Darcy's."

"Oh! yes," said Elizabeth drily; "Mr. Darcy is uncommonly kind to Mr. Bingley, **et prend** a prodigious deal of care of him."

"Care of him! Yes, **je vraiment** believe Darcy does take care of him in **les points où il** most wants care. From **quelque chose** that **il** told **moi** in our journey hither, **je** have reason **de penser** Bingley **très** much indebted to him. **Mais je** ought to beg his pardon, for **je** have no right to suppose that Bingley was **la personne** meant. It was all conjecture."

"What is it you mean?"

"It is a circumstance which Darcy could not wish to be generally known, **parce que si** it were to get round to the lady's **famille**, it would be an unpleasant thing."

"**Vous pouvez** depend upon my not mentioning it."

"**Et** remember that **je** have not much reason for supposing it to be Bingley. What **il** told **moi** was merely this: that **il** congratulated himself on having lately saved a friend from the inconveniences of a most imprudent marriage, **mais sans** mentioning names **ou** any other particulars, **et je** only suspected it to be Bingley from believing him the kind of young man to get **dans** a scrape of that sort, **et** from knowing **qu'ils ont** been **ensemble** the whole of last summer."

"Did Mr. Darcy give you reasons for this interference?"

"**J'ai compris** that **il y avait** some **très** strong objections against the lady."

"**Et** what arts did **il** use to separate **eux**?"

"**Il** did not talk to **moi** of his own arts," said Fitzwilliam, smiling. "**Il** only told **moi** what **je** have now told you."

Elizabeth made no answer, **et** walked on, her heart swelling **avec** indignation. After watching her a little, Fitzwilliam asked her **pourquoi elle** was so thoughtful.

"**Je** am **en train de penser** of what you have been telling **moi**," said **elle**. "Your cousin's conduct does not suit my feelings. **Pourquoi** was **il** to be the judge?"

"You are rather disposed to call his interference officious?"

"**Je ne vois pas** what right Mr. Darcy had to decide on the propriety of his friend's inclination, **ou pourquoi**, upon his own judgement alone, **il** was to determine **et** direct in what manner his friend was to be happy. **Mais**," **elle** continued, recollecting herself, "as **nous savons** none of the particulars, it is not fair to condemn him. It is not to be supposed that **il y avait** much affection in the case."

"That is not an unnatural surmise," said Fitzwilliam, "**mais** it is a lessening of the honour of my cousin's triumph **très** sadly."

This was spoken jestingly; **mais** it appeared to her so just a picture of Mr. Darcy, that **elle serait** not trust herself **avec** an answer, **et** therefore, abruptly **changeant** the conversation talked on indifferent matters until **ils** reached the Parsonage. There, shut **dans** her own room, as soon as their visitor left **eux**, **elle pourrait** think **sans** interruption of all that **elle** had heard. It was not to be supposed that any other **personnes** could be meant **que celles qui** whom **elle** was connected. There could not exist in **le monde deux** men over whom Mr. Darcy could have such boundless influence. That **il** had been concerned in the measures **prises** to separate Bingley **et** Jane **elle** had **jamais** doubted;

**mais elle** had **toujours** attributed to Miss Bingley the principal design **et** arrangement of **eux**. **Si** his own vanity, **pourtant**, did not mislead him, **il** was the cause, his pride **et** caprice were the cause, of all that Jane had suffered, **et** still continued to suffer. **Il** had ruined for a **temps** every hope of happiness for the most affectionate, generous heart in **le monde**; **et** no one could say **comment** lasting an evil **il pourrait** have inflicted.

"**Il y avait** some **très** strong objections against the lady," were Colonel Fitzwilliam's words; **et ces** strong objections probably were, her having one uncle **qui** was a country attorney, **et** another **qui** was in business in London.

"To Jane herself," **elle** exclaimed, "there could be no possibility of objection; all loveliness **et** goodness as **elle** is! — her understanding excellent, **son esprit** improved, **et** her manners captivating. Neither could anything be urged against my father, **qui**, **bien qu'avec** some peculiarities, has abilities Mr. Darcy himself need not disdain, **et** respectability which **il** will probably **jamais** reach." **Quand elle pensait** of her mother, her confidence gave **place** a little; **mais elle ne permettrait pas** that any objections there had material weight **avec** Mr. Darcy, whose pride, **elle** was convinced, would receive a deeper wound from the want of importance in his friend's connections, **que** from their want of sense; **et elle** was quite decided, at last, that **il** had been partly governed by this worst kind of pride, **et** partly by the wish of retaining Mr. Bingley for his sister.

The agitation **et** tears which the subject occasioned, brought on a headache; **et** it grew so much worse towards the evening, that, added to her unwillingness **de voir** Mr. Darcy, it determined her not to attend her cousins to Rosings, **où ils étaient** engaged to drink tea. Mrs. Collins, seeing that **elle** was **vraiment** unwell, did not press her **pour aller** as much as possible prevented her husband from pressing her; **mais** Mr. Collins could not conceal his apprehension of Lady Catherine's beingrather displeased by her staying at home.

## Chapter 33

| French | Pronunciation | English |
|---|---|---|
| j'ai vécu | ʒ'ɛ veky | i experienced |
| vous ne demanderiez pas | vus nə dəmandɛrjɛz pa | you would not ask |
| changeant | ʃanʒəan | changing |
| prises | priz | taken |
| mais elle ne permettrait pas | mɛs ɛlə nə pɛrmɛtrɛt pa | but she would not allow |

## 34

**Quand ils étaient partis**, Elizabeth, as **si** intending to exasperate herself as much as possible against Mr. Darcy, chose for her employment the examination of all the letters which Jane had written to her **depuis** her being in Kent. **Elles** contained no actual complaint, nor was there any revival of past occurrences, **ou** any communication of present suffering. **Mais** in all, **et** in almost every line of each, **il y avait** a want of that cheerfulness which had been **habituée** to characterise her style, **et** which, proceeding from the serenity of **un esprit** at ease **avec** itself **et** kindly disposed towards everyone, had been scarcely ever clouded. Elizabeth noticed every sentence conveying the idea of uneasiness, **avec** an attention which it had hardly received on the first perusal. Mr. Darcy's shameful boast of what misery **il** had been able to inflict, gave her a keener sense of her sister's sufferings. It was some consolation **de penser** that his visit to Rosings was to <u>finir</u> on **le jour** after the next — and, a still greater, that in less **que** a fortnight **elle devrait** herself be **avec** Jane again, **et** enabled to contribute to the recovery of her spirits, by all that affection could do.

**Elle pouvait** not think of Darcy's leaving Kent **sans** remembering that his cousin was to **aller avec** him; **mais** Colonel Fitzwilliam had made it clear that **il** had no intentions at all, **et** agreeable as **il** was, **elle** did not mean to be unhappy about him.

**Pendant que** settling this point, **elle** was suddenly roused by the sound of the door-bell, **et** her spirits were a little fluttered by the idea of its beingColonel Fitzwilliam himself, **qui** had **une fois avant** called late in the evening, **et** might now come to enquire particularly after her. **Mais** this idea was soon banished, **et** her spirits were **très** differently affected, **lorsque**, to her utter amazement, **elle a vu** Mr. Darcy walk **dans** the room. In an hurried manner **il** immediately began an enquiry after her **santé**, imputing his visit to a wish of hearing that **elle** were better. **Elle** answered him **avec** cold civility. **Il** sat down for a few moments, **et** then getting up, walked about the room. Elizabeth was surprised,

**mais** said not a word. After a silence of several minutes, **il est venu** towards her in an agitated manner, **et** thus began:

"In vain **je** have struggled. It will not do. My feelings will not be repressed. **Vous devez** allow **moi** to tell you **comment** ardently **je** admire **et aime** you."

Elizabeth's astonishment was beyond expression. **Elle** stared, coloured, doubted, **et** was silent. This **il considérait** sufficient encouragement; **et** the avowal of all that **il sentait, et** had long felt for her, immediately followed. **Il** spoke well; **mais il y avait** feelings besides **ceux** of the heart to be detailed; **et il** was not more eloquent on the subject of tenderness **que** of pride. His sense of her inferiority — of its beinga degradation — of **la famille** obstacles which had **toujours** opposed to inclination, were dwelt on **avec** a warmth which seemed due to the consequence **il** was wounding, **mais** was **très** unlikely to recommend his suit.

In spite of her deeply-rooted dislike, **elle pouvait** not be insensible to the compliment of such a man's affection, **et bien que** her intentions did not vary for an instant, **elle** was at first sorry for the pain **il** was to receive; till, roused to resentment by his subsequent language, **elle** lost all compassion in anger. **Elle** tried, **pourtant**, to compose herself to answer him **avec** patience, **quand il devrait** have done. **Il** concluded **avec** representing to her the strength of that attachment which, in spite of all his endeavours, **il avait trouvé** impossible to conquer; **et avec** expressing his hope that it would now be rewarded by her acceptance of his **main**. As **il a dit** this, **elle pouvait** easily see that **il** had no doubt of a favourable answer. **Il** spoke of apprehension **et** anxiety, **mais** his countenance expressed real security. Such a circumstance could only exasperate farther, **et, quand il** ceased, the colour rose **dans** her cheeks, **et elle dit**:

"In such cases as this, it is, **je** believe, the established mode to express a sense of obligation for the sentiments avowed, however unequally **ils peuvent** be returned. It is natural that obligation should be felt, **et si je pouvais** feel gratitude, **je voudrais** now **vous remercier. Mais je** cannot — I have **jamais** desired your good opinion, **et** you have certainly bestowed it most unwillingly. **Je** am sorry **d'avoir** occasioned pain to anyone. It has been most unconsciously done, **pourtant, et je** hope will be of short duration. The feelings which, you tell **moi**, have long prevented the acknowledgment of your regard, can have little difficulty in overcoming it after this explanation."

Mr. Darcy, **qui** was leaning against the mantelpiece **avec** his eyes fixed on her face, seemed to catch her words **avec** no less resentment **que** surprise. His complexion became pale **avec** anger, **et** the disturbance of **son esprit** was visible in every feature. **Il** was struggling for the appearance of composure, **et** would not open his lips till **il** believed himself **d'avoir** attained it.

The pause was to Elizabeth's feelings dreadful. At length, **avec** a voice of forced calmness, **il a dit**:

"**Et** this is all the reply which **je** am to **avoir** the honour of expecting! **Je pourrais**, perhaps, wish to be informed **pourquoi**, **avec** so little endeavour at civility, **je** am thus rejected. **Mais** it is of small importance."

"**Je pourrais** as well enquire," replied **elle**, "**pourquoi avec** so evident a desire of offending **et** insulting **moi**, you chose to tell **moi** that **vous m'aimiez** against your will, against your reason, **et** even against your character? Was not this some excuse for incivility, **si je** was uncivil? **Mais je** have other provocations. **Vous savez je** have. Had not my feelings decided against you — had **ils** been indifferent, **ou** had **ils** even been favourable, do **vous pensez** that any consideration would tempt **moi** to accept the man **qui** has been the means of ruining, perhaps for ever, the happiness of a most beloved sister?"

As **elle** pronounced these words, Mr. Darcy changed colour; **mais** the emotion was short, **et il** listened **sans** attempting to interrupt her **pendant qu'elle** continued:

"**Je** have every reason in **le monde de penser** ill of you. No motive can excuse the unjust **et** ungenerous **rôle** you acted there. You dare not, you cannot deny, that you have been the principal, **si** not the only means of dividing **eux** from each other — of exposing one to the censure of **le monde** for caprice **et** instability, **et** the other to its derision for disappointed hopes, **et** involving **eux** both in misery of the acutest kind."

**Elle** paused, **et** saw **avec** no slight indignation that **il** was listening **avec** an air which proved him wholly unmoved by any feeling of remorse. **Il** even looked at her **avec** a smile of affected incredulity.

"Can you deny that you have done it?" **elle** repeated.

**Avec** assumed tranquillity **il** then replied: "**Je** have no wish of denying that **je** did everything in **mon pouvoir** to separate my friend from your sister, **ou** that **je** rejoice in my success. Towards him **je** have been kinder **que** towards myself."

Elizabeth disdained the appearance of noticing this civil reflection, **mais** its meaning did not escape, nor was it likely to conciliate her.

"**Mais** it is not merely this affair," **elle** continued, "on which my dislike is founded. Long **avant** it had **eu lieu** my opinion of you was decided. Your character was unfolded in the recital which **je** received many months ago from Mr. Wickham. On this subject, what can you have à dire? In what imaginary act of friendship can you **ici** defend **vous-même**? **ou** under what misrepresentation can you **ici** impose upon others?"

"**Vous prenez** an eager interest in that gentleman's concerns," said Darcy, in a less tranquil tone, **et avec** a heightened colour.

"**Qui** that **sait** what his misfortunes have been, can help feeling an interest in him?"

"His misfortunes!" repeated Darcy contemptuously; "yes, his misfortunes have been great indeed."

"**Et** of your infliction," cried Elizabeth **avec** energy. "You have reduced him to his present state of poverty — comparative poverty. You have withheld the advantages which **vous devez** know **d'avoir** been designed for him. You have deprived the best **années** of **sa vie** of that independence which was no less his due **que** his desert. You have done all this! **et** yet **vous pouvez** treat the mention of his misfortune **avec** contempt **et** ridicule."

"**Et** this," cried Darcy, as **il** walked **avec** quick steps across the room, "is your opinion of **moi**! This is the estimation in which you hold **moi**! **Je remercie** you for explaining it so fully. My faults, according to this calculation, are heavy indeed! **Mais** perhaps," added **il**, stopping in his walk, **et** turning towards her, "these offenses might have been overlooked, had not your pride been hurt by my honest confession of the scruples that had long prevented my formingany serious design. These bitter accusations might have been suppressed, had **je**, **avec** greater policy, concealed my struggles, **et** flattered you **dans** the belief of my being impelled by unqualified, unalloyed inclination; by reason, by reflection, by everything. **Mais** disguise of every sort is my abhorrence. Nor am **je** ashamed of the feelings **je** related. **Ils étaient** natural **et** just. Could you expect **moi** to rejoice in the inferiority of your connections? — to congratulate myself on the hope of relations, whose condition in life is so decidedly beneath my own?"

Elizabeth felt herself growing more angry every moment; yet **elle** tried to the utmost to speak **avec** composure **quand elle a dit**:

"You are mistaken, Mr. Darcy, **si** you suppose that the mode of your declaration affected **moi** in any other **façon**, **que** as it spared **moi** the concern which **je pourrais** have felt in refusing you, had you behaved in a more gentlemanlike manner."

**Elle a vu** him start at this, **mais il a dit** nothing, **et elle** continued:

"**Vous pourriez** not have made the offer of your **main** in any possible **façon** that would have tempted **moi** to accept it."

Again his astonishment was obvious; **et il regardait** at her **avec** an expression of mingled incredulity **et** mortification. **Elle a continué**:

"From the **très** beginning — from the first moment, **je peux** almost say — of my acquaintance **avec** you, your manners, impressing **moi avec** the fullest belief of your arrogance, your conceit, **et** your selfish disdain of the feelings of others, were such as to **former** the groundwork of disapprobation on which succeeding events have built so immovable a dislike; **et je n'avais pas connu** you a month **avant que je** felt that **vous étiez** the last man in **le monde** whom **je pouvais** ever be prevailed on to marry."

"**Vous avez dit** quite enough, madam. **Je** perfectly comprehend your feelings, **et** have now only to be ashamed of what my own have been. Forgive **moi** for having **pris** up so much of **votre temps, et** accept my best wishes for your **santé et** happiness."

**Et avec** these words **il** hastily left the room, **et** Elizabeth heard him the next moment open the front door **et** quit the house.

The tumult of **son esprit**, was now painfully great. **Elle savait** not **comment** to support herself, **et** from actual weakness sat down **et** cried for half-an-hour. Her astonishment, as **elle** reflected on what had passed, was increased by every review of it. That **elle devrait** receive an offer of marriage from Mr. Darcy! That **il devrait** have been **amoureux de** her for so many months! So much **amoureux** as to wish to marry her in spite of all the objections which had made him prevent his friend's marrying her sister, **et** which must appear at least **avec** equal force in his own case — was almost incredible! It was gratifying **d'avoir** inspired unconsciously so strong an affection. **Mais** his pride, his abominable pride — his shameless avowal of what **il** had done **avec** respect to Jane — his unpardonable assurance in acknowledging, **mais il ne pouvait** not justify it, **et** the unfeeling manner in which **il** had mentioned Mr. Wickham, his cruelty towards whom **il** had not attempted to deny, soon overcame the pity which the consideration of his attachment had for a moment excited. **Elle** continued in **très** agitated reflections till the sound of Lady Catherine's carriage made her feel **comment** unequal **elle** was to encounter Charlotte's observation, **et** hurried her away to her room.

## Chapter 34

| French | Pronunciation | English |
|---|---|---|
| finir | finir | finish |
| vous m'aimiez | vus m'ɛmjɛz | you loved me |
| eu lieu | œ ljœ | taken place |
| et il regardait | ət il rɛgardɛ | and he looked |
| elle a continué | ɛlə a kɔntjnɥe | she continued |

# 35

> In a 2006 study titled How Large a Vocabulary Is Needed For Reading and Listening? it was found that 95% of understood vocabulary (1 unknown word in 20) is necessary for reading a text and understanding it. This means that short stories and other standard language learners are unattainable for beginners. This is where weeve comes in, filling the gap in getting beginners started in their target language.

Elizabeth awoke the next morning to the same thoughts **et** meditations which had at length closed her eyes. **Elle pouvait** not yet recover from the surprise of what had happened; it was impossible **de penser** of anything else; **et**, totally indisposed for employment, **elle** resolved, soon after breakfast, to indulge herself in **l'air et** exercise. **Elle** was proceeding directly to her favourite walk, **lorsque** the recollection of Mr. Darcy's **parfois** coming there stopped her, **et** instead of entering the park, **elle** turned up the lane, which led farther from the turnpike-road. The park paling was still the boundary on one side, **et elle** soon passed one of the gates **dans** the ground.

After walking **deux ou trois fois** along that **partie** of the lane, **elle** was tempted, by the pleasantness of the morning, to stop at the gates **et** look **dans** the park. The five weeks which **elle** had now passed in Kent had made a great difference in the country, **et** every day was adding to the verdure of the earlytrees. **Elle** was on the point of continuing her walk, **quand elle** caught a glimpse of a gentleman within the sort of grove which edged the park; **il** was moving that **chemin**; **et**, fearful of its being Mr. Darcy, **elle** was directly retreating. **Mais la personne qui** advanced was now near enough **pour voir** her, **et** stepping forward **avec** eagerness, pronounced her name. **Elle** had turned away; **mais** on hearing herself called, **mais** in a voice which proved it to be Mr. Darcy,

201

**elle** moved again towards the gate. **Il** had by that time reached it également, **et**, holding out a letter, which **elle** instinctively took, said, **avec** a look of haughty composure, "**Je** have been walking in the grove some time in the hope of meeting you. Will you do **moi** the honour of **lire** that letter?" **Et** then, **avec** a slight bow, turned again **dans** the plantation, **et** was soon out of sight.

**Avec** no expectation of pleasure, **mais avec** the strongest curiosity, Elizabeth opened the letter, **et**, to her still increasing wonder, perceived an envelope containing **deux** sheets of letter-paper, written quite through, in a **très** close **main**. The envelope itself was likewise full. Pursuing **son chemin** along the lane, **elle** then began it. It was dated from Rosings, at eight o'clock in the morning, **et** was as follows: —

"Be not alarmed, madam, on receiving this letter, by the apprehension of its containing any repetition of **ces** sentiments **ou** renewal of **ces** offers which were last night so disgusting to you. **Je** write **sans** any intention of paining you, **ou** humbling myself, by dwelling on wishes which, for the happiness of both, cannot be too soon forgotten; **et** the effort which the formation **et** the perusal of this letter must occasion, should have been spared, had not my character required it to be written **et** read. **Vous devez**, therefore, pardon the freedom **avec** which **je** demand your attention; your feelings, **je sais**, will bestow it unwillingly, **mais je** demand it of your justice.

"**Deux** offenses of a **très** different nature, **et** by no means of equal magnitude, you last night laid to my charge. The first mentioned was, that, regardless of the sentiments of either, **je** had detached Mr. Bingley from your sister, **et** the other, that **je** had, in defiance of various claims, in defiance of honour **et** humanity, ruined the immediate prosperity **et** blasted the prospects of Mr. Wickham. Wilfully **et** wantonly **d'avoir** thrown off the companion of my youth, the acknowledged favourite of my father, a young man **qui** had scarcely any other dependence **que** on our patronage, **et qui** had been brought up to expect its exertion, would be a depravity, to which the separation of **deux** young **personnes**, whose affection could be the growth of only a few weeks, could bear no comparison. **Mais** from the severity of that blame which was last night so liberally bestowed, respecting each circumstance, **je** shall hope to be in the future secured, **lorsque** the following account of my actions **et** their motives has been read. **Si**, in the explanation of **eux**, which is due to myself, **je** am under the necessity of relating feelings which may be offensive to yours, **je peux** only say that **je** am sorry. The necessity must be obeyed, **et** further apology would be absurd.

"**Je** had not been long in Hertfordshire, **avant que** I saw, in common **avec** others, that Bingley preferred your elder sister to any other young woman in the country. **Mais** it was not till the evening of the dance at Netherfield that **je** had any apprehension of his feeling a serious attachment. **Je** had **souvent** seen him **amoureux avant**. At that ball, **alors que je** had the honour of dancing **avec** you, **je** was first made acquainted, by Sir William Lucas's accidental **informations**, that Bingley's attentions to your sister had **donné** rise to a general expectation of their marriage. **Il** spoke of it as a certain event, of which **le temps** alone could be undecided. From that moment **je** observed my friend's behaviour attentively; **et je pouvais** then perceive that his partiality for Miss Bennet was beyond what **je** had ever witnessed in him. Your sister **je aussi** watched. Her look **et** manners were open, cheerful, **et** engaging as ever, **mais sans** any symptom of peculiar regard, **et je** remained convinced from the evening's scrutiny, that **si elle** received his attentions **avec** pleasure, **elle** did not invite **eux** by any participation of sentiment. **Si** you have not been mistaken **ici, je dois** have been in error. Your superior **connaissances** of your sister must make the latter probable. **Si** it be so, **si je** have been misled by such error to inflict pain on her, your resentment has not been unreasonable. **Mais je** shall not scruple to assert, that the serenity of your sister's countenance **et de son 'air** was such as might have **donné** the most acute observer a conviction that, howeveramiable her temper, her heart was not likely to be easily touched. That **je** was desirous of believing her indifferent is certain — but **je** will venture **de dire** that my investigation **et** decisions are not **d'habitude** influenced by my hopes **ou** fears. **Je** did not believe her to be indifferent **parce que je** wished it; **je** believed it on impartial conviction, as truly as **je** wished it in reason. My objections to the marriage were not merely **ceux** which **je** last night acknowledged **d'avoir** required the utmost force of passion to put aside, in my own case; the want of connection could not be so great an evil to my friend as to **moi**. **Mais il y avait** other causes of repugnance; causes which, **bien que** still existing, **et** existing to an equal degree in both instances, **je** had myself endeavoured to forget, **parce qu'ils étaient** not immediately **devant moi**. These causes must be stated, **mais** briefly. The situation of your mother's **famille, mais** objectionable, was nothing in comparison to that total want of propriety so frequently, so almost uniformly betrayed by herself, by your **trois** younger sisters, **et** occasionally even by your father. Pardon **moi**. It pains **moi** to offend you. **Mais** amidst your concern for the defects of your nearest relations, **et** your displeasure at this representation of **eux**, let it give you consolation to consider that, **d'avoir** conducted yourselves so as to avoid any share of the like censure, is praise no less generally bestowed on you **et** your elder sister, **que** it is honourable to the sense **et** disposition of both. **Je** will only say farther that from what passed that evening, my opinion of all parties was confirmed, **et** every inducement heightened which could have led **moi avant**, to preserve my friend from what **je** esteemed a most unhappy connection. **Il** left Netherfield for London, on **le**

**jour** following, as you, **je** am certain, remember, **avec** the design of soon returning.

"The **partie** which **je** acted is now to be explained. His sisters' uneasiness had been equally excited **avec** my own; our coincidence of feeling was soon discovered, **et**, alike sensible that no time was to be lost in detaching their brother, we shortly resolved on joining him directly in London. We accordingly went — and there **je** readily engaged in the office of pointingout to my friend the certain evils of such a choice. **Je** described, **et** enforced **eux** earnestly. **Mais, bien que** this remonstrance might have staggered **ou** delayed his determination, **je** do not suppose that it would ultimately have prevented the marriage, had it not been seconded by the assurance that **je** hesitated not in **donnant**, of your sister's indifference. **Il** had **avant** believed her to return his affection **avec** sincere, **si** not **avec** equal regard. **Mais** Bingley has great natural modesty, **avec** a stronger dependence on my judgement **que** on his own. To convince him, therefore, that **il** had deceived himself, was no **très** difficult point. To persuade him against returning **dans** Hertfordshire, **lorsque** that conviction had been **donné**, was scarcely the work of a moment. **Je** cannot blame myself for having done thus much. **Il n'y a** one **partie** of my conduct in the whole affair on which **je** do not reflect **avec** satisfaction; it is that **je** condescended to adopt the measures of the artso far as to conceal from him your sister's beingin town. **Je savais** it myself, as it was known to Miss Bingley; **mais** her brother is even yet ignorant of it. That **ils pourraient** have met **sans** ill consequence is perhaps probable; **mais** his regard did not appear to **moi** enough extinguished for him to **voir** her **sans** some danger. Perhaps this concealment, this disguise was beneath **moi**; it is done, **pourtant, et** it was done for the best. On this subject **je** have nothing more à dire, no other apology to offer. **Si je** have wounded your sister's feelings, it was unknowingly done **et bien que** the motives which governed **moi** may to you **très** naturally appear insufficient, **je** have not yet learnt to condemn **eux**.

"**Avec** respect to that other, more weighty accusation, of having injured Mr. Wickham, **je peux** only refute it by laying **devant** you the whole of his connection **avec ma famille**. Of what **il** has particularly accused **moi, je** am ignorant; **mais** of the truth of what **je** shall relate, **je peux** summon more **que** one witness of undoubted veracity.

"Mr. Wickham is the son of a **très** respectable man, **qui** had for many **années** the management of all the Pemberley estates, **et** whose good conduct in the discharge of his trust naturally inclined my father to be of service to him; **et** on George Wickham, **qui** was his godson, his kindness was therefore liberally bestowed. My father supported him at school, **et** afterwards at Cambridge — most important assistance, as his own father, **toujours** poor from the extravagance of his wife, would have been unable **de**

**donner** him a gentleman's education. My father was not only fond of this young man's society, whose manners were **toujours** engaging; **il** had également the highest opinion of him, **et** hoping the church would be his profession, intended **de fournir** for him in it. As for myself, it is many, many **années que je** first began **de penser** of him in a **très** different manner. The vicious propensities — the want of principle, which **il** was careful to guard from **la connaissance** of his best friend, could not escape the observation of a young man of nearly the same age **avec** himself, **et qui** had opportunities of seeing him in unguarded moments, which Mr. Darcy could not have. **Ici** again **je** shall give you pain — to what degree you only can tell. **Mais** whatever may be the sentiments which Mr. Wickham has created, a suspicion of their nature shall not prevent **moi** from unfolding his real character — it adds even another motive.

"My excellent father died about five **ans** ago; **et** his attachment to Mr. Wickham was to the last so steady, that in his will **il** particularly recommended it to **moi**, to promote his advancement in the best manner that his profession might allow — and **s'il a pris** orders, desired that a valuable **famille** living might be his as soon as it became vacant. **Il y avait aussi** a legacy of one thousand pounds. His own father did not long survive mine, **et** within half **une année** from these events, Mr. Wickham wrote to inform **moi** that, having finally resolved against **prendre** orders, **il** hoped **je devrais** not think it unreasonable for him to expect some more immediate pecuniary advantage, in lieu of the preferment, by which **il pourrait** not be benefited. **Il** had some intention, **il a ajouté**, of **étudier le droit**, **et je dois** be aware that the interest of one thousand pounds would be a **très** insufficient support therein. **Je** rather wished, **que** believed him to be sincere; **mais**, at any rate, was perfectly ready to accede to his proposal. **Je savais** that Mr. Wickham ought not to be a clergyman; **l'affaire** was therefore soon settled — he resigned all claim to assistance in the church, were it possible that **il pourrait** ever be in a situation to receive it, **et** accepted in return **trois** thousand pounds. All connection **entre nous** seemed now dissolved. **Je pensais** too ill of him to invite him to Pemberley, **ou** admit his society in town. In town **je** believe **il** chiefly lived, **mais** his étudier the **droit** was a mere pretence, **et d'être** now free from all restraint, **sa vie** was **une vie** of idleness **et** dissipation. For about **trois ans**, **je** heard little of him; **mais** on the decease of the incumbent of the living which had been designed for him, **il** applied to **moi** again by letter for the presentation. His circumstances, **il** assured **moi**, **et je** had no difficulty in believing it, were exceedingly bad. **Il avait trouvé** the **droit** a most unprofitable study, **et** was now absolutely resolved on être ordained, **si je** present him to the living in question — of which **il** trusted there could be little doubt, as **il** was well assured that **je** had no other **personne à fournir** for, **et je pouvais** not have forgotten my revered father's intentions. You will hardly blame **moi** for refusing to comply **avec** this entreaty, **ou** for resisting every repetition to it. His resentment was in proportion to the distress of his circumstances — and **il** was doubtless as violent in his abuse of **moi** to others as in his reproaches to myself. After this period every appearance of acquaintance was dropped. **Comment il** lived **je sais** not. **Mais** last summer **il** was again most painfully obtruded on my notice.

"**Je dois** now mention a circumstance which **je voudrais** wish to forget myself, **et** which no obligation less **que** the present should induce **moi** to unfold to **un être humain**. Having said thus much, **je sens** no doubt of your secrecy. My sister, **qui** is more **que** ten **ans** my junior, was left to the guardianship of my mother's nephew, Colonel Fitzwilliam, **et** myself. About **un an** ago, **elle** was **prise** from school, **et** an establishment formed for her in London; **et** last summer **elle est allée avec** the lady **qui** presided over it, to Ramsgate; **et** thither également went Mr. Wickham, undoubtedly by design; for there proved **d'avoir** been a prior acquaintance **entre** him **et** Mrs. Younge, in whose character we were most unhappily deceived; **et** by her connivance **et** aid, **il** so far recommended himself to Georgiana, whose affectionate heart retained a strong impression of his kindness to her as a child, that **elle** was persuaded to believe herself in **l'amour**, **et** to consent to an elopement. **Elle** was then **mais** fifteen, which must be her excuse; **et** after stating her imprudence, **je** am happy **d'ajouter**, that **je** owed **la connaissance** of it to herself. **Je** joined **eux** unexpectedly **un jour ou deux avant** the intended elopement, **et** then Georgiana, unable to support the idea of grieving **et** offending a brother whom **elle** almost looked up to as a father, acknowledged the whole to **moi**. **Vous pouvez** imagine what **je sentais et comment je** acted. Regard for my sister's credit **et** feelings prevented any public exposure; **mais je** wrote to Mr. Wickham, **qui** left **le lieu** immediately, **et** Mrs. Younge was of course removed from her charge. Mr. Wickham's chief object was unquestionably my sister's fortune, which is thirty thousand pounds; **mais je** cannot help supposing that the hope of revenging himself on **moi** was a strong inducement. His revenge would have been complete indeed.

"This, madam, is a faithful narrative of every event in which we have been concerned **ensemble**; **et si** you do not absolutely reject it as false, you will, **je** hope, acquit **moi** henceforth of cruelty towards Mr. Wickham. **Je sais** not in what manner, under what form of falsehood **il** had imposed on you; **mais** his success is not perhaps to be wondered at. Ignorant as you previously were of everything concerning either, detection could not be in **votre pouvoir**, **et** suspicion certainly not in your inclination.

"**Vous pouvez** possibly wonder **pourquoi** all this was not told you last night; **mais je** was not then master enough of myself **pour savoir** what could **ou** ought to be revealed. For the truth of everything **ici** related, **je peux** appeal more particularly to the testimony of Colonel Fitzwilliam, **qui**, from our near relationship **et** constant intimacy, **et**, still more, as one of the executors of my father's will, has been unavoidably acquainted **avec** every particular of these transactions. **Si** your abhorrence of **moi** should make my assertions valueless, you cannot be prevented by the same cause from confiding in my cousin; **et** that there may be the possibility of consulting him, **je** shall endeavour **de trouver** some opportunity of putting this letter in your hands in **le cours** of the morning. **Je** will only add, God bless you.

"FITZWILLIAM DARCY"

## Chapter 35

| French | Pronunciation | English |
|---|---|---|
| donnant | dɔnan | giving |
| il y a | il i a | there is |
| étudier le droit | etydjɛr lə drwa | study law |
| d'ajouter | d'aʒute | adding |
| je sentais et comment je | ʒə sɛntɛs ɛt kɔmɛnt ʒ | i felt and how i |

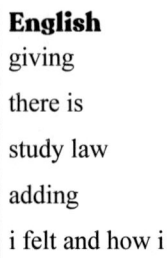

# 36

**Si** Elizabeth, **lorsque** Mr. Darcy gave her the letter, did not expect it to contain a renewal of his offers, **elle avait formé** no expectation at all of its contents. **Mais** such as **ils étaient**, it may well be supposed **comment** eagerly **elle est allé** through **eux, et** what a contrariety of emotion **ils** excited. Her feelings as **elle lisait** were scarcely to be defined. **Avec** amazement did **elle** first understand that **il** believed any apology to be in **son pouvoir**; **et** steadfastly was **elle** persuaded, that **il pourrait** have no explanation à donner, which a just sense of shame would not conceal. **Avec** a strong prejudice against everything **il pourrait** say, **elle** began his account of what had happened at Netherfield. **Elle a lu avec** an eagerness which hardly left **son pouvoir** of comprehension, **et** from impatience of knowing what the next sentence might bring, was incapable of attending to the sense of the one **devant** her eyes. His belief of her sister's insensibility **elle** instantly resolved to be false; **et** his account of the real, the worst objections to the match, made her too angry **pour avoir** any wish of doing him justice. **Il** expressed no regret for what **il** had done which satisfied her; his style was not penitent, **mais** haughty. It was all pride **et** insolence.

**Mais quand** this subject was succeeded by his account of Mr. Wickham — when **elle a lu avec** somewhat clearer attention a relation of events which, **si** true, must overthrow every cherished opinion of his worth, **et** which bore so alarming an affinity to his own **histoire** of himself — her feelings were yet more acutely painful **et** more difficult of definition. Astonishment, apprehension, **et** even horror, oppressed her. **Elle** wished to discredit it entirely, repeatedly exclaiming, "This must be false! This cannot be! This must be the grossest falsehood!" — and **quand elle était allée** through the whole letter, **bien que** scarcely knowing anything of the last page **ou deux**, put it hastily away, protesting that wouldnot regard it, that **elle ne voudrait jamais** look in it again.

In this perturbed state of mind, **avec** thoughts that could rest on nothing, **elle** walked on; **mais** it would not do; in half a minute the letter was unfolded again, **et** collecting herself as well as **elle pouvait, elle** again began the mortifying perusal of all that related to Wickham, **et** commanded herself so far as to examine the meaning of every sentence. The account of his connection **avec** the Pemberley **famille** was exactly what **il** had related himself; **et** the kindness of the late Mr. Darcy, **si elle** had not **avant** known its extent, agreed equally well **avec** his own words. So far each recital confirmed the other; **<u>mais quand elle est venue</u>** to the will, the difference was great. What Wickham had said of the living was fresh in her memory, **et** as **elle** recalled his **très** words, it was impossible not **de sentir** that **il y avait** gross duplicity on one side **ou** the other; **et**, for a few moments, **elle** flattered herself that her wishes did not err. **Mais quand elle a lu et** re-read **avec** the closest attention, the particulars immediately following of Wickham's resigning all pretensions to the living, of his receiving in lieu so considerable a sum as **trois** thousand pounds, again was **elle** forced to hesitate. **Elle** put down the letter, weighed every circumstance **avec** what **elle** meant to be impartiality — deliberated on the probability of each statement — but **avec** little success. On both sides it was only assertion. Again **elle a lu** on; **mais** every line proved more clearly that the affair, which **elle** had believed it impossible that any contrivance could so represent as to render Mr. Darcy's conduct in it less **que** infamous, was capable of a turn which must make him entirely blameless throughout the whole.

The extravagance **et** general profligacy which **il** scrupled not to lay at Mr. Wickham's charge, exceedingly shocked her; the more so, as **elle pouvait** bring no proof of its injustice. **Elle** had **jamais** heard of him **avant** his entrance **dans** the —— —— shire Militia, in which **il** had engaged at the persuasion of the young man **qui**, on meeting him accidentally in town, had there renewed a slight acquaintance. Of his former way of life nothing had been known in Hertfordshire **mais** what **il** told himself. As to his real character, had **informations** been in **son pouvoir, elle** had **jamais** felt a wish of enquiring. His countenance, voice, **et** manner had established him **<u>immédiatement</u>** in the possession of every virtue. **Elle** tried to recollect some instance of goodness, some distinguished trait of integrity **ou** benevolence, that might rescue him from the attacks of Mr. Darcy; **ou** at least, by the predominance of virtue, atone for **ces** casual errors under which **elle** would endeavour to class what Mr. Darcy had described as the idleness **et** vice of many years' continuance. **Mais** no such recollection befriended her. **Elle pouvait** see him instantly **devant** her, in every charm of **l'air et** address; **mais elle pouvait** remember no more substantial good **que** the general approbation of the neighbourhood, **et** the regard which his social powers had gained him in the mess. After pausing on this point a considerable **moment, elle une fois de plus** continued à lire. **Mais**, alas! the story which followed, of his designs on Miss Darcy, received some confirmation from what had passed **entre** Colonel Fitzwilliam **et** herself only the morning **d'avant**; **et** at last **elle** was referred for the truth of every particular to Colonel Fitzwilliam himself — from whom **elle** had previously received **l'information** of his near concern in all his cousin's affairs, **et** whose character **elle** had no reason to question. At one time **elle** had almost resolved on applying to him, **mais** the idea was checked by the awkwardness of the application, **et** at length wholly banished by the conviction that Mr. Darcy would **jamais** have hazarded such a proposal, **s'il** had not been well assured of his cousin's corroboration.

**Elle** perfectly remembered everything that had passed in conversation **entre** Wickham **et** herself, in their first evening at Mr. Phillips's. Many of his expressions were still fresh in her memory. **Elle** was now struck **avec** the impropriety of such communications to a stranger, **et** wondered it had escaped her **avant**. **Elle a vu** the indelicacy of putting himself forward as **il** had done, **et** the inconsistency of his professions **avec** his conduct. **Elle** remembered that **il** had boasted of having no fear of seeing Mr. Darcy — that Mr. Darcy might leave the country, **mais** that **il devrait** stand his ground; yet **il** had avoided the Netherfield ball the **très** next week. **Elle** remembered également that, till the Netherfield **famille** had quitted the country, **il** had told his story to no one **mais** herself; **mais** that after their removal it had been everywhere discussed; that **il** had then no reserves, no scruples in sinking Mr. Darcy's character, **bien qu'il** had assured her that respect for the father would **toujours** prevent his exposing the son.

**Comment** differently did everything now appear in which **il** was concerned! His attentions to Miss King were now the consequence of views solely **et** hatefully mercenary; **et** the mediocrity of her fortune proved no longer the moderation of his wishes, **mais** his eagerness to grasp at anything. His behaviour to herself could now have had no tolerable motive; **il** had either been deceived **avec** regard to her fortune, **ou** had been gratifying his vanity by encouraging the preference which **elle** believed **elle** had most incautiously shown. Every lingering struggle in his favour grew fainter **et** fainter; **et** in farther justification of Mr. Darcy, **elle pouvait** not **mais** allow that Mr. Bingley, **lorsque** questioned by Jane, had long ago asserted his blamelessness in the affair; that proud **et** repulsive as were his manners, **elle** had **jamais**, in the whole course of their acquaintance — an acquaintance which had latterly brought **eux** much **ensemble, et donné** her a sort of intimacy **avec** his ways — seen anything that betrayed him to be unprincipled **ou** unjust — anything that spoke him of irreligious **ou** immoral habits; that among his own connections **il** was esteemed **et** valued — that even Wickham had allowed him merit as a brother, **et** that **elle** had **souvent** heard him speak so affectionately of his sister as to prove him capable of some amiable feeling; that had his actions been what Mr. Wickham represented **eux**, so gross a violation of everything right could hardly have been concealed from **le monde; et** that friendship **entre une personne** capable of it, **et** such an amiable man as Mr. Bingley, was incomprehensible.

**Elle** grew absolutely ashamed of herself. Of neither Darcy nor Wickham could **elle** think **sans** feeling **elle** had been blind, partial, prejudiced, absurd.

"**Comment** despicably **je** have acted!" **elle** cried; "**Moi, qui** have prided myself on my discernment! **Moi, qui** have valued myself on my abilities! **qui** have **souvent** disdained the generous candour of my sister, **et** gratified my vanity in useless **ou** blameable mistrust! **Comment** humiliating is this discovery! Yet, **comment** just a humiliation! Had **je** been **amoureuse, je pouvais** not have been more wretchedly blind! **Mais** vanity, not **l'amour**, has been my folly. Pleased **avec** the preference of one, **et** offended by the neglect of the other, on the **très** beginning of our acquaintance, **je** have courted prepossession **et** ignorance, **et** driven reason away, **où** either were concerned. Till this moment **jamais je** knew myself."

From herself to Jane — from Jane to Bingley, her thoughts were in a line which soon brought to her recollection that Mr. Darcy's explanation there had appeared **très** insufficient, **et elle a lu** it again. Widely different was the effect of a second perusal. **Comment** could **elle** deny that credit to his assertions in one instance, which **elle** had been obliged **de donner** in the other? **Il** declared himself to be totally unsuspicious of her sister's attachment; **et elle pouvait** not help remembering what Charlotte's opinion had **toujours** been. Neither could **elle** deny the justice of his description of Jane. **Elle sentait** that Jane's feelings, **bien que** fervent, were little displayed, **et** that **il y avait** a constant complacency in **son** air **et** manner not **souvent** united **avec** great sensibility.

**Quand elle est venue** to that **partie** of the letter in which **sa famille** were mentioned in terms of such mortifying, yet merited reproach, her sense of shame was severe. The justice of the charge struck her too forcibly for denial, **et** the circumstances to which **il** particularly alluded as having passed at the Netherfield ball, **et** as confirming all his first disapprobation, could not have made a stronger impression on **son esprit que** on hers.

The compliment to herself **et** her sister was not unfelt. It soothed, **mais** it could not console her for the contempt which had thus been self-attracted by the rest of **sa famille; et** as **elle considérait** that Jane's disappointment had in fact been the work of her nearest relations, **et** reflected **comment** materially the credit of both must be hurt by such impropriety of conduct, **elle se sentait** depressed beyond anything **elle** had ever known **avant**.

After wandering along the lane for **deux** hours, **laissant place** to every variety of thought — re-considering events, determining probabilities, **et** reconciling herself, as well as **elle pouvait**, to a change so sudden **et** so important, fatigue, **et** a recollection of her long absence, made her at length return home; **et elle** entered the house **avec** the wish of appearing cheerful as usual, **et** the resolution of repressing such reflections as must make her unfit for conversation.

**Elle** was immediately told that the **deux** gentlemen from Rosings had each called **durant** her absence; Mr. Darcy, only for a few minutes, **pour prendre** leave — but that Colonel Fitzwilliam had been sitting **avec eux** at least an hour, hoping for her return, **et** almost resolving to walk after her till **elle pouvait** be found. Elizabeth could **mais** just affect concern in missing him; **elle a vraiment** rejoiced at it. Colonel Fitzwilliam was no longer an object; **elle pouvait** think only of her letter.

## Chapter 36

| French | Pronunciation | English |
|---|---|---|
| elle avait formé | ɛlə avɛt fɔrme | she had formed |
| elle lisait | ɛlə lizɛ | she was reading |
| quand elle était allée | kand ɛlə etɛt ale | when she had gone |
| elle ne voudrait jamais | ɛlə nə vudrɛt ʒamɛ | she would never want |
| immédiatement | imedjatɛm | at once |
| cédant la place | sedɛn la plaz | leaving room |
| mais quand elle est venue | mɛs kand ɛlə ɛst vɛnɥ | but when she came |

# 37

The **deux** gentlemen left Rosings the next morning, **et** Mr. Collins having been in waiting near the lodges, to make **eux** his parting obeisance, was able to bring home the pleasing intelligence, of their appearing in **très** good **santé, et** in as tolerable spirits as could be expected, after the melancholy scene so lately gonethrough at Rosings. To Rosings **il** then hastened, to console Lady Catherine **et** her daughter; **et** on his return brought back, **avec** great satisfaction, a message from her ladyship, importing that **elle sentait** herself so dull as to make her **très** desirous of having **eux** all to dine **avec** her.

Elizabeth could not see Lady Catherine **sans** recollecting that, had **elle** chosen it, **elle pourrait** by this time have been presented to her as her future niece; nor could **elle** think, **sans** a smile, of what her ladyship's indignation would have been. "What would **elle** have said? **comment** would **elle** have behaved?" were questions **avec** which **elle** amused herself.

Their first subject was the diminution of the Rosings party. "**Je** assure you, **je sens** it exceedingly," said Lady Catherine; "**Je** believe no one **sent** the loss of friends so much as **je** do. **Mais je** am particularly attached to these young men, **et** know **eux** to be so much attached to **moi**! **Ils étaient** excessively sorry **d'y aller**! **Mais** so **ils toujours** are. The dear Colonel rallied his spirits tolerably till just at last; **mais** Darcy seemed **de sentir** it most acutely, more, **je pense, que** last **année**. His attachment to Rosings certainly increases."

Mr. Collins had a compliment, **et** an allusion to throw in **ici**, which were kindly smiled on by the mother **et** daughter.

Lady Catherine observed, after dinner, that Miss Bennet seemed out of spirits, **et** immediately accounting for it herself, by supposing that **elle** did not like **d'aller** home again so soon, **elle a ajouté**:

"**Mais si** that is the case, **vous devez** write to your mother **et** beg that **vous pouvez** stay a little longer. Mrs. Collins will be **très** glad of your **compagnie, je** am sure."

"**Je** am much obliged to your ladyship for your kind invitation," replied Elizabeth, "**mais** it is not in **mon pouvoir** to accept it. **Je dois** be in town next Saturday."

"**Pourquoi,** at that rate, you will have been **ici** only six weeks. **Je** expected you to stay **deux** months. **Je** told Mrs. Collins so **avant de venir**. There can be no occasion for your going so soon. Mrs. Bennet could certainly spare you for another fortnight."

"**Mais** my father cannot. **Il** wrote last week to hurry my return."

"Oh! your father of course may spare you, **si** your mother can. Daughters are **jamais** of so much consequence to a father. **Et si** you will stay another month complete, it will be in **mon pouvoir de prendre** one of you as far as London, for **je** am going there **tôt** in June, for a week; **et** as Dawson does not object to the barouche-box, there will be **très** good room for one of you — and indeed, **si** the weather should happen to be cool, **je devrais** not object to **prendre** you both, as you are neither of you large."

"You are all kindness, madam; **mais je** believe **nous devons** abide by our original plan."

Lady Catherine seemed resigned. "Mrs. Collins, **vous devez** send a servant **avec eux. Vous savez que je toujours** speak **mon esprit, et je** cannot bear the idea of **deux** young women travelling post by themselves. It is highly improper. **Vous devez** contrive to send somebody. **Je** have the greatest dislike in **le monde** to that sort of thing. Young women should **toujours** be properly guarded **et** attended, according to their situation in life. **Lorsque** my niece Georgiana went to Ramsgate last summer, **je** made a point of her having **deux** men-servants go **avec** her. Miss Darcy, the daughter of Mr. Darcy, of Pemberley, **et** Lady Anne, could not have appeared **avec** propriety in a different manner. **Je** am excessively attentive to all **ces** things. **Vous devez** send John **avec** the young ladies, Mrs. Collins. **Je** am glad it occurred to **moi** to mention it; for it would **vraiment** be discreditable to you to let **elles** go alone."

"My uncle is to send a servant for **nous**."

"Oh! Your uncle! **Il garde** a man-servant, does **il**? **Je** am **très** glad you have somebody **qui pense** of these things. **Où** shall **vous changer** horses? Oh! Bromley, of course. **Si** you mention my name at the Bell, you will be attended to."

Lady Catherine had many other questions to ask respecting their journey, **et** as **elle** did not answer **elles** all herself, attention was necessary, which Elizabeth believed to be lucky for her; **ou, avec un esprit** so occupied, **elle pourrait** have forgotten **où elle** was.

Reflection must be reserved for solitary hours; whenever **elle** was alone, **elle cédait la place** to it as the greatest relief; **et** not **un jour** went by **sans** a solitary walk, in which **elle pouvait** indulge in all the delight of unpleasant recollections.

Mr. Darcy's letter **elle** was in a fair **chemin** of soon knowing by heart. **Elle a étudié** every sentence; **et** her feelings towards its writer were at **fois** widely different. **Quand elle** remembered the style of his address, **elle** was still full of indignation; **mais quand elle examinait comment** unjustly **elle** had condemned **et** upbraided him, her anger was turned against herself; **et** his disappointed feelings became the object of compassion. His attachment excited gratitude, his general character respect; **mais elle pouvait** not approve him; nor could **elle** for a moment repent her refusal, **ou** feel the slightest inclination ever à voir him again. In her own past behaviour, **il y avait** a constant source of vexation **et** regret; **et** in the unhappy defects of **sa famille**, a subject of yet heavier chagrin. **Ils étaient** hopeless of remedy. Her father, contented **avec** laughing at **elles**, would **jamais** exert himself to restrain the wild giddiness of his youngest daughters; **et** her mother, **avec** manners so far from right herself, was entirely insensible of the evil. Elizabeth had frequently united **avec** Jane in an endeavour to check the imprudence of Catherine **et** Lydia; **mais alors qu'elles étaient** supported by their mother's indulgence, what chance could there be of improvement? Catherine, weak-spirited, irritable, **et** completely under Lydia's guidance, had been **toujours** affronted by their advice; **et** Lydia, self-willed **et** careless, would scarcely give **elles** a hearing. **Elles étaient** ignorant, idle, **et** vain. **Alors qu'il y avait** an officer in Meryton, **elles voudraient** flirt **avec** him; **et tandis que** Meryton was within a walk of Longbourn, **elles voudraient** be going there forever.

Anxiety on Jane's behalf was another prevailing concern; **et** Mr. Darcy's explanation, by restoring Bingley to all her former good opinion, heightened the sense of what Jane had lost. His affection was proved **d'avoir** been sincere, **et** his conduct cleared of all blame, unless any could attach to the implicitness of his confidence in his friend. **Comment** grievous then was the thought that, of a situation so desirable in every respect, so replete **avec** advantage, so promising for happiness, Jane had been deprived, by the folly **et** indecorum of her own **famille**!

**Lorsque** to these recollections was added the development of Wickham's character, it may be easily believed that the happy spirits which had seldom been depressed **devant**, were now so much affected as to make it almost impossible for her to appear tolerably cheerful.

Their engagements at Rosings were as frequent **durant** the last week of her stay as **ils** had been at first. The **très** last evening was spent there; **et** her ladyship again enquired minutely **dans** the particulars of their journey, gave **elles** directions as to the best **méthode** of packing, **et** was so urgent on the necessity of placing gowns in the only right **façon**, that Maria thought herself obliged, on her return, to undo all the work of the morning, **et** pack her trunk afresh.

**Quand elles** parted, Lady Catherine, **avec** great condescension, wished **elles** a good journey, **et** invited **elles à venir** to Hunsford again next **an**; **et** Miss de Bourgh exerted herself so far as to curtsey **et** hold out her **main** to both.

## Chapter 37

| French | Pronunciation | English |
|---|---|---|
| d'y aller | d'i ale | to go |
| elle cédait la place | ɛlə sedɛt la plaz | she gave way |
| elle a étudié | ɛlə a etydje | she studied |
| mais quand elle a pris en compte comment | mɛs kand ɛlə a pri en kɔ̃t kɔmen | but when she considered how |

## 38

On Saturday morning Elizabeth **et** Mr. Collins met for breakfast a few minutes **avant que** the others appeared; **et il a pris** the opportunity of paying the parting civilities which **il** deemed indispensably necessary.

"**Je sais** not, Miss Elizabeth," said **il**, "**si** Mrs. Collins has yet expressed her sense of your kindness in coming to **nous; mais je** am **très** certain you will not leave the house **sans** receiving her **merci** for it. The favour of your **compagnie** has been much felt, **je** assure you. **Nous savons comment** little **il y a** to tempt anyone to our humble abode. Our plain manner of living, our small rooms **et** few domestics, **et** the little **nous voyons** of **le monde**, must make Hunsford extremely dull to a young lady like **vous-même; mais je** hope you will believe **nous** grateful for the condescension, **et** that we have done everything in **notre pouvoir** to prevent your spending **votre temps** unpleasantly."

Elizabeth was eager **avec** her **remerciements et** assurances of happiness. **Elle** had spent six weeks **avec** great enjoyment; **et** the pleasure of être avec Charlotte, **et** the kind attentions **elle** had received, must make her feel the obliged. Mr. Collins was gratified, **et avec** a more smiling solemnity replied:

"It **me donne** great pleasure to hear that you have passed **votre temps** not disagreeably. We have certainly done our best; **et** most fortunately having it in **notre pouvoir** to introduce you to **très** superior society, **et**, from our connection **avec** Rosings, the frequent means of varying the humble home scene, **je pense que nous pouvons** flatter ourselves that your Hunsford visit cannot have been entirely irksome. Our situation **avec** regard to Lady Catherine's **famille** is indeed the sort of extraordinary advantage **et** blessing which few can boast. **Vous voyez** on what a footing we are. **Vous voyez comment** continually we are engaged there. In truth **je dois** acknowledge that, **avec** all the disadvantages of this humble parsonage, **je devrais** not think anyone abiding in it an object of compassion, **pendant qu'ils** are sharers of our intimacy at Rosings."

Words were insufficient for the elevation of his feelings; **et il** was obliged to walk about the room, **tandis que** Elizabeth tried to unite civility **et** truth in a few short sentences.

"**Vous pouvez**, in fact, carry a **très** favourable report of **nous en** Hertfordshire, my dear cousin. **Je** flatter myself at least that you will be able **de faire** so. Lady Catherine's great attentions to Mrs. Collins you have been a daily witness of; **et** altogether **je** trust it does not appear that your friend has drawn an unfortunate — but on this point it will be as well to be silent. Only let **moi** assure you, my dear Miss Elizabeth, that **je peux** from my heart most cordially wish you equal felicity in marriage. My dear Charlotte **et je** have **mais** one mind **et** one **façon** of **penser**. **Il y a** in everything a most remarkable resemblance of character **et** ideas **entre nous**. We seem **d'avoir** been designed for each other."

Elizabeth could safely say that it was a great happiness **où** that was the case, **et avec** equal sincerity could add, that **elle** firmly believed **et** rejoiced in his domestic comforts. **Elle** was not sorry, **pourtant**, **d'avoir** the recital of **eux** interrupted by the lady from whom **ils** sprang. Poor Charlotte! it was melancholy to leave her to such society! **Mais elle** had chosen it **avec** her eyes open; **et bien que** evidently regretting that her visitors were to **aller**, **elle** did not seem to ask for compassion. **Sa maison et** her housekeeping, her parish **et** her poultry, **et** all their dependent concerns, had not yet lost their charms.

At length the chaise arrived, the trunks were fastened on, the parcels placed within, **et** it was pronounced to be ready. After an affectionate parting **entre** the friends, Elizabeth was attended to the carriage by Mr. Collins, **et** as **ils** walked down the garden **il** was commissioning her **avec** his best respects to all **sa famille**, not forgetting his **remerciements** for the kindness **il** had received at Longbourn in the winter, **et** his compliments to Mr. **et** Mrs. Gardiner, **mais** unknown. **Il** then handed her in, Maria followed, **et** the door was on the point of étant closed, **quand il** suddenly reminded **eux**, **avec** some consternation, that **ils** had hitherto forgotten to leave any message for the ladies at Rosings.

"**Mais**," **il a ajouté**, "you will of course wish **d'avoir** your humble respects delivered to **eux**, **avec** your grateful **remerciements** for their kindness to you **pendant que** you have been **ici**."

Elizabeth made no objection; the door was then allowed to be shut, **et** the carriage drove off.

"Good gracious!" cried Maria, after a few minutes' silence, "it seems **mais un jour ou deux depuis** we first came! **et** yet **comment** many things have happened!"

"A great many indeed," said her companion **avec** a sigh.

"We have dined nine **fois** at Rosings, besides drinking tea there à deux reprises! **Comment** much **je** shall have to tell!"

Elizabeth added privately, "**Et comment** much **je** shall have to conceal!"

Their journey was performed **sans** much conversation, **ou** any alarm; **et** within four hours of their leaving Hunsford **elles** reached Mr. Gardiner's house, **où elles étaient** to remain a few **journées**.

Jane looked well, **et** Elizabeth had little opportunity of étudier her spirits, amidst the various engagements which the kindness of her aunt had reserved for **elles**. **Mais** Jane was to **aller** home **avec** her, **et** at Longbourn there would be leisure enough for observation.

It was not **sans** an effort, meanwhile, that **elle pouvait** wait even for Longbourn, **avant qu'elle** told her sister of Mr. Darcy's proposals. **De savoir** that **elle** had **le pouvoir** of revealing what would so exceedingly astonish Jane, **et** must, at the same time, so highly gratify whatever of her own vanity **elle** had not yet been able to reason away, was such a temptation to openness as nothing could have conquered **mais** the state of indecision in which **elle** remained as to the extent of what **elle devrait** communicate; **et** her fear, **si elle a une fois** entered on the subject, of étant hurried **dans** repeating **quelque chose** of Bingley which might only grieve her sister further.

# 39

> "When people speak to us in another language and we understand what they say or we read something in another language and we understand the message, language acquisition will take place." – Stephen Krashen, expert in linguistics at University of Southern California

It was the second week in May, in which the **trois** young ladies set out **ensemble** from Gracechurch Street for the town of —— —, in Hertfordshire; **et**, as **elles** drew near the appointed inn **où** Mr. Bennet's carriage was to meet **elles**, **elles** quickly perceived, in token of the coachman's punctuality, both Kitty **et** Lydia **regardant** out of a dining-room up stairs. These **deux** girls had been above an hour in **le lieu**, happily employed in visiting an opposite milliner, watching the sentinel on guard, **et** dressing a salad **et** cucumber.

After welcoming their sisters, **elles** triumphantly displayed a table set out **avec** such cold **viande** as an inn larder **d'habitude** affords, exclaiming, "Is not this nice? Is not this an agreeable surprise?"

"**Et** we mean to treat you all," added Lydia, "**mais vous devez** lend **nous argent**, for we have just spent ours at the shop out there." Then, showing her purchases — "Look **ici, je** have bought this bonnet. **Je ne pense pas** it is **très** pretty; **mais je pensais que je pourrais** as well buy it as not. **Je** shall pull it to pieces as soon as **je** get home, **et** see **si je peux** make it up any better."

**Et quand** her sisters abused it as ugly, **elle a ajouté, avec** perfect unconcern, "Oh! **mais il y avait deux ou trois** much uglier in the shop; **et quand je** have bought some prettier-coloured satin

223

to trim it **avec** fresh, **je pense** it will be **très** tolerable. Besides, it will not much signify what one wears this summer, after the —— shire have left Meryton, **et ils** are going in a fortnight."

"Are **ils** indeed!" cried Elizabeth, **avec** the greatest satisfaction.

"**Ils ils** are going to be encamped near Brighton; **et je** do so want papa **de nous emmener** all there for the summer! It would be such a delicious scheme; **et je** dare say would hardly cost anything at all. Mamma would like to **aller** too of all things! Only think what a miserable summer else we shall have!"

"Yes," thought Elizabeth, "that would be a delightful scheme indeed, **et** completely do for **nous à la fois**. Good Heaven! Brighton, **et** a whole campful of soldiers, to **nous, qui** have been overset already by one poor regiment of militia, **et** the monthly balls of Meryton!"

"Now **je** have got some news for you," said Lydia, as **elles** sat down at table. "What do **vous pensez**? It is excellent news — capital news — and about a certain **personne** we all like!"

Jane **et** Elizabeth looked at each other, **et** the waiter was told **il** need not stay. Lydia laughed, **et** said:

"Aye, that is just like your formality **et** discretion. **Vous pensez** the waiter must not hear, as **s'il** cared! **Je** dare say **souvent, il** hears worse things said **que je** am going **de dire. Mais il** is an ugly fellow! **Je** am glad **il** is **parti. Jamais je** saw such a long chin in **ma vie**. Well, **mais** now for my news; it is about dear Wickham; too good for the waiter, is it not? **Il y a** no danger of Wickham's marrying Mary King. There's for you! **Elle** is **partie** down to her uncle at Liverpool: **partie** to stay. Wickham is safe."

"**Et** Mary King is safe!" added Elizabeth; "safe from a connection imprudent as to fortune."

"**Elle** is a great fool for going away, **si elle aimait** him."

"**Mais je** hope **il y a** no strong attachment on either side," said Jane.

"**Je** am sure **il y a** not on his. **Je** will answer for it, **il n'a jamais** cared **trois** straws about her — who could about such a nasty little freckled thing?"

Elizabeth was shocked **de penser** that, howeverincapable of such coarseness of expression herself, the coarseness of the sentiment was little other **que** her own breast had harboured **et** fancied liberal!

As soon as all had ate, **et** the elder ones paid, the carriage was ordered; **et** after some contrivance, the whole party, **avec** all their boxes, work-bags, **et** parcels, **et** the unwelcome addition of

Kitty's **et** Lydia's purchases, were seated in it.

"**Comment** nicely we are all crammed in," cried Lydia. "**Je** am glad **je** bought my bonnet, **si** it is only for the fun of having another bandbox! Well, now let **nous** be quite comfortable **et** snug, **et** talk **et** laugh all **le chemin** home. **Et** in the first **lieu**, let **nous** hear what has happened to you all **depuis que vous êtes parties**. Have you seen any pleasant men? Have you had any flirting? **Je** was in great hopes that one of **vous auriez** got a husband **avant de revenir**. Jane will be quite an old maid soon, **je** declare. **Elle** is almost **trois**-and-twenty! Lord, **comment** ashamed **je devrais** be of not être married **avant trois**-and-twenty! My aunt Phillips wants you so to get husbands, you can't think. **Elle dit** Lizzy had better have **pris** Mr. Collins; **mais je ne pense pas** there would have been any fun in it. Lord! **comment je devrais** like to be married **avant** any of you; **et** then **je voudrais** chaperon you about to all the balls. Dear **moi**! we had such a good piece of fun the other day at Colonel Forster's. Kitty **et moi** were to spend **la journée** there, **et** Mrs. Forster promised **d'avoir** a little dance in the evening; (by the bye, Mrs. Forster **et moi** are such friends!) **et** so **elle** asked the **deux** Harringtons **de venir**, **mais** Harriet was ill, **et** so Pen was forced **de venir** by herself; **et** then, what do **vous pensez** we did? We dressed up Chamberlayne in woman's clothes on purpose to pass for a lady, only think what fun! Not a soul knew of it, **mais** Colonel **et** Mrs. Forster, **et** Kitty **et moi**, except my aunt, for we were forced to borrow one of her gowns; **et** you cannot imagine **comment** well **il a regardé**! **Lorsque** Denny, **et** Wickham, **et** Pratt, **et deux ou trois** more of the men came in, **ils** did not know him in the least. Lord! **comment je** laughed! **et** so did Mrs. Forster. **Je pensais que je devrais** have died. **Et** that made the men suspect **quelque chose**, **et** then **ils** soon found out what was the matter."

**Avec** such kinds of histories of their parties **et** good jokes, did Lydia, assisted by Kitty's hints **et** additions, endeavour to amuse her companions all **le chemin** to Longbourn. Elizabeth listened as little as **elle pouvait**, **mais il y avait** no escaping the frequent mention of Wickham's name.

Their reception at home was most kind. Mrs. Bennet rejoiced **de voir** Jane in undiminished beauty; **et** more **qu'une fois au cours de** dinner did Mr. Bennet say voluntarily to Elizabeth:

"**Je** am glad you are come back, Lizzy."

Their party in the dining-room was large, for almost all the Lucases came to meet Maria **et** hear the news; **et** various were the subjects that occupied **eux**: Lady Lucas was enquiring of Maria, after the welfare **et** poultry of her eldest daughter; Mrs. Bennet was doubly engaged, on one **main** collecting an account of the present fashions from Jane, **qui** sat some distance below her, **et**, on the other, retailing **eux** all to the younger Lucases;

**et** Lydia, in a voice rather louder **que** any other person's, was enumerating the various pleasures of the morning to anybody **qui** would hear her.

"Oh! Mary," said **elle**, "**Je** wish **vous étiez allé avec nous**, for we had such fun! As **nous sommes allés** along, Kitty **et je** drew up the blinds, **et** pretended **il y avait** nobody in the coach; **et je** have **continué** so all **le chemin, si** Kitty had not been sick; **et quand** we got to the George, **je** do think we behaved **très** handsomely, for we treated the other **trois avec** the nicest cold luncheon in **le monde, et si vous voulez** have **allé, nous aurions** treated you too. **Et** then **lorsque nous** came away it was such fun! **Je pensais** we **jamais** should have got **dans** the coach. **Je** was ready to die of laughter. **Et** then we were so merry all **le chemin** home! we talked **et** laughed so loud, that anybody might have heard **nous** ten miles off!"

To this Mary **très** gravely replied, "Far be it from **moi**, my dear sister, to depreciate such pleasures! **Ils voudraient** doubtless be congenial **avec** the generality of female **esprit**. **Mais je** confess **ils voudraient** have no charms for me — I should infinitely prefer **un livre**."

**Mais** of this answer Lydia heard not a word. **Elle** seldom listened to anybody for more **que** half a minute, **et jamais** attended to Mary at all.

In the afternoon Lydia was urgent **avec** the rest of the girls to walk to Meryton, **et de voir comment** everybody went on; **mais** Elizabeth steadily opposed the scheme. It should not be said that the Miss Bennets could not be at home half **un jour avant qu'elles ne soient** in pursuit of the officers. **Il y avait** another reason too for her opposition. **Elle** dreaded seeing Mr. Wickham again, **et** was resolved to avoid it as long as possible. The comfort to her of the regiment's approaching removal was indeed beyond expression. In a fortnight **elles étaient** to go — and **une fois parties, elle** hoped there could be nothing more to plague her on his account.

**Elle** had not been many hours at home **avant qu'elle ne trouve** that the Brighton scheme, of which Lydia **leur avait donné** a hint at the inn, was under frequent discussion **entre** her parents. Elizabeth saw directly that her father had not the smallest intention of yielding; **mais** his answers were at the same time so vague **et** equivocal, that her mother, **bien que souvent** disheartened, had **jamais** yet despaired of succeeding at last.

## Chapter 39

| French | Pronunciation | English |
|---|---|---|
| de nous emmener | də nus ɛmɛne | to take us |
| depuis que vous êtes parties | dəpɥis kə vus ɛtəs partj | since you went away |
| avant de revenir | avant də rəvɛnir | before you came back |
| nous sommes allés | nus sɔmɛs ale | we went |

# 40

Elizabeth's impatience to acquaint Jane **avec** what had happened could no longer be overcome; **et** at length, resolving to suppress every particular in which her sister was concerned, **et** preparing her to be surprised, **elle** related to her the next morning the chief of the scene **entre** Mr. Darcy **et** herself.

Miss Bennet's astonishment was soon lessened by the strong sisterly partiality which made any admiration of Elizabeth appear perfectly natural; **et** all surprise was shortly lost in other feelings. **Elle** was sorry that Mr. Darcy should have delivered his sentiments in a manner so little suited to recommend **eux**; **mais** still more was **elle** grieved for the unhappiness which her sister's refusal must have **donné** him.

"His beingso sure of succeeding was wrong," said **elle**, "**et** certainly ought not to **avoir** appeared; **mais** consider **comment** much it must increase his disappointment!"

"Indeed," replied Elizabeth, "**Je** am heartily sorry for him; **mais il** has other feelings, which will probably soon drive away his regard for **moi**. You do not blame **moi**, **pourtant**, for refusing him?"

"Blame you! Oh, no."

"**Mais** you blame **moi** for having spoken so warmly of Wickham?"

"No — I do not know that **vous étiez** wrong in saying what you did."

"<u>**Mais vous saurez**</u> it, **quand je** tell you what happened the **très** next day."

**Elle** then spoke of the letter, repeating the whole of its contents as far as **ils** concerned George Wickham. What a stroke was this for poor Jane! **qui** would willingly have gonethrough **le monde sans** believing that so much wickedness existed in the whole race of mankind, as was **ici** collected in one individual. Nor was

Darcy's vindication, **bien que** grateful to her feelings, capable of consoling her for such discovery. Most earnestly did **elle** labour to prove the probability of error, **et** seek to clear the one **sans** involving the other.

"This will not do," said Elizabeth; "you **jamais** will be able to make both of **eux** good for anything. Take your choice, **mais vous devez** be satisfied **avec** only one. **Il n'y a** such a quantity of merit **entre eux**; just enough to make one good sort of man; **et** of late it has been shifting about pretty much. For my **partie, je** am inclined to believe it all Darcy's; **mais** you shall do as you choose."

It was some time, **pourtant, avant que** a smile could be extorted from Jane.

"**Je ne sais pas quand je** have been more shocked," said **elle**. "Wickham so **très** bad! It is almost past belief. **Et** poor Mr. Darcy! Dear Lizzy, only consider what **il doit** have suffered. Such a disappointment! **et les connaissances** of your ill opinion, too! **et** having to relate such a thing of his sister! It is **vraiment** too distressing. **Je** am sure **vous devez** feel it so."

"Oh! no, my regret **et** compassion are all done away by seeing you so full of both. **Je sais** you will do him such ample justice, that **je** am growing every moment more unconcerned **et** indifferent. Your profusion makes **moi** saving; **et si** you lament over him much longer, my heart will be as light as a feather."

"Poor Wickham! **il y a** such an expression of goodness in his countenance! such an openness **et** gentleness in his manner!"

"There certainly was some great mismanagement in the education of **ces deux** young men. One has got all the goodness, **et** the other all the appearance of it."

"**Jamais je** thought Mr. Darcy so deficient in the appearance of it as you used **de faire**."

"**Et** yet **je** meant to be uncommonly clever in **prenant** so decided a dislike to him, **sans** any reason. It is such a spur to one's genius, such an opening for wit, **d'avoir** a dislike of that kind. One may be continually abusive **sans** saying anything just; **mais** one cannot **toujours** be laughing at a man **sans** now **et** then stumbling on **quelque chose** witty."

"Lizzy, **lorsque** you first read that letter, **je** am sure **vous pouviez** not treat the matter as you do now."

"Indeed, **je pouvais** not. **Je** was uncomfortable enough, **je peux** say unhappy. **Et avec** no one to speak to about what **je sentais**, no Jane to comfort **moi et** say that **je** had not been so **très** weak **et** vain **et** nonsensical as **je savais que je** had! Oh! **comment je**

**voulais** you!"

"**Comment** unfortunate that **tu devrais** have used such **très** strong expressions in speaking of Wickham to Mr. Darcy, for now **elles** do appear wholly undeserved."

"Certainly. **Mais** the misfortune of speaking **avec** bitterness is a most natural consequence of the prejudices **je** had been encouraging. **Il y a** one point on which **je veux** your advice. **Je veux** to be told **si je** ought, **ou** ought not, to make our acquaintances in general understand Wickham's character."

Miss Bennet paused a little, **et** then replied, "Surely there can be no occasion for exposing him so dreadfully. What is your opinion?"

"That it ought not to be attempted. Mr. Darcy has not authorised **moi** to make his communication public. On the contrary, every particular relative to his sister was meant to be kept as much as possible to myself; **et si je** endeavour to undeceive **des gens** as to the rest of his conduct, **qui** will believe **moi**? The general prejudice against Mr. Darcy is so violent, that it would be the death of half the good **personnes** in Meryton to attempt to **placer** him in an amiable light. **Je** am not equal to it. Wickham will soon be **parti**; **et** therefore it will not signify to anyone **ici** what **il vraiment** is. Some time hence it will be all found out, **et** then **nous pouvons** laugh at their stupidity in not knowing it **avant**. At present **je dirai** nothing about it."

"You are quite right. **D'avoir** his errors made public might ruin him for ever. **Il** is now, perhaps, sorry for what **il** has done, **et** anxious to re-establish a character. **Nous devons** not make him desperate."

The tumult of Elizabeth's mind was allayed by this conversation. **Elle** had got rid of **deux** of the secrets which had weighed on her for a fortnight, **et** was certain of a willing listener in Jane, whenever **elle pouvait** wish to talk again of either. **Mais il y avait** still **quelque chose** lurking behind, of which prudence forbade the disclosure. **Elle** dared not relate the other half of Mr. Darcy's letter, nor explain to her sister **comment** sincerely **elle** had been valued by her friend. **Ici** was **connaissance** in which no one could partake; **et elle** was sensible that nothing less **que** a perfect understanding **entre** the parties could justify her in throwing off this last encumbrance of mystery. "**Et** then," said **elle**, "**si** that **très** improbable event should ever take **place**, **je** shall merely be able to tell what Bingley may tell in a much more agreeable manner himself. The liberty of communication cannot be mine till it has lost all its value!"

**Elle** was now, on being settled at home, at leisure to observe the real state of her sister's spirits. Jane was not happy. **Elle** still cherished a **très** tender affection for Bingley. Having **jamais** even fancied herself **amoureuse avant**, her regard had all the warmth of first attachment, **et**, from her age **et** disposition, greater steadiness **que** most first attachments **souvent** boast; **et** so fervently did **elle** value his remembrance, **et** prefer him to every other man, that all her good sense, **et** all her attention to the feelings of her friends, were requisite to check the indulgence of **ces** regrets which must have been injurious to her own **santé et** their tranquillity.

"Well, Lizzy," said Mrs. Bennet one day, "what is your opinion now of this sad business of Jane's? For my **partie, je** am determined **jamais** to speak of it again to anybody. **Je** told my sister Phillips so the other day. **Mais je** cannot find out that Jane saw anything of him in London. Well, **il** is a **très** undeserving young man — and **je** do not suppose there's the least chance in **le monde** of her ever getting him now. **Il y a** no talk of his coming to Netherfield again in the summer; **et je** have enquired of everybody, too, **qui** is likely **de savoir**."

"**Je** do not believe **il** will ever live at Netherfield any more."

"Oh well! it is just as **il** chooses. Nobody wants him **de venir**. **Bien que je** shall **toujours** say **il a utilisé** my daughter extremely ill; **et si je** was her, **je voudrais** not have put up **avec** it. Well, my comfort is, **je** am sure Jane will die of a broken heart; **et** then **il** will be sorry for what **il** has done."

**Mais** as Elizabeth could not receive comfort from any such expectation, **elle** made no answer.

"Well, Lizzy," continued her mother, soon afterwards, "**et** so the Collinses live **très** comfortable, do **ils**? Well, well, **je** only hope it will last. **Et** what sort of table do **ils gardent**? Charlotte is an excellent manager, **je** dare say. **Si elle** is half as sharp as her mother, **elle** is saving enough. **Il y a** nothing extravagant in their housekeeping, **je** dare say."

"No, nothing at all." "A great deal of good management, depend upon it. Yes, yes. **Ils prendront** care not to outrun their income. **Ils** will **jamais** be distressed for money. Well, much good may it do **eux**! **Et** so, **je** suppose, **souvent ils** talk of having Longbourn **quand** your father is dead. **Ils regardent** upon it as quite their own, **je** dare say, whenever that happens."

"It was a subject which **ils pouvaient** not mention **devant moi**."

"No; it would have been strange **s'ils** had; **mais je** make no doubt **souvent ils** talk of it **entre** themselves. Well, **s'ils peuvent** be easy **avec** an estate that is not lawfully their own, so much the better. **Je devrais** be ashamed of having one that was only entailed on **moi**."

## Chapter 40

| French | Pronunciation | English |
|---|---|---|
| mais vous saurez | mɛs vus sorɛz | but you will know |
| vous pouviez | vus puvjɛz | you could |
| comment je voulais | kɔmɛnt ʒə vulɛ | how i wanted |
| je dirai | ʒə dirɛ | i will say |
| ils gardent | ils gard | they keep |
| ils prendront | ils prâdrɔn | they will take |
| ils regardent | ils rɛgard | they look |

# 41

> "We improve our vocabulary when we get comprehensible input." – Jeff McQuillan, senior researcher at Center for Educational Development, Inc.

The first week of their return was soon **partie**. The second began. It was the last of the regiment's stay in Meryton, **et** all the young ladies in the neighbourhood were drooping apace. The dejection was almost universal. The elder Miss Bennets alone were still able to eat, drink, **et** sleep, **et** pursue the usual course of their employments. **Très** frequently were **elles** reproached for this insensibility by Kitty **et** Lydia, whose own misery was extreme, **et qui** could not comprehend such hard-heartedness in any of **la famille**.

"Good Heaven! what is to **devenir** of **nous**? What are we to **faire**?" would **ils souvent** exclaim in the bitterness of woe. "**Comment** can you be smiling so, Lizzy?"

Their affectionate mother shared all their grief; **elle** remembered what **elle** had herself endured on a similar occasion, five-and-twenty **ans** ago.

"**Je** am sure," said **elle**, "**Je** cried for **deux jours ensemble quand** Colonel Miller's regiment went away. **Je pensais que je devrais** have broken my heart."

"**Je** am sure **je** shall break mine," said Lydia.

"**Si** one could **mais** go to Brighton!" observed Mrs. Bennet.

"Oh, yes! — if one could **mais** go to Brighton! **Mais** papa is so disagreeable."

"A little sea-bathing would set **moi** up forever."

"**Et** my aunt Phillips is sure it would do **moi** a great deal of good," added Kitty.

Such were the kind of lamentations resounding perpetually through Longbourn House. Elizabeth tried to be diverted by **eux**; **mais** all sense of pleasure was lost in shame. **Elle sentait** anew the justice of Mr. Darcy's objections; **et jamais** had **elle** been so much disposed to pardon his interference in the views of his friend.

**Mais** the gloom of Lydia's prospect was shortly cleared away; for **elle** received an invitation from Mrs. Forster, the wife of the colonel of the regiment, to accompany her to Brighton. This invaluable friend was a **très** young woman, **et très** lately married. A resemblance in good humour **et** good spirits had recommended her **et** Lydia to each other, **et** out of their **trois** months' acquaintance **elles** had been intimate **deux**.

The rapture of Lydia on this occasion, her adoration of Mrs. Forster, the delight of Mrs. Bennet, **et** the mortification of Kitty, are scarcely to be described. Wholly inattentive to her sister's feelings, Lydia flew about the house in restless ecstasy, calling for everyone's congratulations, **et** laughing **et** talking **avec** more violence **que** ever; whilst the luckless Kitty continued in the parlour repining at her fate in terms as unreasonable as her accent was peevish.

"**Je** cannot see **pourquoi** Mrs. Forster should not ask **moi** as well as Lydia," said **elle**, "**Bien que je** am not her particular friend. **Je** have just as much right to be asked as **elle** has, **et** more too, for **je** am **deux ans** older."

In vain did Elizabeth attempt to make her reasonable, **et** Jane to make her resigned. As for Elizabeth herself, this invitation was so far from exciting in her the same feelings as in her mother **et** Lydia, that **elle considérait** it as the death warrant of all possibility of common sense for the latter; **et** detestable as such a step must make her were it known, **elle pouvait** not help secretly advising her father not to let her go. **Elle** represented to him all the improprieties of Lydia's general behaviour, the little advantage **elle pouvait** derive from the friendship of such a woman as Mrs. Forster, **et** the probability of her being yet more imprudent **avec** such a companion at Brighton, **où** the temptations must be greater **que** at home. **Il** heard her attentively, **et** then said:

"Lydia will **jamais** be easy until **elle** has exposed herself in some public **lieu ou** other, **et nous ne pouvons jamais** expect her **de**

**faire** it **avec** so little expense **ou** inconvenience to **sa famille** as under the present circumstances."

"<u>**Si tu étais**</u> aware," said Elizabeth, "of the **très** great disadvantage to **nous** all which must arise from **le** public notice of Lydia's unguarded **et** imprudent manner — nay, which has already arisen from it, **je** am sure <u>**vous jugeriez**</u> differently in the affair."

"Already arisen?" repeated Mr. Bennet. "What, has **elle** frightened away some of your lovers? Poor little Lizzy! **Mais** do not be cast down. Such squeamish youths as cannot bear to be connected **avec** a little absurdity are not worth a regret. Come, let **moi** see **la liste** of pitiful fellows **qui** have been kept aloof by Lydia's folly."

"Indeed you are mistaken. **Je** have no such injuries to resent. It is not of particular, **mais** of general evils, which **je** am now complaining. Our importance, our respectability in **le monde** must be affected by the wild volatility, the assurance **et** disdain of all restraint which mark Lydia's character. Excuse **moi**, for **je dois** speak plainly. **Si** you, my dear father, will not take the trouble of checking her exuberant spirits, **et** of teaching her that her present pursuits are not to be **l'affaire** of **sa vie**, **elle** will soon be beyond the reach of amendment. Her character will be fixed, **et elle** will, at sixteen, be the most determined flirt that ever made herself **ou sa famille** ridiculous; a flirt, too, in the worst **et** meanest degree of flirtation; **sans** any attraction beyond youth **et** a tolerable **personne**; **et**, from the ignorance **et** emptiness of **son esprit**, wholly unable to ward off any portion of that universal contempt which her rage for admiration will excite. In this danger Kitty également is comprehended. **Elle** will follow wherever Lydia leads. Vain, ignorant, idle, **et** absolutely uncontrolled! Oh! my dear father, can you suppose it possible that **elles** will not be censured **et** despised wherever **elles** are known, **et** that their sisters will not be **souvent** involved in the disgrace?"

Mr. Bennet saw that her whole heart was in the subject, **et** affectionately **prenant** her **main** said in reply:

"Do not make **vous-même** uneasy, **mon amour**. Wherever you **et** Jane are known **vous devez** be respected **et** valued; **et** you will not appear to less advantage for having a couple of — or **je peux** say, three — very silly sisters. We shall have no peace at Longbourn **si** Lydia does not go to Brighton. Let her go, then. Colonel Forster is a sensible man, **et** will keep her out of any real mischief; **et elle** is luckily too poor to be an object of prey to anybody. At Brighton **elle** will be of less importance even as a common flirt **qu'elle** has been **ici**. The officers will find women better worth their notice. Let **nous** hope, therefore, that her being there may teach her her own insignificance. At any rate, **elle** cannot grow many degrees worse, **sans** authorising **nous** to lock her up for the rest of **sa vie**."

**Avec** this answer Elizabeth was forced to be content; **mais** her own opinion continued the same, **et elle** left him disappointed **et** sorry. It was not in her nature, **pourtant**, to increase her vexations by dwelling on **elles**. **Elle** was confident of having performed her duty, **et** to fret over unavoidable evils, **ou** augment **eux** by anxiety, was no **partie** of her disposition.

Had Lydia **et** her mother known the substance of her conference **avec** her father, their indignation would hardly have found expression in their united volubility. In Lydia's imagination, a visit to Brighton comprised every possibility of earthly happiness. **Elle a vu**, **avec** the creative eye of fancy, the streets of that gay bathing-place covered **avec** officers. **Elle a vu** herself the object of attention, to tens **et** to scores of **eux** at present unknown. **Elle a vu** all the glories of the camp — its tents stretched forth in beauteous uniformity of lines, crowded **avec** the young **et** the gay, **et** dazzling **avec** scarlet; **et**, to complete the view, **elle a vu** herself seated beneath a tent, tenderly flirting **avec** at least six officers **en même temps**.

Had **elle** known her sister sought to tear her from such prospects **et** such realities as these, what would have been her sensations? **Elles pourraient** have been understood only by her mother, **qui** might have felt nearly the same. Lydia's going to Brighton was all that consoled her for her melancholy conviction of her husband's **jamais** intending **d'aller** there himself.

**Mais elles étaient** entirely ignorant of what had passed; **et** their raptures continued, **avec** little intermission, to the **très** day of Lydia's leaving home.

Elizabeth was now to **voir** Mr. Wickham for the last time. Having been frequently in **compagnie de** him **depuis** her return, agitation was pretty well over; the agitations of former partiality entirely so. **Elle** had even learnt to detect, in the **très** gentleness which had first delighted her, an affectation **et** a sameness to disgust **et** weary. In his present behaviour to herself, moreover, **elle** had a fresh source of displeasure, for the inclination **il** soon testified of renewing **ces** intentions which had marked the **début** of their acquaintance could only serve, after what had **depuis** passed, to provoke her. **Elle** lost all concern for him in **trouver** herself thus selected as the object of such idle **et** frivolous gallantry; **et alors qu'elle** steadily repressed it, could not **mais** feel the reproof contained in his believing, that howeverlong, **et** for whatever cause, his attentions had been withdrawn, her vanity would be gratified, **et** her preference secured at **toute heure** by their renewal.

On the **très** last day of the regiment's remaining at Meryton, **il** dined, **avec** others of the officers, at Longbourn; **et** so little was Elizabeth disposed to **se séparer** from him in good humour, that on his making some enquiry as to the manner in which **son temps** had passed at Hunsford, **elle** mentioned Colonel Fitzwilliam's **et** Mr. Darcy's having both spent **trois** weeks at Rosings, **et** asked him, **s'il** was acquainted **avec** the former.

**Il a regardé** surprised, displeased, alarmed; **mais avec** a moment's recollection **et** a returning smile, replied, that **il** had formerly seen him **souvent**; **et**, after observing that **il** was a **très** gentlemanlike man, asked her **comment elle avait aimé** him. Her answer was warmly in his favour. **Avec** an air of indifference **il** soon afterwards added:

"**Comment** long did **vous dire qu'il** was at Rosings?"

"Nearly **trois** weeks."

"**Et vous avez vu** him frequently?"

"Yes, almost every day."

"His manners are **très** different from his cousin's."

"Yes, **très** different. **Mais je pense** Mr. Darcy improves upon acquaintance."

"Indeed!" cried Mr. Wickham **avec** a look which did not escape her. "**Et** pray, may **je** ask? —" **Mais** checking himself, **il a ajouté**, in a gayer tone, "Is it in address that **il** improves? Has **il** deigned **d'ajouter** aught of civility to his ordinary style? — for **je** dare not hope," **il** continued in a lower **et** more serious tone, "that **il** is improved in essentials."

"Oh, no!" said Elizabeth. "In essentials, **je** believe, **il** is **très** much what **il** ever was."

**Pendant qu'elle** spoke, Wickham looked as **si** scarcely knowing **si** to rejoice over her words, **ou** to distrust their meaning. **Il y avait** a **quelque chose** in her countenance which made him listen **avec** an apprehensive **et** anxious attention, **alors qu'elle a ajouté**:

"**Quand j'ai dit** that **il** improved on acquaintance, **je** did not mean that **son esprit ou** his manners were in a state of improvement, **mais** that, from knowing him better, his disposition was better understood."

Wickham's alarm now appeared in a heightened complexion **et** agitated look; for a few minutes **il** was silent, till, shaking off his embarrassment, **il** turned to her again, **et** said in the gentlest of accents:

"You, **qui** so well know my feeling towards Mr. Darcy, will readily comprehend **comment** sincerely **je dois** rejoice that **il** is wise enough to assume even the appearance of what is right. His pride, in that direction, may be of service, **si** not to himself, to many others, for it must only deter him from such foul misconduct as **je** have suffered by. **Je** only fear that the sort of cautiousness to which you, **je** imagine, have been alluding, is merely adopted on his visits to his aunt, of whose good opinion **et** judgement **il** stands much in awe. His fear of her has **toujours** operated, **je sais**, **quand ils étaient ensemble**; **et** a good deal is to be imputed to his wish of forwarding the match **avec** Miss de Bourgh, which **je** am certain **il** has **très** much at heart."

Elizabeth could not repress a smile at this, **mais elle** answered only by a slight inclination of the head. **Elle a vu** that **il voulait** to engage her on the old subject of his grievances, **et elle** was in no humour to indulge him. The rest of the evening passed **avec** the appearance, on his side, of usual cheerfulness, **mais avec** no further attempt to distinguish Elizabeth; **et ils** parted at last **avec** mutual civility, **et** possibly a mutual desire of **jamais** meeting again.

**Lorsque** the party broke up, Lydia returned **avec** Mrs. Forster to Meryton, from whence **ils étaient** to set out **tôt** the next morning. The separation **entre** her **et sa famille** was rather noisy **que** pathetic. Kitty was the only one **qui** shed tears; **mais elle** did weep from vexation **et** envy. Mrs. Bennet was diffuse in her good wishes for the felicity of her daughter, **et** impressive in her injunctions that **elle devrait** not miss the opportunity of enjoying herself as much as possible — advice which **il y avait** every reason to believe would be well attended to; **et** in the clamorous happiness of Lydia herself in bidding farewell, the more gentle adieus of her sisters were uttered **sans être** heard.

## Chapter 41

| French | Pronunciation | English |
|---|---|---|
| si vous étiez | si vu etiɛ | if you were |
| vous jugeriez | vus ʒyʒɛrjɛz | you would judge |
| début | deby | beginning |
| toute heure | tutə œr | any time |
| se séparer | sə separe | separate |

# 42

Had Elizabeth's opinion been all drawn from her own **famille**, **elle pourrait** not have formed a **très** pleasing opinion of conjugal felicity **ou** domestic comfort. Her father, captivated by youth **et** beauty, **et** that appearance of good humour which youth **et** beauty generally give, had married a woman whose weak understanding **et** illiberal mind had **très tôt** in their marriage put an end to all real affection for her. Respect, esteem, **et** confidence had vanished for ever; **et** all his views of domestic happiness were overthrown. **Mais** Mr. Bennet was not of a disposition to seek comfort for the disappointment which his own imprudence had brought on, in any of **ces** pleasures which too **souvent** console the unfortunate for their folly **ou** their vice. **Il** was fond of the country **et** of **livres**; **et** from these tastes had arisen his principal enjoyments. To his wife **il** was **très** little otherwise indebted, **que** as her ignorance **et** folly had contributed to his amusement. This is not the sort of happiness which a man would in general wish to owe to his wife; **mais où** other powers of entertainment are to **vouloir**, the true philosopher will derive benefit from such as are **donné**.

Elizabeth, **pourtant**, had **jamais** been blind to the impropriety of her father's behaviour as a husband. **Elle** had **toujours** seen it **avec** pain; **mais** respecting his abilities, **et** grateful for his affectionate treatment of herself, **elle** endeavoured to forget what **elle pouvait** not overlook, **et** to banish from her thoughts that continual breach of conjugal obligation **et** decorum which, in exposing his wife to the contempt of her own children, was so highly reprehensible. **Mais elle** had **jamais** felt so strongly as now the disadvantages which must attend the children of so unsuitable a marriage, nor ever been so fully aware of the evils arising from so ill-judged a direction of talents; talents, which, rightly used, might at least have preserved the respectability of his daughters, even **si** incapable of enlarging **l'esprit** of his wife.

**Lorsque** Elizabeth had rejoiced over Wickham's departure **elle a trouvé** little other cause for satisfaction in the loss of the regiment. Their parties abroad were less varied **qu'avant**, **et** at home **elle** had a mother **et** sister whose constant repinings at the dullness of everything around **elles** threw a real gloom over their domestic circle; **et, mais** Kitty might in time regain her natural degree of sense, **puisque** the disturbers of her brain were removed, her other sister, from whose disposition greater evil might be apprehended, was likely to be hardened in all her folly **et** assurance by a situation of such double danger as a watering-place **et** a camp. Upon the whole, therefore, **elle a trouvé**, what has been **parfois** found **avant**, that an event to which **elle avait** looked forward **avec** impatient desire did not, in **prenant place**, bring all the satisfaction **elle** had promised herself. It was consequently necessary to name some other period for the commencement of actual felicity — to have some other point on which her wishes **et** hopes might be fixed, **et** by again enjoying the pleasure of anticipation, console herself for the present, **et** prepare for another disappointment. Her tour to the Lakes was now the object of her happiest thoughts; it was her best consolation for all the uncomfortable hours which the discontentedness of her mother **et** Kitty made inevitable; **et** could **elle** have **inclus** Jane in the scheme, every **partie** of it would have been perfect.

"**Mais** it is fortunate," thought **elle**, "that **je** have **quelque chose** to wish for. Were the whole arrangement complete, my disappointment would be certain. **Mais ici**, by carrying **avec moi** one ceaseless source of regret in my sister's absence, **je peux** reasonably hope **d'avoir** all my expectations of pleasure realised. A scheme of which every **partie** promises delight can **jamais** be successful; **et** general disappointment is only warded off by the defence of some little peculiar vexation."

**Lorsque** Lydia went away **elle** promised to write **très souvent et très** minutely to her mother **et** Kitty; **mais** her letters were **toujours** long expected, **et toujours très** short. **Celles** to her mother contained little else **que** that **elles étaient** just returned from the library, **où** such **et** such officers had attended **elles, et où elle avait vu** such beautiful ornaments as made her quite wild; that **elle** had a new gown, **ou** a new parasol, which **elle aurait** described more fully, **mais** was obliged to leave off in a violent hurry, as Mrs. Forster called her, **et elles étaient** going off to the camp; **et** from her correspondence **avec** her sister, **il y avait** still less to be learnt — for her letters to Kitty, **bien que** rather longer, were much too full of lines under the words to be made public.

After the first fortnight **ou trois** weeks of her absence, **santé**, good humour, **et** cheerfulness began to reappear at Longbourn. Everything wore a happier aspect. The families **qui** had been in town for the winter came back again, **et** summer finery **et** summer engagements arose. Mrs. Bennet was restored to her usual querulous serenity; **et**, by the middle of June, Kitty was so much recovered as to être en mesure to enter Meryton **sans** tears; an event of such happy promise as to make Elizabeth hope that by the following Christmas **elle pourrait** be so tolerably reasonable as not to mention an officer above **une fois par jour**, unless, by some cruel **et** malicious arrangement at the War Office, another regiment should be quartered in Meryton.

**Le moment** fixed for the beginning of their northern tour was now fast approaching, **et** a fortnight only wantingof it, **lorsque** a letter arrived from Mrs. Gardiner, which **immédiatement** delayed its commencement **et** curtailed its extent. Mr. Gardiner would be prevented by business from setting out till a fortnight later in July, **et** must be in London again within a month, **et** as that left too short a period for **qu'elles aillent** so far, **et** see so much as **elles** had proposed, **ou** at least **de voir** it **avec** the leisure **et** comfort **elles** had built on, **elles étaient** obliged **de donner** up the Lakes, **et** substitute a more contracted tour, **et**, according to the present plan, were to **aller** no farther northwards **que** Derbyshire. In that county **il y avait** enough to be seen to occupy the chief of their **trois** weeks; **et** to Mrs. Gardiner it had a peculiarly strong attraction. The town **où elle** had formerly passed some **années** of **sa vie, et où elles étaient** now to spend a few **journées**, was probably as great an object of her curiosity as all the celebrated beauties of Matlock, Chatsworth, Dovedale, **ou** the Peak.

Elizabeth was excessively disappointed; **elle** had set her heart on seeing the Lakes, **et** still thought there might have been time enough. **Mais** it was her businessto be satisfied — and certainly her temper to be happy; **et** all was soon right again.

**Avec** the mention of Derbyshire **il y avait** many ideas connected. It was impossible for her **de voir** the word **sans penser** of Pemberley **et** its owner. "**Mais** surely," said **elle**, "**Je peux** enter his county **avec** impunity, **et** rob it of a few petrified spars **sans** his perceiving **moi**."

The period of expectation was now doubled. Four weeks were to pass away **avant** her uncle **et** aunt's arrival. **Mais elles** did pass away, **et** Mr. **et** Mrs. Gardiner, **avec** their four children, did at length appear at Longbourn. The children, **deux** girls of six **et** eight **ans** old, **et deux** younger boys, were to be left under the particular care of their cousin Jane, **qui** was the general favourite, **et** whose steady sense **et** sweetness of temper exactly adapted her for attending to **eux** in every way — teaching **eux**, playing **avec eux, et** loving **eux**.

The Gardiners stayed only one night at Longbourn, **et** set off the next morning **avec** Elizabeth in pursuit of novelty **et** amusement. One enjoyment was certain — that of suitableness of companions; a suitableness which comprehended **santé et** temper to bear inconveniences — cheerfulness to enhance every pleasure — and affection **et** intelligence, which might supply it among themselves **s'il y avait** disappointments abroad.

It is not the object of this work **de donner** a description of Derbyshire, nor of any of the remarkable **endroits** through which their route thither lay; Oxford, Blenheim, Warwick, Kenilworth, Birmingham, etc. are sufficiently known. A small **partie** of Derbyshire is all the present concern. To the little town of Lambton, the scene of Mrs. Gardiner's former residence, **et où elle** had lately learned some acquaintance still remained, **ils** bent their steps, after having seen all the principal wonders of the country; **et** within five miles of Lambton, Elizabeth found from her aunt that Pemberley was situated. It was not in their direct road, nor more **que** a mile **ou deux** out of it. In talking over their route the evening **d'avant**, Mrs. Gardiner expressed an inclination **pour voir l'endroit** again. Mr. Gardiner declared his willingness, **et** Elizabeth was applied to for her approbation.

"**Mon amour**, should not **vous vouloir voir un endroit** of which you have heard so much?" said her aunt; "**un endroit**, too, **avec** which so many of your acquaintances are connected. Wickham passed all his youth there, **vous savez**."

Elizabeth was distressed. **Elle sentait** that **elle** had no business at Pemberley, **et** was obliged to assume a disinclination for seeing it. **Elle doit** own that **elle** was tired of seeing great houses; after going over so many, **elle vraiment** had no pleasure in fine carpets **ou** satin curtains.

Mrs. Gardiner abused her stupidity. "**Si** it were merely a fine house richly furnished," said **elle**, "**Je devrais** not care about it myself; **mais** the grounds are delightful. **Ils** have some of the finest woods in the country."

Elizabeth said no more — but **son esprit** could not acquiesce. The possibility of meeting Mr. Darcy, **pendant** viewing **le lieu**, instantly occurred. It would be dreadful! **Elle** blushed at the **très** idea, **et** thought it would be better to speak openly to her aunt **que** to run such a risk. **Mais** against this **il y avait** objections; **et elle** finally resolved that it could be the last resource, **si** her private enquiries to the absence of **la famille** were unfavourably answered.

Accordingly, **quand elle** retired at night, **elle** asked the chambermaid **si** Pemberley were not a **très** fine **endroit**? what was the name of its proprietor? **et**, **avec** no little alarm, **si la famille** were down for the summer? A most welcome negative followed the last question — and her alarms now étant removed, **elle** was at leisure **de sentir** a great deal of curiosity **de voir** the house herself; **et quand** the subject was revived the next morning, **et elle** was again applied to, could readily answer, **et avec** a proper air of indifference, that **elle** had not **vraiment** any dislike to the scheme. To Pemberley, therefore, **ils devaient aller**.

## Chapter 42

| French | Pronunciation | English |
|---|---|---|
| qu'avant | k'avan | than before |
| qu'elles aillent | k'ɛlɛs ajl | them to go |

# 43

"If explicit vocabulary and grammar instruction were the key to helping unmotivated students, then our classrooms would already be filled with the most eager and excited language acquirers you can imagine." – Jeff McQuillan, senior researcher at Center for Educational Development, Inc.

Elizabeth, as **elles** drove along, watched for the first appearance of Pemberley Woods **avec** some perturbation; **et quand** at length **elles** turned in at the lodge, her spirits were in a high flutter.

The park was **très** large, **et** contained great variety of ground. **Elles** entered it in one of its lowest **points**, **et** drove for some time through a beautiful wood stretching over a wide extent.

Elizabeth's mind was too full for conversation, **mais elle voyait et** admired every remarkable spot **et** point of view. **Ils** gradually ascended for half-a-mile, **et** then found themselves at the top of a considerable eminence, **où** the wood ceased, **et** the eye was instantly caught by Pemberley House, situated on the opposite side of a valley, **dans** which the road **avec** some abruptness wound. It was a large, handsome stone building, standing well on rising ground, **et** backed by a ridge of high woody hills; **et** in front, a stream of some natural importance was swelled **dans** greater, **mais sans** any artificial appearance. Its banks were neither formal nor falsely adorned. Elizabeth was delighted. **Elle** had **jamais** seen **un endroit** for which nature had done more, **ou où** natural beauty had been so little counteracted by an awkward taste. Ils étaient all of **elles** warm in their admiration; **et** at that moment **elle sentait** that to be mistress of Pemberley might be **quelque chose**!

**Ils** descended the hill, crossed the bridge, **et** drove to the door; **et, pendant** examining the nearer aspect of the house, all her apprehension of meeting its owner returned. **Elle** dreaded lest the chambermaid had been mistaken. On applying **pour voir l'endroit, ils étaient** admitted **dans** the hall; **et** Elizabeth, as **ils** waited for the housekeeper, had leisure to wonder at her **être où elle** was.

The housekeeper came; a respectable-looking elderly woman, much less fine, **et** more civil, **qu'elle** had any notion of **trouver** her. **Ils** followed her **dans** the dining-parlour. It was a large, well proportioned room, handsomely fitted up. Elizabeth, after slightly surveying it, went to a window to enjoy its prospect. The hill, crowned **avec** wood, which **ils** had descended, receiving increased abruptness from the distance, was a beautiful object. Every disposition of the ground was good; **et elle regardait** on the whole scene, the river, the trees scattered on its banks **et** the winding of the valley, as far as **elle pouvait** trace it, **avec** delight. As **ils** passed **dans** other rooms these objects were **pris** different positions; **mais** from every window **il y avait** beauties to be seen. The rooms were lofty **et** handsome, **et** their furniture suitable to the fortune of its proprietor; **mais** Elizabeth saw, **avec** admiration of his taste, that it was neither gaudy nor uselessly fine; **avec** less of splendour, **et** more real elegance, **que** the furniture of Rosings.

"**Et** of this **endroit**," thought **elle**, "**Je pourrais** have been mistress! **Avec** these rooms **je pourrais** now have been familiarly acquainted! Instead of viewing **eux** as a stranger, **je pourrais** have rejoiced in **eux** as my own, **et** welcomed to **eux** as visitors my uncle **et** aunt. **Mais** no," — recollecting herself — "that could **jamais** be; my uncle **et** aunt would have been lost to **moi**; **je devrais** not have been allowed to invite **eux**."

This was a lucky recollection — it saved her from **quelque chose de très** like regret.

**Elle** longed to enquire of the housekeeper **si** her master was **vraiment** absent, **mais** had not the courage for it. At length **pourtant**, the question was asked by her uncle; **et elle** turned away **avec** alarm, **tandis que** Mrs. Reynolds replied that **il** was, adding, "**Mais** we expect him to-morrow, **avec** a large party of friends." **Comment** rejoiced was Elizabeth that their own journey had not by any circumstance been delayed **d'un jour**!

Her aunt now called her **pour regarder** at a picture. **Elle** approached **et** saw the likeness of Mr. Wickham, suspended, amongst several other miniatures, over the mantelpiece. Her aunt asked her, smilingly, **comment elle aimait** it. The housekeeper came forward, **et** told **eux** it was a picture of a young gentleman, the son of her late master's steward, **qui** had been brought up by him at his own expense. "**Il** is now **parti à** the army," **elle a ajouté**; "**mais je** am afraid **il** has turned out **très** wild."

Mrs. Gardiner looked at her niece **avec** a smile, **mais** Elizabeth could not return it.

"**Et** that," said Mrs. Reynolds, **en montrant du doigt** to another of the miniatures, "is my master — and **très** like him. It was drawn at the same time as the other — about eight **ans** ago."

"**Je** have heard much of your master's fine **personne**," said Mrs. Gardiner, **en regardant** at the picture; "it is a handsome face. **Mais**, Lizzy, **vous pouvez** tell **nous si** it is like **ou** not."

Mrs. Reynolds respect for Elizabeth seemed to increase on this intimation of her knowing her master.

"Does that young lady know Mr. Darcy?"

Elizabeth coloured, **et** said: "A little."

"**Et** do not **vous pensez** him a **très** handsome gentleman, ma'am?"

"Yes, **très** handsome."

"**Je** am sure **je connais** none so handsome; **mais** in the gallery up stairs **vous verrez** a finer, larger picture of him **que** this. This room was my late master's favourite room, **et** these miniatures are just as **elles étaient** then. **Il** was **très** fond of **elles**."

This accounted to Elizabeth for Mr. Wickham's being among **elles**.

Mrs. Reynolds then directed their attention to one of Miss Darcy, drawn **quand elle** was only eight **ans** old.

"**Et** is Miss Darcy as handsome as her brother?" said Mrs. Gardiner.

"Oh! yes — the handsomest young lady that ever was seen; **et** so accomplished! — She **joue et** sings all day long. In the next room is a new instrument just come down for her — a present from my master; **elle vient ici** to-morrow **avec** him."

Mr. Gardiner, whose manners were **très** easy **et** pleasant, encouraged her communicativeness by his questions **et** remarks; Mrs. Reynolds, either by pride **ou** attachment, had evidently great pleasure in talking of her master **et** his sister.

"Is your master much at Pemberley in **le cours** of **l'année**?"

"Not so much as **je pouvais** wish, sir; **mais je** dare say **il peut** spend half **son temps ici**; **et** Miss Darcy is **toujours** down for the summer months."

"Except," thought Elizabeth, "**quand elle va** to Ramsgate."

"**Si** your master would marry, **tu pourrais** see more of him."

"Yes, sir; **mais je ne sais pas quand** that will be. **Je ne sais pas qui** is good enough for him."

Mr. **et** Mrs. Gardiner smiled. Elizabeth could not help saying, "It is **très** much to his credit, **je** am sure, that **vous devriez** think so."

"**Je dis** no more **que** the truth, **et** everybody will say that <u>**connait**</u> him," replied the other. Elizabeth thought this was going pretty far; **et elle** listened **avec** increasing astonishment as the housekeeper added, "**Je** have **jamais** known a cross word from him in **ma vie, et je connais** him ever **depuis qu'il** was four **ans** old."

This was praise, of all others most extraordinary, most opposite to her ideas. That **il** was not a good-tempered man had been her firmest opinion. Her keenest attention was awakened; **elle** longed to hear more, **et** was grateful to her uncle for saying:

"**Il y a très** few **personnes** of whom so much can be said. You are lucky in having such a master."

"Yes, sir, **je sais que je** am. **Si je** were **d'aller** through **le monde**, **je pouvais** not meet **avec** a better. **Mais je** have **toujours** observed, that **ceux qui** are good-natured **quand** children, are good-natured **quand ils** grow up; **et il** was **toujours** the sweetest-tempered, most generous-hearted boy in **le monde**."

Elizabeth almost stared at her. "Can this be Mr. Darcy?" thought **elle**.

"His father was an excellent man," said Mrs. Gardiner.

"Yes, ma'am, that **il** was indeed; **et** his son will be just like him — just as affable to the poor."

Elizabeth listened, wondered, doubted, **et** was impatient for more. Mrs. Reynolds could interest her on no other point. **Elle** related the subjects of the pictures, the dimensions of the rooms, **et** the price of the furniture, in vain. Mr. Gardiner, highly amused by the kind of **famille** prejudice to which **il** attributed her excessive commendation of her master, soon led again to the subject; **et elle** dwelt **avec** energy on his many merits as **ils** proceeded **ensemble** up the great staircase.

"**Il** is the best landlord, **et** the best master," said **elle**, "that ever lived; not like the wild young men nowadays, **qui** think of nothing **mais** themselves. **Il y a** not one of his tenants **ou** servants **mais** will give him a good name. Some **personnes** call him proud; **mais je** am sure **jamais je** saw anything of it. To my fancy, it is only **parce qu'il** does not rattle away like other young men."

"In what an amiable light does this **place** him!" thought Elizabeth.

"This fine account of him," whispered her aunt as **ils** walked, "is not quite consistent **avec** his behaviour to our poor friend."

"Perhaps **nous pourrions** be deceived."

"That is not **très** likely; our authority was too good."

On reaching the spacious lobby above **ils étaient** shown **dans** a **très** pretty sitting-room, lately fitted up **avec** greater elegance **et** lightness **que** the apartments below; **et** were informed that it was **mais** just done **pour donner** pleasure to Miss Darcy, **qui** had **pris** a liking to the room **lorsque** last at Pemberley.

"**Il** is certainly a good brother," said Elizabeth, as **elle** walked towards one of the windows.

Mrs. Reynolds anticipated Miss Darcy's delight, **quand elle devrait** enter the room. "**Et** this is **toujours la manière avec** him," **elle a ajouté**. "Whatever can give his sister any pleasure is sure to be done in a moment. **Il y a** nothing **il ne ferait pas** for her."

The picture-gallery, **et deux ou trois** of the principal bedrooms, were all that remained to be shown. In the former were many good paintings; **mais** Elizabeth knew nothing of theart; **et** from such as had been already visible below, **elle** had willingly turned **pour regarder** at some drawings of Miss Darcy's, in crayons, whose subjects were **d'habitude** more interesting, **et aussi** more intelligible.

In the gallery **il y avait** many **famille** portraits, **mais ils pourraient** have little to fix the attention of a stranger. Elizabeth walked in quest of the only face whose features would be known to her. At last it arrested her — and **elle** beheld a striking resemblance to Mr. Darcy, **avec** such a smile over the face as **elle** remembered **d'avoir parfois** seen **quand il regardait** at her. **Elle** stood several minutes **devant** the picture, in earnest contemplation, **et** returned to it again **avant qu'ils** quitted the gallery. Mrs. Reynolds informed **eux** that it had been **pris** in his father's lifetime.

**Il y avait** certainly at this moment, in Elizabeth's mind, a more gentle sensation towards the original **qu'elle** had ever felt at the height of their acquaintance. The commendation bestowed on him by Mrs. Reynolds was of no trifling nature. What praise is more valuable **que** the praise of an intelligent servant? As a brother, a landlord, a master, **elle considérait comment** many people's happiness were in his guardianship! — how much of pleasure **ou** pain was it in **son pouvoir** to bestow! — how much of good **ou** evil must be done by him! Every idea that had been brought forward by the housekeeper was favourable to his character, **et** as **elle** stood **devant** the canvas on which **il** was represented, **et** fixed his eyes upon herself, **elle pensait** of his regard **avec** a deeper sentiment of gratitude **que** it had ever raised **avant; elle** remembered its warmth, **et** softened its impropriety of expression.

**Lorsque** all of the house that was open to general inspection had been seen, **ils** returned downstairs, **et, prenant** leave of the housekeeper, were consigned over to the gardener, **qui** met **eux** at the hall-door.

As **ils** walked across the hall towards the river, Elizabeth turned back **pour regarder** again; her uncle **et** aunt stopped également, **et tandis que** the former was conjecturing as to the date of the building, the owner of it himself suddenly came forward from the road, which led behind it to the stables.

**Ils étaient** within twenty yards of each other, **et** so abrupt was his appearance, that it was impossible to avoid his sight. Their eyes instantly met, **et** the cheeks of both were overspread **avec** the deepest blush. **Il** absolutely started, **et** for a moment seemed immovable from surprise; **mais** shortly recovering himself, advanced towards the party, **et** spoke to Elizabeth, **si** not in terms of perfect composure, at least of perfect civility.

**Elle** had instinctively turned away; **mais** stopping on his approach, received his compliments **avec** an embarrassment impossible to be overcome. Had his first appearance, **ou** his resemblance to the picture **ils** had just been examining, been insufficient to assure the other **deux** that **ils** now saw Mr. Darcy, the gardener's expression of surprise, on beholding his master, must immediately have told it. **Ils** stood a little aloof **alors qu'il** was talking to their niece, **qui,** astonished **et** confused, scarcely dared lift her eyes to his face, **et** knew not what answer **elle** returned to his civil enquiries after **sa famille**. Amazed at the alteration of his manner **depuis qu'ils** last parted, every sentence that **il** uttered was increasing her embarrassment; **et** every idea of the impropriety of her beingfound there recurring to **son esprit**, the few minutes in which **ils** continued were some of the most uncomfortable in **sa vie**. Nor did **il** seem much more at ease; **quand il** spoke, his accent had none of its usual sedateness; **et il** repeated his enquiries as to **le temps** of her having left Longbourn, **et** of her stay in Derbyshire, so **souvent, et** in so hurried **manière**, as plainly spoke the distraction of his thoughts.

At length every idea seemed to fail him; **et,** after standing a few moments **sans** saying a word, **il** suddenly recollected himself, **et** took leave.

The others then joined her, **et** expressed admiration of his figure; **mais** Elizabeth heard not a word, **et** wholly engrossed by her own feelings, followed **eux** in silence. **Elle** was overpowered by shame **et** vexation. Her coming **ici était** the most unfortunate, the most ill-judged thing in **le monde**! **Comment** strange it must appear to him! In what a disgraceful light might it not strike so vain a man! It might seem as **si elle** had purposely thrown herself in **son chemin** again! Oh! **pourquoi** did **elle** come? **Ou, pourquoi** did **il** thus come **un jour avant qu'il** was expected? Had **ils** been only ten minutes sooner, **ils devraient** have been beyond the reach of his discrimination; for it was plain that **il** was that moment arrived — that moment alighted from his horse **ou** his carriage. **Elle** blushed again **et** again over the perverseness of the meeting. **Et** his behaviour, so strikingly altered — what could it mean? That **il devrait** even speak to her was amazing! — but to speak **avec** such civility, to enquire after **sa famille! Jamais** in **sa vie** had **elle** seen his manners so little dignified, **jamais** had **il** spoken **avec** such gentleness as on this unexpected meeting. What a contrast did it offer to his last address in Rosings Park, **quand il** put his letter **dans** her **main**! **Elle savait** not what to **penser, ou comment** to account for it.

**Ils** had now entered a beautiful walk by the side of the water, **et** every step was bringing forward a nobler fall of ground, **ou** a finer reach of the woods to which **ils étaient** approaching; **mais** it was some time **avant qu'** Elizabeth was sensible of any of it; **et, si elle** answered mechanically to the repeated appeals of her uncle **et** aunt, **et** seemed to direct her eyes to such objects as **ils** pointed out, **elle** distinguished no **partie** of the scene. Her thoughts were all fixed on that one spot of Pemberley House, whichever it might be, **où** Mr. Darcy then was. **Elle** longed **de savoir** what at the moment was passing in his mind — in what manner **il pensait** of her, **et si**, in defiance of everything, **elle** was still dear to him. Perhaps **il** had been civil only **parce qu'il sentait** himself at ease; yet there had been that in his voice which was not like ease. **S'il avait senti** more of pain **ou** of pleasure in seeing her **elle pourrait** not tell, **mais il** certainly had not seen her **avec** composure.

At length, **pourtant**, the remarks of her companions on her absence of mind aroused her, **et elle sentait** the necessity of appearing more like herself.

**Ils** entered the woods, **et** bidding adieu to the river for a **moment**, ascended some of the higher grounds; **lorsque**, in spots **où** the opening of the trees gave the eye power to wander, were many charming views of the valley, the opposite hills, **avec** the long range of woods overspreading many, **et** occasionally **partie** of the stream. Mr. Gardiner expressed a wish of going round the whole park, **mais** feared it might be beyond a walk. **Avec** a triumphant smile **ils étaient** told that it was ten miles round. It settled the matter; **et ils** pursued the accustomed circuit; which brought **eux** again, after some time, in a descent among hanging woods, to the edge of the water, **et** one of its narrowest parts. **Ils** crossed it by a simple bridge, in character **avec** the general air of the scene; it was a spot less adorned **que** any **ils** had yet visited; **et** the valley, **ici** contracted **dans** a glen, allowed room only for the stream, **et** a narrow walk amidst the rough coppice-wood which bordered it. Elizabeth longed to explore its windings; **mais quand ils** had crossed the bridge, **et** perceived their distance from the house, Mrs. Gardiner, **qui** was not a great walker, could go no farther, **et** thought only of returning to the carriage as quickly as possible. Her niece was, therefore, obliged to submit, **et ils ont pris leur chemin** towards the house on the opposite side of the river, in the nearest direction; **mais** their progress was slow, for Mr. Gardiner, **bien que** seldom able to indulge the taste, was **très** fond of fishing, **et** was so much engaged in watching the occasional appearance of some trout in the water, **et** talking to the man about **eux**, that **il** advanced **mais** little. Whilst wandering on in this slow manner, **ils étaient** again surprised, **et** Elizabeth's astonishment was quite equal to what it had been at first, by the sight of Mr. Darcy approaching **eux, et** at no great distance. The walk **étant ici** less sheltered **que** on the other side, allowed **qu'ils voient** him **avant qu'ils** met. Elizabeth, **pourtant** astonished, was at least more prepared for an interview **qu'avant, et** resolved to appear **et** to speak **avec** calmness, **si vraiment il** intended to meet **eux**. For a few moments, indeed, **elle sentait** that he would probably strike **dans** some other path. The idea lasted **pendant que** a turning in the walk concealed him from their view; the turning past, **il** was immediately **devant eux. Avec** a glance, **elle a vu** that **il** had lost none of his recent civility; **et**, to imitate his politeness, **elle** began, as **ils** met, to admire the beauty of **le lieu; mais elle** had not got beyond the words "delightful," **et** "charming," **lorsque** some unlucky recollections obtruded, **et elle** fancied that praise of Pemberley from her might be mischievously construed. Her colour changed, **et elle a dit** no more.

Mrs. Gardiner was standing a little behind; **et** on her pausing, **il** asked her **si elle** do him the honour of introducing him to her friends. This was a stroke of civility for which **elle** was quite unprepared; **et elle pourrait** hardly suppress a smile at his beingnow seeking the acquaintance of some of **ces mêmes personnes** against whom his pride had revolted in his offer to herself. "What will be his surprise," thought **elle, "quand il sait qui ils** are? **Il les prend** now for **personnes** of fashion."

The introduction, **pourtant**, was immediately made; **et** as **elle** named their relationship to herself, **elle** stole a sly look at him, **pour voir comment il** bore it, **et** was not **sans** the expectation of his decamping as fast as **il pourrait** from such disgraceful companions. That **il** was surprised by the connection was evident; **il** sustained it, **pourtant, avec** fortitude, **et** so far from going away, turned back **avec eux, et** entered **dans** conversation **avec** Mr. Gardiner. Elizabeth could not **mais** be pleased, could not **mais** triumph. It was consoling that **il devrait** know **elle** had some relations for whom **il y avait** no need to blush. **Elle** listened most attentively to all that passed **entre eux, et** gloried in every expression, every sentence of her uncle, which marked his intelligence, his taste, **ou** his good manners.

The conversation soon turned upon fishing; **et elle** heard Mr. Darcy invite him, **avec** the greatest civility, <u>à pêcher</u> there as **souvent** as **il** chose **alors qu'il** continued in the neighbourhood, offering at the same time to supply him **avec** fishing tackle pointingout **ces** parts of the stream <u>**où il y avait habituellement**</u> most sport. Mrs. Gardiner, **qui** was walking arm-in-arm **avec** Elizabeth, gave her a look expressive of wonder. Elizabeth said nothing, **mais** it gratified her exceedingly; the compliment must be all for herself. Her astonishment, **pourtant**, was extreme, **et** continually was **elle** repeating, "**Pourquoi** is **il** so altered? From what can it proceed? It cannot be for me — it cannot be for my sake that his manners are thus softened. My reproofs at Hunsford could not work such a change as this. It is impossible that **il devrait** still **m'aimer**."

After walking some time in this **chemin**, the **deux** ladies in front, the **deux** gentlemen behind, on resuming their <u>**places**</u>, after descending to the brink of the river for the better inspection of some curious water-plant, there chanced to be a little alteration. It originated in Mrs. Gardiner, **qui**, fatigued by the exercise of the morning, found Elizabeth's arm inadequate to her support, **et** consequently preferred her husband's. Mr. Darcy took **sa place** by her niece, **et ils** walked on **ensemble**. After a short silence, the lady first spoke. **Elle** wished him **de savoir** that **elle** had been assured of his absence <u>**avant son arrivée**</u> to **le lieu, et** accordingly began by observing, that his arrival had been **très** unexpected — "for your housekeeper," **elle a ajouté**, "informed **nous** that **vous seriez** certainly not **ici** till to-morrow; **et** indeed, **avant que** we left Bakewell, **nous avons compris** that **vous étiez** not immediately expected in the country." **Il** acknowledged the truth of it all, **et** said that business **avec** his steward had occasioned his coming forward a few hours **avant** the rest of the party **avec** whom **il** had been travelling. "**Ils ils** will join **moi au début** tomorrow," **il** continued, "**et** among **eux** are some **qui** will claim an acquaintance **avec** you — Mr. Bingley **et** his sisters."

Elizabeth answered only by a slight bow. Her thoughts were instantly driven back to **le moment où** Mr. Bingley's name had been the last mentioned **entre eux; et, si elle pourrait** judge by his complexion, **son esprit** was not **très** differently engaged.

"**Il y a aussi** one other **personne** in the party," **il** continued after a pause, "**qui** more particularly wishes to be known to you. Will you allow **moi, ou** do **je** ask too much, to introduce my sister to your acquaintance **durant** your stay at Lambton?"

The surprise of such an application was great indeed; it was too great for her **de savoir** in what manner **elle** acceded to it. **Elle** immediately felt that whatever desire Miss Darcy might have of être acquainted **avec** her must be the work of her brother, **et, sans regarder** farther, it was satisfactory; it was gratifying **de savoir** that his resentment had not made him think **vraiment** ill of her.

**Ils** now walked on in silence, each of **eux** deep in thought. Elizabeth was not comfortable; that was impossible; **mais elle** was flattered **et** pleased. His wish of introducing his sister to her was a compliment of the highest kind. **Ils** soon outstripped the others, **et quand ils** had reached the carriage, Mr. **et** Mrs. Gardiner were half a quarter of a mile behind.

**Il** then asked her to walk **dans** the house — but **elle** declared herself not tired, **et ils** stood **ensemble** on the lawn. At such **un temps** much might have been said, **et** silence was **très** awkward. **Elle voulait** to talk, **mais** there seemed to be an embargo on every subject. At last **elle** recollected that **elle** had been travelling, **et ils** talked of Matlock **et** Dove Dale **avec** great perseverance. Yet time **et** her aunt moved slowly — and her patience **et** her ideas were nearly worn out **avant que** the tête-à-tête was over.

On Mr. **et** Mrs. Gardiner's coming up **ils étaient** all pressed **d'entrer dans** the house **et** take some refreshment; **mais** this was declined, **et ils** parted on each side **avec** utmost politeness. Mr. Darcy handed the ladies **dans** the carriage; **et quand** it drove off, Elizabeth saw him walking slowly towards the house.

The observations of her uncle **et** aunt now began; **et** each of **eux** pronounced him to be infinitely superior to anything **ils** had expected. "**Il** is perfectly well behaved, polite, **et** unassuming," said her uncle.

"**Il ya quelque chose** a little stately in him, to be sure," replied her aunt, "**mais** it is confined to **son** air, **et** is not unbecoming. **Je peux** now say **avec** the housekeeper, that **bien que** some **personnes** may call him proud, **j'ai vu** nothing of it."

"**Je** was **jamais** more surprised **que** by his behaviour to **nous**. It was more **que** civil; it was **vraiment** attentive; **et il y avait** no necessity for such attention. His acquaintance **avec** Elizabeth was **très** trifling."

"To be sure, Lizzy," said her aunt, "**il** is not so handsome as Wickham; **ou**, rather, **il** has not Wickham's countenance, for his features are perfectly good. **Mais comment** came you to tell **moi** that **il** was so disagreeable?"

Elizabeth excused herself as well as **elle pourrait**; said that **elle avait aimé** him better **quand ils** had met in Kent **qu'avant**, **et** that **elle** had **jamais** seen him so pleasant as this morning.

"**Mais** perhaps **il peut** be a little whimsical in his civilities," replied her uncle. "Your great men **souvent** are; **et** therefore **je** shall not take him at his word, as **il pourrait** change **son esprit** another day, **et** warn **moi** off his grounds."

Elizabeth felt that **ils** had entirely misunderstood his character, **mais** said nothing.

"From what **nous avons vu** of him," continued Mrs. Gardiner, "**Je vraiment** should not have thought that **il pourrait** have behaved in so cruel **façon** by anybody as **il** has done by poor Wickham. **Il** has not an ill-natured look. On the contrary, **il ya quelque chose** pleasing about his mouth **quand il** speaks. **Et il y a quelque chose** of dignity in his countenance that would not give one an unfavourable idea of his heart. **Mais**, to be sure, the good lady **qui** showed **nous** his house did give him a most flaming character! **Je pouvais** hardly help laughing aloud **parfois**. **Mais il** is a liberal master, **je** suppose, **et** that in the eye of a servant comprehends every virtue."

Elizabeth **ici** felt herself called on to **dire quelque chose** in vindication of his behaviour to Wickham; **et** therefore gave **eux à comprendre**, in as guarded a manner as **elle pourrait**, that by what **elle** had heard from his relations in Kent, his actions were capable of a **très** different construction; **et** that his character was by no means so faulty, nor Wickham's so amiable, as **ils** had been considered in Hertfordshire. In confirmation of this, **elle** related the particulars of all the pecuniary transactions in which **ils** had been connected, **sans** actually naming her authority, **mais** stating it to be such as might be relied on.

Mrs. Gardiner was surprised **et** concerned; **mais** as **ils étaient** now approaching the scene of her former pleasures, every idea gave **chemin** to the charm of recollection; **et elle** was too much engaged in pointingout to her husband all the interesting spots in its environs **pour penser** of anything else. Fatigued as **elle** had been by the morning's walk **ils** had no sooner dined **qu'elle** set off again in quest of her former acquaintance, **et** the evening was spent in the satisfactions of an intercourse renewed after many years' discontinuance.

The occurrences of **le jour** were too full of interest to leave Elizabeth much attention for any of these new friends; **et elle pourrait** do nothing **mais** think, **et** think **avec** wonder, of Mr. Darcy's civility, **et**, above all, of his wishing her to be acquainted **avec** his sister.

# weeve

## Chapter 43

| French | Pronunciation | English |
|---|---|---|
| d'un jour | d'yn ʒur | a day |
| en montrant du doigt | ən mɔ̃trant dy dwagt | pointing |
| vous verrez | vus vɛrrɛz | you will see |
| connait | kɔnɛ | knows |
| qu'ils voient | k'ils vɔj | that hey see |
| ces mêmes personnes | səs mɛməs pɛrsɔn | those very people |
| à pêcher | a pɛʃe | to fish |
| où il y avait habituelle-ment | ù il i avɛt abityɛlɛm | where there was usually |
| m'aimer | m'ɛme | love me |
| avant son arrivée | avant sɔn arrive | before she came |
| il ya quelque chose | il ia kɛlkə ʃɔz | there is something |

# 44

Elizabeth had settled it that Mr. Darcy would bring his sister to visit her the veryday after her reaching Pemberley; **et** was consequently resolved not to be out of sight of the inn the whole of that morning. **Mais** her conclusion was false; for on the very morning after their arrival at Lambton, these visitors came. **Ils** had been walking about **l'endroit avec** some of their new friends, **et** were just returning to the inn to dress themselves for dining **avec** the same **famille, lorsque** the sound of a carriage drew **eux** to a window, **et ils ont vu** a gentleman **et** a lady in a curricle driving up the street. Elizabeth immediately recognizing the livery, guessed what it meant, **et** imparted no small degree of her surprise to her relations by acquainting **eux avec** the honour which **elle** expected. Her uncle **et** aunt were all amazement; **et** the embarrassment of her manner as **elle** spoke, joined to the circumstance itself, **et** many of the circumstances of the preceding day, opened to **eux** a new idea on **l'affaire**. Nothing had ever suggested it **avant, mais ils se sentaient** that **il y avait** no other **façon** of accounting for such attentions from such a quarter **que** by supposing a partiality for their niece. **Tandis que** these newly-born notions were passing in their heads, the perturbation of Elizabeth's feelings was at every moment increasing. **Elle** was quite amazed at her own discomposure; **mais** amongst other causes of disquiet, **elle** dreaded lest the partiality of the brother should have said too much in her favour; **et**, more **que** commonly anxious to please, **elle** naturally suspected that every power of pleasing would fail her.

**Elle** retreated from the window, fearful of beingseen; **et** as **elle** walked up **et** down the room, endeavouring to compose herself, saw such **regards** of enquiring surprise in her uncle **et** aunt as made everything worse.

Miss Darcy **et** her brother appeared, **et** this formidable introduction took **place. Avec** astonishment did Elizabeth see that her new acquaintance was at least as much embarrassed as herself. **Depuis** her being at Lambton, **elle** had heard that Miss

Darcy was exceedingly proud; **mais** the observation of a **très** few minutes convinced her that **elle** was only exceedingly shy. **Elle a trouvé** it difficult to obtain even a word from her beyond a monosyllable.

Miss Darcy was tall, **et** on a larger scale **que** Elizabeth; **et, bien que** little more **que** sixteen, her figure was formed, **et** her appearance womanly **et** graceful. **Elle** was less handsome **que** her brother; **mais il y avait** sense **et** good humour in her face, **et** her manners were perfectly unassuming **et** gentle. Elizabeth, **qui** had expected **de trouver** in her as acute **et** unembarrassed an observer as ever Mr. Darcy had been, was much relieved by discerning such different feelings.

**Elles** had not long been **ensemble avant que** Mr. Darcy told her that Bingley was également coming to wait on her; **et elle** had barely time to express her satisfaction, **et** prepare for such a visitor, **lorsque** Bingley's quick step was heard on the stairs, **et** in a moment **il** entered the room. All Elizabeth's anger against him had been long done away; **mais** had **elle** still felt any, it could hardly have stood its ground against the unaffected cordiality **avec** which **il** expressed himself on seeing her again. **Il** enquired in a friendly, **mais** general **façon**, after **sa famille**, **et** looked **et** spoke **avec** the same good-humoured ease that **il** had ever done.

To Mr. **et** Mrs. Gardiner **il** was scarcely a less interesting personage **que** to herself. **Ils** had long wished **de voir** him. The whole party **devant eux**, indeed, excited a lively attention. The suspicions which had just arisen of Mr. Darcy **et** their niece directed their observation towards each **avec** an earnest **mais** guarded enquiry; **et ils** soon drew from **ces** enquiries the full conviction that one of **eux** at least knew what it was **d'aimer**. Of the lady's sensations **ils** remained a little in doubt; **mais** that the gentleman was overflowing **avec** admiration was evident enough.

Elizabeth, on her side, had much à faire. **Elle voulait** to ascertain the feelings of each of her visitors; **elle voulait** to compose her own, **et** to make herself agreeable to all; **et** in the latter object, **où elle** feared most to fail, **elle** was most sure of success, for **ceux** to whom **elle** endeavoured **de donner** pleasure were prepossessed in her favour. Bingley was ready, Georgiana was eager, **et** Darcy determined, to be pleased.

In seeing Bingley, her thoughts naturally flew to her sister; **et,** oh! **comment** ardently did **elle** long **de savoir si** any of his were directed in a like manner. **Parfois, elle pouvait** fancy that **il** talked less **que** on former occasions, **et une ou deux fois** pleased herself **avec** the notion that, as **il a regardé** at her, **il** was trying to trace a resemblance. **Mais, bien que** this might be imaginary, **elle pouvait** not be deceived as to his behaviour to Miss Darcy, **qui** had been set up as a rival to Jane. No look appeared on either side that spoke particular regard. Nothing occurred **entre eux** that could justify the hopes of his sister. On this point **elle** was soon satisfied; **et deux ou trois** little circumstances occurred ere **ils** parted, which, in her anxious interpretation, denoted a recollection of Jane not untinctured by tenderness, **et** a wish of saying more that might lead to the mention of her, had **il** dared. **Il** observed to her, at a moment **lorsque** the others were talking **ensemble, et** in a tone which had **quelque chose** of real regret, that it "was a **très** long time **depuis qu'il** had had the pleasure of seeing her;" **et, avant qu'elle ne puisse** reply, **il ajouta**, "It is above eight months. We have not met **depuis** the 26th of November, **lorsque** we were all dancing **ensemble** at Netherfield."

Elizabeth was pleased **de trouver** his memory so exact; **et il** afterwards took occasion to ask her, **lorsque** unattended to by any of the rest, **si** all her sisters were at Longbourn. **Il y avait** not much in the question, nor in the preceding remark; **mais il y avait** a look **et** a manner which gave **eux** meaning.

It was not **souvent** that **elle pourrait** turn her eyes on Mr. Darcy himself; **mais**, whenever **elle** did catch a glimpse, **elle a vu** an expression of general complaisance, **et** in all that **il a dit elle** heard an accent so removed from hauteur **ou** disdain of his companions, as convinced her that the improvement of manners which **elle** had yesterday witnessed **pourtant** temporary its existence might prove, had at least outlived one day. **Quand elle vit** him thus seeking the acquaintance **et** courting the good opinion of **gens avec** whom any intercourse a few months ago would have been a disgrace — when **elle a vu** him thus civil, not only to herself, **mais** to the veryrelations whom **il** had openly disdained, **et** recollected their last lively scene in Hunsford Parsonage — the difference, the change was so great, **et** struck so forcibly on **son esprit**, that **elle pouvait** hardly restrain her astonishment from being visible. **Jamais**, even in the **compagnie** of his dear friends at Netherfield, **ou** his dignified relations at Rosings, had **elle** seen him so desirous to please, so free from self-consequence **ou** unbending reserve, as now, **lorsque** no importance could result from the success of his endeavours, **et quand** even the acquaintance of **ceux** to whom his attentions were addressed would draw down the ridicule **et** censure of the ladies both of Netherfield **et** Rosings.

Their visitors stayed **avec eux** above half-an-hour; **et quand ils** arose to depart, Mr. Darcy called on his sister to join him in expressing their wish of seeing Mr. **et** Mrs. Gardiner, **et** Miss Bennet, to dinner at Pemberley, **avant qu'ils** left the country. Miss Darcy, **mais avec** a diffidence which marked her little in the habit of **donner** invitations, readily obeyed. Mrs. Gardiner looked at her niece, desirous of knowing **comment elle**, whom the invitation most concerned, felt disposed as to its acceptance,

**mais** Elizabeth had turned away her head. Presuming **pourtant**, that this studied avoidance spoke rather a momentary embarrassment **que** any dislike of the proposal, **et** seeing in her husband, **qui** was fond of society, a perfect willingness to accept it, **elle** ventured to engage for her attendance, **et la journée** after the next was fixed on.

Bingley expressed great pleasure in the certainty of seeing Elizabeth again, having still a great deal à dire to her, **et** many enquiries to make after all their Hertfordshire friends. Elizabeth, construing all this **dans** a wish of hearing her speak of her sister, was pleased, **et** on this account, as well as some others, found herself, **lorsque** their visitors left **eux**, capable of considering the last half-hour **avec** some satisfaction, **mais alors que** it was passing, the enjoyment of it had been little. Eager to be alone, **et** fearful of enquiries **ou** hints from her uncle **et** aunt, **elle** stayed **avec eux** only long enough to hear their favourable opinion of Bingley, **et** then hurried away to dress.

**Mais elle** had no reason to fear Mr. **et** Mrs. Gardiner's curiosity; it was not their wish to force her communication. It was evident that **elle** was much better acquainted **avec** Mr. Darcy **qu'ils** had **avant** any idea of; it was evident that **il** was **très** much **amoureux de** her. **Ils ont vu** much to interest, **mais** nothing to justify enquiry.

Of Mr. Darcy it was now a matter of anxiety **de penser** well; **et**, as far as their acquaintance reached, **il y avait** no fault à trouver. **Ils pourraient** not be untouched by his politeness; **et** had **ils** drawn his character from their own feelings **et** his servant's report, **sans** any reference to any other account, the circle in Hertfordshire to which **il** was known would not have recognized it for Mr. Darcy. **Il y avait** now an interest, **pourtant**, in believing the housekeeper; **et ils** soon became sensible that the authority of a servant **qui** had known him **depuis qu'il** was four **ans** old, **et** whose own manners indicated respectability, was not to be hastily rejected. Neither had anything occurred in the intelligence of their Lambton friends that could materially lessen its weight. **Ils** had nothing to accuse him of **mais** pride; pride **il** probably had, **et si** not, it would certainly be imputed by the inhabitants of a small **marché**-town **où la famille** did not visit. It was acknowledged, **pourtant**, that **il** was a liberal man, **et** did much good among the poor.

**Avec** respect to Wickham, the travellers soon found that **il** was not held there in much estimation; for **mais** the chief of his concerns **avec** the son of his patron were imperfectly understood, it was yet a well-known fact that, on his quitting Derbyshire, **il** had left many debts behind him, which Mr. Darcy afterwards discharged.

As for Elizabeth, her thoughts were at Pemberley this evening more **que** the last; **et** the evening, **bien que** as it passed it seemed long, was not long enough to determine her feelings towards one in that mansion; **et elle** lay awake **deux** whole hours endeavouring to make **eux** out. **Elle** certainly did not hate him. No; hatred had vanished long ago, **et elle** had almost as long been ashamed of ever feeling a dislike against him, that could be so called. The respect created by the conviction of his valuable qualities, **bien que** at first unwillingly admitted, had for some time ceased to be repugnant to her feeling; **et** it was now heightened **dans** somewhat of a friendlier nature, by the testimony so highly in his favour, **et** bringing forward his disposition in so amiable a light, which yesterday had produced. **Mais** above all, above respect **et** esteem, **il y avait** a motive within her of goodwill which could not be overlooked. It was gratitude; gratitude, not merely for having **une fois** loved her, **mais** for loving her still well enough to forgive all the petulance **et** acrimony of her manner in rejecting him, **et** all the unjust accusations accompanying her rejection. **Lui qui, elle** had been persuaded, would avoid her as his greatest enemy, seemed, on this accidental meeting, most eager to preserve the acquaintance, **et sans** any indelicate display of regard, **ou** any peculiarity of manner, **où** their **deux** selves only were concerned, was soliciting the good opinion of her friends, **et** bent on making her known to his sister. Such a change in a man of so much pride exciting not only astonishment **mais** gratitude — for **d'aimer**, ardent **amour**, it must be attributed; **et** as such its impression on her was of a sort to be encouraged, as by no means unpleasing, **mais** it could not be exactly defined. **Elle** respected, **elle** esteemed, **elle** was grateful to him, **elle sentait** a real interest in his welfare; **et elle** only wanted **de savoir comment** far **elle** wished that welfare to depend upon herself, **et comment** far it would be for the happiness of both that **elle devrait** employ **le pouvoir**, which her fancy told her **elle** still possessed, of bringing on her the renewal of his addresses.

It had been settled in the evening **entre** the aunt **et** the niece, that such a striking civility as Miss Darcy's in coming to **les voir** on the very day of her arrival at Pemberley, for **elle** had reached it only to a late breakfast, ought to be imitated, **mais** it could not be equalled, by some exertion of politeness on their side; **et**, consequently, that it would be highly expedient to wait on her at Pemberley the following morning. **Ils étaient**, therefore, to **aller**. Elizabeth was pleased; **mais quand elle** asked herself the reason, **elle** had **très** little à dire in reply.

Mr. Gardiner left **eux** soon after breakfast. The fishing scheme had been renewed **le jour d'avant**, **et** a positive engagement made of his meeting some of the gentlemen at Pemberley **avant** noon.

## Chapter 44

| French | Pronunciation | English |
|---|---|---|
| mais ils se sentaient | mɛs ils sə sɛntaj | but they felt |
| il a ajouté | il a aʒute | he added |

# 45

> The ability to acquire languages does not disappear when you leave school, it does not disappear when you become a teenager, it doesn't disappear when you get older, it is with us forever." – Stephen Krashen, expert in linguistics at University of Southern California

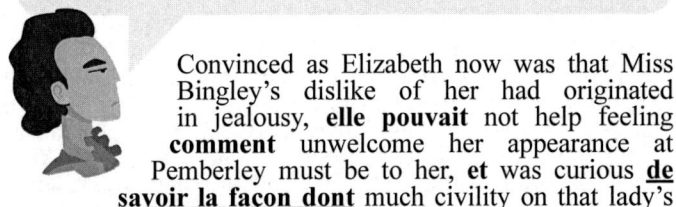

Convinced as Elizabeth now was that Miss Bingley's dislike of her had originated in jealousy, **elle pouvait** not help feeling **comment** unwelcome her appearance at Pemberley must be to her, **et** was curious **de savoir la façon dont** much civility on that lady's side the acquaintance would now be renewed.

On reaching the house, **ils étaient** shown through the hall **dans** the saloon, whose northern aspect rendered it delightful for summer. Its windows opening to the ground, admitted a most refreshing view of the high woody hills behind the house, **et** of the beautiful oaks **et** Spanish chestnuts which were scattered over the intermediate lawn.

In this house **ils étaient** received by Miss Darcy, **qui** was sitting there **avec** Mrs. Hurst **et** Miss Bingley, **et** the lady **avec** whom **elle** lived in London. Georgiana's reception of **eux** was **très** civil, **bien que** attended **avec** all the embarrassment which, **mais** proceeding from shyness **et** the fear of doing wrong, would easily give to **ceux qui** felt themselves inferior the belief of her being proud **et** reserved. Mrs. Gardiner **et** her niece, **pourtant**, did her justice, **et** pitied her.

By Mrs. Hurst **et** Miss Bingley **ils étaient** noticed only by a curtsey; **et**, on their being seated, a pause, awkward as such pauses must **toujours** be, succeeded for a few moments. It was first broken by Mrs. Annesley, a genteel, agreeable-looking woman, whose endeavour to introduce some kind of discourse proved her to be more truly well-bred **que** either of the others; **et entre** her **et** Mrs. Gardiner, **avec** occasional help from Elizabeth, the conversation was carried on. Miss Darcy looked as **si elle** wished for courage enough to join in it; **et parfois** did venture a short sentence **quand il y avait** least danger of its being heard.

Elizabeth soon saw that **elle** was herself closely watched by Miss Bingley, **et** that **elle pouvait** not speak a word, especially to Miss Darcy, **sans** calling her attention. This observation would not have prevented her from trying to talk to the latter, had **elles** not been seated at an inconvenient distance; **mais elle** was not sorry to be spared the necessity of saying much. Her own thoughts were employing her. **Elle** expected every moment that some of the gentlemen would enter the room. **Elle** wished, **elle** feared that the master of the house might be amongst **eux**; **et si elle** wished **ou** feared it most, **elle pouvait** scarcely determine. After sitting in this manner a quarter of an hour **sans** hearing Miss Bingley's voice, Elizabeth was roused by receiving from her a cold enquiry after the **santé** of **sa famille**. **Elle** answered **avec** equal indifference **et** brevity, **et** the other said no more.

The next variation which their visit afforded was produced by the entrance of servants **avec** cold **viande**, cake, **et** a variety of all the finest fruits in season; **mais** this did not take **place** till after many a significant look **et** smile from Mrs. Annesley to Miss Darcy had been **donné**, to remind her of her post. **Il y avait** now employment for the whole party — for **mais ils pouvaient** not all talk, **ils pouvaient** all eat; **et** the beautiful pyramids of grapes, nectarines, **et** peaches soon collected **eux** round the table.

**Pendant** thus engaged, Elizabeth had a fair opportunity of deciding **si elle** most feared **ou** wished for the appearance of Mr. Darcy, by the feelings which prevailed on his entering the room; **et** then, **bien mais** a moment **avant** had believed her wishes to predominate, **elle** began to regret that **il est venu**.

**Il** had been some time **avec** Mr. Gardiner, **qui**, **avec deux ou trois** other gentlemen from the house, was engaged by the river, **et** had left him only on learning that the ladies of **la famille** intended a visit to Georgiana that morning. No sooner did **il** appear **que** Elizabeth wisely resolved to be perfectly easy **et** unembarrassed; a resolution the more necessary to be made, **mais** perhaps not the more easily kept, **parce qu'elle a vu** that the suspicions of the whole party were awakened against **eux**, **et** that **il y avait** scarcely an eye which did not watch his behaviour **quand il** first came **dans** the room. In no countenance was attentive curiosity so strongly marked as in Miss Bingley's, in spite of the smiles which overspread her face whenever **elle** spoke to one of its objects; for jealousy had not yet made her desperate, **et** her attentions to Mr. Darcy were by no means over. Miss Darcy, on her brother's entrance, exerted herself much more to talk, **et** Elizabeth saw that **il** was anxious for his sister **et** herself to get acquainted, **et** forwarded as much as possible, every attempt at conversation on either side. Miss Bingley saw all this likewise; **et**, in the imprudence of anger, took the first opportunity of saying, **avec** sneering civility:

"Pray, Miss Eliza, are not the —— shire Militia removed from Meryton? **Elles doivent** be a great loss to **votre famille**."

In Darcy's presence **elle** dared not mention Wickham's name; **mais** Elizabeth instantly comprehended that **il** was uppermost in her thoughts; **et** the various recollections connected **avec** him gave her a moment's distress; **mais** exerting herself vigorously to repel the ill-natured attack, **elle** presently answered the question in a tolerably detached tone. **Pendant qu'elle** spoke, an involuntary glance showed her Darcy, **avec** a heightened complexion, earnestly **en train de regarder** at her, **et** his sister overcome **avec** confusion, **et** unable to lift up her eyes. Had Miss Bingley known what pain **elle** was then **en train de donner** her beloved friend, **elle** undoubtedly would have refrained from the hint; **mais elle** had merely intended to discompose Elizabeth by bringing forward the idea of a man to whom **elle** believed her partial, to make her betray a sensibility which might injure her in Darcy's opinion, **et**, perhaps, to remind the latter of all the follies **et** absurdities by which some **partie** of **sa famille** were connected **avec** that corps. Not a syllable had ever reached her of Miss Darcy's meditated elopement. To no creature had it been revealed, **où** secrecy was possible, except to Elizabeth; **et** from all Bingley's connections her brother was particularly anxious to conceal it, from the very wish which Elizabeth had long ago attributed to him, of their becoming hereafter her own. **Il** had certainly formed such a plan, **et sans** meaning that it should affect his endeavour to separate him from Miss Bennet, it is probable that it might add **quelque chose** to his lively concern for the welfare of his friend.

Elizabeth's collected behaviour, **pourtant**, soon quieted his emotion; **et** as Miss Bingley, vexed **et** disappointed, dared not approach nearer to Wickham, Georgiana également recovered in time, **mais** not enough **pour être en mesure** to speak any more. Her brother, whose eye **elle** feared to meet, scarcely recollected her interest in the affair, **et** the very circumstance which had been designed to turn his thoughts from Elizabeth seemed **d'avoir** fixed **eux** on her more **et** more cheerfully.

Their visit did not continue long after the question **et** answer above mentioned; **et pendant que** Mr. Darcy was attending **eux** to their carriage Miss Bingley was venting her feelings in criticisms on Elizabeth's **personne**, behaviour, **et** dress. **Mais** Georgiana would not join her. Her brother's recommendation was enough to ensure her favour; his judgement could not err. **Et il** had spoken in such terms of Elizabeth as to leave Georgiana **sans le pouvoir** of **découvrir** her otherwise **que** lovely **et** amiable. **Lorsque** Darcy returned to the saloon, Miss Bingley could not help repeating to him some **partie** of what **elle** had been saying to his sister.

"**Comment très** ill Miss Eliza Bennet **a l'air** this morning, Mr. Darcy," **elle** cried; "**Jamais je** in **ma vie** saw anyone so much altered as **elle** is **depuis** the winter. **Elle** is grown so brown **et** coarse! Louisa **et je** were agreeing that **nous devrions** not have known her again."

**Alors que** little Mr. Darcy might have liked such an address, **il** contented himself **avec** coolly replying that **il** perceived no other alteration **que** her being rather tanned, no miraculous consequence of travelling in the summer.

"For my own **partie**," **elle** rejoined, "**Je dois** confess that **jamais je** could see any beauty in her. Her face is too thin; her complexion has no brilliancy; **et** her features are not at all handsome. Her nose wants character — there is nothing marked in its lines. Her teeth are tolerable, **mais** not out of the common **façon**; **et** as for her eyes, which have **parfois** been called so fine, **je ne pourrais jamais** see anything extraordinary in **eux**. **Ils** have a sharp, shrewish look, which **je n'aime pas** at all; **et** in **son** air altogether **il y a** a self-sufficiency **sans** fashion, which is intolerable."

Persuaded as Miss Bingley was that Darcy admired Elizabeth, this was not the best **méthode** of recommending herself; **mais** angry **personnes** are not **toujours** wise; **et** in seeing him at last look somewhat nettled, **elle** had all the success **elle** expected. **Il** was resolutely silent, **pourtant**, **et**, from a determination of making him speak, **elle** continued:

"**Je** remember, **lorsque** we first knew her in Hertfordshire, **comment** amazed we all were **de trouver** that **elle** was a reputed beauty; **et je** particularly recollect your saying one night, after **ils** had been dining at Netherfield, '**Elle** a beauty! — I should as soon call her mother a wit. ' **Mais** afterwards **elle** seemed to improve on you, **et je** believe **vous pensiez** her rather pretty at one time."

"Yes," replied Darcy, **qui** could contain himself no longer, "**mais** that was only **quand je** first saw her, for it is many months **depuis que j'ai considéré** her as one of the handsomest women of my acquaintance."

**Il** then went away, **et** Miss Bingley was left to all the satisfaction of having forced him **de dire** what gave no one any pain **mais**

herself.

Mrs. Gardiner **et** Elizabeth talked of all that had occurred **durant** their visit, as **elles** returned, except what had particularly interested **elles** both. The look **et** behaviour of everybody <u>**elles avaient vus**</u> were discussed, except of **la personne qui** had mostly engaged their attention. **Elles** talked of his sister, his friends, his house, his fruit — of everything **mais** himself; yet Elizabeth was longing **de savoir** what Mrs. Gardiner thought of him, **et** Mrs. Gardiner would have been highly gratified by her niece's beginning the subject.

## Chapter 45

| French | Pronunciation | English |
|---|---|---|
| de savoir la façon dont | də savwar la fasɔn dɔn | to know how |
| vous pensiez | vus pâsjɛz | you thought |
| elles avaient vus | ɛlɛs avajɛnt vy | they had seen |

# 46

Elizabeth had been a good deal disappointed in not **trouver** a letter from Jane on their first arrival at Lambton; **et** this disappointment had been renewed on each of the mornings that had now been spent there; **mais** on the third her repining was over, **et** her sister justified, by the receipt of **deux** letters from her **en même temps**, on one of which was marked that it had been missent elsewhere. Elizabeth was not surprised at it, as Jane had written the direction remarkably ill.

**Ils** had just been preparing to walk as the letters came in; **et** her uncle **et** aunt, leaving her to enjoy **eux** in quiet, set off by themselves. The one missent must first be attended to; it had been written five **jours** ago. The beginning contained an account of all their little parties **et** engagements, **avec** such news as the country afforded; **mais** the latter half, which was dated **un jour** later, **et** written in evident agitation, gave more important intelligence. It was to this effect:

"**Depuis** writing the above, dearest Lizzy, **quelque chose** has occurred of a most unexpected **et** serious nature; **mais je** am afraid of alarming you — be assured that we are all well. What **je** have à dire relates to poor Lydia. An express came at twelve last night, just as we were all **partis** to bed, from Colonel Forster, to inform **nous** that **elle** was **partie** off to Scotland **avec** one of his officers; to own the truth, **avec** Wickham! Imagine our surprise. To Kitty, **pourtant**, it does not seem so wholly unexpected. **Je** am **très, très** sorry. So imprudent a match on both sides! **Mais je** am willing to hope the best, **et** that his character has been misunderstood. Thoughtless **et** indiscreet **je peux** easily believe him, **mais** this step (**et** let **nous** rejoice over it) marks nothing bad at heart. His choice is disinterested at least, for **il doit** know my father can give her nothing. Our poor mother is sadly grieved. My father bears it better. **Comment** thankful am **je** that we **jamais** let **eux** know what has been said against him; **nous devons** forget it ourselves. **Ils étaient** off Saturday night about twelve, as is conjectured, **mais** were not missed till yesterday morning at eight. The express was sent off directly. My dear Lizzy, **ils doivent** have passed within ten miles of **nous**. Colonel Forster **nous donne** reason to expect him **ici** soon. Lydia left a few lines for his wife, informing her of their intention. **Je dois** conclude, for **je** cannot be long from my poor mother. **Je** am afraid you will not be able to make it out, **mais je** hardly know what **je** have written."

**Sans** allowing herself time for consideration, **et** scarcely knowing what **elle sentait**, Elizabeth on finishing this letter instantly seized the other, **et** opening it **avec** the utmost impatience, read as follows: it had been written **un jour** later **que** the conclusion of the first.

"By this time, my dearest sister, you have received my hurried letter; **je** wish this may be more intelligible, **mais bien que** not confined for time, my head is so bewildered that **je** cannot answer for étant coherent. Dearest Lizzy, **je** hardly know what **je voudrais** write, **mais je** have bad news for you, **et** it cannot be delayed. Imprudent as the marriage **entre** Mr. Wickham **et** our poor Lydia would be, we are now anxious to be assured it has **eu lieu**, for **il n'y a** too much reason to fear **ils** are not **partis** to Scotland. Colonel Forster came yesterday, having left Brighton **le jour d'avant**, not many hours after the express. **Mais** Lydia's short letter to Mrs. F. gave **eux à comprendre** that **ils étaient** going to Gretna Green, **quelque chose** was dropped by Denny expressing his belief that W. **jamais** intended **d'aller** there, **ou** to marry Lydia at all, which was repeated to Colonel F., **qui**, instantly **pris** the alarm, set off from B. intending to trace their route. **Il** did trace **eux** easily to Clapham, **mais** no further; for on entering that **endroit, ils** removed **dans** a hackney coach, **et** dismissed the chaise that brought **eux** from Epsom. All that is known after this is, that **ils étaient** seen to continue the London road. **Je sais** not what to **penser**. After making every possible enquiry on that side London, Colonel F. came on à Hertfordshire, anxiously renewing **eux** at all the turnpikes, **et** at the inns in Barnet **et** Hatfield, **mais sans** any success — no such **personnes** had been seen to pass through. **Avec** the kindest concern **il est venu** on to Longbourn, **et** broke his apprehensions to **nous** in a manner most creditable to his heart. **Je** am sincerely grieved for him **et** Mrs. F., **mais** no one can throw any blame on **eux**. Our distress, my dear Lizzy, is **très** great. My father **et** mother believe the worst, **mais je** cannot think so ill of him. Many circumstances might make it more eligible for **eux** to be married privately in town **que** to pursue their first plan; **et** even **s'il pouvait** form such a design against a young woman of Lydia's connections, which is not likely, can **je** suppose her so lost to everything? Impossible! **Je** grieve **de trouver, pourtant**, that Colonel F. is not disposed to depend upon their marriage; **il** shook his head **quand je** expressed my hopes, **et** said **il** feared W. was not a man to be trusted. My poor mother is **vraiment** ill, **et garde** her room. Could **elle** exert herself, it would be better; **mais** this is not to be expected. **Et** as to my father, **jamais je** in **ma vie** saw him so affected. Poor Kitty has anger for having concealed their attachment; **mais** as it was a matter of confidence, one cannot wonder. **Je** am truly glad, dearest Lizzy, that you have been spared **quelque chose** of these distressing scenes; **mais** now, as the first shock is over, shall **je** own that **je** long for your return? **Je** am not so selfish, **pourtant**, as to press for it, **si** inconvenient. Adieu! **Je prends** up my pen again **pour faire** what **je** have just told you **je voudrais** not; **mais** circumstances are such that **je** cannot help earnestly begging you all **de venir ici** as soon as possible. **Je connais** my dear uncle **et** aunt so well, that **je** am not afraid of requesting it, **bien que je** have still **quelque chose** more to ask of the former. My father is going to London **avec** Colonel Forster instantly, to try to discover her. What **il** means à faire je am sure **je sais** not; **mais** his excessive distress will not allow him to pursue any measure in the best **et** safest **façon, et** Colonel Forster is obliged to be at Brighton again to-morrow evening. In such an exigence, my uncle's advice **et** assistance would be everything in **le monde; il** will immediately comprehend what **je dois** feel, **et je** rely upon his goodness."

"Oh! **où, où** is my uncle?" cried Elizabeth, darting from her seat as **elle** finished the letter, in eagerness to follow him, **sans** losing a moment of **le temps** so precious; **mais** as **elle** reached the door it was opened by a servant, **et** Mr. Darcy appeared. Her pale face **et** impetuous manner made him start, **et avant qu'il ne puisse** recover himself to speak, **elle**, in whose mind every idea was superseded by Lydia's situation, hastily exclaimed, "**Je** beg your pardon, **mais je dois** leave you. **Je dois** find Mr. Gardiner this moment, on business that cannot be delayed; **je** have not an instant to lose."

"Good God! what is the matter?" cried **il, avec** more feeling **que** politeness; then recollecting himself, "**Je** will not detain you a minute; **mais** let **moi, ou** let the servant go after Mr. **et** Mrs. Gardiner. You are not well enough; you cannot go **vous-même**."

Elizabeth hesitated, **mais** her knees trembled under her **et elle sentait comment** little would be gained by her attempting to pursue **eux**. Calling back the servant, therefore, **elle** commissioned him, **mais** in so breathless an accent as made her almost unintelligible, to fetch his master **et** mistress home instantly.

On his quitting the room **elle** sat down, unable to support herself, **et ayant l'air** so miserably ill, that it was impossible for Darcy to leave her, **ou** to refrain from saying, in a tone of gentleness **et** commiseration, "Let **moi** call your maid. Is there nothing **vous pourriez** take **pour donner** you present relief? A glass of wine; shall **je** get you one? You are **très** ill."

"No, **je remercie** you," **elle** replied, endeavouring to recover herself. "**Il y a** nothing the matter **avec moi**. **Je** am quite well; **je** am only distressed by some dreadful news which **je** have just received from Longbourn."

**Elle** burst **dans** tears as **elle** alluded to it, **et** for a few minutes could not speak another word. Darcy, in wretched suspense, could only say **quelque chose** indistinctly of his concern, **et** observe her in compassionate silence. At length **elle** spoke again. "**Je** have just had a letter from Jane, **avec** such dreadful news. It cannot be concealed from anyone. My younger sister has left all her friends — has eloped; has thrown herself **dans le pouvoir** of — of Mr. Wickham. **Ils** are gone off **ensemble** from Brighton. **Vous connaissez** him too well to doubt the rest. **Elle** has no money, no connections, nothing that can tempt him to — she is lost for ever."

Darcy was fixed in astonishment. "**Quand je** consider," **elle a ajouté** in a yet more agitated voice, "that **je pourrais** have prevented it! **Moi qui** knew what **il** was. Had I but explained some **partie** of it only — some **partie** of what **je** learnt, to my own **famille**! Had his character been known, this could not have happened. **Mais** it is all — all too late now."

"**Je** am grieved indeed," cried Darcy; "grieved — shocked. **Mais** is it certain — absolutely certain?"

"Oh, yes! **Ils** left Brighton **ensemble** on Sunday night, **et** were traced almost to London, **mais** not beyond; **ils** are certainly not **partis** to Scotland."

"**Et** what has been done, what has been attempted, to recover her?"

"My father is **parti** to London, **et** Jane has written to beg my uncle's immediate assistance; **et** we shall be off, **je** hope, in half-an-hour. **Mais** nothing can be done — I know **très** well that nothing can be done. **Comment** is such a man to be worked on? **Comment** are **ils** even to be discovered? **Je** have not the smallest hope. It is every **chemin** horrible!"

Darcy shook his head in silent acquiescence.

"**Lorsque** my eyes were opened to his real character — Oh! had **je** known what **je** ought, what **je** dared **de faire**! **Mais je savais** not — I was afraid of doing too much. Wretched, wretched mistake!"

Darcy made no answer. **Il** seemed scarcely to hear her, **et** was walking up **et** down the room in earnest meditation, his brow contracted, **son** air gloomy. Elizabeth soon observed, **et** instantly understood it. **Son pouvoir** was sinking; everything must sink under such a proof of **famille** weakness, such an assurance of the deepest disgrace. **Elle pouvait** neither wonder nor condemn, **mais** the belief of his self-conquest brought nothing consolatory to her bosom, afforded no palliation of her distress. It was, on the contrary, exactly calculated to make her understand her own wishes; **et jamais** had **elle** so honestly felt that **elle pouvait** have loved him, as now, **lorsque** all **l'amour** must be vain.

**Mais** self, **bien que** it would intrude, could not engross her. Lydia — the humiliation, the misery **elle** was bringing on **eux** all, soon swallowed up every private care; **et** covering her face **avec** her handkerchief, Elizabeth was soon lost to everything else; **et**, after a pause of several minutes, was only recalled to a sense of her situation by the voice of her companion, **qui**, in a manner which, **bien que** it spoke compassion, spoke likewise restraint, said, "**Je** am afraid you have been long desiring my absence, nor have **je** anything to plead in excuse of my stay, **mais** real, **mais** unavailing concern. Would to Heaven that anything could be either said **ou** done on my **partie** that might offer consolation to such distress! **Mais je** will not torment you **avec** vain wishes, which may seem purposely to ask for your **remerciements**. This unfortunate affair will, **je** fear, prevent my sister's having the pleasure of seeing you at Pemberley to-day."

"Oh, yes. Be so kind as to apologise for **nous** to Miss Darcy. Say that urgent business calls **nous** home immediately. Conceal the unhappy truth as long as it is possible, **je sais** it cannot be long."

**Il** readily assured her of his secrecy; again expressed his sorrow for her distress, wished it a happier conclusion **qu'il n'y en avait** at present reason to hope, **et** leaving his compliments for her relations, **avec** only one serious, parting look, went away.

As **il** quitted the room, Elizabeth felt **comment** improbable it was that **ils devraient** ever see each other again on such terms of cordiality as had marked their several meetings in Derbyshire; **et** as **elle** threw a retrospective glance over the whole of their acquaintance, so full of contradictions **et** varieties, sighed at the perverseness of **ces** feelings which would now have promoted its continuance, **et** would formerly have rejoiced in its termination.

**Si** gratitude **et** esteem are good foundations of affection, Elizabeth's change of sentiment will be neither improbable nor faulty. **Mais si** otherwise — if regard springing from such sources is unreasonable **ou** unnatural, in comparison of what is so **souvent** described as arising on a first interview **avec** its object, **et** even **avant deux** words have been exchanged, nothing can be said in her defence, except that **elle avait donné** somewhat of a trial to the latter **méthode** in her partiality for Wickham, **et** that its ill success might, perhaps, authorise her to seek the other less interesting mode of attachment. Be that as it may, **elle a vu** him go **avec** regret; **et** in this **exemple précoce** of what Lydia's infamy must produce, found additional anguish as **elle**

reflected on that wretched business. **Jamais, depuis avoir lu** Jane's second letter, had **elle** entertained a hope of Wickham's meaning to marry her. No one **mais** Jane, **elle pensait**, could flatter herself **avec** such an expectation. Surprise was the least of her feelings on this development. **Tandis que** the contents of the first letter remained in **son esprit, elle** was all surprise — all astonishment that Wickham should marry a girl whom it was impossible **il pourrait** marry for money; **et comment** Lydia could ever have attached him had appeared incomprehensible. **Mais** now it was all too natural. For such an attachment as this **elle pourrait** have sufficient charms; **et si elle** did not suppose Lydia to be deliberately engaging in an elopement **sans** the intention of marriage, **elle** had no difficulty in believing that neither her virtue nor her understanding would preserve her from falling an easy prey.

**Elle** had **jamais** perceived, **pendant que** the regiment was in Hertfordshire, that Lydia had any partiality for him; **mais elle** was convinced that Lydia wanted only encouragement to attach herself to anybody. **Parfois** one officer, **parfois** another, had been her favourite, as their attentions raised **eux** in her opinion. Her affections had continually been fluctuating **mais jamais sans** an object. The mischief of neglect **et** mistaken indulgence towards such a girl — oh! **comment** acutely did **elle** now feel it!

**Elle** was wild to be at home — to hear, **de voir**, to be upon the spot to share **avec** Jane in the cares that must now fall wholly upon her, in **une famille** so deranged, a father absent, a mother incapable of exertion, **et** requiring constant attendance; **et bien que** almost persuaded that nothing could be done for Lydia, her uncle's interference seemed of the utmost importance, **et** till **il** entered the room her impatience was severe. Mr. **et** Mrs. Gardiner had hurried back in alarm, supposing by the servant's account that their niece was **prise** suddenly ill; **mais** satisfying **eux** instantly on that head, **elle** eagerly communicated the cause of their summons, **lisant** the **deux** letters aloud, **et** dwelling on the postscript of the last **avec** trembling energy. — **Mais** Lydia had **jamais** been a favourite **avec eux**, Mr. **et** Mrs. Gardiner could not **mais** be deeply afflicted. Not Lydia only, **mais** all were concerned in it; **et** after the first exclamations of surprise **et** horror, Mr. Gardiner promised every assistance in **son pouvoir**. Elizabeth, **mais** expecting no less, thanked him **avec** tears of gratitude; **et** all **trois étant** actuated by one spirit, everything relating to their journey was speedily settled. **Ils étaient** to be off as soon as possible. "**Mais** what is to be done about Pemberley?" cried Mrs. Gardiner. "John told **nous** Mr. Darcy was **ici quand** you sent for **nous**; was it so?"

"Yes; **et je** told him **nous devrions** not be able **de garder** our engagement. That is all settled."

"That is all settled;" repeated the other, as **elle** ran **dans** her room to prepare. "**Et** are **ils** upon such terms as for her to disclose the real truth? Oh, that **je savais** it was!"

**Mais** wishes were vain, **ou** at least could only serve to amuse her in the hurry **et** confusion of the following hour. Had Elizabeth been at leisure to be idle, **elle aurait** remained certain that all employment was impossible to one so wretched as herself; **mais elle** had her share of business as well as her aunt, **et** amongst the rest **il y avait** notes to be written to all their friends at Lambton, **avec** false excuses for their sudden departure. An hour, **pourtant**, saw the whole completed; **et** Mr. Gardiner meanwhile having settled his account at the inn, nothing remained to be done **mais d'aller**; **et** Elizabeth, after all the misery of the morning, found herself, in a shorter space of time **qu'elle ne pouvait** have supposed, seated in the carriage, **et** on the road to Longbourn.

## Chapter 46

| French | Pronunciation | English |
|---|---|---|
| exemple précoce | ɛksâplə prekɔz | early example |

> "Talking is not practising, the ability to speak another language is the result of acquiring it. For example, if you want to improve your English it will not help to speak English to yourself as you drive to work in the morning... I used to think those things help, now I'm convinced they don't." – Stephen Krashen, expert in linguistics at University of Southern California

"**Je** have been **en train de penser** it over again, Elizabeth," said her uncle, as **ils** drove from the town; "**et vraiment**, upon serious consideration, **je** am much more inclined **que je** was to judge as your eldest sister does on the matter. It appears to **moi** so **très** unlikely that any young man should form such a design against a girl **qui** is by no means unprotected **ou** friendless, **et qui** was actually staying in his colonel's **famille**, that **je** am strongly inclined to hope the best. Could **il** expect that her friends would not step forward? Could **il** expect to be noticed again by the regiment, after such an affront to Colonel Forster? His temptation is not adequate to the risk!"

"Do you **vraiment** think so?" cried Elizabeth, brightening up for a moment.

"Upon my word," said Mrs. Gardiner, "**Je** begin to be of your uncle's opinion. It is **vraiment** too great a violation of decency, honour, **et** interest, for him to be guilty of. **Je** cannot think so **très** ill of Wickham. Can you **vous-même**, Lizzy, so wholly give him up, as to believe him capable of it?"

"Not, perhaps, of neglecting his own interest; **mais** of every other neglect **je peux** believe him capable. **Si**, indeed, it should be so! **Mais je** dare not hope it. **Pourquoi** should **ils** not go on to Scotland **si** that had been the case?"

"In the first **lieu**," replied Mr. Gardiner, "**il y a** no absolute proof that **ils** are not **partis** to Scotland."

"Oh! **mais** their removing from the chaise **dans** a hackney coach is such a presumption! **Et**, besides, no traces of **eux** were to be found on the Barnet road."

"Well, then — supposing **eux** to be in London. **Ils peuvent** be there, **mais** for the purpose of concealment, for no more exceptional purpose. It is not likely that money should be **très** abundant on either side; **et** it might strike **eux** that **ils pourraient** be more economically, **mais** less expeditiously, married in London **que** in Scotland."

"**Mais pourquoi** all this secrecy? **Pourquoi** any fear of detection? **Pourquoi** must their marriage be private? Oh, no, no — this is not likely. His most particular friend, **vous voyez** by Jane's account, was persuaded of his **jamais** intending to marry her. Wickham will **jamais** marry a woman **sans** some money. **Il** cannot afford it. **Et** what claims has Lydia — what attraction has **elle** beyond youth, **santé, et** good humour that could make him, for her sake, forego every chance of benefiting himself by marrying well? As to what restraint the apprehensions of disgrace in the corps might throw on a dishonourable elopement **avec** her, **je** am not able to judge; for **je connais** nothing of the effects that such a step might produce. **Mais** as to your other objection, **je** am afraid it will hardly hold good. Lydia has no brothers to step forward; **et il pourrait** imagine, from my father's behaviour, from his indolence **et** the little attention **il** has ever seemed **de donner** to what was going forward in **sa famille**, that **il ferait** as little, **et** think as little about it, as any father could do, in such a matter."

"**Mais** can **vous pensez** that Lydia is so lost to everything **mais l'amour** of him as to consent to live **avec** him on any terms other **que** marriage?"

"It does seem, **et** it is most shocking indeed," replied Elizabeth, **avec** tears in her eyes, "that a sister's sense of decency **et** virtue in such a point should admit of doubt. **Mais, vraiment, je sais** not what to **dire**. Perhaps **je** am not doing her justice. **Mais elle** is **très** young; **elle** has **jamais** been taught **de penser** on serious subjects; **et** for the last half-year, nay, for a twelvemonth — she has been **donné** up to nothing **mais** amusement **et** vanity. **Elle** has been allowed to dispose of **son temps** in the most idle **et** frivolous manner, **et** to adopt any opinions that came in **son chemin. Depuis que** the —— shire were first quartered in Meryton, nothing **mais l'amour**, flirtation, **et** officers have been in her head. **Elle** has been doing everything in **son pouvoir** by **penser et** talking on the subject, to **donner** greater — what shall **je** call it? susceptibility to her feelings; which are naturally lively enough. **Et** we all know that Wickham has every charm of **personne et** address that can captivate a woman."

"**Mais vous voyez** that Jane," said her aunt, "does not think so **très** ill of Wickham as to believe him capable of the attempt."

"Of whom does Jane ever think ill? **Et qui** is there, whatever might be their former conduct, that **elle penserait** capable of such an attempt, till it were proved against **eux**? **Mais** Jane **sait**, as well as **je** do, what Wickham **vraiment** is. We both know that **il** has been profligate in every sense of the word; that **il** has neither integrity nor honour; that **il** is as false **et** deceitful as **il** is insinuating."

"**Et** do you **vraiment** know all this?" cried Mrs. Gardiner, whose curiosity as to the mode of her intelligence was all alive.

"**Je** do indeed," replied Elizabeth, colouring. "**Je** told you, the other day, of his infamous behaviour to Mr. Darcy; **et** you **vous-même**, **lorsque** last at Longbourn, heard in what manner **il** spoke of the man **qui** had behaved **avec** such forbearance **et** liberality towards him. **Et il y a** other circumstances which **je** am not at liberty — which it is not worth **le temps** to relate; **mais** his lies about the whole Pemberley **famille** are endless. From what **il a dit** of Miss Darcy **je** was thoroughly prepared à voir a proud, reserved, disagreeable girl. Yet **il savait** to the contrary himself. **Il doit** know that **elle** was as amiable **et** unpretending as **nous avons trouvé** her."

"**Mais** does Lydia know nothing of this? can **elle** be ignorant of what you **et** Jane seem so well **de comprendre**?"

"Oh, yes! — that, that is the worst of all. Till **je** was in Kent, **et** saw so much both of Mr. Darcy **et** his relation Colonel Fitzwilliam, **je** was ignorant of the truth myself. **Et quand je** returned home, the — — shire was to leave Meryton in a week **ou** fortnight's time. As that was the case, neither Jane, to whom **je** related the whole, nor **je**, thought it necessary to make **nos connaissances** public; for of what use could it apparently be to any one, that the good opinion which all the neighbourhood had of him should then be overthrown? **Et** even **lorsque** it was settled that Lydia should go **avec** Mrs. Forster, the necessity of opening her eyes to his character **jamais** occurred to **moi**. That **elle pourrait** be in any danger from the deception **jamais** entered my head. That such a consequence as this could ensue, **vous pouvez** easily believe, was far enough from my thoughts."

"**Quand ils** all removed to Brighton, therefore, you had no reason, **je** suppose, to believe **eux** fond of each other?"

"Not the slightest. **Je peux** remember no symptom of affection on either side; **et** had anything of the kind been perceptible, **vous devez** be aware that ours is not **une famille** on which it could be thrown away. **Lorsque** first **il** entered the corps, **elle** was ready enough to admire him; **mais** so we all were. Every girl in **ou** near Meryton was out of her senses about him for the first **deux** months; **mais il n'a jamais** distinguished her by any particular attention; **et**, consequently, after a moderate period of extravagant **et** wild admiration, her fancy for him gave **place**, **et** others of the regiment, **qui** treated her **avec** more distinction, again became her favourites."

It may be easily believed, that howeverlittle of novelty could be added to their fears, hopes, **et** conjectures, on this interesting subject, by its repeated discussion, no other could detain **eux** from it long, **durant** the whole of the journey. From Elizabeth's thoughts it was **jamais** absent. Fixed there by the keenest of all anguish, self-reproach, **elle pourrait** find no interval of ease **ou** forgetfulness.

**Ils** travelled as expeditiously as possible, **et**, sleeping one night on the road, reached Longbourn by dinner time the next day. It was a comfort to Elizabeth to consider that Jane could not have been wearied by long expectations.

The little Gardiners, attracted by the sight of a chaise, were standing on the steps of the house as **ils** entered the paddock; **et**, **lorsque** the carriage drove up to the door, the joyful surprise that lighted up their faces, **et** displayed itself over their whole **corps**, in a variety of capers **et** frisks, was the first pleasing earnest of their welcome.

Elizabeth jumped out; **et**, after **avoir donné** each of **eux** a hasty kiss, hurried **dans** the vestibule, **où** Jane, **qui** came running down from her mother's apartment, immediately met her.

Elizabeth, as **elle** affectionately embraced her, whilst tears filled the eyes of both, lost not a moment in asking **si** anything had been heard of the fugitives.

"Not yet," replied Jane. "**Mais** now that my dear uncle is come, **je** hope everything will be well."

"Is my father in town?"

"Yes, **il est venu** on Tuesday, as **je** wrote you word."

"**Et** have you heard from him **souvent**?"

"We have heard only à deux reprises. **Il** wrote **moi** a few lines on Wednesday **pour dire** that **il** had arrived in safety, **et pour me donner** his directions, which **je** particularly begged him **de faire**. **Il** merely added that **il devrait** not write again till **il** had **quelque chose** of importance to mention."

"**Et** my mother — how is **elle**? **Comment** are you all?"

"My mother is tolerably well, **je** trust; **mais** her spirits are greatly shaken. **Elle** is up stairs **et** will have great satisfaction in seeing you all. **Elle** does not yet leave her dressing-room. Mary **et** Kitty, thank Heaven, are quite well."

"**Mais** you — how are you?" cried Elizabeth. "**<u>Tu as l'air</u>** pale. Combien vous devez have <u>**traversé**</u>!"

Her sister, **pourtant**, assured her of her being perfectly well; **et** their conversation, which had been passing **tandis que** Mr. **et** Mrs. Gardiner were engaged **avec** their children, was now put an end to by the approach of the whole party. Jane ran to her uncle **et** aunt, **et** welcomed **et** thanked **eux** both, **avec** alternate smiles **et** tears.

**Quand ils étaient** all in the drawing-room, the questions which Elizabeth had already asked were of course repeated by the others, **et ils** soon found that Jane had no intelligence à donner. The sanguine hope of good, **pourtant**, which the benevolence of her heart suggested had not yet deserted her; **elle** still expected that it would all end well, **et** that every morning would bring some letter, either from Lydia **ou** her father, to explain their proceedings, **et**, perhaps, announce their marriage.

Mrs. Bennet, to whose apartment **ils** all repaired, after a few minutes' conversation **ensemble**, received **eux** exactly as might be expected; **avec** tears **et** lamentations of regret, invectives against the villainous conduct of Wickham, **et** complaints of her own sufferings **et** ill-usage; blaming everybody à part la personne to whose ill-judging indulgence the errors of her daughter must principally be owing.

"**Si je** had been able," said **elle**, "to carry my point in going to Brighton, **avec** all **ma famille**, this would not have happened; **mais** poor dear Lydia had nobody **pour prendre** care of her. **Pourquoi** did the Forsters ever let her go out of their sight? **Je** am sure **il y avait** some great neglect **ou** other on their side, for **elle** is not the kind of girl à faire such a thing **si elle** had been well looked after. **Je toujours** thought **ils étaient très** unfit **pour avoir** the charge of her; **mais je** was overruled, as **je toujours** am. Poor dear child! **Et** now here's Mr. Bennet **parti** away, **et je sais qu'il** will fight Wickham, wherever **il** meets him **et** then **il** will be killed, **et** what is to **devenir** of **nous** all? The Collinses will turn **nous** out **avant qu'il** is cold in his grave, **et si** you are not kind to **nous**, brother, **je ne sais pas** what we shall do."

**Ils** all exclaimed against such terrific ideas; **et** Mr. Gardiner, after general assurances of his affection for her **et** all **sa famille**, told her that **il** meant to be in London the very next day, **et** would assist Mr. Bennet in every endeavour for recovering Lydia.

"Do not give **place** to useless alarm," added **il**; "**mais** it is right to be prepared for the worst, **il y a** no occasion **pour regarder** on it as certain. It is not quite a week **depuis qu'ils** left Brighton.

In a few **jours** more **nous pouvons** gain some news of **eux**; **et** till **nous savons** that **ils** are not married, **et** have no design of marrying, do not let **nous** give the matter over as lost. As soon as **je** get to town **je** shall go to my brother, **et** make him come home **avec moi** to Gracechurch Street; **et** then **nous pouvons** consult **ensemble** as to what is to be done."

"Oh! my dear brother," replied Mrs. Bennet, "that is exactly what **je pouvais** most wish for. **Et** now do, **lorsque** you get to town, find **eux** out, wherever **ils peuvent** be; **et si ils** are not married already, make **eux** marry. **Et** as for wedding clothes, do not let **eux** wait for that, **mais** tell Lydia **elle** shall have as much money as **elle** chooses to buy **eux**, after **ils** are married. **Et**, above all, keep Mr. Bennet from fighting. Tell him what a dreadful state **je** am in, that **je** am frighted out of my wits — and have such tremblings, such flutterings, all over me — such spasms in my side **et** pains in my head, **et** such beatings at heart, that **je peux** get no rest by night nor by day. **Et** tell my dear Lydia not **de donner** any directions about her clothes till **elle m'a vue**, for **elle** does not know which are the best warehouses. Oh, brother, **comment** kind you are! **Je sais** you will contrive it all."

**Mais** Mr. Gardiner, **bien qu'il** assured her again of his earnest endeavours in the cause, could not avoid recommending moderation to her, as well in her hopes as her fear; **et** after talking **avec** her in this manner till dinner was on the table, **ils** all left her to vent all her feelings on the housekeeper, **qui** attended in the absence of her daughters.

**Mais** her brother **et** sister were persuaded that **il y avait** no real occasion for such a seclusion from **la famille**, **ils** did not attempt to oppose it, for **ils savaient** that **elle** had not prudence enough to hold her tongue **devant** the servants, **pendant qu'ils** waited at table, **et** judged it better that one only of the household, **et** the one whom **ils pourraient** most trust should comprehend all her fears **et** solicitude on the subject.

In the dining-room **ils étaient** soon joined by Mary **et** Kitty, **qui** had been too busily engaged in their separate apartments to make their appearance **avant**. One came from her **livres**, **et** the other from her toilette. The faces of both, **pourtant**, were tolerably calm; **et** no change was visible in either, except that the loss of her favourite sister, **ou** the anger which **elle** had herself incurred in this business, had **donné** more of fretfulness **que** usual to the accents of Kitty. As for Mary, **elle** was mistress enough of herself to whisper to Elizabeth, **avec** a countenance of grave reflection, soon after **ils étaient** seated at table:

"This is a most unfortunate affair, **et** will probably be much talked of. **Mais nous devons** stem the tide of malice, **et** pour **dans** the wounded bosoms of each other the balm of sisterly consolation."

Then, perceiving in Elizabeth no inclination of replying, **elle a ajouté**, "Unhappy as the event must be for Lydia, **nous pouvons** draw from it this useful lesson: that loss of virtue in a female is irretrievable; that one false step involves her in endless ruin; that her reputation is no less brittle **que** it is beautiful; **et** that **elle** cannot be too much guarded in her behaviour towards the undeserving of the other sex."

Elizabeth lifted up her eyes in amazement, **mais** was too much oppressed to make any reply. Mary, **pourtant**, continued to console herself **avec** such kind of moral extractions from the evil **devant eux**.

In the afternoon, the **deux** elder Miss Bennets were able to be for half-an-hour by themselves; **et** Elizabeth instantly availed herself of the opportunity of making many enquiries, which Jane was equally eager to satisfy. After joining in general lamentations over the dreadful sequel of this event, which Elizabeth considered as all **mais** certain, **et** Miss Bennet could not assert to be wholly impossible, the former continued the subject, by saying, "**Mais** tell **moi** all **et** everything about it which **je** have not already heard. Give **moi** further particulars. What did Colonel Forster say? Had **ils** no apprehension of anything **avant** the elopement took **place**? **Ils doivent** have seen **eux autres ensemble** for ever."

"Colonel Forster did own that **il** had **souvent** suspected some partiality, especially on Lydia's side, **mais** nothing à donner him any alarm. **Je** am so grieved for him! His behaviour was attentive **et** kind to the utmost. **Il** was coming to **nous**, in order to assure **nous** of his concern, **avant qu'il** had any idea of their not being gone to Scotland: **lorsque** that apprehension first got abroad, it hastened his journey."

"**Et** was Denny convinced that Wickham would not marry? Did **il** know of their intending **d'aller** off? Had Colonel Forster seen Denny himself?"

"Yes; **mais**, **lorsque** questioned by him, Denny denied knowing anything of their plans, **et** would not give his real opinion about it. **Il** did not repeat his persuasion of their not marrying — and from that, **je** am inclined to hope, **il pourrait** have been misunderstood **avant**."

"**Et** till Colonel Forster came himself, not one of you entertained a doubt, **je** suppose, of their being **vraiment** married?"

"**Comment** was it possible that such an idea should enter our brains? **J'ai senti** a little uneasy — a little fearful of my sister's happiness **avec** him in marriage, **parce que je savais** that his conduct had not been **toujours** quite right. My father **et** mother knew nothing of that; **ils** only felt **comment** imprudent a match it must be. Kitty then owned, **avec** a **très** natural triumph on knowing more **que** the rest of **nous**, that in Lydia's last letter **elle** had prepared her for such a step. **Elle avait su**, it seems, of their étant **amoureux de** each other, many weeks."

"**Mais** not <u>**avant leur départ**</u> to Brighton?"

"No, **je** believe not."

"**Et** did Colonel Forster appear **de penser** well of Wickham himself? Does **il** know his real character?"

"**Je dois** confess that **il** did not speak so well of Wickham as **il** formerly did. **Il** believed him to be imprudent **et** extravagant. **Et depuis** this sad affair has **eu lieu**, it is said that **il** left Meryton greatly in debt; **mais je** hope this may be false."

"Oh, Jane, had we been less secret, had we told what <u>**nous savions**</u> of him, this could not have happened!"

"Perhaps it would have been better," replied her sister. "**Mais** to expose the former faults of **toute personne sans** knowing what their present feelings were, seemed unjustifiable. We acted **avec** the best intentions."

"Could Colonel Forster repeat the particulars of Lydia's note to his wife?"

"**Il** brought it **avec** him for **nous de voir**."

Jane then took it from her pocket-book, **et** gave it to Elizabeth. These were the contents:

"My dear Harriet,

"You will laugh **quand vous savez où je** am **partie, et je** cannot help laughing myself at your surprise to-morrow morning, as soon as **je** am missed. **Je** am going to Gretna Green, **et si** you cannot guess **avec qui, je** shall think you a simpleton, for **il n'y a** one man in **le monde que j'aime, et il** is an angel. I should never be happy **sans** him, so think it no harm to be off. **Vous n'avez pas besoin de** send **eux** word at Longbourn of my going, <u>**si tu n'aimes pas**</u> it, for it will make the surprise the greater, **quand je** write to **eux et** sign my name 'Lydia Wickham.' What a good joke it will be! **Je peux** hardly write for laughing. Pray make my excuses to Pratt for not <u>**avoir gardé**</u> my engagement, **et** dancing **avec** him to-night. Tell him **je** hope **il** will excuse **moi quand il sait** all; **et** tell him **je** will dance **avec** him at the next ball we meet, **avec** great pleasure. **Je** shall send for my clothes **quand je** get to Longbourn; **mais je** wish <u>**vous diriez à**</u> Sally to mend a great slit in my worked muslin gown **avant qu'ils** are packed up. Good-bye. Give **mon amour** to Colonel Forster. **Je** hope you will drink to our good journey.

"Your affectionate friend,

"LYDIA BENNET."

"Oh! thoughtless, thoughtless Lydia!" cried Elizabeth **quand elle** had finished it. "What a letter is this, to be written at such a moment! **Mais** at least it shows that **elle** was serious on the subject of their journey. Whatever **il pourrait** afterwards persuade her to, it was not on her side a scheme of infamy. My poor father! **comment il doit** have felt it!"

"**Jamais je** saw anyone so shocked. **Il pourrait** not speak a word for full ten minutes. My mother was **prise** ill immediately, **et** the whole house in such confusion!"

"Oh! Jane," cried Elizabeth, "was there a servant belonging to it **qui** did not know the whole story **avant** the end of **la journée**?"

"**Je ne sais pas. Je** hope **il y avait. Mais** to be guarded at such **un temps** is **très** difficult. My mother was in hysterics, **et bien que je** endeavoured **de donner** her every assistance in **mon pouvoir**, **je** am afraid **je** did not do so much as **je pourrais** have done! **Mais** the horror of what might possibly happen almost took from **moi** my faculties."

"Your attendance upon her has been too much for you. **Vous n'avez pas l'air** well. Oh that **je** had been **avec** you! you have had every care **et** anxiety upon **vous-même** alone."

"Mary **et** Kitty have been **très** kind, **et** would have shared in every fatigue, **je** am sure; **mais je** did not think it right for either of **elles**. Kitty is slight **et** delicate; **et** Mary studies so much, that her hours of repose should not be broken in on. My aunt Phillips came to Longbourn on Tuesday, after my father went away; **et** was so good as to stay till Thursday **avec moi. Elle** was of great use **et** comfort to **nous** all. **Et** Lady Lucas has been **très** kind; **elle** walked **ici** on Wednesday morning to condole **avec nous, et** offered her services, **ou** any of her daughters', **si elles devraient** be of use to **nous**."

"**Elle** had better have stayed at home," cried Elizabeth; "perhaps **elle** meant well, **mais**, under such a misfortune as this, one cannot see too little of one's neighbours. Assistance is impossible; condolence insufferable. Let **eux** triumph over **nous** at a distance, **et** be satisfied."

**Elle** then proceeded to enquire **dans** the measures which her father had intended to pursue, **pendant que** in town, for the recovery of his daughter.

"**Il** meant **je** believe," replied Jane, "**d'aller** to Epsom, **l'endroit où ils** last changed horses, see the postilions **et** try **si** anything could be made out from **eux**. His principal object must be to discover **le nombre** of the hackney coach which took **eux** from Clapham. It had come **avec** a fare from London; **et** as **il pensait** that the circumstance of a gentleman **et** lady's removing from one carriage **dans** another might be remarked **il** meant to make enquiries at Clapham. **S'il pouvait** anyhow discover at what house the coachman had **avant** set down his fare, **il** determined to make enquiries there, **et** hoped it might not be impossible **de trouver** out the stand **et le nombre** of the coach. **Je ne sais pas** of any other designs that **il avait formé; mais il** was in such a hurry to be **parti, et** his spirits so greatly discomposed, that **je** had difficulty in **découvrir** even so much as this."

## Chapter 47

| French | Pronunciation | English |
|---:|:---:|:---|
| corps | kɔrp | body |
| tu as l'air | ty as l'ɛr | you look |
| traversé | travɛrse | gone through |
| ils savaient | ils savaj | they knew |
| eux ensemble | œks ɛnsâbl | them together |
| avant qu'ils partent | avant k'il partə | before they went |
| nous savions | nus savjɔn | we knew |
| si tu n'aimes pas | si ty n'ɛmɛs pa | if you do not like |
| avoir gardé | avwar garde | having kept |
| vous diriez à | vus dirjɛz a | you said to |

# 48

The whole party were in hopes of a letter from Mr. Bennet the next morning, **mais** the post came in **sans** bringing a single line from him. **Sa famille** knew him to be, on all common occasions, a most negligent **et** dilatory correspondent; **mais** at such **une fois ils** had hoped for exertion. **Ils étaient** forced to conclude that **il** had no pleasing intelligence to send; **mais** even of that **ils voudraient** have been glad to be certain. Mr. Gardiner had waited only for the letters **avant lui** set off.

**Quand il** was **parti, ils étaient** certain at least of receiving constant **informations** of what was **en cours, et** their uncle promised, at parting, to prevail on Mr. Bennet to return to Longbourn, as soon as **il pouvait**, to the great consolation of his sister, **qui** considered it as the only security for her husband's not being killed in a duel.

Mrs. Gardiner **et** the children were to remain in Hertfordshire a few **jours** longer, as the former thought her presence might be serviceable to her nieces. **Elle** shared in their attendance on Mrs. Bennet, **et** was a great comfort to **eux** in their hours of freedom. Their other aunt également visited **eux** frequently, **et toujours**, as **elle a dit, avec** the design of cheering **et** heartening **eux** up — though, as **elle jamais** came **sans** reporting some fresh instance of Wickham's extravagance **ou** irregularity, **elle** seldom went away **sans** leaving **eux** more dispirited <u>qu'elle les a trouvés</u>.

All Meryton seemed striving to blacken the man **qui, mais trois** months **avant**, had been almost an angel of light. **Il** was declared to be in debt to every tradesman in **le lieu, et** his intrigues, all honoured **avec** the title of seduction, had been extended **dans** every tradesman's **famille**. Everybody declared that **il** was the wickedest young man in **le monde**; **et** everybody began à trouver out that **ils** had **toujours** distrusted the appearance of his goodness. Elizabeth, **si elle** did not credit above half of what was said, believed enough to make her former assurance of her sister's ruin more certain; **et** even Jane, **qui** believed still less of it, became almost hopeless, more especially as **le temps** was now come **quand, s'ils étaient allés** to Scotland, which **elle** had **jamais avant** entirely despaired of, **elles doivent** in all probability have gained some news of **eux**.

Mr. Gardiner left Longbourn on Sunday; on Tuesday his wife received a letter from him; it told **eux** that, on his arrival, **il** had immediately found out his brother, **et** persuaded him **de venir** to Gracechurch Street; that Mr. Bennet had been to Epsom **et** Clapham, **avant** his arrival, **mais sans** gaining any satisfactory **informations; et** that **il** was now determined to enquire at all the principal hotels in town, as Mr. Bennet thought it possible **ils pourraient** have **partis** to one of **eux**, on their first coming to London, **avant qu'ils** procured lodgings. Mr. Gardiner himself did not expect any success from this measure, **mais** as his brother was eager in it, **il** meant to assist him in pursuing it. **Il a ajouté** that Mr. Bennet seemed wholly disinclined at present to leave London **et** promised to write again **très** soon. **Il y avait aussi** a postscript to this effect:

"**Je** have written to Colonel Forster to desire him **de découvrir, si** possible, from some of the young man's intimates in the regiment, **si** Wickham has any relations **ou** connections **qui** would be likely **de savoir** in what **partie** of town **il** has now concealed himself. **S'il y avait** anyone that one could apply to **avec** a probability of gaining such a clue as that, it might be of essential consequence. At present we have nothing **pour nous guider**. Colonel Forster will, **je** dare say, do everything in **son pouvoir** to satisfy **nous** on this head. **Mais**, on second thoughts, perhaps, Lizzy could tell **nous** what relations **il** has now living, better **que** any other **personne**."

Elizabeth was at no loss **de comprendre** from whence this deference to her authority proceeded; **mais** it was not in **son pouvoir de donner** any information of so satisfactory a nature as the compliment deserved. **Elle** had **jamais** heard of his having had any relations, except a father **et** mother, both of whom had been dead many **années**. It was possible, **pourtant**, that some of his companions in the —— shire might be able **de donner** more **informations; et si elle** was not **très** sanguine in expecting it, the application was a **quelque chose** to look forward to.

Every day at Longbourn was now **un jour** of anxiety; **mais** the most anxious **partie** of each was **quand** the post was expected. The arrival of letters was the grand object of every morning's impatience. Through letters, whatever of good **ou** bad was to be told would be communicated, **et** every succeeding day was expected to bring some news of importance.

**Mais avant qu'elles** heard again from Mr. Gardiner, a letter arrived for their father, from a different quarter, from Mr. Collins; which, as Jane had received directions to open all that came for him in his absence, **elle** accordingly read; **et** Elizabeth, **qui** knew what curiosities his letters **toujours** were, looked over her, **et** read it likewise. It was as follows:

"My dear Sir,

"**Je sens** myself called upon, by our relationship, **et** my situation in life, to condole **avec** you on the grievous affliction you are now suffering under, of which we were yesterday informed by a letter from Hertfordshire. Be assured, my dear sir, that Mrs. Collins **et** myself sincerely sympathise **avec** you **et** all your respectable **famille**, in your present distress, which must be of the bitterest kind, **car** proceeding from a cause which no time can remove. No arguments shall be **de vouloir** on my **partie** that can alleviate so severe a misfortune — or that may comfort you, under a circumstance that must be of all others the most afflicting to a parent's mind. The death of your daughter would have been a blessing in comparison of this. **Et** it is the more to be lamented, **parce qu'il y a** reason to suppose as my dear Charlotte informs **moi**, that this licentiousness of behaviour in your daughter has proceeded from a faulty degree of indulgence; **mais**, at the same time, for the consolation of **vous et** Mrs. Bennet, **je** am inclined **de penser** that her own disposition must be naturally bad, **ou elle pourrait** not be guilty of such an enormity, at so **tôt** an age. Howsoever that may be, you are grievously to be pitied; in which opinion **je** am not only joined by Mrs. Collins, **mais** likewise by Lady Catherine **et** her daughter, to whom **je** have related the affair. **Elles** agree **avec moi** in apprehending that this false step in one daughter will be injurious to the fortunes of all the others; for **qui**, as Lady Catherine herself condescendingly **dit**, will connect themselves **avec** such **une famille**? **Et** this consideration leads **moi** moreover to reflect, **avec** augmented satisfaction, on a certain event of last November; for had it been otherwise, **je dois** have been involved in all your sorrow **et** disgrace. Let **moi** then advise you, dear sir, to console **vous-même** as much as possible, to throw off your unworthy child from your affection for ever, **et** leave her to reap the fruits of her own heinous offense.

"**Je** am, dear sir, etc., etc."

Mr. Gardiner did not write again till **il** had received an answer from Colonel Forster; **et** then **il** had nothing of a pleasant nature to send. It was not known that Wickham had a single relationship **avec** whom **il** kept up any connection, **et** it was certain that **il** had no near one living. His former acquaintances had been numerous; **mais comme il** had been in the militia, it did not appear that **il** was on terms of particular friendship **avec** any of **eux**. **Il y avait** no one, therefore, **qui** could be pointed out as likely **de donner** any news of him. **Et** in the wretched state of his own finances, **il y avait** a **très** powerful motive for secrecy, in addition to his fear of discovery by Lydia's relations, for it had just transpired that **il** had left gaming debts behind him to a **très** considerable amount. Colonel Forster believed that more **que** a thousand pounds would be necessary to clear his expenses at Brighton. **Il** owed a good deal in town, **mais** his debts of honour were still more formidable. Mr. Gardiner did not attempt to conceal these particulars from the Longbourn **famille**. Jane heard **eux avec** horror. "A gamester!" **elle** cried. "This is wholly unexpected. **Je** had not an idea of it."

Mr. Gardiner added in his letter, that **elles pourraient** expect **de voir** their father at home on the following day, which was Saturday. Rendered spiritless by the ill-success of all their endeavours, **il** had yielded to his brother-in-law's entreaty that **il retournerait** to **sa famille, et** leave it to him **de faire** whatever occasion might suggest to be advisable for continuing their pursuit. **Lorsque** Mrs. Bennet was told of this, **elle** did not express so much satisfaction as her children expected, considering what her anxiety for **sa vie** had been **avant**.

"What, is **il** coming home, **et sans** poor Lydia?" **elle** cried. "Sure **il** will not leave London **avant qu'il ne les ait trouvés**. **Qui** is to fight Wickham, **et** make him marry her, **s'il vient** away?"

As Mrs. Gardiner began to wish to be at home, it was settled that **elle et** the children should go to London, at the same time that Mr. Bennet came from it. The coach, therefore, took **eux** the first stage of their journey, **et** brought its master back to Longbourn.

Mrs. Gardiner went away in all the perplexity about Elizabeth **et** her Derbyshire friend that had attended her from that **partie** of **le monde**. His name had **jamais** been voluntarily mentioned **devant eux** by her niece; **et** the kind of half-expectation which Mrs. Gardiner had formed, of their being followed by a letter from him, had **terminé** in nothing. Elizabeth had received none **depuis** her return that could come from Pemberley.

The present unhappy state of **la famille** rendered any other excuse for the lowness of her spirits unnecessary; nothing, therefore, could be fairly conjectured from that, **mais** Elizabeth, **qui** was by this time tolerably well acquainted **avec** her own feelings, was perfectly aware that, had **elle** known nothing of Darcy, **elle pourrait** have borne the dread of Lydia's infamy somewhat better. It would have spared her, **elle pensait**, one sleepless night out of **deux**.

**Lorsque** Mr. Bennet arrived, **il** had all the appearance of his usual philosophic composure. **Il a dit** as little as **il** had ever been in the habit of saying; made no mention of **l'affaire** that had **pris** him away, **et** it was some time **avant que** his daughters had courage to speak of it.

It was not till the afternoon, **quand il** had joined **eux** at tea, that

Elizabeth ventured to introduce the subject; **et** then, on her briefly expressing her sorrow for what **il doit** have endured, **il** replied, "Say nothing of that. **Qui** should suffer **mais** myself? It has been my own doing, **et je** ought **de sentir** it."

"**Vous devez** not be too severe upon **vous-même**," replied Elizabeth.

"**Vous pouvez** well warn **moi** against such an evil. Human nature is so prone to fall **dans** it! No, Lizzy, let **moi une fois** in **ma vie** feel **combien je** have been to blame. **Je** am not afraid of être overpowered by the impression. It will pass away soon enough."

"Do you suppose **eux** to be in London?"

"Yes; **où** else can **ils** be so well concealed?"

"**Et** Lydia **voulait aller** to London," added Kitty.

"**Elle** is happy then," said her father drily; "**et** her residence there will probably be of some duration."

Then after a short silence **il** continued:

"Lizzy, **je** bear you no ill-will for être justified in your advice to **moi** last May, which, considering the event, shows some greatness of mind."

**Ils étaient** interrupted by Miss Bennet, **qui** came to fetch her mother's tea.

"This is a parade," **il** cried, "which does one good; it **donne** such an elegance to misfortune! Another day **je** will do the same; **je** will sit in my library, in my nightcap **et** powdering gown, **et** give as much trouble as **je peux**; **ou**, perhaps, **je peux** defer it till Kitty runs away."

"**Je** am not going to run away, papa," said Kitty fretfully. "**Si je** ever go to Brighton, **je voudrais** behave better **que** Lydia."

"**Vous allez** to Brighton. **Je voudrais** not trust you so near it as Eastbourne for fifty pounds! No, Kitty, **je** have at last learnt to be cautious, **et vous vous sentirez** the effects of it. No officer is ever to enter **dans** my house again, nor even to pass through the village. Balls will be absolutely prohibited, unless you stand up **avec** one of your sisters. **Et** you are **jamais** to stir out of doors till **vous pouvez** prove that you have spent ten minutes of every day in a rational manner."

Kitty, **qui** took all these threats in a serious light, began to cry.

"Well, well," said **il**, "do not make **vous-même** unhappy. **Si** you are a good girl for the next ten **ans**, **je vais prendre** you to a review at the end of **eux**."

## Chapter 48

| French | Pronunciation | English |
|---|---|---|
| qu'elle les a trouvés | k'ɛlə lɛs a truve | than she found them |
| pour nous guider | pur nus gɥide | to guide us |
| avant qu'il ne les ait trouvés | avant k'il nə lɛs ɛt truve | before he has found them |
| et vous vous sentirez | ət vus vus sɛntjrɛz | and you will feel |

> "Vocabulary is no different than any other system or part of language, we acquired it the same way, by understanding messages, by reading them or by listening to them." – Jeff McQuillan, senior researcher at Center for Educational Development, Inc.

**Deux jours** after Mr. Bennet's return, as Jane **et** Elizabeth were walking **ensemble** in the shrubbery behind the house, **ils ont vu** the housekeeper coming towards **eux, et**, concluding that **elle est venue** to call **eux** to their mother, went forward to meet her; **mais**, instead of the expected summons, **quand ils** approached her, **elle a dit** to Miss Bennet, "**Je** beg your pardon, madam, for interrupting you, **mais je** was in hopes **vous auriez** got some good news from town, so **j'ai pris** the liberty of coming to ask."

"What do you mean, Hill? We have heard nothing from town."

"Dear madam," cried Mrs. Hill, in great astonishment, "don't **vous savez qu'il y a** an express come for master from Mr. Gardiner? **Il** has been **ici** this half-hour, **et** master has had a letter."

Away ran the girls, too eager to get in **pour avoir** time for speech. **Elles** ran through the vestibule **dans** the breakfast-room; from thence to the library; their father was in neither; **et elles étaient** on the point of seeking him up stairs **avec** their mother, **quand elles étaient** met by the butler, **qui** said:

"**Si** you are **en train de chercher** my master, ma'am, **il** is walking towards the little copse."

Upon this **information**, **elles** instantly passed through the hall **une fois de plus, et** ran across the lawn after their father, **qui** was deliberately pursuing **son chemin** towards a small wood on one side of the paddock.

Jane, **qui** was not so light nor so much in the habit of running as Elizabeth, soon lagged behind, **tandis que** her sister, panting for breath, came up **avec** him, **et** eagerly cried out:

"Oh, papa, what news — what news? Have you heard from my uncle?"

"Yes **je** have had a letter from him by express."

"Well, **et** what news does it bring — good **ou** bad?"

"What is there of good to be expected?" said **il, en prenant** the letter from his pocket. "**Mais** perhaps **vous aimeriez** to **lire** it."

Elizabeth impatiently caught it from his **main**. Jane now came up.

"Read it aloud," said their father, "for **je** hardly know myself what it is about."

"Gracechurch Street, Monday, August 2.

"My dear Brother,

"At last **je** am able to send you some tidings of my niece, **et** such as, upon the whole, **je** hope it will give you satisfaction. Soon after you left **moi** on Saturday, **je** was fortunate enough **de découvrir** in what **partie** of London **ils étaient**. The particulars **je** reserve till we meet; it is enough **de savoir qu'ils** are discovered. **Je les ai vus** both —"

"Then it is as **je toujours** hoped," cried Jane; "**ils** are married!"

Elizabeth read on:

"**Je les ai vu** both. **Ils** are not married, nor can **je trouve qu'il y avait** any intention of étant so; **mais si** you are willing to perform the engagements which **je** have ventured to make on your side, **je** hope it will not be long **avant qu'ils** are. All that is required of you is, to assure to your daughter, by settlement, her equal share of the five thousand pounds secured among your children after the decease of **vous et** my sister; **et**, moreover, to enter **dans** an engagement of allowing her, **au cours de votre vie**, one hundred pounds per annum. These are conditions which, considering everything, **je** had no hesitation in complying **avec**, as far as **je pensais** myself privileged, for you. **Je** shall send this by express, that no time may be lost in bringing **moi** your answer. You will easily comprehend, from these particulars, that Mr. Wickham's circumstances are not so hopeless as **elles** are generally believed to be. **Le monde** has been deceived in that respect; **et je** am happy **de dire** there will be some little money, even **quand** all his debts are discharged, to settle on my niece, in addition to her own fortune. **Si**, as **je** conclude will be the case, you send **moi** full powers to act in your name throughout the whole of this business, **je** will immediately give directions to Haggerston for preparing a proper settlement. There will not be the smallest occasion for your coming to town again; therefore stay quiet at Longbourn, **et** depend on my diligence **et** care. Send back your answer as fast as **vous pouvez**, **et** be careful to write explicitly. We have judged it best that my niece should be married from this house, of which **je** hope you will approve. **Elle vient** to **nous** to-day. **Je** shall write again as soon as anything more is determined on. Yours, etc.,

"EDW. GARDINER."

"Is it possible?" cried Elizabeth, **quand elle** had finished. "Can it be possible that **il** will marry her?"

"Wickham is not so undeserving, then, as **nous pensions** him," said her sister. "My dear father, **je** congratulate you."

"**Et** have you answered the letter?" cried Elizabeth.

"No; **mais** it must be done soon."

Most earnestly did **elle** then entreat him to lose no more time **avant qu'il** wrote.

"Oh! my dear father," **elle** cried, "come back **et** write immediately. Consider **comment** important every moment is in such a case."

"Let **moi** write for you," said Jane, "**si** you dislike the trouble **vous-même**."

"**Je** dislike it **très** much," **il** replied; "**mais** it must be done."

**Et** so saying, **il** turned back **avec elles**, **et** walked towards the house.

"**Et** may **je** ask —" said Elizabeth; "**mais** the terms, **je** suppose, must be complied **avec**."

"Complied **avec**! **Je** am only ashamed of his asking so little."

"**Et ils doivent** marry! Yet **il** is such a man!"

"Yes, yes, **ils doivent** marry. **Il y a** nothing else to be done. **Mais il y a deux** things that **je veux très** much to **savoir**; one is, **combien de** money your uncle has laid down to bring it about; **et** the other, **comment** am **je** ever to pay him."

"Money! My uncle!" cried Jane, "what do you mean, sir?"

"**Je** mean, that no man in his senses would marry Lydia on so slight a temptation as one hundred **par an au cours de ma vie, et** fifty after **je** am **parti**."

"That is **très** true," said Elizabeth; "**mais** it had not occurred to **moi avant**. His debts to be discharged, **et quelque chose** still to remain! Oh! it must be my uncle's doings! Generous, good man, **je** am afraid **il** has distressed himself. A small sum could not do all this."

"No," said her father; "Wickham's a fool **s'il prend** her **avec** a farthing less **que** ten thousand pounds. **Je devrais** be sorry **de penser** so ill of him, in the **très** beginning of our relationship."

"Ten thousand pounds! Heaven forbid! **Comment** is half such a sum to be repaid?"

Mr. Bennet made no answer, **et** each of **eux**, deep in thought, continued silent till **ils** reached the house. Their father then went on to the library to write, **et** the girls walked **dans** the breakfast-room.

"**Et ils** are **vraiment** to be married!" cried Elizabeth, as soon as **ils étaient** by themselves. "**Comment** strange this is! **Et** for this we are to be thankful. That **ils devraient** marry, small as is their chance of happiness, **et** wretched as is his character, we are forced to rejoice. Oh, Lydia!"

"**Je** comfort myself **avec la pensée**," replied Jane, "that **il** certainly would not marry Lydia **s'il** had not a real regard for her. **Mais** our kind uncle has done **quelque chose** towards clearing him, **je** cannot believe that ten thousand pounds, **ou** anything like it, has been advanced. **Il** has children of his own, **et** may have more. **Comment** could **il** spare half ten thousand pounds?"

"**Si il** were ever able **d'apprendre** what Wickham's debts have been," said Elizabeth, "**et comment** much is settled on his side on our sister, we shall exactly know what Mr. Gardiner has done for **eux, car** Wickham has not sixpence of his own. The kindness of my uncle **et** aunt can **jamais** be requited. Their taking her home, **et** affording her their personal protection **et** countenance, is such a sacrifice to her advantage as **des années** of gratitude cannot enough acknowledge. By this time **elle** is actually **avec eux! Si** such goodness does not make her miserable now, **elle** will **jamais** deserve to be happy! What a meeting for her, **quand elle** first **voit** my aunt!"

"**Nous devons** endeavour to forget all that has passed on either side," said Jane: "**Je** hope **et** trust **ils** will yet be happy. His consenting to marry her is a proof, **je** will believe, that **il** is come to a right **manière** of **penser**. Their mutual affection will steady **eux; et je** flatter myself **ils** will settle so quietly, **et** live in so rational a manner, as may in time make their past imprudence forgotten."

"Their conduct has been such," replied Elizabeth, "as neither you, nor **je**, nor anybody can ever forget. It is useless to talk of it."

It now occurred to the girls that their mother was in all likelihood perfectly ignorant of what had happened. **Elles sont allées** to the library, therefore, **et** asked their father **s'il ne souhaiterait pas eux** to make it known to her. **Il** was writing **et**, **sans** raising his head, coolly replied:

"Just as you please."

"May **nous prendre** my uncle's letter **pour lire** to her?"

"Take whatever **vous voulez, et** get away."

Elizabeth took the letter from his writing-table, **et elles sont allées** up stairs **ensemble**. Mary **et** Kitty were both **avec** Mrs. Bennet: one communication would, therefore, do for all. After a slight preparation for good news, the letter was read aloud. Mrs. Bennet could hardly contain herself. As soon as Jane had read Mr. Gardiner's hope of Lydia's beingsoon married, her joy burst forth, **et** every following sentence added to its exuberance. **Elle** was now in an irritation as violent from delight, as **elle** had ever been fidgety from alarm **et** vexation. **De savoir** that her daughter would be married was enough. **Elle** was disturbed by no fear for her felicity, nor humbled by any remembrance of her misconduct.

"My dear, dear Lydia!" **elle** cried. "This is delightful indeed! **Elle** will be married! **Je** shall see her again! **Elle** will be married at sixteen! My good, kind brother! **Je savais** it would be. **Je savais qu'il** manage everything! **Comment je** long **de voir** her! **et de voir** dear Wickham too! **Mais** the clothes, the wedding clothes! **Je** will write to my sister Gardiner about **eux** directly. Lizzy, my dear, run down to your father, **et** ask him **combien il donnera** her. Stay, stay, **j'irai** myself. Ring the bell, Kitty, for Hill. **Je** will put on my things in a moment. My dear, dear Lydia! **Comment** merry we shall be **ensemble quand** we meet!"

Her eldest daughter endeavoured **de donner** some relief to the violence of these transports, by leading her thoughts to the obligations which Mr. Gardiner's behaviour laid **eux** all under.

"For **nous devons** attribute this happy conclusion," **elle a ajouté**, "in a great measure to his kindness. We are persuaded that **il** has pledged himself to assist Mr. Wickham **avec** money."

"Well," cried her mother, "it is all **très** right; **qui** should do it **mais** her own uncle? **S'il** had not had **une famille** of his own, **moi et** my children must have had all **son argent, vous savez; et** it is the first time we have ever had anything from him, except a few presents. Well! **Je** am so happy! In a short time **je** shall have a daughter married. Mrs. Wickham! **Comment** well it sounds! **Et elle** was only sixteen last June. My dear Jane, **je** am in such a flutter, that **je** am sure **je** can't write; so **je** will dictate, **et** you write for **moi**. We will settle **avec** your father about **l'argent** afterwards; **mais** the things should be ordered immediately."

**Elle** was then proceeding to all the particulars of calico, muslin, **et** cambric, **et** would shortly have dictated some **très** plentiful orders, had not Jane, **bien qu'avec** some difficulty, persuaded her to wait till her father was at leisure to be consulted. One day's delay, **elle** observed, would be of small importance; **et** her mother was too happy to be quite so obstinate as usual. Other schemes, too, came **dans** her head.

"**J'irai** to Meryton," said **elle**, "as soon as **je** am dressed, **et** tell the good, good news to my sister Philips. **Et** as **je viens** back, **je peux** call on Lady Lucas **et** Mrs. Long. Kitty, run down **et** order the carriage. An airing would do **moi** a great deal of good, **je** am sure. Girls, can **je** do anything for you in Meryton? Oh! **Voici** Hill! My dear Hill, have you heard the good news? Miss Lydia is going to be married; **et** you shall all have a bowl of punch to make merry at her wedding."

Mrs. Hill began instantly to express her joy. Elizabeth received her congratulations amongst the rest, **et** then, sick of this folly, took refuge in her own room, that **elle pouvait** think **avec** freedom.

Poor Lydia's situation must, at best, be bad enough; **mais** that it was no worse, **elle** had need to be thankful. **Elle sentait** it so; **et bien que**, **en regardant** forward, neither rational happiness nor worldly prosperity could be justly expected for her sister, **en regardant** back to what **elles** had feared, only **deux** hours ago, **elle sentait** all the advantages of what **elles** had gained.

## Chapter 49

| French | Pronunciation | English |
|---|---|---|
| en train de chercher | ən trɛn də ʃɛrʃe | searching |
| vous aimeriez | vus ɛmɛrjez | you would like |
| je les ai vus | ʒə lɛs ɛ vy | i saw them |
| avec la pensée | avɛk la pɛnse | with the thought |
| s'il ne souhaiterait pas | s'il nə suɛtɛrɛt pa | whether he did not wish |
| il donnera | il dɔnɛra | he will give |
| voici | vwazi | here is |

# 50

Mr. Bennet had **très souvent** wished **avant** this period of **sa vie** that, instead of spending his whole income, **il** had laid by an annual sum for the better provision of his children, **et** of his wife, **si elle** survived him. **Il** now wished it more **que** ever. Had **il** done his duty in that respect, Lydia need not have been indebted to her uncle for whatever of honour **ou** credit could now be purchased for her. The satisfaction of prevailing on one of the most worthless young men in Great Britain to be her husband might then have rested in its proper **place**.

**Il** was seriously concerned that a cause of so little advantage to anyone should be forwarded at the sole expense of his brother-in-law, **et il** was determined, **si** possible, **de découvrir** the extent of his assistance, **et** to discharge the obligation as soon as **il pouvait**.

**Quand** first Mr. Bennet had married, economy was held to be perfectly useless, for, of course, **ils devaient avoir** a son. The son was to join in cutting off the entail, as soon as **il devrait** be of age, **et** the widow **et** younger children would by that means be provided for. Five daughters successively entered **le monde**, **mais** yet the son was to **venir**; **et** Mrs. Bennet, for many **années** after Lydia's birth, had been certain that he would. This event had at last been despaired of, **mais** it was then too late to be saving. Mrs. Bennet had no turn for economy, **et** her husband's **amour** of independence had alone prevented their exceeding their income.

Five thousand pounds was settled by marriage articles on Mrs. Bennet **et** the children. **Mais** in what proportions it should be divided amongst the latter depended on the will of the parents. This was one point, **avec** regard to Lydia, at least, which was now to be settled, **et** Mr. Bennet could have no hesitation in acceding to the proposal **devant** him. In terms of grateful acknowledgment for the kindness of his brother, **mais** expressed most concisely, **il** then delivered on paper his perfect approbation of all that was done, **et** his willingness to fulfil the engagements that had been made for him. **Il** had **jamais avant** supposed that, could Wickham be prevailed on to marry his daughter, it would be done **avec** so little inconvenience to himself as by the present arrangement. **Il serait** scarcely ten pounds **par an** the loser by the hundred that was to be paid **eux**; for, what **avec** her board **et** pocket allowance, **et** the continual presents in money which passed to her through her mother's hands, Lydia's expenses had been **très** little within that sum.

That it would be done **avec** such trifling exertion on his side, too, was another **très** welcome surprise; for his wish at present was **d'avoir** as little trouble in **l'affaire** as possible. **Lorsque** the first transports of rage which had produced his activity in seeking her were over, **il** naturally returned to all his former indolence. His letter was soon dispatched; for, **mais** dilatory in undertaking business, **il** was quick in its execution. **Il** begged **de connaître** further particulars of what **il** was indebted to his brother, **mais** was too angry **avec** Lydia to send any message to her.

The good news spread quickly through the house, **et avec** proportionate speed through the neighbourhood. It was borne in the latter **avec** decent philosophy. To be sure, it would have been more for the advantage of conversation had Miss Lydia Bennet come upon the town; **ou**, as the happiest alternative, been secluded from **le monde**, in some distant farmhouse. **Mais il y avait** much to be talked of in marrying her; **et** the good-natured wishes for her well-doing which had proceeded **avant** from all the spiteful old ladies in Meryton lost **mais** a little of their spirit in this change of circumstances, **car avec** such an husband her misery was considered certain.

It was a fortnight **depuis que** Mrs. Bennet had been downstairs; **mais** on this happy day **elle** again took her seat at the head of her table, **et** in spirits oppressively high. No sentiment of shame gave a damp to her triumph. The marriage of a daughter, which had been the first object of her wishes **depuis que** Jane was sixteen, was now on the point of accomplishment, **et** her thoughts **et** her words ran wholly on **ces** attendants of elegant nuptials, fine muslins, new carriages, **et** servants. **Elle** was busily searching through the neighbourhood for a proper situation for her daughter, **et, sans** knowing **ou** considering what their income might be, rejected many as deficient in size **et** importance.

"Haye Park might do," said **elle**, "**si** the Gouldings could quit it — or the great house at Stoke, **si** the drawing-room were larger; **mais** Ashworth is too far off! **Je pourrais** not bear **d' avoir** her ten miles from **moi**; **et** as for Pulvis Lodge, the attics are dreadful."

Her husband allowed her to talk on **sans** interruption **pendant que** the servants remained. **Mais quand ils** had withdrawn, **il a dit** to her: "Mrs. Bennet, **avant de prendre** any **ou** all of these houses for your son **et** daughter, let **nous** come to a right understanding. **Dans** one house in this neighbourhood **ils** shall **jamais** have admittance. **Je** will not encourage the impudence of either, by receiving **eux** at Longbourn."

A long dispute followed this declaration; **mais** Mr. Bennet was firm. It soon led to another; **et** Mrs. Bennet found, **avec** amazement **et** horror, that her husband would not advance a guinea to buy clothes for his daughter. **Il** protested that **elle devrait** receive from him no mark of affection whatever on the occasion. Mrs. Bennet could hardly comprehend it. That his anger could be carried to such a point of inconceivable resentment as to refuse his daughter a privilege **sans** which her marriage would scarcely seem valid, exceeded all **elle pouvait** believe possible. **Elle** was more alive to the disgrace which her want of new clothes must reflect on her daughter's nuptials, **que** to any sense of shame at her eloping **et** living **avec** Wickham a fortnight **avant qu'ils** took place.

Elizabeth was now most heartily sorry that **elle** had, from the distress of the moment, been led to make Mr. Darcy acquainted **avec** their fears for her sister; for **puisque** her marriage would so shortly give the proper termination to the elopement, **ils pouvaient** hope to conceal its unfavourable beginning from all **ceux qui** were not immediately on the spot.

**Elle** had no fear of its spreading farther through his means. **Il y avait** few **personnes** on whose secrecy **elle aurait** more confidently depended; **mais**, at the same time, **il y avait** no one whose **connaissances** of a sister's frailty would have mortified her so much — not, **pourtant**, from any fear of disadvantage from it individually to herself, for, at any rate, there seemed a gulf impassable **entre eux**. Had Lydia's marriage been concluded on the most honourable terms, it was not to be supposed that Mr. Darcy would connect himself **avec une famille où**, to every other objection, would now be added an alliance **et** relationship of the nearest kind **avec** a man whom **il** so justly scorned.

From such a connection **elle pouvait** not wonder that **il** would shrink. The wish of procuring her regard, which **elle** had assured herself of his feeling in Derbyshire, could not in rational expectation survive such a blow as this. **Elle** was humbled, **elle** was grieved; **elle** repented, **si elle** hardly knew of what. <u>**Elle est devenue**</u> jealous of his esteem, **quand elle pouvait** no longer hope to be benefited by it. **Elle voulait** to hear of him, **lorsque** there seemed the least chance of gaining intelligence. **Elle** was convinced that **elle pourrait** have been happy **avec** him, **quand** it was no longer likely **ils devraient** meet.

What a triumph for him, as **elle souvent** thought, could **il** know that the proposals which **elle** had proudly spurned only four months ago, would now have been most gladly **et** gratefully received! **Il** was as generous, **elle** doubted not, as the most generous of his sex; **mais** while he was mortal, there must be a triumph.

**Elle** began now to comprehend that **il** was exactly the man **qui**, in disposition **et** talents, would most suit her. His understanding **et** temper, **mais** unlike her own, would have answered all her wishes. It was an union that must have been to the advantage of both; by her ease **et** liveliness, **son esprit** might have been softened, his manners improved; **et** from his judgement, **informations, et connaissances** of **le monde, elle doit** have received benefit of greater importance.

**Mais** no such happy marriage could now teach the admiring multitude what connubial felicity **vraiment** was. An union of a different tendency, **et** precluding the possibility of the other, was soon to be formed in **leur famille**.

**Comment** Wickham **et** Lydia were to be supported in tolerable independence, **elle pouvait** not imagine. **Mais comment** little of permanent happiness could belong to a couple **qui** were only brought **ensemble parce que** their passions were stronger **que** their virtue, **elle pouvait** easily conjecture.

Mr. Gardiner soon wrote again to his brother. To Mr. Bennet's acknowledgments **il** briefly replied, **avec** assurance of his eagerness to promote the welfare of any of **sa famille**; **et** concluded **avec** entreaties that the subject might **jamais** be mentioned to him again. The principal purport of his letter was to inform **eux** that Mr. Wickham had resolved on quitting the militia.

"It was greatly my wish that **il devrait** do so," **il ajouta**, "as soon as his marriage was fixed on. **Et je pense** you will agree **avec moi**, in considering the removal from that corps as highly advisable, both on his account **et** my niece's. It is Mr. Wickham's intention **d'entrer dans** the regulars; **et** among his former friends, **il y a** still some **qui** are able **et** willing to assist him in the army. **Il** has the promise of an ensigncy in General —— 's regiment, now quartered in the North. It is an advantage **d'avoir** it so far from this **partie** of the kingdom. **Il** promises fairly; **et je** hope among different **personnes, où ils peuvent** each have a character to preserve, **ils** will both be more prudent. **Je** have written to Colonel Forster, to inform him of our present arrangements, **et** to request that **il** will satisfy the various creditors of Mr. Wickham in **et** near Brighton, **avec** assurances of speedy payment, for which **je** have pledged myself. **Et** will **vous vous donner** the trouble of carrying similar assurances to his creditors in Meryton, of whom **je** shall subjoin **une liste** according to **ses informations**? **Il a donné** in all his debts; **je** hope at least **il** has not deceived **nous**. Haggerston has our directions, **et** all will be completed in a week. **Ils** will then join his regiment, unless **ils** are first invited to Longbourn; **et je comprends** from Mrs. Gardiner, that my niece is **très** desirous of seeing you all **avant qu'elle** leaves the South. **Elle** is well, **et** begs to be dutifully remembered to you **et** her mother. — Yours, etc.,

"E. GARDINER."

Mr. Bennet **et** his daughters saw all the advantages of Wickham's removal from the —— shire as clearly as Mr. Gardiner could do. **Mais** Mrs. Bennet was not so well pleased **avec** it. Lydia's being settled in the North, just **quand elle** had expected most pleasure **et** pride in her **compagnie**, for **elle** had by no means **abandonné** her plan of their residing in Hertfordshire, was a severe disappointment; **et**, besides, it was such a pity that Lydia should be **prise** from a regiment **où elle** was acquainted **avec** everybody, **et** had so many favourites.

"**Elle** is so fond of Mrs. Forster," said **elle**, "it will be quite shocking to send her away! **Et il y a** several of the young men, too, that **elle aime très** much. The officers may not be so pleasant in General —— 's regiment."

His daughter's request, for such it might be considered, of étant admitted **dans sa famille** again **avant de** set off for the North, received at first an absolute negative. **Mais** Jane **et** Elizabeth, **qui** agreed in wishing, for the sake of their sister's feelings **et** consequence, that **elle devrait** be noticed on her marriage by her parents, urged him so earnestly yet so rationally **et** so mildly, to receive her **et** her husband at Longbourn, as soon as **ils étaient** married, that **il** was prevailed on **de penser** as **ils pensaient**, **et** act as **ils** wished. **Et** their mother had the satisfaction of knowing that **elle serait** able to show her married daughter in the neighbourhood **avant qu'elle** was banished to the North. **Lorsque** Mr. Bennet wrote again to his brother, therefore, **il** sent his permission for **eux de venir**; **et** it was settled, that as soon as the ceremony was over, **ils devraient** proceed to Longbourn. Elizabeth was surprised, **pourtant**, that Wickham should consent to such a scheme, **et** had **elle** consulted only her own inclination, any meeting **avec** him would have been the last object of her wishes.

## Chapter 50

| French | Pronunciation | English |
|---|---|---|
| elle est devenue | ɛlə ɛst dəvɛnɥ | she has become |
| ils pensaient | ils pɛnsaj | they thought |

# 51

"If you're in a classroom where your teacher is teaching you a lot of words, you are learning about one third of a word per hour, or one word every 3 hours. If you just read you would learn a word every 25 to 30 minutes." – Jeff McQuillan, senior researcher at Center for Educational Development, Inc.

Their sister's wedding day arrived; **et** Jane **et** Elizabeth felt for her probably more **qu'elle ne sentait** for herself. The carriage was sent to meet **eux** at — —, **et ils étaient** to return in it by dinnertime. Their arrival was dreaded by the elder Miss Bennets, **et** Jane more especially, **qui** gave Lydia the feelings which would have attended herself, had **elle** been the culprit, **et** was wretched in the thought of what her sister must endure.

**Ils sont venus**. **La famille** were assembled in the breakfast room to receive **eux**. Smiles decked the face of Mrs. Bennet as the carriage drove up to the door; her husband looked impenetrably grave; her daughters, alarmed, anxious, uneasy.

Lydia's voice was heard in the vestibule; the door was thrown open, **et elle** ran **dans** the room. Her mother stepped forwards, embraced her, **et** welcomed her **avec** rapture; gave her **main**, **avec** an affectionate smile, to Wickham, **qui** followed his lady; **et** wished **eux** both joy **avec** an alacrity which shewed no doubt of their happiness.

Their reception from Mr. Bennet, to whom **ils** then turned, was not quite so cordial. His countenance rather gained in austerity; **et il** scarcely opened his lips. The easy assurance of the young couple, indeed, was enough to provoke him. Elizabeth was disgusted, **et** even Miss Bennet was shocked. Lydia was Lydia still; untamed, unabashed, wild, noisy, **et** fearless. **Elle** turned from sister to sister, demanding their congratulations; **et quand** at length **ils** all sat down, looked eagerly round the room, took notice of some little alteration in it, **et** observed, **avec** a laugh, that it was a great **temps depuis qu'elle** had been there.

Wickham was not at all more distressed **que** herself, **mais** his manners were **toujours** so pleasing, that had his character **et** his marriage been exactly what **ils** ought, his smiles **et** his easy address, **pendant qu'il** claimed their relationship, would have delighted **eux** all. Elizabeth had not **avant** believed him quite equal to such assurance; **mais elle** sat down, resolving within herself to draw no limits in future to the impudence of an impudent man. **Elle** blushed, **et** Jane blushed; **mais** the cheeks of the **deux qui** caused their confusion suffered no variation of colour.

**Il y avait** no want of discourse. The bride **et** her mother could neither of **elles** talk fast enough; **et** Wickham, **qui** happened to sit near Elizabeth, began enquiring after his acquaintance in that neighbourhood, **avec** a good humoured ease which **elle se sentait très** unable to equal in her replies. **Ils** seemed each of **eux d'avoir** the happiest memories in **le monde**. Nothing of the past was recollected **avec** pain; **et** Lydia led voluntarily to subjects which her sisters would not have alluded to for **le monde**.

"Only think of its étant trois months," **elle** cried, "<u>**depuis que je suis allée**</u> away; it seems **mais** a fortnight **je** declare; **et** yet there have been things enough happened in **le temps**. Good gracious! **quand je suis allée** away, **je** am sure **je** had no more idea of étant married till **je suis venue** back again! **bien que je pensais** it would be **très** good fun **si je** was."

Her father lifted up his eyes. Jane was distressed. Elizabeth looked expressively at Lydia; **mais elle, qui jamais** heard nor saw anything of which **elle** chose to be insensible, gaily continued, "Oh! mamma, do **les gens** hereabouts know **je** am married to-day? **Je** was afraid **ils pourraient** not; **et** we overtook William Goulding in his curricle, so **je** was determined **il devrait** know it, **et** so **je** let down the side-glass next to him, **et** took off my glove, **et** let my **main** just rest upon the window frame, so that **il pourrait** see the ring, **et** then **je** bowed **et** smiled like anything."

Elizabeth could bear it no longer. **Elle** got up, **et** ran out of the room; **et** returned no more, till **elle** heard **eux** passing through the hall to the dining parlour. **Elle** then joined **eux** soon enough **pour voir** Lydia, **avec** anxious parade, walk up to her mother's right **main, et** hear her say to her eldest sister, "Ah! Jane, **je prends votre place** now, **et vous devez** go lower, **parce que je** am a married woman."

It was not to be supposed that time would give Lydia that

embarrassment from which **elle** had been so wholly free at first. Her ease **et** good spirits increased. **Elle** longed **de voir** Mrs. Phillips, the Lucases, **et** all their other neighbours, **et** to hear herself called "Mrs. Wickham" by each of **eux**; **et** in the mean time, **elle est allée** after dinner to show her ring, **et** boast of être married, to Mrs. Hill **et** the **deux** housemaids.

"Well, mamma," said **elle**, **quand ils étaient** all returned to the breakfast room, "**et** what do **vous pensez** of my husband? Is not **il** a charming man? **Je** am sure my sisters must all envy **moi**. **Je** only hope **ils peuvent** have half my good luck. **Elles doivent** all go to Brighton. That is **le lieu** to get husbands. What a pity it is, mamma, we did not all go."

"**Très** true; **et si je** had my will, **nous devrions**. **Mais** my dear Lydia, **je** don't at all like your going such a way off. Must it be so?"

"Oh, lord! yes; — there is nothing in that. **Je** shall like it of all things. You **et** papa, **et** my sisters, must come down **et** see **nous**. We shall be at Newcastle all the winter, **et je** dare say there will be some balls, **et je prendrai** care to get good partners for **elles** all."

"**Je devrais** like it beyond anything!" said her mother.

"**Et** then **quand vous allez** away, **vous pouvez** leave one **ou deux** of my sisters behind you; **et je** dare say **je** shall get husbands for **elles avant que** the winter is over."

"**Je remercie** you for my share of the favour," said Elizabeth; "**mais je** do not particularly like **votre façon** of getting husbands."

Their visitors were not to remain above ten **jours avec eux**. Mr. Wickham had received his commission **avant qu'il** left London, **et il** was to join his regiment at the end of a fortnight.

No one **mais** Mrs. Bennet regretted that their stay would be so short; **et elle** made the most of **le temps** by visiting about **avec** her daughter, **et** having **très** frequent parties at home. These parties were acceptable to all; to avoid **une famille** circle was even more desirable to such as did think, **que** such as did not.

Wickham's affection for Lydia was just what Elizabeth had expected **de trouver** it; not equal to Lydia's for him. **Elle** had scarcely needed her present observation to be satisfied, from the reason of things, that their elopement had been brought on by the strength of **son amour**, rather **que** by his; **et elle** have wondered **pourquoi**, **sans** violently caring for her, **il** chose to elope **avec** her at all, had **elle** not felt certain that his flight was rendered necessary by distress of circumstances; **et si** that were the case, **il** was not the young man to resist an opportunity of having a companion.

Lydia was exceedingly fond of him. **Il** was her dear Wickham on every occasion; no one was to be put in competition **avec** him. **Il** did every thing best in **le monde**; **et elle** was sure **il tuerait** more **d'oiseaux** on the first of September, **que n'importe qui** else in the country.

One morning, soon after their arrival, as **elle** was sitting **avec** her **deux** elder sisters, **elle a dit** to Elizabeth:

"Lizzy, **jamais je** gave you an account of my wedding, **je** believe. **Vous étiez** not by, **quand je** told mamma **et** the others all about it. Are not you curious to hear **comment** it was managed?"

"No **vraiment**," replied Elizabeth; "**Je pense** there cannot be too little said on the subject."

"La! You are so strange! **Mais je dois** tell you **comment** it went off. We were married, **vous savez**, at St. Clement's, **car** Wickham's lodgings were in that parish. **Et** it was settled that **nous devrions** all be there by eleven o'clock. My uncle **et** aunt **et je** were to **aller ensemble**; **et** the others were to meet **nous** at the church. Well, Monday morning came, **et je** was in such a fuss! **Je** was so afraid, **vous savez**, that **quelque chose** would happen to put it off, **et** then **je devrais** have **partie** quite distracted. **Et il y avait** my aunt, **tout le temps que je** was dressing, preaching **et** talking away just as **si elle** was **en train de lire** a sermon. **Pourtant, je** did not hear above one word in ten, for **je** was **en train de penser, vous pouvez** suppose, of my dear Wickham. **Je** longed **de savoir s'il serait** married in his blue coat."

"Well, **et** so we breakfasted at ten as usual; **je pensais** it would **jamais** be over; for, by the bye, you are to **comprendre**, that my uncle **et** aunt were horrid unpleasant **tout le temps que je** was **avec eux**. **Si** you will believe **moi, je** did not **une fois** put my foot out of doors, **bien que je** was there a fortnight. Not one party, **ou** scheme, **ou** anything. To be sure London was rather thin, **mais, pourtant**, the Little Theatre was open. Well, **et** so just as the carriage came to the door, my uncle was called away upon business to that horrid man Mr. Stone. **Et** then, **vous savez**, **quand une fois** they get **ensemble, il y a** no end of it. Well, **je** was so frightened **je** did not know what to **faire**, for my uncle was to **donner moi** away; **et si** we were beyond the hour, **nous pourrions** not be married all day. **Mais**, luckily, **il est venu** back again in ten minutes' time, **et** then we all set out. **Pourtant, je** recollected afterwards that **s'il** had been prevented going, the wedding need not be put off, for Mr. Darcy might have done as well."

"Mr. Darcy!" repeated Elizabeth, in utter amazement.

"Oh, yes! — he was to **venir** there **avec** Wickham, **vous savez**. **Mais** gracious **moi! Je** quite forgot! **Je** ought not **d'avoir** said a word about it. **Je** promised **eux** so faithfully! What will Wickham say? It was to be such a secret!"

"**Si** it was to be secret," said Jane, "say not another word on the subject. **Vous pouvez** depend upon my seeking no further."

"Oh! certainly," said Elizabeth, **mais** burning **avec** curiosity; "we will ask you no questions."

"**Merci**," said Lydia, "for **si** you did, **je devrais** certainly tell you all, **et** then Wickham would be angry."

On such encouragement to ask, Elizabeth was forced to put it out of **son pouvoir**, by running away.

**Mais** to live in ignorance on such a point was impossible; **ou** at least it was impossible not to try for **informations**. Mr. Darcy had been at her sister's wedding. It was exactly a scene, **et** exactly among **personnes**, **où il** had apparently least à faire, **et** least temptation **d'aller**. Conjectures as to the meaning of it, rapid **et** wild, hurried **dans** her brain; **mais elle** was satisfied **avec** none. **Ceux** that best pleased her, as placing his conduct in the noblest light, seemed most improbable. **Elle pouvait** not bear such suspense; **et** hastily seizing a sheet of paper, wrote a short letter to her aunt, to request an explanation of what Lydia had dropt, **si** it were compatible **avec** the secrecy which had been intended.

"**Vous pouvez** readily comprehend," **elle a ajouté**, "what my curiosity must be **de savoir comment une personne** unconnected **avec** any of **nous**, **et** (comparatively speaking) a stranger to **notre famille**, should have been amongst you at such **un temps**. Pray write instantly, **et** let **moi** understand it — unless it is, for **très** cogent reasons, to remain in the secrecy which Lydia seems **de penser** necessary; **et** then **je dois** endeavour to be satisfied **avec** ignorance."

"Not that **je** shall, **mais**," **elle a ajouté** to herself, as **elle** finished the letter; "**et** my dear aunt, **si** you do not tell **moi** in an honourable manner, **je** shall certainly be reduced to tricks **et** stratagems **pour trouver** it out."

Jane's delicate sense of honour would not allow her to speak to Elizabeth privately of what Lydia had let fall; Elizabeth was glad of it; — till it appeared **si** her enquiries would receive any satisfaction, **elle** had rather be **sans** a confidante.

## Chapter 51

| French | Pronunciation | English |
|---|---|---|
| ils sont venus | ils sɔnt vɛny | they came |
| depuis que je suis allée | dəpɥis kə ʒə sɥis ale | since i went |
| et je prendrai | ət ʒə prâdrɛ | and i will take |
| il tuerait | il tɥɛrɛ | he would kill |
| d'oiseaux | d'wazo | birds |
| tout le temps que je | tut lə tâps kə ʒ | all the time i |

# 52

Elizabeth had the satisfaction of receiving an answer to her letter as soon as **elle** possibly could. **Elle** was no sooner in possession of it **que**, hurrying **dans** the little copse, **où elle** was least likely to be interrupted, **elle** sat down on one of the benches **et** prepared to be happy; for the length of the letter convinced her that it did not contain a denial.

"Gracechurch Street, Sept. 6.

"My dear Niece,

"**Je** have just received your letter, **et** shall devote this whole morning to answering it, as **je** foresee that a little writing will not comprise what **je** have to tell you. **Je dois** confess myself surprised by your application; **je** did not expect it from you. Don't think **moi** angry, **pourtant**, for **je** only mean to let **vous savoir** that **je** had not imagined such enquiries to be necessary on your side. **Si** you do not choose **de me comprendre**, forgive my impertinence. Your uncle is as much surprised as **je** am — and nothing **mais** the belief of your being a party concerned would have allowed him to act as **il** has done. **Mais si** you are **vraiment** innocent **et** ignorant, **je dois** be more explicit.

"On the **très** day of my coming home from Longbourn, your uncle had a most unexpected visitor. Mr. Darcy called, **et** was shut up **avec** him several hours. It was all over **avant que je** arrived; so my curiosity was not so dreadfully racked as yours seems **d'avoir** been. **Il est venu** to tell Mr. Gardiner that <u>**il avait découvert**</u> **où** your sister **et** Mr. Wickham were, **et** that **il avait vu et** talked **avec eux** both; Wickham repeatedly, Lydia **une fois**. From what **je peux** collect, **il** left Derbyshire only one day after ourselves, **et** came to town **avec** the resolution of hunting for **eux**. The motive professed was his conviction of its being owing to himself that Wickham's worthlessness had not been so well known as to make it impossible for any young woman of character **d'aimer ou** confide in him. **Il** generously imputed the whole to his mistaken pride, **et** confessed that **il** had **avant** thought it beneath him to lay his private actions open to **le monde**. His character was to speak for itself. **Il** called it, therefore, his duty to step forward, **et** endeavour to remedy an evil which had been brought on by himself. **S'il** had another motive, **je** am sure it would **jamais** disgrace him. **Il** had been some **journées** in town, **avant qu'il** was able to discover **eux; mais il** had **quelque chose** to direct his search, which was more **que** we had; **et** the consciousness of this was another reason for his resolving to follow **nous**.

"**Il y a** a lady, it seems, a Mrs. Younge, **qui** was some time ago governess to Miss Darcy, **et** was dismissed from her charge on some cause of disapprobation, **bien qu'il** did not say what. **Elle** then took a large house in Edward-street, **et** has **depuis** maintained herself by letting lodgings. This Mrs. Younge was, **il savait**, intimately acquainted **avec** Wickham; **et il est allé** to her for intelligence of him as soon as **il** got to town. **Mais** it was **deux ou trois jours avant qu'il ne puisse** get from her what **il voulait**. **Elle** would not betray her trust, **je** suppose, **sans** bribery **et** corruption, for **elle vraiment** did know **où** her friend was to be found. Wickham indeed had **parti** to her on their first arrival in London, **et** had **elle** been able to receive **eux dans** her house, **ils auraient pris** up their abode **avec** her. At length, **pourtant**, our kind friend procured the wished-for direction. **Ils étaient** in — — street. **Il a vu** Wickham, **et** afterwards insisted on seeing Lydia. His first object **avec** her, **il** acknowledged, had been to persuade her to quit her present disgraceful situation, **et** return to her friends as soon as **ils pourraient** be prevailed on to receive her, offering his assistance, as far as it would go. **Mais il a trouvé** Lydia absolutely resolved on remaining **où elle** was. **Elle** cared for none of her friends; **elle voulait** no help of his; **elle n'écouterait pas** of leaving Wickham. **Elle** was sure **ils devraient** be married some time **ou** other, **et** it did not much signify **quand. Puisque** such were her feelings, it only remained, **il pensait**, to secure **et** expedite a marriage, which, in his **très** first conversation **avec** Wickham, **il** easily learnt had **jamais** been his design. **Il** confessed himself obliged to leave the regiment, on account of some debts of honour, which were **très** pressing; **et** scrupled not to lay all the ill-consequences of Lydia's flight on her own folly alone. **Il** meant to resign his commission immediately; **et** as to his future situation, **il pourrait** conjecture **très** little about it. **Il doit** go somewhere, **mais il** did not know **où, et il savait qu'il devrait** have nothing to live on.

"Mr. Darcy asked him **pourquoi il** had not married your sister **immédiatement. Mais** Mr. Bennet was not imagined to be **très** rich, **il aurait** been able **de faire quelque chose** for him, **et** his situation must have been benefited by marriage. **Mais il a trouvé**, in reply to this question, that Wickham still cherished the hope of more effectually making his fortune by marriage in some other country. Under such circumstances, **pourtant, il** was not likely to be proof against the temptation of immediate relief.

"**Ils** met several **fois**, for **il y avait** much to be discussed. Wickham of course wanted more **qu'il ne pouvait** get; **mais** at length was reduced to be reasonable.

"Everything étant settled **entre eux**, Mr. Darcy's next step was to make your uncle acquainted **avec** it, **et il** first called in Gracechurch street the evening **avant de venir** home. **Mais** Mr. Gardiner could not be seen, **et** Mr. Darcy found, on further enquiry, that your father was still **avec** him, **mais** would quit town the next morning. **Il** did not judge your father to be **une personne** whom **il pourrait** so properly consult as your uncle, **et** therefore readily postponed seeing him till after the departure of the former. **Il** did not leave his name, **et** till the next day it was only known that a gentleman had called on business.

"On Saturday **il est venu** again. Your father was **parti**, your uncle at home, **et**, as **je l'ai dit avant**, **ils** had a great deal of talk **ensemble**.

"**Ils** met again on Sunday, **et** then **j'ai vu** him too. It was not all settled **avant** Monday: as soon as it was, the express was sent off to Longbourn. **Mais** our visitor was **très** obstinate. **Je** fancy, Lizzy, that obstinacy is the real defect of his character, after all. **Il** has been accused of many faults at different **fois, mais** this is the true one. Nothing was to be done that **il** did not do himself; **bien que je** am sure (**et je** do not speak it to be thanked, therefore say nothing about it), your uncle would most readily have settled the whole.

"**Ils** battled it **ensemble** for a long time, which was more **que** either the gentleman **ou** lady concerned in it deserved. **Mais** at last your uncle was forced to yield, **et** instead of être allowed to be of use to his niece, was forced to put up **avec** only having the probable credit of it, which went sorely against the grain; **et je vraiment** believe your letter this morning gave him great pleasure, **car** it required an explanation that would rob him of his borrowed feathers, **et** give the praise **où** it was due. **Mais**, Lizzy, this must go no farther **que vous-même, ou** Jane at most.

"**Vous savez** pretty well, **je** suppose, what has been done for the young **personnes**. His debts are to be paid, amounting, **je** believe, to considerably more **que** a thousand pounds, another thousand in addition to her own settled upon her, **et** his commission purchased. The reason **pourquoi** all this was to be done by him alone, was such as **j'ai donné** above. It was owing to him, to his reserve **et** want of proper consideration, that Wickham's character had been so misunderstood, **et** consequently that **il** had been received **et** noticed as **il** was. Perhaps **il y avait** some truth in this; **bien que je** doubt **que** his reserve, **ou** anybody's reserve, can be answerable for the event. **Mais** in spite of all this fine talking, my dear Lizzy, **vous pouvez** rest perfectly assured that your uncle would **jamais** have yielded, <u>**si nous avions pas donné**</u> him credit for another interest in the affair.

"**Lorsque** all this was resolved on, **il** returned again to his friends, **qui** were still staying at Pemberley; **mais** it was agreed that **il devrait** be in London **une fois de plus quand** the wedding took place, **et** all money matters were then to receive the last finish.

"**Je** believe **je** have now told you every thing. It is a relation which you tell **moi** is to **donner** you great surprise; **je** hope at least it will not afford you any displeasure. Lydia came to **nous**; **et** Wickham had constant admission to the house. **Il** was exactly what **il** had been, **quand je connaissais** him in Hertfordshire; **mais je voudrais** not tell you **comment** little **je** was satisfied **avec** her behaviour **pendant qu'elle** staid **avec nous**, **si je** had not perceived, by Jane's letter last Wednesday, that her conduct on coming home was exactly of a piece **avec** it, **et** therefore what **je** now tell **vous peut** give you no fresh pain. **Je** talked to her repeatedly in the most serious manner, representing to her all the wickedness of what **elle** had done, **et** all the unhappiness **elle** had brought on **sa famille**. **Si elle** heard **moi**, it was by good luck, for **je** am sure **elle** did not listen. **Je** was **parfois** quite provoked, **mais** then **je** recollected my dear Elizabeth **et** Jane, **et** for their sakes had patience **avec** her.

"Mr. Darcy was punctual in his return, **et** as Lydia informed you, attended the wedding. **Il** dined **avec nous** the next day, **et** was to leave town again on Wednesday **ou** Thursday. Will you be **très** angry **avec moi**, my dear Lizzy, **si je prends** this opportunity of saying (what **je** was **jamais** bold enough **de dire avant**) **comment** much **j'apprécie** him. His behaviour to **nous** has, in every respect, been as pleasing as **quand** we were in Derbyshire. His understanding **et** opinions all please **moi**; **il** wants nothing **mais** a little more liveliness, **et** that, **s'il** marry prudently, his wife may teach him. **Je pensais** him **très** sly; — he hardly ever mentioned your name. **Mais** slyness seems the fashion.

"Pray forgive **moi si je** have been **très** presuming, **ou** at least do not punish **moi** so far as to exclude **moi** from P. **Je** shall **jamais** be quite happy till **je** have been all round the park. A low phaeton, **avec** a nice little pair of ponies, would be the **très** thing.

"**Mais je dois** write no more. The children have been **vouloir moi** this half hour.

"Yours, **très** sincerely,

"M. GARDINER."

The contents of this letter threw Elizabeth **dans** a flutter of spirits, in which it was difficult to determine **si** pleasure **ou** pain bore the greatest share. The vague **et** unsettled suspicions which uncertainty had produced of what Mr. Darcy might have been doing to forward her sister's match, which **elle** had feared to encourage as an exertion of goodness too great to be probable, **et** at the same time dreaded to be just, from the pain of obligation, were proved beyond their greatest extent to be true! **Il** had followed **eux** purposely to town, **il avait pris** on himself all the trouble **et** mortification attendant on such a research; in which supplication had been necessary to a woman whom **il doit** abominate **et** despise, **et où il** was reduced to meet, frequently meet, reason **avec**, persuade, **et** finally bribe, the man whom **il toujours** most wished to avoid, **et** whose **très** name it was punishment to him to pronounce. **Il** had done all this for a girl whom **il pourrait** neither regard nor esteem. Her heart did whisper that **il** had done it for her. **Mais** it was a hope shortly checked by other considerations, **et elle** soon felt that even her vanity was insufficient, **lorsque** required to depend on his affection for her — for a woman **qui** had already refused him — as able to overcome a sentiment so natural as abhorrence against relationship **avec** Wickham. Brother-in-law of Wickham! Every kind of pride must revolt from the connection. **Il** had, to be sure, done much. **Elle** was ashamed **de penser combien**. **Mais il avait donné** a reason for his interference, which asked no extraordinary stretch of belief. It was reasonable that **il devrait** feel **il** had been wrong; **il** had liberality, **et il** had the means of exercising it; **et si elle placerait** not herself as his principal inducement, **elle pourrait**, perhaps, believe that remaining partiality for her might assist his endeavours in a cause **où** her peace of mind must be materially concerned. It was painful, exceedingly painful, **de savoir** that **ils étaient** under obligations to **une personne qui** could **jamais** receive a return. **Ils** owed the restoration of Lydia, her character, every thing, to him. Oh! **comment** heartily did **elle** grieve over every ungracious sensation **elle** had ever encouraged, every saucy speech **elle** had ever directed towards him. For herself **elle** was humbled; **mais elle** was proud of him. Proud that in a cause of compassion **et** honour, **il** had been able to get the better of himself. **Elle a lu** over her aunt's commendation of him again **et** again. It was hardly enough; **mais** it pleased her. **Elle** was even sensible of some pleasure, **mais** mixed **avec** regret, on **trouvant comment** steadfastly both **elle et** her uncle had been persuaded that affection **et** confidence subsisted **entre** Mr. Darcy **et** herself.

**Elle** was roused from her seat, **et** her reflections, by some one's approach; **et avant qu'elle ne puisse** strike **dans** another path, **elle** was overtaken by Wickham.

"**Je** am afraid **je** interrupt your solitary ramble, my dear sister?" said **il**, as **il** joined her.

"You certainly do," **elle** replied **avec** a smile; "**mais** it does not follow that the interruption must be unwelcome."

"**Je devrais** be sorry indeed, **si** it were. We were **toujours** good friends; **et** now we are better."

"True. Are the others coming out?"

"**Je ne sais pas**. Mrs. Bennet **et** Lydia are going in the carriage to Meryton. **Et** so, my dear sister, **je trouve**, from our uncle **et** aunt, that you have actually seen Pemberley."

**Elle** replied in the affirmative.

"**Je** almost envy you the pleasure, **et** yet **je** believe it would be too much for **moi, ou** else **je pouvais** take it in **mon chemin** to Newcastle. **Et vous avez vu** the old housekeeper, **je** suppose? Poor Reynolds, **elle** was **toujours très** fond of **moi. Mais** of course **elle** did not mention my name to you."

"Yes, **elle** did."

"**Et** what did **elle** say?"

"That **vous étiez parti en** the army, **et elle** was afraid had — not turned out well. At such a distance as that, **vous savez**, things are strangely misrepresented."

"Certainly," **il** replied, biting his lips. Elizabeth hoped **elle** had silenced him; **mais il** soon afterwards said:

"**Je** was surprised **de voir** Darcy in town last month. We passed each other several **fois. Je** wonder what **il peut** be doing there."

"Perhaps preparing for his marriage **avec** Miss de Bourgh," said Elizabeth. "It must be **quelque chose** particular, **de prendre** him there at this time of **l'année**."

"Undoubtedly. Did **vous voir** him **alors que vous étiez** at Lambton? **Je pensais que j'ai compris** from the Gardiners that you had."

"Yes; **il** introduced **nous** to his sister."

"**Et** do **vous aimez** her?"

"**Très** much."

"**Je** have heard, indeed, that **elle** is uncommonly improved within this **an ou deux. Quand je** last saw her, **elle** was not **très** promising. **Je** am **très** glad **vous avez aimé** her. **Je** hope **elle** will turn out well."

"**Je** dare say **elle** will; **elle** has got over the most trying age."

"Did **vous aller** by the village of Kympton?"

"**Je** do not recollect that we did."

"**Je** mention it, **car** it is the living which **je** ought **d'avoir** had. A most delightful **endroit**! — Excellent Parsonage House! It would have suited **moi** in every respect."

"**Comment** should **vous avez aimé** making sermons?"

"Exceedingly well. **Je devrais** have considered it as **une part** of my duty, **et** the exertion would soon have been nothing. One ought not to repine; — but, to be sure, it would have been such a thing for **moi**! The quiet, the retirement of such **une vie** would have answered all my ideas of happiness! **Mais** it was not to be. Did you ever hear Darcy mention the circumstance, **quand vous étiez** in Kent?"

"**Je** have heard from authority, which **je pensais** as good, that it was left you conditionally only, **et** at the will of the present patron."

"You have. Yes, **il y avait quelque chose** in that; **je** told you so from the first, **vous pouvez** remember."

"**Je** did hear, too, that **il y avait un temps, quand** sermon-making was not so palatable to you as it seems to be at present; that you actually declared your resolution of **jamais prendre** orders, **et** that **l'affaire** had been compromised accordingly."

"You did! **et** it was not wholly **sans** foundation. **Vous pouvez** remember what **je** told you on that point, **quand** first we talked of it."

**Ils étaient** now almost at the door of the house, for **elle** had walked fast to get rid of him; **et** unwilling, for her sister's sake, to provoke him, **elle** only said in reply, **avec** a good-humoured smile:

"Come, Mr. Wickham, we are brother **et** sister, **vous savez**. Do not let **nous** quarrel about the past. In future, **je** hope we shall be **toujours** of one mind."

**Elle** held out her **main**; **il** kissed it **avec** affectionate gallantry, **bien qu'il** hardly knew **comment regarder**, **et ils** entered the house.

## Chapter 52

| French | Pronunciation | English |
|---|---|---|
| il avait découvert | il avɛt dekuvɛrt | he had discovered |
| ils auraient | ils oraj | they would have |
| je l'ai dit avant | ʒə l'ɛ dit avan | i said before |
| si nous n'avions pas donné | si nus n'avjɔns pas dɔne | if we had not given |
| quand je connaissais | kand ʒə kɔnɛsɛ | when i knew |
| et bien qu'elle placerait | ət bien k'ɛlə plazɛrɛ | and though she would place |

# 53

> "If you're in a classroom where your teacher is teaching you a lot of words, you are learning about one third of a word per hour, or one word every 3 hours. If you just read you would learn a word every 25 to 30 minutes." – Jeff McQuillan, senior researcher at Center for Educational Development, Inc.

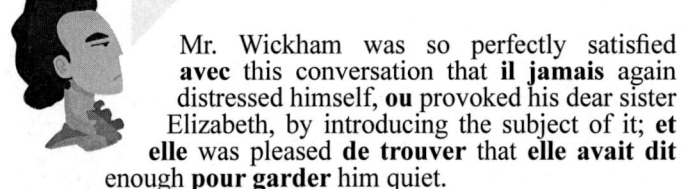

Mr. Wickham was so perfectly satisfied **avec** this conversation that **il jamais** again distressed himself, **ou** provoked his dear sister Elizabeth, by introducing the subject of it; **et elle** was pleased **de trouver** that **elle avait dit** enough **pour garder** him quiet.

**Le jour** of his **et** Lydia's departure soon came, **et** Mrs. Bennet was forced to submit to a separation, which, as her husband by no means entered **dans** her scheme of their all going to Newcastle, was likely to continue at least a twelvemonth.

"Oh! my dear Lydia," **elle** cried, "**quand** shall we meet again?"

"Oh, lord! **Je** don't know. Not these **deux ou trois ans**, perhaps."

"Write to **moi très souvent**, my dear."

"As **souvent** as **je peux. Mais vous savez** married women have **jamais** much time for writing. My sisters may write to **moi. Elles** will have nothing else à faire."

Mr. Wickham's adieus were much more affectionate **que** his wife's. **Il** smiled, looked handsome, **et** said many pretty things.

"**Il** is as fine a fellow," said Mr. Bennet, as soon as **ils étaient** out of the house, "as ever **j'ai vu. Il** simpers, **et** smirks, **et** makes

321

**l'amour** to **nous** all. **Je** am prodigiously proud of him. **Je** defy even Sir William Lucas himself to produce a more valuable son-in-law."

The loss of her daughter made Mrs. Bennet **très** dull for several **jours**.

"**Je souvent** think," said **elle**, "that **il y a** nothing so bad as parting **avec** one's friends. One seems so forlorn **sans eux**."

"This is the consequence, **vous voyez**, Madam, of marrying a daughter," said Elizabeth. "It must make you better satisfied that your other four are single."

"It is no such thing. Lydia does not leave **moi parce qu'elle** is married, **mais** only **car** her husband's regiment happens to be so far off. **Si** that had been nearer, **elle n'aurait pas** gone so soon."

**Mais** the spiritless condition which this event threw her **dans** was shortly relieved, **et son esprit** opened again to the agitation of hope, by an article of news which then began to be in circulation. The housekeeper at Netherfield had received orders to prepare for the arrival of her master, **qui** was coming down in **un jour ou deux**, to shoot there for several weeks. Mrs. Bennet was quite in the fidgets. **Elle a regardé** at Jane, **et** smiled **et** shook her head by turns.

"Well, well, **et** so Mr. Bingley is coming down, sister," (for Mrs. Phillips first brought her the news). "Well, so much the better. Not that **je** care about it, **mais**. **Il** is nothing to **nous**, **vous savez**, **et je** am sure **jamais je** want **de voir** him again. **Mais, pourtant**, **il** is **très** welcome to **venir** to Netherfield, **s'il veut** it. **Et qui sait** what may happen? **Mais** that is nothing to **nous**. **Vous savez**, sister, we agreed long ago **jamais** to mention a word about it. **Et** so, is it quite certain **il** is coming?"

"**Vous pouvez** depend on it," replied the other, "for Mrs. Nicholls was in Meryton last night; **j'ai vu** her passing by, **et** went out myself on purpose **pour connaître** the truth of it; **et elle** told **moi** that it was certain true. **Il vient** down on Thursday at the latest, **très** likely on Wednesday. **Elle** was going to the butcher's, **elle** told **moi**, on purpose to order in some **viande** on Wednesday, **et elle** has got **trois** couple of ducks just fit to be killed."

Miss Bennet had not been able to hear of his coming **sans changer** colour. It was many months **depuis qu'elle** had mentioned his name to Elizabeth; **mais** now, as soon as **elles étaient** alone **ensemble**, **elle a dit**:

"**Je vous ai vu regarder** at **moi** to-day, Lizzy, **lorsque** my aunt told **nous** of the present report; **et je sais que je** appeared distressed. **Mais** don't imagine it was from any silly cause. **Je** was only confused for the moment, **parce que je sentais** that **je**

**devrais** be looked at. **Je** do assure you that the news does not affect **moi** either **avec** pleasure **ou** pain. **Je** am glad of one thing, that **il vient** alone; **car** we shall see the less of him. Not that **je** am afraid of myself, **mais je** dread other people's remarks."

Elizabeth did not know what to make of it. Had **elle** not seen him in Derbyshire, **elle pourrait** have supposed him capable of coming there **avec** no other view **que** what was acknowledged; **mais elle** still thought him partial to Jane, **et elle** wavered as to the greater probability of his coming there **avec** his friend's permission, **ou étant** bold enough **de venir sans** it.

"Yet it is hard," **parfois elle** thought, "that this poor man cannot come to a house which **il** has legally hired, **sans** raising all this speculation! **Je** will leave him to himself."

In spite of what her sister declared, **et vraiment** believed to be her feelings in the expectation of his arrival, Elizabeth could easily perceive that her spirits were affected by it. **Ils étaient** more disturbed, more unequal, **qu'elle** had **souvent** seen **eux**.

The subject which had been so warmly canvassed **entre** their parents, about a twelvemonth ago, was now brought forward again.

"As soon as ever Mr. Bingley **vient**, my dear," said Mrs. Bennet, "you will wait on him of course."

"No, no. You forced **moi dans** visiting him last **an, et** promised, **si j'allais voir** him, **il devrait** marry one of my daughters. **Mais** it **a terminé** in nothing, **et je** will not be sent on a fool's errand again."

His wife represented to him **comment** absolutely necessary such an attention would be from all the neighbouring gentlemen, on his returning to Netherfield.

"'Tis an etiquette **je** despise," said **il**. "**S'il** wants our society, let him seek it. **Il sait où** we live. **Je** will not spend my hours in running after my neighbours every time **ils vont** away **et** come back again."

"Well, all **je sais** is, that it will be abominably rude **si** you do not wait on him. **Mais, pourtant**, that shan't prevent my asking him to dine **ici, je** am determined. **Nous devons** have Mrs. Long **et** the Gouldings soon. That will make thirteen **avec** ourselves, so there will be just room at table for him."

Consoled by this resolution, **elle** was the better able to bear her husband's incivility; **mais** it was **très** mortifying **de savoir** that her neighbours might all see Mr. Bingley, in consequence of it, **avant qu'ils** did. As **le jour** of his arrival drew near, —

"**Je** begin to be sorry that **il vient** at all," said Jane to her sister. "It would be nothing; **je pouvais** see him **avec** perfect indifference, **mais je peux** hardly bear to hear it thus perpetually talked of. My mother means well; **mais elle** does not know, no one can know, **combien je** suffer from what **elle dit**. Happy shall **je** be, **lorsque** his stay at Netherfield is over!"

"**Je** wish **je pouvais** say anything to comfort you," replied Elizabeth; "**mais** it is wholly out of **mon pouvoir. Vous devez** feel it; **et** the usual satisfaction of preaching patience to a sufferer is denied **moi, car** you have **toujours** so much."

Mr. Bingley arrived. Mrs. Bennet, through the assistance of servants, contrived **pour avoir** the earliest tidings of it, that the period of anxiety **et** fretfulness on her side might be as long as it could. **Elle** counted the **jours** that must intervene **avant** their invitation could be sent; hopeless of seeing him **avant. Mais** on the third morning after his arrival in Hertfordshire, **elle a vu** him, from her dressing-room window, enter the paddock **et** ride towards the house.

Her daughters were eagerly called to partake of her joy. Jane resolutely kept **sa place** at the table; **mais** Elizabeth, to satisfy her mother, went to the window — she looked, — she saw Mr. Darcy **avec** him, **et** sat down again by her sister.

"**Il y a** a gentleman **avec** him, mamma," said Kitty; "**qui** can it be?"

"Some acquaintance **ou** other, my dear, **je** suppose; **je** am sure **je ne connais pas**."

"La!" replied Kitty, "it **a l'air** just like that man that était **avec** him **avant**. Mr. what's-his-name. That tall, proud man."

"Good gracious! Mr. Darcy! — and so it does, **je** vow. Well, any friend of Mr. Bingley's will **toujours** be welcome **ici**, to be sure; **mais** else **je dois** say that **je** hate the **très** sight of him."

Jane looked at Elizabeth **avec** surprise **et** concern. **Elle savait, mais** little of their meeting in Derbyshire, **et** therefore felt for the awkwardness which must attend her sister, in seeing him almost for the first time after receiving his explanatory letter. Both sisters were uncomfortable enough. Each felt for the other, **et** of course for themselves; **et** their mother talked on, of her dislike of Mr. Darcy, **et** her resolution to be civil to him only as Mr. Bingley's friend, **sans être** heard by either of **eux. Mais** Elizabeth had sources of uneasiness which could not be suspected by Jane, to whom **elle** had **jamais** yet had courage to shew Mrs. Gardiner's letter, **ou** to relate her own change of sentiment towards him. To Jane, **il pourrait** be only a man whose proposals **elle** had refused, **et** whose merit **elle** had undervalued; **mais** to her own more extensive **informations, il** was **la personne** to whom the whole **famille** were indebted for the first of benefits, **et** whom **elle** regarded herself **avec** an interest, **si** not quite so tender, at least as reasonable **et** just as what Jane felt for Bingley. Her astonishment at his coming — at his coming to Netherfield, to Longbourn, **et** voluntarily seeking her again, was almost equal to what **elle avait su** on first witnessing his altered behaviour in Derbyshire.

The colour which had been driven from her face, returned for half a minute **avec** an additional glow, **et** a smile of delight added lustre to her eyes, as **elle pensait** for that space of time that his affection **et** wishes must still be unshaken. **Mais elle serait** not secure.

"Let **moi** first see **comment il** behaves," said **elle**; "it will then be **tôt** enough for expectation."

**Elle** sat intently at work, striving to be composed, **et sans** daring to lift up her eyes, till anxious curiosity carried **eux** to the face of her sister as the servant was approaching the door. Jane looked a little paler **que** usual, **mais** more sedate **que** Elizabeth had expected. On the gentlemen's appearing, her colour increased; yet **elle** received **eux avec** tolerable ease, **et avec** a propriety of behaviour equally free from any symptom of resentment **ou** any unnecessary complaisance.

Elizabeth said as little to either as civility would allow, **et** sat down again to her work, **avec** an eagerness which it did not **souvent** command. **Elle** had ventured only one glance at Darcy. **Il avait l'air** serious, as usual; **et, elle pensait**, more as **il** had been **habitué** to look in Hertfordshire, **que** as **elle avait vu** him at Pemberley. **Mais,** perhaps **il pouvait** not in her mother's presence be what **il** was **devant** her uncle **et** aunt. It was a painful, **mais** not an improbable, conjecture.

Bingley, **elle** had likewise seen for an instant, **et** in that short period saw him **ayant l'air** both pleased **et** embarrassed. **Il** was received by Mrs. Bennet **avec** a degree of civility which made her **deux** daughters ashamed, especially **lorsque** contrasted **avec** the cold **et** ceremonious politeness of her curtsey **et** address to his friend.

Elizabeth, particularly, **qui** knew that her mother owed to the latter the preservation of her favourite daughter from irremediable infamy, was hurt **et** distressed to a most painful degree by a distinction so ill applied.

Darcy, after enquiring of her **comment** Mr. **et** Mrs. Gardiner did, a question which **elle pouvait** not answer **sans** confusion, said scarcely anything. **Il** was not seated by her; perhaps that was the reason of his silence; **mais** it had not been so in Derbyshire. There **il** had talked to her friends, **quand il le pouvait** not to herself.

**Mais** now several minutes elapsed **sans** bringing the sound of his voice; **et quand** occasionally, unable to resist the impulse of curiosity, **elle** raised her eyes to his face, **elle** as **souvent** found him **en en train de regarder** at Jane as at herself, **et** frequently on no object **mais** the ground. More thoughtfulness **et** less anxiety to please, **que quand ils** last met, were plainly expressed. **Elle** was disappointed, **et** angry **avec** herself for être so.

"Could **je** expect it to be otherwise!" said **elle**. "Yet **pourquoi** did **il** come?"

**Elle** was in no humour for conversation **avec** anyone **mais** himself; **et** to him **elle** had hardly courage to speak.

**Elle** enquired after his sister, **mais** could do no more.

"It is a long time, Mr. Bingley, **depuis que vous êtes allé** away," said Mrs. Bennet.

**Il** readily agreed to it.

"**Je** began to be afraid **que jamais vous ne** come back again. **Les gens** did say you meant to quit **le lieu** entirely at Michaelmas; **mais, pourtant, je** hope it is not true. A great many changes have happened in the neighbourhood, **depuis que vous êtes allé** away. Miss Lucas is married **et** settled. **Et** one of my own daughters. **Je** suppose you have heard of it; indeed, **vous devez** have seen it in the papers. It was in The Times **et** The Courier, **je sais**; **mais** it was not put in as it ought to be. It was only said, 'Lately, George Wickham, Esq. to Miss Lydia Bennet,' **sans** there étant a syllable said of her father, **ou le lieu où elle** lived, **ou** anything. It was my brother Gardiner's drawing up too, **et je** wonder **comment il est venu** to make such an awkward business of it. Did **vous** see it?"

Bingley replied that **il** did, **et** made his congratulations. Elizabeth dared not lift up her eyes. **Comment** Mr. Darcy looked, therefore, **elle pouvait** not tell.

"It is a delightful thing, to be sure, **d'avoir** a daughter well married," continued her mother, "**mais** at the same time, Mr. Bingley, it is **très** hard **d'avoir** her **pris** such way from **moi**. **Ils** are **partis** down to Newcastle, **un endroit** quite northward, it seems, **et** there **ils** are to stay **je ne sais pas** how long. His regiment is there; for **je** suppose you have heard of his leaving the —— —— shire, **et** of his **étant entré dans** the regulars. Thank Heaven! **il** has some friends, **mais** perhaps not so many as **il** deserves."

Elizabeth, **qui** knew this to be levelled at Mr. Darcy, was in such misery of shame, that **elle pouvait** hardly keep her seat. It drew from her, **pourtant**, the exertion of speaking, which nothing else had so effectually done **avant**; **et elle** asked Bingley **s'il** meant to make any stay in the country at present. A few weeks, **il** believed.

"**Lorsque** you have killed all your own **oiseaux**, Mr. Bingley," said her mother, "**Je** beg **vous viendrez ici**, **et** shoot as many as you please on Mr. Bennet's manor. **Je** am sure **il** will be vastly happy to oblige you, **et** will save all the best of the covies for you."

Elizabeth's misery increased, at such unnecessary, such officious attention! Were the same fair prospect to arise at present as had flattered **eux un an** ago, every thing, **elle** was persuaded, would be hastening to the same vexatious conclusion. At that instant, **elle sentait** that **des années** of happiness could not make Jane **ou** herself amends for moments of such painful confusion.

"The first wish of my heart," said **elle** to herself, "is **jamais** more to be in **compagnie** either of **eux**. Their society can afford no pleasure that will atone for such wretchedness as this! Let **moi jamais** see either one **ou** the other again!"

Yet the misery, for which **années** of happiness were to offer no compensation, received soon afterwards material relief, from observing **combien** the beauty of her sister re-kindled the admiration of her former lover. **Lorsque** first **il est venu** in, **il** had spoken to her **mais** little; **mais** every five minutes seemed to be **en train de donner** her more of his attention. **Il a trouvé** her as handsome as **elle** had been last **année**; as good natured, **et** as unaffected, **mais** not quite so chatty. Jane was anxious that no difference should be perceived in her at all, **et** was **vraiment** persuaded that **elle** talked as much as ever. **Mais son esprit** was so busily engaged, that **elle** did not **toujours** know **quand elle** was silent.

**Lorsque** the gentlemen rose **pour aller** away, Mrs. Bennet was mindful of her intended civility, **et ils étaient** invited **et** engaged to dine at Longbourn in a few **jours** time.

"You are quite a visit in my debt, Mr. Bingley," **elle a ajouté**, "for **lorsque vous êtes allé** to town last winter, you promised **de prendre un famille** dinner **avec nous**, as soon as you returned. **Je** have not forgot, **vous voyez**; **et je** assure you, **je** was **très** much disappointed that you did not come back **et** keep your engagement."

Bingley looked a little silly at this reflection, **et** said **quelque chose** of his concern at having been prevented by business. **Ils** then went away.

Mrs. Bennet had been strongly inclined to ask **eux** to stay **et** dine there that day; **mais, bien qu'elle a toujours** kept a **très** good table, **elle** did not think anything less **que deux** courses could be good enough for a man on whom **elle** had such anxious designs, **ou** satisfy the appetite **et** pride of one **qui** had ten thousand **par an**.

## Chapter 53

| French | Pronunciation | English |
|---|---|---|
| s'il veut | s'il vœ | if he wants |
| si j'allais voir | si ʒ'alɛs vwar | if i went to see |
| ils vont | ils vɔn | they go |
| étant entré dans | etant âtre dan | being gone into |
| oiseaux | wazo | birds |
| vous viendrez ici | vus vjâdrɛz izi | you will come here |

# 54

As soon as **ils étaient partis**, Elizabeth walked out to recover her spirits; **ou** in other words, to dwell **sans** interruption on **ces** subjects that must deaden **eux** more. Mr. Darcy's behaviour astonished **et** vexed her.

"**Pourquoi, s'il est venu** only to be silent, grave, **et** indifferent," said **elle**, "did **il** come at all?"

**Elle pouvait** settle it in no **façon** that gave her pleasure.

"**Il pouvait** be still amiable, still pleasing, to my uncle **et** aunt, **quand il** was in town; **et pourquoi** not to **moi**? **S'il** fears **moi**, **pourquoi** come hither? **S'il** no longer cares for **moi**, **pourquoi** silent? Teasing, teasing, man! **Je penserai** no more about him."

Her resolution was for a short time involuntarily kept by the approach of her sister, **qui** joined her **avec** a cheerful look, which showed her better satisfied **avec** their visitors, **que** Elizabeth.

"Now," said **elle**, "that this first meeting is over, **je sens** perfectly easy. **Je connais** my own strength, **et je** shall **jamais** be embarrassed again by his coming. **Je** am glad **il** dines **ici** on Tuesday. It will then be publicly seen that, on both sides, we meet only as common **et** indifferent acquaintance."

"Yes, **très** indifferent indeed," said Elizabeth, laughingly. "Oh, Jane, take care."

"My dear Lizzy, you cannot think **moi** so weak, as to be in danger now?"

"**Je pense** you are in **très** great danger of making him as much **amoureux de** you as ever."

**Elles** did not see the gentlemen again till Tuesday; **et** Mrs. Bennet, in the meanwhile, was to **céder** to all the happy schemes, which the good humour **et** common politeness of Bingley, in half an hour's visit, had revived.

On Tuesday **il y avait** a large party assembled at Longbourn; **et** the **deux qui** were most anxiously expected, to the credit of their punctuality as sportsmen, were in **très** good time. **Quand ils** repaired to the dining-room, Elizabeth eagerly watched **pour voir si** Bingley would take **la place**, which, in all their former parties, had belonged to him, by her sister. Her prudent mother, occupied by the same ideas, forbore to invite him to sit by herself. On entering the room, **il** seemed to hesitate; **mais** Jane happened **de regarder** round, **et** happened to smile: it was decided. **Il** placed himself by her.

Elizabeth, **avec** a triumphant sensation, looked towards his friend. **Il** bore it **avec** noble indifference, **et elle** have imagined that Bingley had received his sanction to be happy, had **elle** not seen his eyes likewise turned towards Mr. Darcy, **avec** an expression of half-laughing alarm.

His behaviour to her sister was such, **durant** dinner time, as showed an admiration of her, which, **mais** more guarded **que** formerly, persuaded Elizabeth, that **si** left wholly to himself, Jane's happiness, **et** his own, would be speedily secured. **Si elle** dared not depend upon the consequence, **elle** yet received pleasure from observing his behaviour. It gave her all the animation that her spirits could boast; for **elle** was in no cheerful humour. Mr. Darcy was almost as far from her as the table could divide **eux**. **Il** was on one side of her mother. **Elle savait** little such a situation would give pleasure to either, **ou** make either appear to advantage. **Elle** was not near enough to hear any of their discourse, **mais elle pouvait** see **comment** seldom **ils** spoke to each other, **et comment** formal **et** cold was their manner whenever **ils** did. Her mother's ungraciousness, made the sense of what **ils** owed him more painful to Elizabeth's mind; **et elle**, at times have **donné** anything to be privileged to tell him that his kindness was neither unknown nor unfelt by the whole of **la famille**.

**Elle** was in hopes that the evening would afford some opportunity of bringing **eux ensemble**; that the whole of the visit would not pass away **sans** enabling **eux** to enter **en quelque chose** more of conversation **que** the mere ceremonious salutation attending his entrance. Anxious **et** uneasy, the period which passed in the drawing-room, **avant que** the gentlemen came, was wearisome **et** dull to a degree that almost made her uncivil. **Elle regardait** forward to their entrance as the point on which all her chance of pleasure for the evening must depend.

"**S'il** does not come to **moi**, then," said **elle**, "**Je** shall give him up for ever."

The gentlemen came; **et elle pensait qu'il avait l'air** as **s'il avait** answered her hopes; **mais**, alas! the ladies had crowded round the table, **où** Miss Bennet was making tea, **et** Elizabeth pouring out the coffee, in so close a confederacy that **il y avait** not a single vacancy near her which would admit of a chair. **Et** on the gentlemen's approaching, one of the girls moved closer to her **que** ever, **et** said, in a whisper:

"The men shan't come **et nous séparer**, **je** am determined. **Nous voulons** none of **eux**; do we?"

Darcy had walked away to another **partie** of the room. **Elle** followed him **avec** her eyes, envied everyone to whom **il** spoke, had scarcely patience enough **d'aider** anybody to coffee; **et** then was enraged against herself for être so silly!

"A man **qui** has **une fois** been refused! **Comment** could **je** ever be foolish enough to expect a renewal of **son amour**? Is there one among the sex, **qui** would not protest against such a weakness as a second proposal to the same woman? **Il y a** no indignity so abhorrent to their feelings!"

**Elle** was a little revived, **pourtant**, by his bringing back his coffee cup himself; **et elle** seized the opportunity of saying:

"Is your sister at Pemberley still?"

"Yes, **elle** will remain there till Christmas."

"**Et** quite alone? Have all her friends left her?"

"Mrs. Annesley is **avec** her. The others have been **partis** to Scarborough, these **trois** weeks."

**Elle pourrait** think of nothing more à dire; **mais s'il** wished to converse **avec** her, **il pourrait** have better success. **Il** stood by her, **pourtant**, for some minutes, in silence; **et**, at last, on the young lady's whispering to Elizabeth again, **il** walked away.

**Lorsque** the tea-things were removed, **et les** card-tables placed, the ladies all rose, **et** Elizabeth was then hoping to be soon joined by him, **lorsque** all her views were overthrown by seeing him fall a victim to her mother's rapacity for whist players, **et** in a few moments after seated **avec** the rest of the party. **Elle** now lost every expectation of pleasure. **Ils étaient** confined for the evening at different tables, **et elle** had nothing to hope, **mais** that his eyes were so **souvent** turned towards her side of the room, as to make him play as unsuccessfully as herself.

Mrs. Bennet had designed **de garder** the **deux** Netherfield gentlemen to supper; **mais** their carriage was unluckily ordered **avant** any of the others, **et elle** had no opportunity of detaining **eux**.

"Well girls," said **elle**, as soon as **elles étaient** left to themselves, "What say you to **la journée**? **Je pense** every thing has passed off uncommonly well, **je** assure you. The dinner was as well dressed as any **je** ever saw. The venison was roasted to a turn — and everybody said **ils jamais** saw so fat a haunch. The soup was fifty **fois** better **que** what we had at the Lucases' last week; **et** even Mr. Darcy acknowledged, that the partridges were remarkably well done; **et je** suppose **il** has **deux ou trois** French cooks at least. **Et**, my dear Jane, **jamais je** saw **vous avoir l'air** in greater beauty. Mrs. Long said so too, for **je** asked her **si** you did not. **Et** what do **vous pensez qu'elle a dit** besides? 'Ah! Mrs. Bennet, we shall have her at Netherfield at last. ' **Elle** did indeed. **Je** do think Mrs. Long is as good a creature as ever lived — and her nieces are **très** pretty behaved girls, **et** not at all handsome: **je les aime** prodigiously."

Mrs. Bennet, in short, was in **très** great spirits; **elle avait vu** enough of Bingley's behaviour to Jane, to be convinced that **elle** would get him at last; **et** her expectations of advantage to **sa famille**, **lorsque** in a happy humour, were so far beyond reason, that **elle** was quite disappointed at not seeing him there again the next day, to make his proposals.

"It has been a **très** agreeable day," said Miss Bennet to Elizabeth. "The party seemed so well selected, so suitable one **avec** the other. **Je** hope **nous pouvons souvent** meet again."

Elizabeth smiled.

"Lizzy, **vous devez** not do so. **Vous devez** not suspect **moi**. It mortifies **moi**. **Je** assure you that **je** have now learnt to enjoy his conversation as an agreeable **et** sensible young man, **sans** having a wish beyond it. **Je** am perfectly satisfied, from what his manners now are, that **il n'a jamais** had any design of engaging my affection. It is only that **il** is blessed **avec** greater sweetness of address, **et** a stronger desire of generally pleasing, **que** any other man."

"You are **très** cruel," said her sister, "you will not let **moi** smile, **et** are provoking **moi** to it every moment."

"**Comment** hard it is in some cases to be believed!"

"**Et comment** impossible in others!"

"**Mais pourquoi** should you wish to persuade **moi** that **je sens** more **que je** acknowledge?"

"That is a question which **je** hardly know **comment** to answer. We all **aimons** to instruct, **si nous pouvons** teach only what is not worth knowing. Forgive **moi**; **et si** you persist in indifference, do not make **moi** your confidante."

## Chapter 54

| French | Pronunciation | English |
|---|---|---|
| je penserai | ʒə pɛnsɛrɛ | i will think |
| céder | sede | giving way |
| aimons | ɛmɔn | love |

# 55

"The way we acquire language is amazingly simple, we acquire language when we understand messages." – Stephen Krashen, expert in linguistics at University of Southern California

A few **jours** after this visit, Mr. Bingley called again, **et** alone. His friend had left him that morning for London, **mais** was to return home in ten **jours** time. **Il** sat **avec eux** above an hour, **et** was in remarkably good spirits. Mrs. Bennet invited him to dine **avec eux**; **mais**, **avec** many expressions of concern, **il** confessed himself engaged elsewhere.

"Next time you call," said **elle**, "**Je** hope we shall be more lucky."

**Il devrait** be particularly happy at **toute heure**, etc. etc.; **et si elle** give him leave, would take an **tôt** opportunity of waiting on **eux**.

"Can **vous venir** to-morrow?"

Yes, **il** had no engagement at all for to-morrow; **et** her invitation was accepted **avec** alacrity.

**Il est venu, et** in such **très** good time that the ladies were none of **elles** dressed. In ran Mrs. Bennet to her daughter's room, in her dressing gown, **et avec** her hair half finished, crying out:

"My dear Jane, make haste **et** hurry down. **Il** is come — Mr. Bingley is come. **Il** is, indeed. Make haste, make haste. **Ici**, Sarah, come to Miss Bennet this moment, **et** help her on **avec** her gown. **Jamais** mind Miss Lizzy's hair."

"We will be down as soon as **nous pouvons**," said Jane; "**mais je** dare say Kitty is forwarder **que** either of **nous**, for **elle est allée** up stairs half an hour ago."

"Oh! hang Kitty! what has **elle à voir avec** it? Come be quick, be quick! **Où** is your sash, my dear?"

**Mais quand** her mother was **partie**, Jane would not be prevailed on **aller** down **sans** one of her sisters.

The same anxiety to get **eux** by themselves was visible again in the evening. After tea, Mr. Bennet retired to the library, as was his custom, **et** Mary went up stairs to her instrument. **Deux** obstacles of the five étant thus removed, Mrs. Bennet sat **en regardant** winking at Elizabeth **et** Catherine for a considerable time, **sans** making any impression on **elles**. Elizabeth would not observe her; **et quand** at last Kitty did, **elle très** innocently said, "What is the matter mamma? What do **vous continuez de** winking at **moi** for? What am **je faire**?"

"Nothing child, nothing. **Je** did not wink at you." **Elle** then sat still five minutes longer; **mais** unable to waste such a precious occasion, **elle** suddenly got up, **et** saying to Kitty, "Come **ici, mon amour, je veux** to speak to you," took her out of the room. Jane instantly gave a look at Elizabeth which spoke her distress at such premeditation, **et** her entreaty that **elle** would not give in to it. In a few minutes, Mrs. Bennet half-opened the door **et** called out:

"Lizzy, my dear, **je veux** to speak **avec** you."

Elizabeth was forced **d'aller**.

"**Nous pouvons** as well leave **eux** by themselves **vous savez**;" said her mother, as soon as **elle** was in the hall. "Kitty **et je** are going up stairs to sit in my dressing-room."

Elizabeth made no attempt to reason **avec** her mother, **mais** remained quietly in the hall, till **elle et** Kitty were out of sight, then returned **dans** the drawing-room.

Mrs. Bennet's schemes for this day were ineffectual. Bingley was every thing that was charming, except the professed lover of her daughter. His ease **et** cheerfulness rendered him a most agreeable addition to their evening party; **et il** bore **avec** the ill-judged officiousness of the mother, **et** heard all her silly remarks **avec** a forbearance **et** command of countenance particularly grateful to the daughter.

**Il** scarcely needed an invitation to stay supper; **et avant d'aller** away, an engagement was formed, chiefly through his own **et** Mrs. Bennet's means, for his coming next morning to shoot **avec** her husband.

After this day, Jane said no more of her indifference. Not a word passed **entre** the sisters concerning Bingley; **mais** Elizabeth went to bed in the happy belief that all must speedily be concluded, unless Mr. Darcy returned within the stated time. Seriously, **pourtant, elle se sentait** tolerably persuaded that all this must have **eu lieu avec** that gentleman's concurrence.

Bingley was punctual to his appointment; **et lui et** Mr. Bennet spent the morning **ensemble,** as had been agreed on. The latter was much more agreeable **que** his companion expected. **Il y avait** nothing of presumption **ou** folly in Bingley that could provoke his ridicule, **ou** disgust him **dans** silence; **et il** was more communicative, **et** less eccentric, **que** the other had ever seen him. Bingley of course returned **avec** him to dinner; **et** in the evening Mrs. Bennet's invention was again at work to get **tout le monde** away from him **et** her daughter. Elizabeth, **qui** had a letter to write, went **dans** the breakfast room for that purpose soon after tea; for as the others were all going to sit down to **cartes, elle pouvait** not be wanted to counteract her mother's schemes.

**Mais** on returning to the drawing-room, **lorsque** her letter was finished, **elle a vu**, to her infinite surprise, **il y avait** reason to fear that her mother had been too ingenious for her. On opening the door, **elle** perceived her sister **et** Bingley standing **ensemble** over the hearth, as **si** engaged in earnest conversation; **et** had this led to no suspicion, the faces of both, as **ils** hastily turned round **et** moved away from each other, would have told it all. Their situation was awkward enough; **mais** hers **elle pensait** was still worse. Not a syllable was uttered by either; **et** Elizabeth was on the point of going away again, **lorsque** Bingley, **qui** as well as the other had sat down, suddenly rose, **et** whispering a few words to her sister, ran out of the room.

Jane could have no reserves from Elizabeth, **où** confidence would give pleasure; **et** instantly embracing her, acknowledged, **avec** the liveliest emotion, that **elle** was the happiest creature in **le monde**.

"'Tis too much!" **elle a ajouté,** "by far too much. **Je** do not deserve it. Oh! **pourquoi** is not everybody as happy?"

Elizabeth's congratulations were **donnés avec** a sincerity, a warmth, a delight, which words could **mais** poorly express. Every sentence of kindness was a fresh source of happiness to Jane. **Mais elle ne permettrait pas** herself to stay **avec** her sister, **ou** say half that remained to be said for the present.

"**Je dois** go instantly to my mother;" **elle** cried. "**Je voudrais** not on any account trifle **avec** her affectionate solicitude; **ou** allow her to hear it from anyone **mais** myself. **Il** is **parti** to my father already. Oh! Lizzy, **de savoir** that what **je** have to relate will give such pleasure to all my dear **famille! comment** shall **je** bear so much happiness!"

**Elle** then hastened away to her mother, **qui** had purposely broken up **la carte** party, **et** was sitting up stairs **avec** Kitty.

Elizabeth, **qui** was left by herself, now smiled at the rapidity **et** ease **avec** which an affair was finally settled, that had **leur donné** so many previous months of suspense **et** vexation.

"**Et** this," said **elle**, "is the end of all his friend's anxious circumspection! of all his sister's falsehood **et** contrivance! the happiest, wisest, most reasonable end!"

In a few minutes **elle** was joined by Bingley, whose conference **avec** her father had been short **et** to the purpose.

"**Où** is your sister?" said **il** hastily, as **il** opened the door.

"**Avec** my mother up stairs. **Elle** will be down in a moment, **je** dare say."

**Il** then shut the door, **et**, coming up to her, claimed the good wishes **et** affection of a sister. Elizabeth honestly **et** heartily expressed her delight in the prospect of their relationship. **Ils** shook hands **avec** great cordiality; **et** then, till her sister came down, **elle** had to listen to all **il** had à dire of his own happiness, **et** of Jane's perfections; **et** in spite of his being a lover, Elizabeth **vraiment** believed all his expectations of felicity to be rationally founded, **parce qu'ils** had for basis the excellent understanding, **et** super-excellent disposition of Jane, **et** a general similarity of feeling **et** taste **entre** her **et** himself.

It was an evening of no common delight to **eux** all; the satisfaction of Miss Bennet's mind gave a glow of such sweet animation to her face, as made her look handsomer **que** ever. Kitty simpered **et** smiled, **et** hoped her turn was coming soon. Mrs. Bennet could not give her consent **ou** speak her approbation in terms warm enough to satisfy her feelings, **si elle** talked to Bingley of nothing else for half an hour; **et quand** Mr. Bennet joined **eux** at supper, his voice **et** manner plainly showed **comment vraiment** happy **il** was.

Not a word, **pourtant**, passed his lips in allusion to it, till their visitor took his leave for the night; **mais** as soon as **il** was **parti**, **il** turned to his daughter, **et** said:

"Jane, **je** congratulate you. You will be a **très** happy woman."

Jane went to him instantly, kissed him, **et** thanked him for his goodness.

"You are a good girl;" **il** replied, "**et je** have great pleasure in **penser** you will be so happily settled. **Je** have not a doubt of your doing **très** well **ensemble**. Your tempers are by no means unlike. You are each of you so complying, that nothing will ever be resolved on; so easy, that every servant will cheat you; **et** so generous, that you will **toujours** exceed your income."

"**Je** hope not so. Imprudence **ou** thoughtlessness in money matters would be unpardonable in **moi**."

"Exceed their income! My dear Mr. Bennet," cried his wife, "what are you talking of? **Pourquoi, il** has four **ou** five thousand **par an, et très** likely more." Then addressing her daughter, "Oh! my dear, dear Jane, **je** am so happy! **Je** am sure **je** shan't get a wink of sleep all night. **Je savais** it would be. **Je toujours** said it must be so, at last. **Je** was sure **vous pourriez** not be so beautiful for nothing! **Je** remember, as soon as ever **j'ai vu** him, **quand il** first came **dans** Hertfordshire last **an, je pensais comment** likely it was that **tu devrais** come **ensemble**. Oh! **il** is the handsomest young man that ever was seen!"

Wickham, Lydia, were all forgotten. Jane was beyond competition her favourite child. At that moment, **elle** cared for no other. Her younger sisters soon began to make interest **avec** her for objects of happiness which **elle pourrait** in future be able to dispense.

Mary petitioned for the use of the library at Netherfield; **et** Kitty begged **très** hard for a few balls there every winter.

Bingley, from this time, was of course a daily visitor at Longbourn; coming frequently **avant** breakfast, **et toujours** remaining till after supper; unless **lorsque** some barbarous neighbour, **qui** could not be enough detested, had **donné** him an invitation to dinner which **il pensait** himself obliged to accept.

Elizabeth had now **mais** little time for conversation **avec** her sister; for **alors qu'il** was present, Jane had no attention to bestow on anyone else; **mais elle a trouvé** herself considerably useful to both of **eux** in **ce** hours of separation that must **parfois** occur. In the absence of Jane, **il toujours** attached himself to Elizabeth, for the pleasure of talking of her; **et quand** Bingley was **parti**, Jane constantly sought the same means of relief.

"**Il** has made **moi** so happy," said **elle**, one evening, "by telling **moi** that **il** was totally ignorant of my being in town last spring! **Je** had not believed it possible."

"**Je** suspected as much," replied Elizabeth. "**Mais comment at-il** account for it?"

"It must have been his sister's doing. **Elles étaient** certainly no friends to his acquaintance **avec moi**, which **je** cannot wonder at, **car il pourrait** have chosen so much more advantageously in many respects. **Mais quand elles voient**, as **je** trust **elles** will, that their brother is happy **avec moi**, **elles apprendront** to be contented, **et** we shall be on good terms again; **mais nous ne pouvons jamais** be what we **une fois que** were to each other."

"That is the most unforgiving speech," said Elizabeth, "that **je** ever heard you utter. Good girl! It would vex **moi**, indeed, **de voir** you again the dupe of Miss Bingley's pretended regard."

"Would you believe it, Lizzy, that **quand il est allé** to town last November, **il a vraiment** loved **moi, et** nothing **mais** a persuasion of my being indifferent would have prevented his coming down again!"

"**Il** made a little mistake to be sure; **mais** it is to the credit of his modesty."

This naturally introduced a panegyric from Jane on his diffidence, **et** the little value **il** put on his own good qualities. Elizabeth was pleased **de trouver** that **il** had not betrayed the interference of his friend; for, **mais** Jane had the most generous **et** forgiving heart in **le monde, elle savait** it was a circumstance which must prejudice her against him.

"**Je** am certainly the most fortunate creature that ever existed!" cried Jane. "Oh! Lizzy, **pourquoi** am **je** thus singled from **ma famille, et** blessed above **eux** all! **Si je pouvais** see you as happy! **S'il n'y avait seulement** such another man for you!"

"<u>**Si vous deviez me donner**</u> forty such men, **jamais je** could be so happy as you. Till **je** have your disposition, your goodness, **jamais je** can have your happiness. No, no, let **moi** shift for myself; **et**, perhaps, **si je** have **très** good luck, **je peux** meet **avec** another Mr. Collins in time."

The situation of affairs in the Longbourn **famille** could not be long a secret. Mrs. Bennet was privileged to whisper it to Mrs. Phillips, **et elle** ventured, **sans** any permission, **de faire** the same by all her neighbours in Meryton.

The Bennets were speedily pronounced to be the luckiest **famille** in **le monde, mais** only a few weeks **avant, lorsque** Lydia had first run away, **ils** had been generally proved to be marked out for misfortune.

## Chapter 55

| French | Pronunciation | English |
|---|---|---|
| vous continuez de | vus kɔntjnɥɛz d | you continue |
| donnés avec | dɔnes avɛk | given with |
| mais comment a-t-il | mɛs kɔmɛnt at-il | but how did he |
| elles apprendront | ɛlɛs aprâdrɔn | they will learn |
| si vous deviez me donner | si vus dɛvjɛz mə dɔne | if you had to give me |

## 56

One morning, about a week after Bingley's engagement **avec** Jane had been formed, as **lui et** the females of **la famille** were sitting **ensemble** in the dining-room, their attention was suddenly drawn to the window, by the sound of a carriage; **et ils** perceived a chaise **et** four driving up the lawn. It was too **tôt** in the morning for visitors, **et** besides, the equipage did not answer to that of any of their neighbours. The horses were post; **et** neither the carriage, nor the livery of the servant **qui** preceded it, were familiar to **eux**. As it was certain, **pourtant**, that somebody was coming, Bingley instantly prevailed on Miss Bennet to avoid the confinement of such an intrusion, **et** walk away **avec** him **dans** the shrubbery. **Ils** both set off, **et** the conjectures of the remaining **trois** continued, **mais avec** little satisfaction, till the door was thrown open **et** their visitor entered. It was Lady Catherine de Bourgh.

**Ils étaient** of course all intending to be surprised; **mais** their astonishment was beyond their expectation; **et** on the **partie** of Mrs. Bennet **et** Kitty, **si elle** was perfectly unknown to **eux**, even inferior to what Elizabeth felt.

**Elle** entered the room **avec** an air more **que d'habitude** ungracious, made no other reply to Elizabeth's salutation **que** a slight inclination of the head, **et** sat down **sans** saying a word. Elizabeth had mentioned her name to her mother on her ladyship's entrance, **mais** no request of introduction had been made.

Mrs. Bennet, all amazement, **mais** flattered by having a guest of such high importance, received her **avec** the utmost politeness. After sitting for a moment in silence, **elle a dit très** stiffly to Elizabeth,

"**Je** hope you are well, Miss Bennet. That lady, **je** suppose, is your mother."

Elizabeth replied **très** concisely that **elle** was.

"**Et** that **je** suppose is one of your sisters."

"Yes, madam," said Mrs. Bennet, delighted to speak to Lady Catherine. "**Elle** is my youngest girl **mais** one. My youngest of all is lately married, **et** my eldest is somewhere about the grounds, walking **avec** a young man **qui**, **je** believe, will soon become a **partie** of **la famille**."

"You have a **très** small park **ici**," returned Lady Catherine after a short silence.

"It is nothing in comparison of Rosings, my lady, **je** dare say; **mais je** assure you it is much larger **que** Sir William Lucas's."

"This must be a most inconvenient sitting room for the evening, in summer; the windows are full west."

Mrs. Bennet assured her that **ils jamais** sat there after dinner, **et** then added:

"May **je prends** the liberty of asking your ladyship **si** you left Mr. **et** Mrs. Collins well."

"Yes, **très** well. **Je les ai vus** the night **avant** last."

Elizabeth now expected that **elle produirait** a letter for her from Charlotte, as it seemed the only probable motive for her calling. **Mais** no letter appeared, **et elle** was completely puzzled.

Mrs. Bennet, **avec** great civility, begged her ladyship **de prendre** some refreshment; **mais** Lady Catherine **très** resolutely, **et** not **très** politely, declined eating anything; **et** then, rising up, said to Elizabeth,

"Miss Bennet, there seemed to be a prettyish kind of a little wilderness on one side of your lawn. **Je devrais** be glad **de prendre** a turn in it, **si** you will favour **moi avec** your **compagnie**."

"Go, my dear," cried her mother, "**et** show her ladyship about the different walks. **Je pense qu'elle** will be pleased **avec** the hermitage."

Elizabeth obeyed, **et** running **dans** her own room for her parasol, attended her noble guest downstairs. As **elles** passed through the hall, Lady Catherine opened the doors **dans** the dining-parlour **et** drawing-room, **et** pronouncing **eux**, after a short survey, to be decent looking rooms, walked on.

Her carriage remained at the door, **et** Elizabeth saw that her waiting-woman was in it. **Elles** proceeded in silence along the gravel walk that led to the copse; Elizabeth was determined to make no effort for conversation **avec** a woman **qui** was now more **que d'habitude** insolent **et** disagreeable.

"**Comment** could **je** ever think her like her nephew?" said **elle**, as **elle regardait** in her face.

As soon as **elles** entered the copse, Lady Catherine began in the following manner: —

"**Vous pouvez** be at no loss, Miss Bennet, **de comprendre** the reason of my journey hither. Your own heart, your own conscience, must tell you **pourquoi je viens**."

Elizabeth looked **avec** unaffected astonishment.

"Indeed, you are mistaken, Madam. **Je** have not been at all able to account for the honour of seeing you **ici**."

"Miss Bennet," replied her ladyship, in an angry tone, "you ought **de savoir**, that **je** am not to be trifled **avec**. **Mais** however insincere **vous pouvez** choose to be, you shall not find **moi** so. My character has ever been celebrated for its sincerity **et** frankness, **et** in a cause of such moment as this, **je** shall certainly not depart from it. A report of a most alarming nature reached **moi deux jours** ago. **Je** was told that not only your sister was on the point of être most advantageously married, **mais** that you, that Miss Elizabeth Bennet, would, in all likelihood, be soon afterwards united to my nephew, my own nephew, Mr. Darcy. **Mais je sais** it must be a scandalous falsehood, **même si je** not injure him so much as to suppose the truth of it possible, **je** instantly resolved on setting off for this **endroit**, that **je pourrais** make my sentiments known to you."

"**Si** you believed it impossible to be true," said Elizabeth, colouring **avec** astonishment **et** disdain, "**Je** wonder **vous avez pris** the trouble of coming so far. What could your ladyship propose by it?"

"**Immédiatement** to insist upon having such a report universally contradicted."

"Your coming to Longbourn, **me voir et ma famille**," said Elizabeth coolly, "will be rather a confirmation of it; **si**, indeed, such a report is in existence."

"**Si**! Do you then pretend to be ignorant of it? Has it not been industriously circulated by yourselves? Do you not know that such a report is spread abroad?"

"**Jamais je** heard that it was."

"**Et** can you likewise declare, that **il y a** no foundation for it?"

"**Je** do not pretend to possess equal frankness **avec** your ladyship. **Vous pouvez** ask questions which **je** shall not choose to answer."

"This is not to be borne. Miss Bennet, **je** insist on étant satisfied. Has **il**, has my nephew, made you an offer of marriage?"

"Your ladyship has declared it to be impossible."

"It ought to be so; it must be so, **alors qu'il** retains the use of his reason. **Mais** your arts **et** allurements may, in a moment of infatuation, have made him forget what **il** owes to himself **et** to all **sa famille**. **Vous pouvez** have drawn him in."

"**Si je** have, **je** shall be the last **personne** to confess it."

"Miss Bennet, do **vous savez qui je** am? **Je** have not been accustomed to such language as this. **Je** am almost the nearest relation **il** has in **le monde, et** am entitled **de savoir** all his dearest concerns."

"**Mais** you are not entitled **de savoir** mine; nor will such behaviour as this, ever induce **moi** to be explicit."

"Let **moi** be rightly understood. This match, to which you have the presumption to aspire, can **jamais** take **place**. No, **jamais**. Mr. Darcy is engaged to my daughter. Now what have you à dire?"

"Only this; that **si il** is so, **vous pouvez** have no reason to suppose **il** will make an offer to **moi**."

Lady Catherine hesitated for a moment, **et** then replied:

"The engagement **entre eux** is of a peculiar kind. From their infancy, **ils** have been intended for each other. It was the favourite wish of his mother, as well as of hers. **Pendant que** in their cradles, we planned the union: **et** now, at the moment **lorsque** the wishes of both sisters would be accomplished in their marriage, to be prevented by a young woman of inferior birth, of no importance in **le monde, et** wholly unallied to **la famille**! Do you pay no regard to the wishes of his friends? To his tacit engagement **avec** Miss de Bourgh? Are you lost to every feeling of propriety **et** delicacy? Have you not heard **moi** say that from his earliest hours **il** was destined for his cousin?"

"Yes, **et je** had heard it **avant. Mais** what is that to **moi**? **S'il y a** no other objection to my marrying your nephew, **je** shall certainly not be kept from it by knowing that his mother **et** aunt wished him to marry Miss de Bourgh. You both did as much as **vous pourriez** in planning the marriage. Its completion depended on others. **Si** Mr. Darcy is neither by honour nor inclination confined to his cousin, **pourquoi** is not **il** to make another choice? **Et si je** am that choice, **pourquoi** may not **je** accept him?"

"**Car** honour, decorum, prudence, nay, interest, forbid it. Yes, Miss Bennet, interest; for do not expect to be noticed by **sa famille ou** friends, **si** you wilfully act against the inclinations of all. You will be censured, slighted, **et** despised, by everyone connected **avec** him. Your alliance will be a disgrace; your name will **jamais** even be mentioned by any of **nous**."

"These are heavy misfortunes," replied Elizabeth. "**Mais** the wife of Mr. Darcy must have such extraordinary sources of happiness necessarily attached to her situation, that **elle pourrait**, upon the whole, have no cause to repine."

"Obstinate, headstrong girl! **Je** am ashamed of you! Is this your gratitude for my attentions to you last spring? Is nothing due to **moi** on that score? Let **nous** sit down. You are to **comprendre**, Miss Bennet, that **je suis venue ici avec** the determined resolution of carrying my purpose; nor will **je** be dissuaded from it. **Je** have not been **habituée à** submit to any person's whims. **Je** have not been in the habit of brooking disappointment."

"That will make your ladyship's situation at present more pitiable; **mais** it will have no effect on **moi**."

"**Je** will not be interrupted. Hear **moi** in silence. My daughter **et** my nephew are formed for each other. **Ils** are descended, on the maternal side, from the same noble line; **et**, on the father's, from respectable, honourable, **et** ancient — though untitled — families. Their fortune on both sides is splendid. **Ils** are destined for each other by the voice of every member of their respective houses; **et** what is to divide **eux**? The upstart pretensions of a young woman **sans famille**, connections, **ou** fortune. Is this to be endured! **Mais** it must not, shall not be. **Si vous étiez** sensible of your own good, **vous ne souhaiteriez pas** to quit the sphere in which you have been brought up."

"In marrying your nephew, **je devrais** not consider myself as quitting that sphere. **Il** is a gentleman; **je** am a gentleman's daughter; so far we are equal."

"True. You are a gentleman's daughter. **Mais qui** was your mother? **Qui** are your uncles **et** aunts? Do not imagine **moi** ignorant of their condition."

"Whatever my connections may be," said Elizabeth, "**si** your nephew does not object to **eux, ils peuvent** be nothing to you."

"Tell **moi une fois** for all, are you engaged to him?"

**Mais** Elizabeth would not, for the mere purpose of obliging Lady Catherine, have answered this question, **elle pourrait** not **mais** say, after a moment's deliberation:

"**Je** am not."

Lady Catherine seemed pleased.

"**Et** will you promise **moi**, **jamais** to enter **dans** such an engagement?"

"**Je** will make no promise of the kind."

"Miss Bennet **je** am shocked **et** astonished. **Je** expected **de trouver** a more reasonable young woman. **Mais** do not deceive **vous en** a belief that **je** will ever recede. **Je** shall not go away till **vous m'avez donné** the assurance **je** require."

"**Et je** certainly **jamais** shall give it. **Je** am not to be intimidated **dans** anything so wholly unreasonable. Your ladyship wants Mr. Darcy to marry your daughter; **mais** would my giving you the wished-for promise make their marriage at all more probable? Supposing him to be attached to **moi**, would my refusing to accept his **main** make him wish to bestow it on his cousin? Allow **moi de dire**, Lady Catherine, that the arguments **avec** which you have supported this extraordinary application have been as frivolous as the application was ill-judged. You have widely mistaken my character, **si vous pensez que je peux** be worked on by such persuasions as these. **Comment** far your nephew might approve of your interference in his affairs, **je** cannot tell; **mais** you have certainly no right to concern **vous-même** in mine. **Je dois** beg, therefore, to be importuned no farther on the subject."

"Not so hasty, **si** you please. **Je** have by no means done. To all the objections **je** have already urged, **je** have still another à ajouter. **Je** am no stranger to the particulars of your youngest sister's infamous elopement. **Je sais** it all; that the young man's marrying her was a patched-up business, at the expence of your father **et** uncles. **Et** is such a girl to be my nephew's sister? Is her husband, **qui** is the son of his late father's steward, to be his brother? Heaven **et** earth! — of what are you **en train de penser**? Are the shades of Pemberley to be thus polluted?"

"**Vous pouvez** now have nothing further à dire," **elle** resentfully answered. "You have insulted **moi** in every possible **méthode**. **Je dois** beg to return to the house."

**Et elle** rose as **elle** spoke. Lady Catherine rose également, **et elles** turned back. Her ladyship was highly incensed.

"You have no regard, then, for the honour **et** credit of my nephew! Unfeeling, selfish girl! Do you not consider that a connection **vous devez** disgrace him in the eyes of everybody?"

"Lady Catherine, **je** have nothing further à dire. **Vous connaissez** my sentiments."

"You are then resolved **d'avoir** him?"

"**J'ai dit** no such thing. **Je** am only resolved to act in that manner, which will, in my own opinion, constitute my happiness, **sans** reference to you, **ou** to **toute personne** so wholly unconnected **avec moi**."

"It is well. You refuse, then, to oblige **moi**. You refuse to obey the claims of duty, honour, **et** gratitude. You are determined to ruin him in the opinion of all his friends, **et** make him the contempt of **le monde**."

"Neither duty, nor honour, nor gratitude," replied Elizabeth, "have any possible claim on **moi**, in the present instance. No principle of either would be violated by my marriage **avec** Mr. Darcy. **Et avec** regard to the resentment of **sa famille**, **ou** the indignation of **le monde**, **si** the former were excited by his marrying **moi**, it would not give **moi** one moment's concern — and **le monde** in general would have too much sense to join in the scorn."

"**Et** this is your real opinion! This is your final resolve! **Très** well. **Je** shall now know **comment** to act. Do not imagine, Miss Bennet, that your ambition will ever be gratified. **Je suis venue** to try you. **Je** hoped **de trouver** you reasonable; **mais**, depend upon it, **je** will carry my point."

In this manner Lady Catherine talked on, till **elles étaient** at the door of the carriage, **lorsque**, turning hastily round, **elle a ajouté**, "**Je prends** no leave of you, Miss Bennet. **Je** send no compliments to your mother. You deserve no such attention. **Je** am most seriously displeased."

Elizabeth made no answer; **et sans** attempting to persuade her ladyship to return **dans** the house, walked quietly **dans** it herself. **Elle** heard the carriage drive away as **elle** proceeded up stairs. Her mother impatiently met her at the door of the dressing-room, to ask **pourquoi** Lady Catherine would not come in again **et** rest herself.

"**Elle** did not choose it," said her daughter, "**elle** would go."

"**Elle** is a **très** fine-looking woman! **et** her calling **ici** was prodigiously civil! for **elle** only came, **je** suppose, to tell **nous** the Collinses were well. **Elle** is on her road somewhere, **je** dare say, **et** so, passing through Meryton, thought **elle pourrait** as well call on you. **Je** suppose **elle** had nothing particular à dire to you, Lizzy?"

Elizabeth was forced **de donner** in a little falsehood **ici**; for to acknowledge the substance of their conversation was impossible.

## Chapter 56

| French | Pronunciation | English |
|---|---|---|
| elle produirait | ɛlə prɔdɥirɛ | she would produce |
| à ajouter | a aʒute | to add |

# 57

The discomposure of spirits which this extraordinary visit threw Elizabeth **dans**, could not be easily overcome; nor could **elle**, for many hours, learn **de penser** of it less **que** incessantly. Lady Catherine, it appeared, had actually **pris** the trouble of this journey from Rosings, for the sole purpose of breaking off her supposed engagement **avec** Mr. Darcy. It was a rational scheme, to be sure! **mais** from what the report of their engagement could originate, Elizabeth was at a loss to imagine; till **elle** recollected that his being the intimate friend of Bingley, **et** her being the sister of Jane, was enough, at **un moment où** the expectation of one wedding made everybody eager for another, to supply the idea. **Elle** had not herself forgotten **de sentir** that the marriage of her sister must bring **eux** more frequently **ensemble**. **Et** her neighbours at Lucas Lodge, therefore (for through their communication **avec** the Collinses, the report, **elle** concluded, had reached Lady Catherine), had only set that down as almost certain **et** immediate, which **elle avait** looked forward to as possible at some future time.

In revolving Lady Catherine's expressions, **pourtant, elle pourrait** not help feeling some uneasiness as to the possible consequence of her persisting in this interference. From what **elle avait dit** of her resolution to prevent their marriage, it occurred to Elizabeth that **elle doit** meditate an application to her nephew; **et comment il pourrait** take a similar representation of the evils attached to a connection **avec** her, **elle** dared not pronounce. **Elle savait** not the exact degree of his affection for his aunt, **ou** his dependence on her judgment, **mais** it was natural to suppose that **il pensait** much higher of her ladyship **qu'elle ne pouvait** do; **et** it was certain that, in enumerating the miseries of a marriage **avec** one, whose immediate connections were so unequal to his own, his aunt would address him on his weakest side. **Avec** his notions of dignity, **il** would probably feel that the arguments, which to Elizabeth had appeared weak **et** ridiculous, contained much good sense **et** solid reasoning.

**S'il** had been wavering **avant** as to what **il devrait** do, which had **souvent** seemed likely, the advice **et** entreaty of so near a relation might settle every doubt, **et** determine him **immédiatement** to be as happy as dignity unblemished could make him. In that case **il ne retournerait** no more. Lady Catherine might see him in **son chemin** through town; **et** his engagement to Bingley of coming again to Netherfield must giveway.

"**Si**, therefore, an excuse for not **garder** his promise should come to his friend within a few **jours**," **elle a ajouté**, "**Je** shall know **comment comprendre** it. **Je** shall then give over every expectation, every wish of his constancy. **S'il** is satisfied **avec** only regretting **moi**, **quand il pourrait** have obtained my affections **et main**, **je** shall soon cease to regret him at all."

The surprise of the rest of **la famille**, on hearing **qui** their visitor had been, was **très** great; **mais ils** obligingly satisfied it, **avec** the same kind of supposition which had appeased Mrs. Bennet's curiosity; **et** Elizabeth was spared from much teasing on the subject.

The next morning, as **elle** was going downstairs, **elle** was met by her father, **qui** came out of his library **avec** a letter in his **main**.

"Lizzy," said **il**, "**Je** was going **de chercher** you; come **dans** my room."

**Elle** followed him thither; **et** her curiosity **de savoir** what **il** had to tell her was heightened by the supposition of its being in some manner connected **avec** the letter **il** held. It suddenly struck her that it might be from Lady Catherine; **et elle** anticipated **avec** dismay all the consequent explanations.

**Elle** followed her father to the fireplace, **et ils** both sat down. **Il** then said,

"**Je** have received a letter this morning that has astonished **moi** exceedingly. As it principally concerns **vous-même**, you ought **de savoir** its contents. **Je** did not know **avant**, that **je** had **deux** daughters on the brink of matrimony. Let **moi** congratulate you on a **très** important conquest."

The colour now rushed **dans** Elizabeth's cheeks in the instantaneous conviction of its being a letter from the nephew, instead of the aunt; **et elle** was undetermined whether most to be pleased that **il** explained himself at all, **ou** offended that his letter was not rather addressed to herself; **lorsque** her father continued:

"**Vous avez l'air** conscious. Young ladies have great penetration in such matters as these; **mais je pense que je** defy even your sagacity, to discover the name of your admirer. This letter is from Mr. Collins."

"From Mr. Collins! et what can il have à dire?"

"**Quelque chose de très** much to the purpose of course. **Il** begins **avec** congratulations on the approaching nuptials of my eldest daughter, of which, it seems, **il** has been told by some of the good-natured, gossiping Lucases. **Je** shall not sport **avec** your impatience, by **lisant** what **il dit** on that point. What relates to **vous-même**, is as follows: 'Having thus offered you the sincere congratulations of Mrs. Collins **et** myself on this happy event, let **moi** now add a short hint on the subject of another; of which we have been advertised by the same authority. Your daughter Elizabeth, it is presumed, will not long bear the name of Bennet, after her elder sister has resigned it, **et** the chosen partner of her fate may be reasonably looked up to as one of the most illustrious personages in this land.'

"Can you possibly guess, Lizzy, **qui** is meant by this? 'This young gentleman is blessed, in a peculiar **façon, avec** every thing the heart of mortal can most desire, — splendid property, noble kindred, **et** extensive patronage. Yet in spite of all these temptations, let **moi** warn my cousin Elizabeth, **et vous**, of what evils **vous pouvez** incur by a precipitate closure **avec** this gentleman's proposals, which, of course, you will be inclined **de prendre** immediate advantage of.'

"Have you any idea, Lizzy, **qui** this gentleman is? **Mais** now it **vient** out:

"'My motive for cautioning you is as follows. We have reason to imagine that his aunt, Lady Catherine de Bourgh, does not look on the match **avec** a friendly eye.'

"Mr. Darcy, **vous voyez**, is the man! Now, Lizzy, **je pense que je** have surprised you. Could **il, ou** the Lucases, have pitched on any man within the circle of our acquaintance, whose name would have **donné** the lie more effectually to what **ils** related? Mr. Darcy, **qui ne regarde jamais** at any woman **mais pour voir** a blemish, **et qui** probably **jamais** looked at you in **sa vie**! It is admirable!"

Elizabeth tried to join in her father's pleasantry, **mais** could only force one most reluctant smile. **Jamais** had his wit been directed in a manner so little agreeable to her.

"Are you not diverted?"

"Oh! yes. Pray read on."

"'After mentioning the likelihood of this marriage to her ladyship last night, **elle** immediately, **avec** her usual condescension, expressed what **elle sentait** on the occasion; **lorsque** it became apparent, that on the score of some **famille** objections on the **partie** of my cousin, **elle ne voudrait jamais** give her consent to what **elle** termed so disgraceful a match. **Je pensais** it my duty **de donner** the speediest intelligence of this to my cousin, that **elle et** her noble admirer may be aware of what **ils** are about, **et** not run hastily **dans** a marriage which has not been properly sanctioned.' Mr. Collins moreover adds, '**Je** am truly rejoiced that my cousin Lydia's sad business has been so well hushed up, **et** am only concerned that their living **ensemble avant** the marriage took **place** should be so generally known. **Je dois** not, **pourtant**, neglect the duties of my station, **ou** refrain from declaring my amazement at hearing that you received the young couple **dans** your house as soon as **ils étaient** married. It was an encouragement of vice; **et** had **je** been the rector of Longbourn, **je devrais très** strenuously have opposed it. You ought certainly to forgive **eux**, as a Christian, **mais jamais** to admit **eux** in your sight, **ou** allow their names to be mentioned in your hearing.' That is his notion of Christian forgiveness! The rest of his letter is only about his dear Charlotte's situation, **et** his expectation of a young olive-branch. **Mais**, Lizzy, **vous avez l'air** as **si** you did not enjoy it. You are not going to be missish, **je** hope, **et** pretend to be affronted at an idle report. For what do we live, **mais** to make sport for our neighbours, **et** laugh at **eux** in our turn?"

"Oh!" cried Elizabeth, "**Je** am excessively diverted. **Mais** it is so strange!"

"Yes — that is what makes it amusing. Had **ils** fixed on any other man it would have been nothing; **mais** his perfect indifference, **et** your pointed dislike, make it so delightfully absurd! Much as **je** abominate writing, **je voudrais** not give up Mr. Collins's correspondence for any consideration. Nay, **quand je lis** a letter of his, **je** cannot help **de donner** him the preference even over Wickham, much as **je valorise** the impudence **et** hypocrisy of my son-in-law. **Et** pray, Lizzy, what said Lady Catherine about this report? Did **elle** call to refuse her consent?"

To this question his daughter replied only **avec** a laugh; **et** as it had been asked **sans** the least suspicion, **elle** was not distressed by his repeating it. Elizabeth had **jamais** been more at a loss to make her feelings appear what **ils étaient** not. It was necessary to laugh, **quand elle** rather have cried. Her father had most cruelly mortified her, by what **il a dit** of Mr. Darcy's indifference, **et elle pouvait** do nothing **mais** wonder at such a want of penetration, **ou** fear that perhaps, instead of his seeing too little, **elle pouvait** have fancied too much.

## Chapter 57

| French | Pronunciation | English |
|---|---|---|
| quand je lis | kand ʒə li | when i read |
| je valorise | ʒə valɔriz | i value |

# 58

Instead of receiving any such letter of excuse from his friend, as Elizabeth half expected Mr. Bingley **de faire, il** was able to bring Darcy **avec** him to Longbourn **avant que** many **journées** had passed after Lady Catherine's visit. The gentlemen arrived **tôt; et, avant que** Mrs. Bennet had time to tell him of their having seen his aunt, of which her daughter sat in momentary dread, Bingley, **qui** wanted to be alone **avec** Jane, proposed their all walking out. It was agreed to. Mrs. Bennet was not in the habit of walking; Mary could **jamais** spare time; **mais** the remaining five set off **ensemble**. Bingley et Jane, **pourtant**, soon allowed the others to outstrip **eux. Ils** lagged behind, **tandis que** Elizabeth, Kitty, **et** Darcy were to entertain each other. **Très** little was said by either; Kitty was too much afraid of him to talk; Elizabeth was secretly **en train de former** a desperate resolution; **et** perhaps **il pourrait** be doing the same.

**Ils** walked towards the Lucases, **car** Kitty wished to call upon Maria; **et** as Elizabeth saw no occasion for making it a general concern, **lorsque** Kitty left **eux elle est allée** boldly on **avec** him alone. Now was the moment for her resolution to be executed, **et, pendant que** her courage was high, **elle** immediately said:

"Mr. Darcy, **je** am a **très** selfish creature; **et**, for the sake of **donner** relief to my own feelings, care not **combien je peux** be wounding yours. **Je peux** no longer help **remercier** you for your unexampled kindness to my poor sister. Ever **depuis que je sais** it, **je** have been most anxious to acknowledge to you **comment** gratefully **je sens** it. Were it known to the rest of **ma famille, je devrais** not have merely my own gratitude to express."

"**Je** am sorry, exceedingly sorry," replied Darcy, in a tone of surprise **et** emotion, "that you have ever been informed of what may, in a mistaken light, have **donné** you uneasiness. **Je** did not think Mrs. Gardiner was so little to be trusted."

"**Vous devez** not blame my aunt. Lydia's thoughtlessness first

354

betrayed to **moi** that you had been concerned in the matter; **et**, of course, **je pouvais** not rest till **je savais** the particulars. Let **moi vous remercier** again **et** again, in the name of all **ma famille**, for that generous compassion which induced you **de prendre** so much trouble, **et** bear so many mortifications, for the sake of discovering **eux**."

"<u>**Si vous me remercierez**</u>," **il** replied, "let it be for **vous-même** alone. That the wish of **donner** happiness to **vous pourrait** add force to the other inducements which led **moi** on, **je** shall not attempt to deny. **Mais votre famille** owe **moi** nothing. Much as **je** respect **eux, je** believe **je pensais** only of you."

Elizabeth was too much embarrassed **pour dire** a word. After a short pause, her companion added, "You are too generous to trifle **avec moi. Si** your feelings are still what **ils étaient** last April, tell **moi** so **immédiatement**. My affections **et** wishes are unchanged, **mais** one word from you will silence **moi** on this subject for ever."

Elizabeth, feeling all the more **que** common awkwardness **et** anxiety of his situation, now forced herself to speak; **et** immediately, **mais** not **très** fluently, gave him à comprendre that her sentiments had undergone so material a change, **depuis** the period to which **il** alluded, as to make her receive **avec** gratitude **et** pleasure his present assurances. The happiness which this reply produced, was such as **il** had probably **jamais** felt **avant**; **et il** expressed himself on the occasion as sensibly **et** as warmly as a man violently **amoureux** can be supposed **de faire**. Had Elizabeth been able to encounter his eye, **elle pouvait** have seen **comment** well the expression of heartfelt delight, diffused over his face, became him; **mais, si elle pouvait** not look, **elle pouvait** listen, **et il** told her of feelings, which, in proving of what importance **elle** was to him, made his affection every moment more valuable.

**Ils** walked on, **sans** knowing in what direction. **Il y avait** too much to be thought, **et** felt, **et** said, for attention to any other objects. **Elle** soon learnt that **ils étaient** indebted for their present good understanding to the efforts of his aunt, **qui** did call on him in her return through London, **et** there relate her journey to Longbourn, its motive, **et** the substance of her conversation **avec** Elizabeth; dwelling emphatically on every expression of the latter which, in her ladyship's apprehension, peculiarly denoted her perverseness **et** assurance; in the belief that such a relation must assist her endeavours to obtain that promise from her nephew which **elle** had refused **de donner. Mais**, unluckily for her ladyship, its effect had been exactly contrariwise.

"It taught **moi** to hope," said **il**, "as **je** had scarcely ever allowed myself to hope **avant. Je savais** enough of your disposition to be certain that, had you been absolutely, irrevocably decided against

**moi, vous auriez** acknowledged it to Lady Catherine, frankly **et** openly."

Elizabeth coloured **et** laughed as **elle** replied, "Yes, **vous connaissez** enough of my frankness to believe **moi** capable of that. After abusing you so abominably to your face, **je pouvais** have no scruple in abusing you to all your relations."

"What did **vous dire** of **moi**, that **je** did not deserve? For, **mais** your accusations were ill-founded, formed on mistaken premises, my behaviour to you at **le temps** had merited the severest reproof. It was unpardonable. **Je** cannot think of it **sans** abhorrence."

"We will not quarrel for the greater share of blame annexed to that evening," said Elizabeth. "The conduct of neither, **si** strictly examined, will be irreproachable; **mais depuis** then, we have both, **je** hope, improved in civility."

"**Je** cannot be so easily reconciled to myself. The recollection of what **je** then said, of my conduct, my manners, my expressions **durant** the whole of it, is now, **et** has been many months, inexpressibly painful to **moi**. Your reproof, so well applied, **je** shall **jamais** forget: 'had you behaved in a more gentlemanlike manner.' **Ceux** were your words. **Vous savez** not, **vous pouvez** scarcely conceive, **comment ils** have tortured **moi**; — though it was some time, **je** confess, **avant que je** was reasonable enough to allow their justice."

"**Je** was certainly **très** far from expecting **eux** to make so strong an impression. **Je** had not the smallest idea of their beingever felt in such **façon**."

"**Je peux** easily believe it. **Vous me pensiez** then devoid of every proper feeling, **je** am sure you did. The turn of your countenance **je** shall **jamais** forget, as **vous avez dit** that **je pouvais** not have addressed you in any possible **façon** that would induce you to accept **moi**."

"Oh! do not repeat what **je** then said. These recollections will not do at all. **Je** assure you that **je** have long been most heartily ashamed of it."

Darcy mentioned his letter. "Did it," said **il**, "did it soon make **vous penser** better of **moi**? Did you, on **lisant** it, give any credit to its contents?"

**Elle** explained what its effect on her had been, **et comment** gradually all her former prejudices had been removed.

"**Je savais**," said **il**, "that what **je** wrote must give you pain, **mais** it was necessary. **Je** hope you have destroyed the letter. **Il y avait** one **partie** especially, the opening of it, which **je devrais** dread your having **le pouvoir** of **lire** again. **Je peux** remember some expressions which might justly make you hate **moi**."

"The letter shall certainly be burnt, **si** you believe it essential to the preservation of my regard; **mais**, **bien que** we have both reason **de penser** my opinions not entirely unalterable, **ils** are not, **je** hope, quite so easily changed as that implies."

"**Quand je** wrote that letter," replied Darcy, "**Je** believed myself perfectly calm **et** cool, **mais je** am **depuis** convinced that it was written in a dreadful bitterness of spirit."

"The letter, perhaps, began in bitterness, **mais** it did not end so. The adieu is charity itself. **Mais** think no more of the letter. The feelings of **la personne qui** wrote, **et la personne qui** received it, are now so widely different from what **elles étaient** then, that every unpleasant circumstance attending it ought to be forgotten. **Vous devez** learn some of my philosophy. Think only of the past as its remembrance **donne** you pleasure."

"**Je** cannot give you credit for any philosophy of the kind. Your retrospections must be so totally void of reproach, that the contentment arising from **eux** is not of philosophy, **mais**, what is much better, of innocence. **Mais avec moi**, it is not so. Painful recollections will intrude which cannot, which ought not, to be repelled. **Je** have been a selfish être all **ma vie**, in practice, **mais** not in principle. As a child **je** was taught what was right, **mais je** was not taught to correct my temper. **Je** was **donné** good principles, **mais** left to follow **eux** in pride **et** conceit. Unfortunately an only son (for many **années** an only child), **je** was spoilt by my parents, **qui**, **mais** good themselves (my father, particularly, all that was benevolent **et** amiable), allowed, encouraged, almost taught **moi** to be selfish **et** overbearing; to care for none beyond my own **famille** circle; **de penser** meanly of all the rest of **le monde**; to wish at least **de penser** meanly of their sense **et** worth compared **avec** my own. Such **je** was, from eight to eight **et** twenty; **et** such **je pourrais** still have been **mais** for you, dearest, loveliest Elizabeth! What do **je** not owe you! You taught **moi** a lesson, hard indeed at first, **mais** most advantageous. By you, **je** was properly humbled. **Je suis venu** to you **sans** a doubt of my reception. You showed **moi comment** insufficient were all my pretensions to please a woman worthy of être pleased."

"Had you then persuaded **vous-même** that **je devrais**?"

"Indeed **je** had. What will **vous penser** of my vanity? **Je** believed you to be wishing, expecting my addresses."

"My manners must have been in fault, **mais** not intentionally, **je** assure you. **Jamais je** meant to deceive you, **mais** my spirits might **souvent** lead **moi** wrong. **Comment vous devez** have hated **moi** after that evening?"

"Hate you! **Je** was angry perhaps at first, **mais** my anger soon began **de prendre** a proper direction."

"**Je** am almost afraid of asking what **vous pensiez** of **moi**, **lorsque** we met at Pemberley. You blamed **moi** for coming?"

"No indeed; **j'ai senti** nothing **mais** surprise."

"Your surprise could not be greater **que** mine in étant noticed by you. My conscience told **moi** that **je** deserved no extraordinary politeness, **et je** confess that **je** did not expect to receive more **que** my due."

"My object then," replied Darcy, "was to show you, by every civility in **mon pouvoir**, that **je** was not so mean as to resent the past; **et je** hoped to obtain your forgiveness, to lessen your ill opinion, by letting **vous voir** that your reproofs had been attended to. **Comment** soon any other wishes introduced themselves **je peux** hardly tell, **mais je** believe in about half an hour after **j'avais vu** you."

**Il** then told her of Georgiana's delight in her acquaintance, **et** of her disappointment at its sudden interruption; which naturally leading to the cause of that interruption, **elle** soon learnt that his resolution of following her from Derbyshire in quest of her sister had been formed **avant qu'il** quitted the inn, **et** that his gravity **et** thoughtfulness there had arisen from no other struggles **que** what such a purpose must comprehend.

**Elle** expressed her gratitude again, **mais** it was too painful a subject to each, to be dwelt on farther.

After walking several miles in a leisurely manner, **et** too busy **pour savoir** anything about it, **ils ont trouvé** at last, on examining their watches, that it was time to be at home.

"What could become of Mr. Bingley **et** Jane!" was a wonder which introduced the discussion of their affairs. Darcy was delighted **avec** their engagement; his friend had **donné** him the earliest **informations** of it.

"**Je dois** ask **si vous étiez** surprised?" said Elizabeth.

"Not at all. **Quand je suis allé** away, **j'ai senti** that it would soon happen."

"That is to **dire, vous aviez donné** your permission. **Je** guessed as much." **Et bien qu'il** exclaimed at the term, **elle a trouvé** that it had been pretty much the case.

"On the evening **avant** my going to London," said **il**, "**Je** made a confession to him, which **je** believe **je** ought **d'avoir** made long ago. **Je** told him of all that had occurred to make my former interference in his affairs absurd **et** impertinent. His surprise was great. **Il** had **jamais** had the slightest suspicion. **Je** told him, moreover, that **je** believed myself mistaken in supposing, as **je** had done, that your sister was indifferent to him; **et** as **je pouvais** easily perceive that his attachment to her was unabated, **j'ai senti** no doubt of their happiness **ensemble**."

Elizabeth could not help smiling at his easy manner of directing his friend.

"Did you speak from your own observation," said **elle**, "**lorsque** you told him that my sister loved him, **ou** merely from **mon information** last spring?"

"From the former. **Je** had narrowly observed her **durant** the **deux** visits which **je** had lately made **ici**; **et je** was convinced of her affection."

"**Et** your assurance of it, **je** suppose, carried immediate conviction to him."

"It did. Bingley is most unaffectedly modest. His diffidence had prevented his depending on his own judgment in so anxious a case, **mais** his reliance on mine made every thing easy. **Je** was obliged to confess one thing, which for **un temps, et** not unjustly, offended him. **Je pouvais** not allow myself to conceal that your sister had been in town **trois** months last winter, that **j'avais su** it, **et** purposely kept it from him. **Il** was angry. **Mais** his anger, **je** am persuaded, lasted no longer **qu'il** remained in any doubt of your sister's sentiments. **Il** has heartily forgiven **moi** now."

Elizabeth longed to observe that Mr. Bingley had been a most delightful friend; so easily guided that his worth was invaluable; **mais elle** checked herself. **Elle** remembered that **il** had yet à apprendre to be laughed at, **et** it was rather too **tôt** to begin. In anticipating the happiness of Bingley, which of course was to be inferior only to his own, **il** continued the conversation till **ils** reached the house. In the hall **ils** parted.

## Chapter 58

| French | Pronunciation | English |
|---|---|---|
| si vous me remercierez | si vus mə rəmɛrkjərɛz | if you will thank me |
| vous aviez donné | vus avjɛz dɔne | you had given |

# 59

"My dear Lizzy, **où** can you have been walking to?" was a question which Elizabeth received from Jane as soon as **elle** entered their room, **et** from all the others **quand ils** sat down to table. **Elle** had only à dire in reply, that **ils** had wandered about, till **elle** was beyond her own **connaissances**. **Elle** coloured as **elle** spoke; **mais** neither that, nor anything else, awakened a suspicion of the truth.

The evening passed quietly, unmarked by anything extraordinary. The acknowledged lovers talked **et** laughed, the unacknowledged were silent. Darcy was not of a disposition in which happiness overflows in mirth; **et** Elizabeth, agitated **et** confused, rather knew that **elle** was happy **que** felt herself to be so; for, besides the immediate embarrassment, **il y avait** other evils **devant** her. **Elle** anticipated what would be felt in **la famille quand** her situation became known; **elle** was aware that no one liked him **mais** Jane; **et** even feared that **avec** the others it was a dislike which not all his fortune **et** consequence might do away.

At night **elle** opened her heart to Jane. **Mais** suspicion was **très** far from Miss Bennet's general habits, **elle** was absolutely incredulous **ici**.

"You are joking, Lizzy. This cannot be! — engaged to Mr. Darcy! No, no, you shall not deceive **moi**. **Je sais** it to be impossible."

"This is a wretched beginning indeed! My sole dependence was on you; **et je** am sure nobody else will believe **moi, si** you do not. Yet, indeed, **je** am in earnest. **Je** speak nothing **mais** the truth. **Il** still **m'aime, et** we are engaged."

Jane looked at her doubtingly. "Oh, Lizzy! it cannot be. **Je sais combien** you dislike him."

"**Vous savez** nothing of the matter. That is all to be forgot. Perhaps **je** did not **toujours aimé** him so well as **je** do now. **Mais** in such cases as these, a good memory is unpardonable. This is the last time **je** shall ever remember it myself."

Miss Bennet still looked all amazement. Elizabeth again, **et** more seriously assured her of its truth.

"Good Heaven! can it be **vraiment** so! Yet now **je dois** believe you," cried Jane. "My dear, dear Lizzy, **je** would — I do congratulate you — but are you certain? forgive the question — are you quite certain that **vous pouvez** be happy **avec** him?"

"There can be no doubt of that. It is settled **entre nous** already, that we are to be the happiest couple in **le monde**. **Mais** are you pleased, Jane? Shall **vous avoir** such a brother?"

"**Très, très** much. Nothing could give either Bingley **ou** myself more delight. **Mais nous avons considéré** it, we talked of it as impossible. **Et** do you **vraiment aimer** him quite well enough? Oh, Lizzy! do anything rather **que** marry **sans** affection. Are you quite sure that **vous sentez** what you ought **de faire**?"

"Oh, yes! You will only think **je sens** more **que je** ought **de faire, quand je** tell you all."

"What do you mean?"

"**Pourquoi, je dois** confess that **j'aime** him better **que je** do Bingley. **Je** am afraid you will be angry."

"My dearest sister, now be serious. **Je veux** to talk **très** seriously. Let **moi** know every thing that **je** am à savoir, **sans** delay. Will you tell **moi comment** long **vous avez aimé** him?"

"It has been coming on so gradually, that **je** hardly know **quand** it began. **Mais je** believe **je dois** date it from my first seeing his beautiful grounds at Pemberley."

Another entreaty that **elle serait** serious, **pourtant**, produced the desired effect; **et elle** soon satisfied Jane by her solemn assurances of attachment. **Lorsque** convinced on that article, Miss Bennet had nothing further to wish.

"Now **je** am quite happy," said **elle**, "for you will be as happy as myself. **Je toujours** had a value for him. Were it for nothing **mais son amour** of you, **je dois toujours** have esteemed him; **mais** now, as Bingley's friend **et** your husband, there can be only Bingley **et vous** more dear to **moi**. **Mais** Lizzy, you have been **très** sly, **très** reserved **avec moi**. **Comment** little did you tell **moi** of what passed at Pemberley **et** Lambton! **Je** owe all that **je sais** of it to another, not to you."

Elizabeth told her the motives of her secrecy. **Elle** had been unwilling to mention Bingley; **et** the unsettled state of her own feelings had made her equally avoid the name of his friend. **Mais** now **elle** would no longer conceal from her his share in

Lydia's marriage. All was acknowledged, **et** half the night spent in conversation.

"Good gracious!" cried Mrs. Bennet, as **elle** stood at a window the next morning, "**si** that disagreeable Mr. Darcy is not coming **ici** again **avec** our dear Bingley! What can **il** mean by étant so tiresome as to be **toujours** coming **ici**? **Je** had no notion **mais il serait** go a-shooting, **ou quelque chose ou** other, **et** not disturb **nous avec** his **compagnie**. What shall we do **avec** him? Lizzy, **vous devez** walk out **avec** him again, that **il peut** not be in Bingley's **chemin**."

Elizabeth could hardly help laughing at so convenient a proposal; yet was **vraiment** vexed that her mother should be **toujours donner** him such an epithet.

As soon as **ils** entered, Bingley looked at her so expressively, **et** shook hands **avec** such warmth, as left no doubt of his good **informations**; **et il** soon afterwards said aloud, "Mrs. Bennet, have you no more lanes hereabouts in which Lizzy may lose **son chemin** again to-day?"

"**Je** advise Mr. Darcy, **et** Lizzy, **et** Kitty," said Mrs. Bennet, "to walk to Oakham Mount this morning. It is a nice long walk, **et** Mr. Darcy has **jamais** seen the view."

"It may do **très** well for the others," replied Mr. Bingley; "**mais je** am sure it will be too much for Kitty. Won't it, Kitty?" Kitty owned that **elle** had rather stay at home. Darcy professed a great curiosity **de voir** the view from the Mount, **et** Elizabeth silently consented. As **elle est allée** up stairs to get ready, Mrs. Bennet followed her, saying:

"**Je** am quite sorry, Lizzy, that **tu devrais** be forced **d'avoir** that disagreeable man all to **vous-même**. **Mais je** hope you will not mind it: it is all for Jane's sake, **vous savez**; **et voici** no occasion for talking to him, except just now **et** then. So, do not put **vous-même** to inconvenience."

**Durant** their walk, it was resolved that Mr. Bennet's consent should be asked in **le cours** of the evening. Elizabeth reserved to herself the application for her mother's. **Elle pouvait** not determine **comment** her mother would take it; **parfois** doubting **si** all his wealth **et** grandeur would be enough to overcome her abhorrence of the man. **Mais si elle** were violently set against the match, **ou** violently delighted **avec** it, it was certain that her manner would be equally ill adapted **de faire** credit to her sense; **et elle pouvait** no more bear that Mr. Darcy should hear the first raptures of her joy, **que** the first vehemence of her disapprobation.

In the evening, soon after Mr. Bennet withdrew to the library, **elle a vu** Mr. Darcy rise **aussi et** follow him, **et** her agitation on seeing it was extreme. **Elle** did not fear her father's opposition, **mais il** was going to be made unhappy; **et** that it should be through her means — that **elle**, his favourite child, should be distressing him by her choice, should be filling him **avec** fears **et** regrets in disposing of her — was a wretched reflection, **et elle** sat in misery till Mr. Darcy appeared again, **lorsque, en regardant** at him, **elle** was a little relieved by his smile. In a few minutes **il** approached the table **où elle** was sitting **avec** Kitty; **et, tandis que** pretending to admire her work said in a whisper, "Go to your father, **il** wants you in the library." **Elle** was **partie** directly.

Her father was walking about the room, **ayant l'air** grave **et** anxious. "Lizzy," said **il**, "what are you doing? Are you out of your senses, to be accepting this man? Have not you **toujours** hated him?"

**Comment** earnestly did **elle** then wish that her former opinions had been more reasonable, her expressions more moderate! It would have spared her from explanations **et** professions which it was exceedingly awkward **à** donner; **mais ils étaient** now necessary, **et elle** assured him, **avec** some confusion, of her attachment to Mr. Darcy.

"**Ou**, in other words, you are determined **d'avoir** him. **Il** is rich, to be sure, **et vous pouvez** have more fine clothes **et** fine carriages **que** Jane. **Mais** will **ils** make you happy?"

"Have you any other objection," said Elizabeth, "**que** your belief of my indifference?"

"None at all. We all know him to be a proud, unpleasant sort of man; **mais** this would be nothing **si** you **vraiment** liked him."

"**Je** do, **je** do like him," **elle** replied, **avec** tears in her eyes, "**J'aime** him. Indeed **il** has no improper pride. **Il** is perfectly amiable. **Tu ne sais pas** what **il vraiment** is; then pray do not pain **moi** by speaking of him in such terms."

"Lizzy," said her father, "**J'ai donné** him my consent. **Il** is the kind of man, indeed, to whom **jamais je ne** dare refuse anything, which **il** condescended to ask. **Je** now give it to you, **si** you are resolved on having him. **Mais** let **moi** advise you **de penser** better of it. **Je connais** your disposition, Lizzy. **Je sais** that **vous pourriez** be neither happy nor respectable, unless you truly esteemed your husband; unless **<u>vous regardiez</u>** up to him as a superior. Your lively talents **<u>placeraient</u>** you in the greatest danger in an unequal marriage. **Vous pourriez** scarcely escape discredit **et** misery. My child, let **moi** not have the grief of seeing you unable to respect your partner in life. **Vous savez** not what you are about."

Elizabeth, still more affected, was earnest **et** solemn in her reply;

**et** at length, by repeated assurances that Mr. Darcy was **vraiment** the object of her choice, by explaining the gradual change which her estimation of him had undergone, relating her absolute certainty that his affection was not the work of **un jour, mais** had stood the test of many months' suspense, **et** enumerating **avec** energy all his good qualities, **elle** did conquer her father's incredulity, **et** reconcile him to the match.

"Well, my dear," said **il, quand elle** ceased speaking, "**Je** have no more à dire. **Si** this be the case, **il** deserves you. **Je pourrais** not have parted **avec** you, my Lizzy, to anyone less worthy."

To complete the favourable impression, **elle** then told him what Mr. Darcy had voluntarily done for Lydia. **Il** heard her **avec** astonishment.

"This is an evening of wonders, indeed! **Et** so, Darcy did every thing; made up the match, gave **l'argent**, paid the fellow's debts, **et** got him his commission! So much the better. It will save **moi un monde** of trouble **et** economy. Had it been your uncle's doing, **je dois et** would have paid him; **mais** these violent young lovers carry every thing their own **façon. Je** shall offer to pay him to-morrow; **il** will rant **et** storm about **son amour** for you, **et** there will be an end of the matter."

**Il** then recollected her embarrassment a few **jours d'avant**, on his reading Mr. Collins's letter; **et** after laughing at her some time, allowed her at last to go — saying, as **elle** quitted the room, "**Si** any young men come for Mary **ou** Kitty, send **eux** in, for **je** am quite at leisure."

Elizabeth's mind was now relieved from a **très** heavy weight; **et**, after half an hour's quiet reflection in her own room, **elle** was able to join the others **avec** tolerable composure. Every thing was too recent for gaiety, **mais** the evening passed tranquilly away; **il y avait** no longer anything material to be dreaded, **et** the comfort of ease **et** familiarity would come in time.

**Lorsque** her mother went up to her dressing-room at night, **elle** followed her, **et** made the important communication. Its effect was most extraordinary; for on first hearing it, Mrs. Bennet sat quite still, **et** unable to utter a syllable. Nor was it under many, many minutes that **elle pourrait** comprehend what **elle** heard; **mais** not in general backward to credit what was for the advantage of **sa famille, ou** that came in the shape of a lover to any of **eux. Elle** began at length to recover, to fidget about in her chair, get up, sit down again, wonder, **et** bless herself.

"Good gracious! Lord bless **moi**! only think! dear **moi**! Mr. Darcy! **Qui** would have thought it! **Et** is it **vraiment** true? Oh! my sweetest Lizzy! **comment** rich **et comment** great you will be! What pin-money, what jewels, what carriages you will have!

Jane's is nothing to it — nothing at all. **Je** am so pleased — so happy. Such a charming man! — so handsome! so tall! — Oh, my dear Lizzy! pray apologise for my having disliked him so much **avant**. **Je** hope **il** will overlook it. Dear, dear Lizzy. A house in town! Every thing that is charming! **Trois** daughters married! Ten thousand **par an**! Oh, Lord! What will become of **moi**. **Je** shall go distracted."

This was enough to prove that her approbation need not be doubted: **et** Elizabeth, rejoicing that such an effusion was heard only by herself, soon went away. **Mais avant qu'elle** had been **trois** minutes in her own room, her mother followed her.

"My dearest child," **elle** cried, "**Je peux** think of nothing else! Ten thousand **par an**, **et très** likely more! 'Tis as good as a Lord! **Et** a special licence. **Vous devez et** shall be married by a special licence. **Mais** my dearest **amour**, tell **moi** what dish Mr. Darcy is particularly fond of, that **je peux** have it to-morrow."

This was a sad omen of what her mother's behaviour to the gentleman himself might be; **et** Elizabeth found that, **bien que** in the certain possession of his warmest affection, **et** secure of her relations' consent, **il y avait** still **quelque chose** to be wished for. **Mais** the morrow passed off much better **qu'elle** expected; for Mrs. Bennet luckily stood in such awe of her intended son-in-law that **elle** ventured not to speak to him, unless it was in **son pouvoir** to offer him any attention, **ou** mark her deference for his opinion.

Elizabeth had the satisfaction of seeing her father **prenant** pains to get acquainted **avec** him; **et** Mr. Bennet soon assured her that **il** was rising every hour in his esteem.

"**Je** admire all my **trois** sons-in-law highly," said **il**. "Wickham, perhaps, is my favourite; **mais je pense que je** shall like your husband quite as well as Jane's."

## Chapter 59

| French | Pronunciation | English |
|---|---|---|
| m'aime | m'ɛm | loves me |
| vous regardiez | vus rəgardjɛz | you looked |
| placeraient | plazɛraj | would place |

Elizabeth's spirits soon rising to playfulness again, **elle voulait** Mr. Darcy to account for his having ever fallen in **amour avec** her. "**Comment** could you begin?" said **elle**. "**Je peux** comprehend your going charmingly, **quand** you had **une fois** made a beginning; **mais** what could set you off in the first **lieu**?"

"**Je** cannot fix on the hour, **ou** the spot, **ou** the look, **ou** the words, which laid the foundation. It is too long ago. **Je** was in the middle <u>**avant que je sache**</u> that **je** had begun."

"My beauty you had **tôt** withstood, **et** as for my manners — my behaviour to you was at least **toujours** bordering on the uncivil, **et je ne** spoke to you **sans** rather wishing **de donner** you pain **que** not. Now be sincere; did you admire **moi** for my impertinence?"

"For the liveliness of **votre esprit, je** did."

"**Vous pouvez** as well call it impertinence **immédiatement**. It was **très** little less. The fact is, that **vous étiez** sick of civility, of deference, of officious attention. **Vous étiez** disgusted **avec** the women **qui** were **toujours** speaking, **et regardaient, et pensaient** for your approbation alone. **Je** roused, **et** interested you, **parce que je** was so unlike **elles**. Had you not been **vraiment** amiable, **vous auriez** have hated **moi** for it; **mais** in spite of the pains **vous avez pris** to disguise **vous-même**, your feelings were **toujours** noble **et** just; **et** in your heart, you thoroughly despised the **personnes qui** so assiduously courted you. There — I have saved you the trouble of accounting for it; **et vraiment**, all things considered, **je** begin **de penser** it perfectly reasonable. To be sure, <u>**vous connaissiez**</u> no actual good of me — but nobody **pense** of that **quand ils** fall in **amour**."

"Was there no good in your affectionate behaviour to Jane **pendant qu'elle** was ill at Netherfield?"

"Dearest Jane! **qui** could have done less for her? **Mais** make a virtue of it by all means. My good qualities are under your

368

protection, **et** you are to exaggerate **elles** as much as possible; **et**, in return, it belongs to **moi de trouver** occasions for teasing **et** quarrelling **avec** you as **souvent** as may be; **et je** shall begin directly by asking you what made you so unwilling **de venir** to the point at last. What made you so shy of **moi, lorsque** you first called, **et** afterwards dined **ici**? **Pourquoi**, especially, **lorsque** you called, did **vous regarder** as **si** you did not care about **moi**?"

"**Parce que vous étiez** grave **et** silent, **et** gave **moi** no encouragement."

"**Mais je** was embarrassed."

"**Et** so was **je**."

"**Vous pourriez** have talked to **moi** more **quand vous êtes venu** to dinner."

"A man **qui** had felt less, might."

"**Comment** unlucky that **vous devriez** have a reasonable answer **à donner, et** that **je devrais** be so reasonable as to admit it! **Mais je** wonder **comment** long **vous auriez** have gone, **si** you had been left to **vous-même. Je** wonder **quand vous auriez** spoken, **si je** had not asked you! My resolution of **remercier** you for your kindness to Lydia had certainly great effect. Too much, **je** am afraid; for what **devient** of the moral, **si** our comfort springs from a breach of promise? for **je** ought not **d'avoir** mentioned the subject. This will **jamais** do."

"**Vous n'avez pas besoin de** distress **vous-même**. The moral will be perfectly fair. Lady Catherine's unjustifiable endeavours to separate **nous** were the means of removing all my doubts. **Je** am not indebted for my present happiness to your eager desire of expressing your gratitude. **Je** was not in a humour to wait for any opening of yours. My aunt's intelligence had **donné moi** hope, **et je** was determined **immédiatement de savoir** every thing."

"Lady Catherine has been of infinite use, which ought to make her happy, for **elle aime** to be of use. **Mais** tell **moi**, what did **vous venir** down to Netherfield for? Was it merely to ride to Longbourn **et** be embarrassed? **ou** had you intended any more serious consequence?"

"My real purpose was **de voir** you, **et** to judge, **si je pouvais, si je pouvais** ever hope to make **vous m'aimer**. My avowed one, **ou** what **je** avowed to myself, was **pour voir si** your sister were still partial to Bingley, **et si elle** were, to make the confession to him which **je** have **depuis** made."

"Shall you ever have courage to announce to Lady Catherine what is to befall her?"

"**Je** am more likely **de vouloir** time **que** courage, Elizabeth. **Mais** it ought to be done, **et si vous me donnerez** a sheet of paper, it shall be done directly."

"**Et si je** had not a letter to write myself, **je pourrais** sit by you **et** admire the evenness of your writing, as another young lady **une fois** did. **Mais je** have an aunt, too, **qui** must not be longer neglected."

From an unwillingness to confess **combien** her intimacy **avec** Mr. Darcy had been over-rated, Elizabeth had **jamais** yet answered Mrs. Gardiner's long letter; **mais** now, having that to communicate which **elle savait** would be most welcome, **elle** was almost ashamed **de trouver** that her uncle **et** aunt had already lost **trois jours** of happiness, **et** immediately wrote as follows:

"**Je voudrais** have thanked you **avant**, my dear aunt, as **je** ought **d'avoir** done, for your long, kind, satisfactory, detail of particulars; **mais dire** the truth, **je** was too cross to write. You supposed more **que vraiment** existed. **Mais** now suppose as much as you choose; give a loose rein to your fancy, indulge your imagination in every possible flight which the subject will afford, **et** unless you believe **moi** actually married, you cannot greatly err. **Vous devez** write again **très** soon, **et** praise him a great deal more **que** you did in your last. **Je remercie** you, again **et** again, for not going to the Lakes. **Comment** could **je** be so silly as to wish it! Your idea of the ponies is delightful. **Nous irons** round the Park every day. **Je** am the happiest creature in **le monde**. Perhaps other **personnes** have said so **avant**, **mais** not one **avec** such justice. **Je** am happier even **que** Jane; **elle** only smiles, **je** laugh. Mr. Darcy sends you all **l'amour** in **le monde** that **il peut** spare from **moi**. You are all to **venir** to Pemberley at Christmas. Yours, etc."

Mr. Darcy's letter to Lady Catherine was in a different style; **et** still different from either was what Mr. Bennet sent to Mr. Collins, in reply to his last.

"Dear Sir,

"**Je dois** trouble you **une fois de plus** for congratulations. Elizabeth will soon be the wife of Mr. Darcy. Console Lady Catherine as well as **vous pouvez**. **Mais, si je** were you, **je voudrais** stand by the nephew. **Il** has more à donner.

"Yours sincerely, etc."

Miss Bingley's congratulations to her brother, on his approaching marriage, were all that was affectionate **et** insincere. **Elle** wrote even to Jane on the occasion, to express her delight, **et** repeat all her former professions of regard. Jane was not deceived, **mais elle** was affected; **et bien que** feeling no reliance on her, could not help writing her a much kinder answer **qu'elle ne savait** was deserved.

The joy which Miss Darcy expressed on receiving similar **informations**, was as sincere as her brother's in sending it. Four sides of paper were insufficient to contain all her delight, **et** all her earnest desire of **étant** loved by her sister.

**Avant que** any answer could arrive from Mr. Collins, **ou** any congratulations to Elizabeth from his wife, the Longbourn **famille** heard that the Collinses were come themselves to Lucas Lodge. The reason of this sudden removal was soon evident. Lady Catherine had been rendered so exceedingly angry by the contents of her nephew's letter, that Charlotte, **vraiment** rejoicing in the match, was anxious to get away till the storm was blown over. At such a moment, the arrival of her friend was a sincere pleasure to Elizabeth, **mais** in **le cours** of their meetings **elle devait parfois** think the pleasure dearly bought, **quand elle a vu** Mr. Darcy exposed to all the parading **et** obsequious civility of her husband. **Il** bore it, **pourtant**, **avec** admirable calmness. **Il pouvait** even listen to Sir William Lucas, **quand il** complimented him on carrying away the brightest jewel of the country, **et** expressed his hopes of their all meeting frequently at St. James's, **très** decent composure. **Si il** did shrug his shoulders, it was not till Sir William was out of sight.

Mrs. Phillips's vulgarity was another, **et** perhaps a greater, tax on his forbearance; **et bien que** Mrs. Phillips, as well as her sister, stood in too much awe of him to speak **avec** the familiarity which Bingley's good humour encouraged, yet, whenever **elle** did speak, **elle devait** be vulgar. Nor was her respect for him, **mais** it made her more quiet, at all likely to make her more elegant. Elizabeth did all **elle pouvait** to shield him from the frequent notice of either, **et** was ever anxious **de garder** him to herself, **et** to **ceux** of **sa famille avec** whom **il pouvait** converse **sans** mortification; **et bien que** the uncomfortable feelings arising from all this took from the season of courtship much of its pleasure, it added to the hope of the future; **et elle** looked forward **avec** delight to **le moment où ils devraient** be removed from society so little pleasing to either, to all the comfort **et** elegance of **leur famille** party at Pemberley.

## Chapter 60

| French | Pronunciation | English |
|---|---|---|
| avant que je sache | avant kə ʒə saʃ | before i knew |
| vous connaissiez | vus kɔnɛsjɛz | you know |
| et si vous me donnerez | ət si vus mə dɔnərɛz | and if you will give me |

# 61

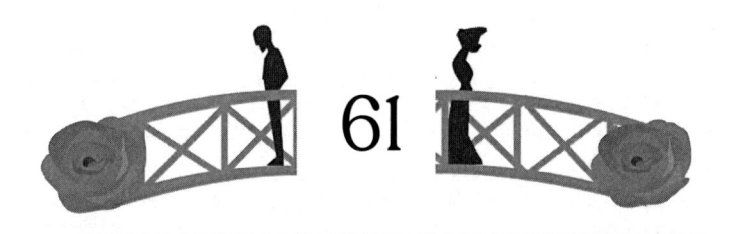

> "To learn a language is to have one more window from which to look at the world." – Chinese Proverb

Happy for all her maternal feelings was **le jour** on which Mrs. Bennet got rid of her **deux** most deserving daughters. **Avec** what delighted pride **elle** afterwards visited Mrs. Bingley, **et** talked of Mrs. Darcy, may be guessed. **Je** wish **je pouvais** say, for the sake of **sa famille**, that the accomplishment of her earnest desire in the establishment of so many of her children produced so happy an effect as to make her a sensible, amiable, well-informed woman for the rest of **sa vie**; **mais** perhaps it was lucky for her husband, **qui** might not have relished domestic felicity in so unusual a form, that **elle** still was occasionally nervous **et** invariably silly.

Mr. Bennet missed his second daughter exceedingly; his affection for her drew him oftener from home **que** anything else could do. **Il** delighted in going to Pemberley, especially **quand il** was least expected.

Mr. Bingley **et** Jane remained at Netherfield only a twelvemonth. So near a vicinity to her mother **et** Meryton relations was not desirable even to his easy temper, **ou** her affectionate heart. The darling wish of his sisters was then gratified; **il** bought an estate in a neighbouring county to Derbyshire, **et** Jane **et** Elizabeth, in addition to every other source of happiness, were within thirty miles of each other.

Kitty, to her very material advantage, spent the chief of **son temps avec** her **deux** elder sisters. In society so superior to what **elle** had generally known, her improvement was great. **Elle** was not of so ungovernable a temper as Lydia; **et**, removed from the influence of Lydia's **exemple, elle est devenue**, by proper attention **et** management, less irritable, less ignorant, **et** less insipid. From the further disadvantage of Lydia's society **elle** was of course carefully kept, **et bien que** Mrs. Wickham frequently invited her à venir stay **avec** her, **avec** the promise of balls **et** young men, her father would **jamais** consent to her going.

Mary was the only daughter **qui** remained at home; **et elle** was necessarily drawn from the pursuit of accomplishments by Mrs. Bennet's being quite unable to sit alone. Mary was obliged to mix more **avec le monde, mais elle pourrait** still moralize over every morning visit; **et** as **elle** was no longer mortified by comparisons **entre** her sisters' beauty **et** her own, it was suspected by her father that **elle** submitted to the change **sans** much reluctance.

As for Wickham **et** Lydia, their characters suffered no revolution from the marriage of her sisters. **Il** bore **avec** philosophy the conviction that Elizabeth must now become acquainted **avec** whatever of his ingratitude **et** falsehood had **avant** been unknown to her; **et** in spite of every thing, was not wholly **sans** hope that Darcy might yet be prevailed on to make his fortune. The congratulatory letter which Elizabeth received from Lydia on her marriage, explained to her that, by his wife at least, **si** not by himself, such a hope was cherished. The letter was to this effect:

"My dear Lizzy,

"**Je** wish you joy. **Si vous aimez** Mr. Darcy half as well as **je** do my dear Wickham, **vous devez** be **très** happy. It is a great comfort **d'avoir** you so rich, **et quand** you have nothing else à faire, **je** hope **vous penserez** of **nous**. **Je** am sure Wickham would like **un endroit** at court **très** much, **et je ne pense pas** we shall have quite money enough to live upon **sans** some help. **N'importe où** would do, of about **trois ou** four hundred **par an**; **mais cependant**, do not speak to Mr. Darcy about it, **si** you had rather not.

"Yours, etc."

As it happened that Elizabeth had much rather not, **elle** endeavoured in her answer to put an end to every entreaty **et** expectation of the kind. Such relief, **pourtant**, as it was in **son pouvoir** to afford, by the practice of what might be called economy in her own private expences, **elle** frequently sent **eux**. It had **toujours** been evident to her that such an income as theirs, under the direction of **deux personnes** so extravagant in their wants, **et** heedless of the future, must be **très** insufficient to their support; **et** whenever **ils ont changé** their quarters, either Jane **ou** herself were sure of étant applied to for some little assistance towards discharging their bills. Their manner of living, even **lorsque** the restoration of peace dismissed **eux** to **une maison**, was unsettled in the extreme. **Ils étaient toujours** moving from **endroit** to **endroit** in quest of a cheap situation, **et toujours** spending more **qu'ils** ought. His affection for her soon sunk **dans** indifference; hers lasted a little longer; **et** in spite of her youth **et** her manners, **elle** retained all the claims to reputation which her marriage had **donné** her.

**Mais** Darcy could **jamais** receive him at Pemberley, yet, for Elizabeth's sake, **il** assisted him further in his profession. Lydia was occasionally a visitor there, **lorsque** her husband was **parti** to enjoy himself in London **ou** Bath; **et avec** the Bingleys **ils** both of **eux** frequently staid so long, that even Bingley's good humour was overcome, **et il** proceeded so far as to talk of **leur donner** a hint to be **partis**.

Miss Bingley was **très** deeply mortified by Darcy's marriage; **mais** as **elle pensait** it advisable to retain the right of visiting at Pemberley, **elle** dropt all her resentment; was fonder **que** ever of Georgiana, almost as attentive to Darcy as heretofore, **et** paid off every arrear of civility to Elizabeth.

Pemberley was now Georgiana's home; **et** the attachment of the sisters was exactly what Darcy had hoped **de voir**. **Ils étaient** able **d'aimer** each other even as well as **ils** intended. Georgiana had the highest opinion in **le monde** of Elizabeth; **mais** at first **elle souvent** listened **avec** an astonishment bordering on alarm at her lively, sportive, manner of talking to her brother. **Lui, qui** had **toujours** inspired in herself a respect which almost overcame her affection, **elle** now saw the object of open pleasantry. **Son esprit** received **connaissances** which had **jamais avant** fallen in **son chemin**. By Elizabeth's instructions, **elle** began to comprehend that a woman may take liberties **avec** her husband which a brother will not **toujours** allow in a sister more **que** ten **ans** younger **que** himself.

Lady Catherine was extremely indignant on the marriage of her nephew; **et** as **elle a cédé la place** to all the genuine frankness of her character in her reply to the letter which announced its arrangement, **elle** sent him language so **très** abusive, especially of Elizabeth, that for some time all intercourse was at an end. **Mais** at length, by Elizabeth's persuasion, **il** was prevailed on to overlook the offence, **et** seek a reconciliation; **et**, after a little further resistance on the **partie** of his aunt, her resentment gave **chemin**, either to her affection for him, **ou** her curiosity **pour voir comment** his wife conducted herself; **et elle** condescended to wait on **eux** at Pemberley, in spite of that pollution which its woods had received, not merely from the presence of such a mistress, **mais** the visits of her uncle **et** aunt from the city.

**Avec** the Gardiners, **ils étaient toujours** on the most intimate terms. Darcy, as well as Elizabeth, **vraiment** loved **eux; et ils étaient** both ever sensible of the warmest gratitude towards the **personnes qui**, by bringing her **dans** Derbyshire, had been the means of uniting **eux**.

## LA FIN...

> **Félicitations** on completing your weeve! We hoped you enjoyed the process and you feel like you have learned a lot. Remember that **l'apprentissage des langues** is a long journey. Keep on reading your weeves and you will be a French speaking Darcy **pue de temps!** If you felt this **livre** helped you **nous apprécierions vraiment** a review on Amazon, our website or goodreads. It helps **plus de gens** like yourself find our weeves. **Merci beaucoup** for your support!
> - Evan, Cian and Oisin

## Chapter 61

| French | Pronunciation | English |
|---|---|---|
| vous penserez | vus pɛnsərɛz | you will think |
| ils ont changé | ils ɔnt ʃanʒe | they have changed |

# GLOSSARY

## A

a terminé // a tɛrmine // has finished
abandonner // abandɔne // to abandon
adds // a // adds
affaire // afɛr // case
aime // ɛm // love
aimons // ɛmɔn // love
air // ɛr // air
airs // ɛr // tunes
allaient faire // alajɛnt fɛr // would do
allé // ale // go
alors que // alɔrs k // while
amour // amur // love
amoureuse // amurœz // in love
amoureux sans // amurœks san // without love
années // ane // years
ans // an // years
apprendre // aprâdr // learn
aussi avec // osi avɛk // also with
autrefois // otrɛfwa // in the old days
avant // avan // before
avec // avɛk // with
avec un livre qu'il // avɛk yn livrə k'il // with that book
avoir gardé // avwar garde // have kept
ayant l'air // ɛant l'ɛr // seeming

## C

car // kar // because
carte // kart // menu
cartes // kart // cards
celles // sɛl // those
ces gens // səs ʒɛn // these people
ceux qui // sœks ki // those who
champs // ʃãp // fields
changeant // ʃanʒɔan // changing
comment // kɔm // how? 'or' what
compagnie // kɔmpaɲj // company
comprenant // kɔ̃prənan // comprising
connaissances // kɔnɛsans // knowledge
connait // kɔnɛ // know
corps // kɔrp // body

céder // sede // yield

## D

dans // dan // in
de changer // də ʃanʒe // to change
de connaître // də kɔnɛtr // to know
de donner // də dɔne // to give
de fournir // də furnir // provide
de garder // də garde // to keep
de l'art // də l'art // art
de regarder // də regarde // to watch
de sentir // də sɛntjr // feeling
de trouver // də truve // to find
de venir // də vɛnir // to become
depenser // dəpɛnse // spend
depuis // dəpɥi // since
desentir // dəzɛntjr // desentir
deux // dœ // of them
devant // dəvan // in front of
devoir // dəvwar // duty
direction // dirɛktjɔ̃ // direction
distance // distan // distance
dit // di // said
dit-elle // dit-ɛl // she says
donnant // dɔnan // giving
donnés avec // dɔnes avɛk // given with
durant // dyran // during
début // deby // beginning
d' avoir // d' avwar // having
d'aider // d'ɛde // help
d'aimer les gens // d'ɛmər lɛs ʒɛn // to love people
d'ajouter // d'aʒute // adding
d'aller // d'ale // to go
d'apprendre // d'aprâdr // learn
d'avoir // d'avwar // having
d'habitude // d'abity // usually
d'inclure // d'ɛ̃klyr // to include
d'oiseaux // d'wazo // birds
d'un jour // d'yn ʒur // one day
d'utiliser // d'ytjlize // to use

d'y aller // d'i ale // to go

## E

elle // ɛl // it
elle aurait seulement pu découvrir // ɛlə orɛt sœlɛmɛnt py dekuvrir // it would only discovered
elle avait l'air // ɛlə avɛt l'ɛr // she seemed to be
elle chanterait // ɛlə ʃantɛrɛ // she would sing
elle comprendra // ɛlə kɔ̃prâdra // it will include
elle devait // ɛlə dɛvɛ // she had to
elle disait // ɛlə dizɛ // she said
elle irait // ɛlə irɛ // she would go
elle lisait // ɛlə lizɛ // she was reading
elle oserait // ɛlə ɔzɛrɛ // she dare
elle pensera // ɛlə pɛnsera // she will think
elle penserait // ɛlə pɛnsɛrɛ // she think
elle pourrait // ɛlə purrɛ // she could
elle prendrait // ɛlə prâdrɛ // it would take
elle produirait // ɛlə prɔdɥirɛ // it would produce
elle regarda // ɛlə regarda // she looked
elle savait // ɛlə savɛ // she knew
elle sentit // ɛlə sɛntj // she felt
elle serait // ɛlə sɛrɛ // she would be
elle évaluait // ɛlə evalɥɛ // it evaluated
elles // ɛl // they
elles connaissaient // ɛlɛs kɔnɛsaj // they knew
elles doivent // ɛlɛs dwav // they must
elles ont trouvé // ɛlɛs ɔnt truve // they found
elles pourraient // ɛlɛs purraj // they could
ellesapprendront // ɛlezaprâdrɔn // ellesapprendront
ells // ɛl // ells
en montrant du doigt // ən mɔ̃trant dy dwagt // pointing
en regardant // ən regardan // looking at
en remerciant // ən

378

rəmɛrkjan // thanking
en train de penser // ɔn trɛn have
də pɛnse // thinking
endroit // âdrwa // in law
endroits // âdrwa // places
ensemble // ɛnsâbl // together
est-ce que vous connaissez // ɛst-sə kə vus kɔnɛsez // do you know
et cependant // ət sɛpɛndan // and however
et d'être // ət d'ɛtr // and to be
et elle // ət ɛl // and she
et jamais // ət ʒamɛ // and never
et je // ət ʒ // and i
et lisant // ət lizan // and reading
et moi jamais // ət mwaʒamɛ // and moi jamais
et néanmoins // ət neanmwan // and yet
et parfois // ət parfwa // and sometimes
et pendant une partie // ət pɛndant ynə partj // and part
et pointer // ət pwante // and point
et trouvant // ət truvan // and finding
et voici // ət vwazi // and here
eu lieu // œ ljœ // occurred
eux // œ // them
exemple précoce // ɛksâplə prekɔz // early example

## F

famille // famij // family
façon // fasɔ̃ // way
façons // fasɔn // manners
finir // finir // finish

## G

garde // gard // keep
gone // gɔn // gone

## H

habitué // abitɥe // used to
habituée // abitɥe // accustomed
histoire // istwar // history
hors du chemin // ɔrs dy ʃɛmɛ̃ // out of the way

## I

ici // izi // here
il // il // he
il aiderait // il ɛdɛrɛ // it would help
il ajouta // il aʒuta // he added
il aurait // il ɔrɛ // he would have
il considérait l'argent // il kɔnsidɛrɛt l'arg // he considered the money
il continuerait // il kɔntjnɥɛrɛ // he would continue
il devrait // il dɛvrɛ // he should
il dirait // il dirɛ // he would say
il doit // il dwa // he must
il donnera // il dɔnɛra // he will give
il est venu // il ɛst vɛny // it came
il ferait // il fɛrɛ // he would
il lesrendrait // il lɛsrâdrɛ // it lesrendrait
il pensait // il pɛnsɛ // he was thinking
il peut // il pœ // he can
il raconterait // il rakɔntɛrɛ // he would tell
il retournerait // il rətuɾnɛrɛ // he would return
il tuerait // il tɥɛrɛ // he would kill
il va changer d'aviset // il va ʃanʒɛr d'avizɛ // it will change aviset
il venait // il vɛnɛ // he came
il vient // il vj // he comes
ils // il // they
ils auraient // ils oraj // they would have
ils gardent // ils gard // they keep
ils pensaient // ils pɛnsaj // they thought
ils peuvent // ils pœv // they can
ils prendront // ils prâdrɔn // they will take
ils regardaient // ils rɛgardaj // they looked
ils regardent // ils rɛgard // they're watching
ils savaient // ils savaj // they knew
ils sont allés // ils sɔnt ale // they went
ils vont // ils vɔn // they go
ils voudraient // ils vudraj // they would like
immédiatement // imedjatɛm // at once
inclus // ɛ̃kly // included
information // infɔrmatjɔ̃ // information
informations // infɔrmatjɔn // news

## J

je comprends // ʒə kɔ̃prâd // i understand
je dirai // ʒə dirɛ // i will say
je dis // ʒə di // i say
je joue // ʒə ʒw // i'm playing
je lirai // ʒə lirɛ // i will read
je n'y avais pas pensé // ʒə n'i avɛs pas pɛnse // i did not think about it
je pense // ʒə pɛn // i think
je penserai // ʒə pɛnsɛrɛ // i will think
je peux // ʒə pœ // i can
je pourrais // ʒə purrɛ // i could
je regarde // ʒə rɛgard // i watch
je remercie // ʒə rɛmɛrkj // i thank
je sais // ʒə sɛ // i know
je sens // ʒə sɛn // i smell
je trouve // ʒə truv // i find
je valorise // ʒə valɔriz // i value
je veux // ʒə vœ // i want
je viens // ʒə vjɛn // i come
je vois // ʒə vwa // i see
je voudrais // ʒə vudrɛ // i would like
jeune // ʒœn // young
journs // ʒurn // journs
journées // ʒurne // days
jours // ʒur // days
j'ai vécu // ʒ'ɛ veky // i lived
j'aime beaucoup // ʒ'ɛmə boku // i really like
j'apprécie // ʒ'aprekj // i appreciate
j'aurais // ʒ'orɛ // i will have
j'essaierais // ʒ'ɛsajɛrɛ // i would try
j'irai // ʒ'irɛ // i will go

## L

la journée // la ʒurne // the day
la loi // la lwa // the law
la nourriture // la nurrityr // the food
la puissance // la pɥisan // the power
le chemin // lə ʃɛmɛ̃ // the path
le cours // lə kur // the lesson

le jeu // lə ʒœ // the game
le jour d'avant // lə ʒur d'avan // the day before
le lieu // lə ljœ // the place
le moment où j'ai aimé // lə mɔmɛnt ù ʒ'ɛ ɛme // when i loved
le monde // lə mɔn // the world
le public // lə pyblik // the public
lecture // lɛktyr // reading
les avec // ləs avɛk // with the
leur jeu // lœr ʒœ // their game
leurs pensées // lœrs pɛnse // their thoughts
lire // lir // read
livres et // livrəs ɛ // books and
loin // lɔẽ // far
lorsque // lɔrsk // when
lorsque nous came away it was such fun // lɔrskə nus kamə awɛ it was syʃ fœ̃ // when we cam away it was such fun
lui et // lɥi ɛ // him and
l'affaire // l'afɛr // the case
l'amour // l'amur // love
l'année // l'ane // year
l'esprit // l'ɛspri // the mind
l'exemple // l'ɛksâpl // the example
l'information // l'infɔrmatjɔ̃ // information

## M

ma connaissance // ma kɔnɛsan // my knowledge
ma vie // ma vj // my life
main // mẽ // hand
mais // mɛ // but
mais eooes // mɛs ɔɔɔ // but eooes
mais je // mɛs ʒ // but i
mais pourquoi // mɛs purkwa // but why
mais réellement // mɛs reɛlɛm // but really
marché // marʃe // market
me vouloir jouer et // mə vulwar ʒwər ɛ // i want to play and
merci // mɛrsi // thank you
moi // mwa // me
moi d'affirmer // mwa d'afirme // me state
mon amour // mɔn amur // my love
mon exemple // mɔn ɛksâpl // my example

musique // myzik // music
méthode // metɔ // method
m'a donné // m'a dɔne // gave me
m'aime // m'ɛm // loves me
m'aimer // m'ɛme // love me

## N

nos esprits // nɔs ɛspri // our minds
notre temps // nɔtrə tâp // our time
nous // nu // we
nous allons // nus alɔn // we are going
nous aurions // nus orjɔn // we would have
nous avons connue // nus avɔns kɔnɥ // we have known
nous devrions // nus dɛvrjɔn // we should
nous ferions // nus fɛrjɔn // we would do
nous irons // nus irɔn // we will go
nous pourrions // nus purrjɔn // we could
nous pouvons // nus puvɔn // we can
nous savions // nus savjɔn // we knew
nous voulons // nus vulɔn // we want
n'importe quelle heure // n'impɔrtə kɛlə œr // any time

## O

oiseaux // wazo // birds
ou // u // or
où elles // ù ɛl // they

## P

par an // par â // per year
parce qu'il // parsə k'il // because he
parcelle // parsɛl // parcel
parti // partj // left
parties // partj // parts
partis // partj // gone
pendnat que // pâdnat k // pendnat that
pensé // pɛnse // thought
personne // pɛrson // nobody
personnes // pɛrsɔn // people
personnesqu'il connaissait // pɛrsɔnɛsk'il kɔnɛsɛ // personnesqu'il knew
petre // pɛtr // petre

place // plaz // square
placer // plaze // to place
placeraient // plazɛraj // would place
places // plaz // seats
points // pɔẽt // points
pour aimer // pur ɛme // to love
pour aller // pur ale // to go
pour avoir donné // pur avwar dɔne // for giving
pour travailler // pur travajle // to work
pour voir l'endroit // pur vwar l'âdrwa // to see the place
pourquoi // purkwa // why
pourtant // purtan // however
prenant // prənan // taking
prend // prɛn // take
prendre // prâdr // take
pris // pri // taken
prise // priz // taking
prises // priz // taken
puisque // pɥisk // since
pzrtis // pzrtj // pzrtis

## Q

qsi // ksi // qsi
quand il entre en // kand il âtrə â // when it comes into
quand il y a // kand il i a // when there is
que je // kə ʒ // that i
quelque chose // kɛlkə ʃɔz // something
qui habite // ki abi // who lives
qu' elles // k' ɛl // that they
qu'avant // k'avan // before
qu'elle se sent // k'ɛlə sə // she feels
qu'elles aillent // k'ɛlɛs ajl // they go
qu'ils fassent // k'ils fas // they do
qu'ils voient // k'ils vɔj // they see
qu'une fois // k'ynə fwa // only once

## R

regard // rəgard // look
regards // rəgard // looks
remerciements // rəmɛrkjɛmât // thanks
remercier // rəmɛrkje // thank

## S

sa manière // sa manjɛr // his way
sa vie // sa vj // his life

sait // sɛ // know
sans // san // without
sans former // sans fɔrme // without form
sans réfléchir // sans refleʃir // without thinking
santé // sante // health
savoir qui // savwar ki // who
se déroule // sə derul // takes place
se séparer // sə separe // separate
ses informations // sɔs infɔrmatjɔn // his information
si // si // if
si j'allaisvoir // si ʒ'alɛsvwar // if i allaisvoir
si j'avais su // si ʒ'avɛs sy // if i had known
soit // swa // is
son entreprise // sɔn âtrɛpriz // his company
son esprit // sɔn ɛspri // his mind
son pouvoir // sɔn puvwar // his power
souvent // suv // often
s'il // s'il // it
s'il n'avait pas voulu // s'il n'avɛt pas vuly // if he had not wanted
s'il veut // s'il vœ // if he wants
s'il voit // s'il vwa // if he sees

# T

ta vie // ta vj // your life
tandis que // tandis k // while
temps // tâp // time
toi-même // twa-mɛm // yourself
ton temps // tɔn tâp // your time
toute heure // tutə œr // any time
traversé // travɛrse // through
trois // trwa // three
très // trɛ // very
tu devrais // ty dɛvrɛ // you should
tu vas // ty va // you go
tvous pensez // tvus pɛnsɛz // tyou think
tôt // to // early

# U

un nombre // yn nɔ̃br // a number
une année // ynə ane //
one year
une période // ynə perjɔ // a period

# V

verso ù regarder // vɛrsɔ y rɛgarde // ù look back
viande // vjan // meat
vies // vjə // lives
vit avec // vit avɛk // lives with
votre liste // vɔtrə list // your list
vous aimeriez // vus ɛmɛrjɛz // you would like
vous aimez // vus ɛmɛz // you like
vous auriez // vus ɔrjɛz // you would
vous avez aimé // vus avɛz ɛme // you have loved
vous avezpris // vus avɛzpri // you have taken
vous buveriez // vus byvɛrjɛz // you buveriez
vous connaissiez // vus kɔnɛsjɛz // you know
vous devez // vus dəvɛz // you have to
vous devriez // vus dɛvrjɛz // you should
vous jugeriez // vus ʒyʒɛrjɛz // you rate
vous m'aimiez // vus m'ɛmjɛz // you loved me
vous ne savez pas // vus nə savɛz pa // you do not know
vous n'iriez problablement pas // vus n'irjəz prɔblablɛmɛnt pa // you would not go problablement not
vous penserez // vus pɛnsərɛz // you think
vous pensez // vus pɛnsɛz // you think
vous pensiez // vus pâsjɛz // you thought
vous pourriez // vus purrjɛz // you could
vous pouviez // vus puvjɛz // you could
vous prenez // vus prənɛz // you take
vous regardiez // vus rəgardjɛz // you look
vous savez // vus savɛz // you know
vous sentez // vus sɛntɛz // you feel
vous seriez // vus sɛrjɛz // you would be
vous trouverez // vus truvərɛz // you will find
vous trouvez // vus truvɛz // you find
vous verrez // vus vɛrrɛz // you will see
vous voulez // vus vulɛz // you want
vous étiez // vus etjɛz // you were
vous-même // vus-mɛm // yourself
vraiment // vrɛm // really

# Z

zvant // zvan // zvant

# À

à ajouter // a aʒute // to add
à comprendre // a kɔ̃prâdr // to understand
à deux reprises // a dœks rɛpriz // twice
à pêcher // a pɛʃe // to fish
àvoir // avwar // to have

# É

également // egalɛm // also
étant allé // etant ale // having gone
étudier le droit // etydjɛr lə drwa // study law

# Ê

être // ɛtr // to be

# Acknowledgments

Books, as much as we may want them to, do not materialise out of thin air. There is a great deal of work that goes into each Weeve, from idea to print. We would like to offer our most sincere thanks to every single individual who helped get this book into your hands, the people who support the team, the test-readers who ensure the content you receive is of the highest quality, the designers who make sure your Weeve looks its best, and to our support staff who add the finishing touches, ensuring a crafted learning experience, from start to finish.

The most important person we'd like to thank, however, is you, our reader. Without you, and your passionate commitment to taking the plunge into learning a brand new language, there would be no book to read. We're fueled by people like you, people who are willing and able to try new things, people who look at the way languages are learned at school and think 'There must be a better way', and people who want to expand their skills and their knowledge while reading some of the finest literature this world has to offer. We feel the same, and we're happy to have you.

The end of this book does not mean the end of your language learning journey, however. Weeve regularly publishes content, with new Weeves coming out all the time, as well as other language resources.

To make the most of everything Weeve has to offer be sure to keep an eye on our website and social media!

Thank you again, and remember to keep on learning!

The Weeve Team


www.weeve.ie
Instagram: @WeeveLanguages
Twitter: @WeeveLanguages
TikTok: WeeveLanguages

# You've finished your Weeve... What's next?

## Try The Weeve Reader Now at
## WWW.WEEVE.IE

**Upload books of your choice**

— 25%

**Dynamically adjust translation difficulty**

**Real-time pronunciations**

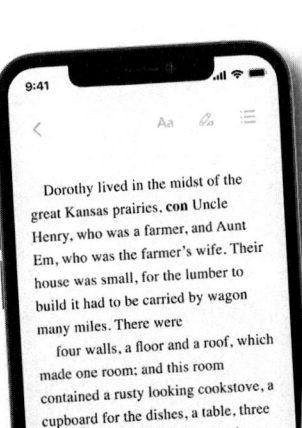